LES YEUX DE MA CHÈVRE

DÉJÀ PARUS
DANS TERRE HUMAINE/POCKET

3000 PIERRE JAZEK HÉLIAS – Le cheval d'orgueil
3001 JEAN MALAURIE – Les derniers rois de Thulé
3002 JEAN RECHER – Le grand métier
3003 MARGARET MEAD – Mœurs et sexualité en Océanie
3004 JACQUES SOUSTELLE – Les quatre soleils
3005 GEORGES BALANDIER – Afrique ambiguë
3006 VICTOR SÉGALEN – Les Immémoriaux
3007 ADELAÏDE BLASQUEZ – Gaston Lucas serrurier
3008 GASTON ROUPNEL – Histoire de la campagne française
3009 CLAUDE LÉVI-STRAUSS – Tristes tropiques
3010 DON C. TALAYESVA – Soleil Hopi
3011 MAHMOUT MAKAL – Un village anatolien
3012 ANTOINE SYLVÈRE – Toinou
3013 FRANCIS HUXLEY – Aimables sauvages
3014 TACA USHTE/RICHARD ERDOES – De mémoire indienne
3015 C.F. RAMUZ – La pensée remonte les fleuves
3016 ERIC DE ROSNY – Les yeux de ma chèvre
3017 WILFRED THESIGER – Les Arabes des marais
3018 JACQUES LACARRIÈRE – L'été grec
3019 PIERRE CLASTRES – Chronique des Indiens Guayaki
3020 BRUCE JACKSON ET DIANE CHRISTIAN – Le quartier de la mort
3021 THEODORA KRŒBER – Ishi
3022 EDOUARD GALEANO – Les veines ouvertes de l'Amérique latine
3023 RENÉ DUMONT – Pour l'Afrique, j'accuse
3024 COLIN TURNBULL – Les Iks
3025 ETTORE BIOCCA – Yanoama
3026 JOSEF ERLICH – La flamme du Shabbath
3027 BERNARD ALEXANDRE – Le Horsain
3028 WILFRED THESIGER – Le désert des déserts
3029 ÉMILE ZOLA – Carnets d'enquêtes
3030 MARGIT GARI – Le vinaigre et le fiel
3031 ROBERT JAULIN – La mort Sara
3032 JEAN MALAURIE – Ultima Thulé
3033 ROBERT F. MURPHY – Vivre à corps perdu
4291 LAURENCE CAILLET – La maison Yamazaky
4489 PIERRE JACKEZ HÉLIAS – Le quêteur de mémoire
10017 AMICALE D'ORANIENBURG-SACHSENHAUSEN – Sachso
10019 ANGELO MARIA RIPILLINO – Proga Magica

TERRE HUMAINE
CIVILISATIONS ET SOCIÉTÉS
COLLECTION D'ÉTUDES ET DE TÉMOIGNAGES DIRIGÉE PAR JEAN MALAURIE

LES YEUX DE MA CHÈVRE

Sur les pas des maîtres de la nuit en pays douala (Cameroun)

ERIC DE ROSNY

PLON

La présente édition reproduit dans son intégralité le texte original, à l'exception des illustrations hors texte, des annexes, des index, et des débats et critiques.

L'édition complète dans TERRE HUMAINE est toujours disponible.

ISBN : 2-266-04366-8

A ma mère.

Avant-propos

Ce livre a été écrit à la manière dont certains Douala des îles du Wouri bâtissent leur nouvelle habitation. Ils ne la construisent pas à côté de l'ancienne, mais bel et bien par-dessus. Quand la première maison aux murs de planches et au toit de chaume ne suffit plus à contenir toute la famille ou menace de s'effondrer, ils l'encadrent en plantant des poteaux tout autour. Puis, sans démolir l'ancienne structure, ils posent sur ces poteaux une charpente et un toit qui dominent les précédents mais ne les touchent pas. Les propriétaires continuent de vivre dans leur première demeure, le temps d'élever des murs en parpaing, de ménager des portes et des fenêtres; à vrai dire ils ne la quittent jamais. Cette période de mue peut durer des mois, quelquefois des années, si rien ne presse ou que l'argent manque. L'opération a l'avantage d'éviter un déménagement et d'imprégner les nouveaux murs de l'ancienne odeur familière.

Pendant dix ans, entre 1970 et 1980, j'ai, pour ainsi dire, vécu dans ce livre comme dans une maison, lui donnant des proportions de plus en plus vastes. Dès ma première rencontre avec ceux que l'on appelle en français – faute de mieux – les « guérisseurs traditionnels africains », les « nganga » du pays douala, j'ai mis sur papier mes observations, avec la conviction que j'aurais à les communiquer. Au début, ce furent des notes, des comptes rendus de séances nocturnes, la transcription des enregistrements. Mon premier texte décrit une cérémonie qui s'est déroulée à Douala, près du quartier où j'habitais, sans que je puisse y assister : « La lutte contre le choléra; liturgie de l'Esa à Douala (1). *» Je l'ai reconstituée à force d'interviews. Depuis, je n'ai rapporté que des événements dont j'ai été le témoin. Quand je croyais avoir cerné un cas d'envoûtement, par exemple, et compris le comportement du nganga, j'écrivais un récit aussi complet que possible. Ces dossiers confidentiels étaient ensuite soumis à mon plus proche entourage – amis africains et européens, universitaires, prêtres –, ou envoyés à des membres de ma famille. Mon souci de discrétion s'explique : les textes mettaient en cause des personnes que nous côtoyions. Mais je ne pouvais m'empêcher de les communiquer.*

En 1974, persuadé que l'œuvre de ces maîtres de la nuit devait venir au jour, je pris le risque de publier les premiers récits aux Editions CLE (2). *Les personnes concernées ont-elles su qu'elle apparaissaient dans un livre, sous d'autres noms? En tout cas, elles se sont tues. De leur côté, les chefs traditionnels douala ont bien accueilli le document, et je tiens à les remercier publiquement dans ce nouveau livre de leur rare esprit d'ouverture. J'avais choisi une maison d'édition camerounaise, pour convaincre d'abord leurs compatriotes « évolués » de la grandeur et de la compétence des nganga. Le livre se voulait objectif, et je me livrais moi-même avec parcimonie.*

Deux arguments m'incitèrent à construire sur mes essais précédents un nouveau livre. Plus je voyais agir les nganga, jusqu'à me faire « ouvrir les yeux » par l'un d'entre eux, et plus j'étais pris du désir de les faire connaître au plus large public possible. En même temps, j'étais sommé par mon entourage, et plus particulièrement par un ami douala, de me manifester davantage : « Et vous-même, me dit-il un jour, que pensez-vous de tout cela? »

En 1976, j'adressais un nouveau manuscrit à Jean Malaurie, pour la collection « Terre humaine », qui a la vocation de révéler la mystérieuse parenté d'hommes vivant à des

(1) Revue *Abbia*, n° 29-30, Yaoundé, 1975.
(2) Ndimsi : *Ceux qui soignent dans la nuit*. CLE, Yaoundé, 1974.

antipodes culturels. « Celui qui vous a ouvert les yeux vous interpelle au-delà de la mort », me souffla Jean Malaurie. Cette invitation à rentrer en moi-même, faite par un homme qui avait, lui aussi, partagé la vie d'un peuple à l'autre bout du monde, emporta ma décision. Il devint clair que je devais me dévoiler en décrivant les nganga, si je voulais les rendre aussi présents que je les voyais. Je compris, grâce à l'impitoyable éclairage de l'écriture, que mon expérience à leur contact faisait corps avec celle de ma vie religieuse, et qu'il était nécessaire de faire apparaître cette unité pour rendre fidèlement les faits.

Comme les constructions des îles du Wouri, j'ai voulu respecter, sous la nouvelle architecture, les documents de base qui détiennent l'essentiel de ce que je veux livrer, en particulier les enregistrements. Mis à part quelques phrases courtes retenues de mémoire, les paroles rapportées et traduites le plus fidèlement possible viennent de ces enregistrements. Cette dernière rédaction repose donc toujours sur les matériaux d'origine qui m'avaient fasciné et inspiré lors de ma première découverte (1).

(1) Je remercie vivement les Editions Plon des soins apportés à la préparation et à la mise au point définitive du manuscrit de ce livre.

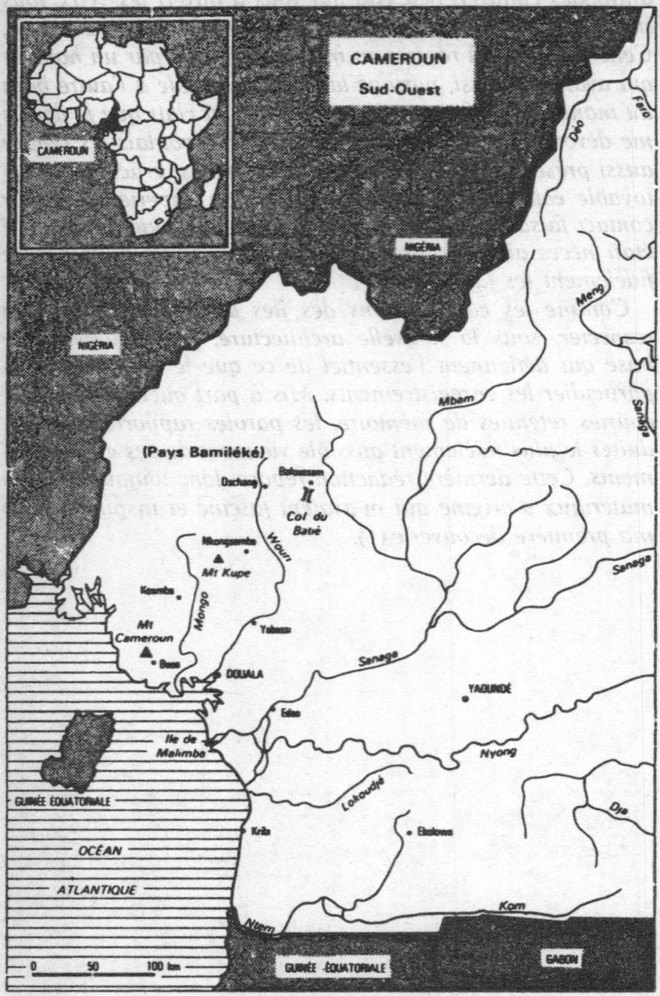
CAMEROUN
Sud-Ouest
CAMEROUN
NIGÉRIA
NIGÉRIA
Faro
Déo
Meng
Mbam
Sanaga
(Pays Bamiléké)
Bafoussam
Dschang
Col du Batié
Nkongsamba
Mt Kupe
Wouri
Mongo
Mt Cameroun
Yabassi
DOUALA
Sanaga
YAOUNDÉ
Edéa
Ile de Malimba
Nyong
Lokoundjé
GUINÉE ÉQUATORIALE
Dja
Kribi
Ebolowa
OCÉAN
ATLANTIQUE
Kom
Ntem
GABON
GUINÉE-ÉQUATORIALE
0 50 100 km

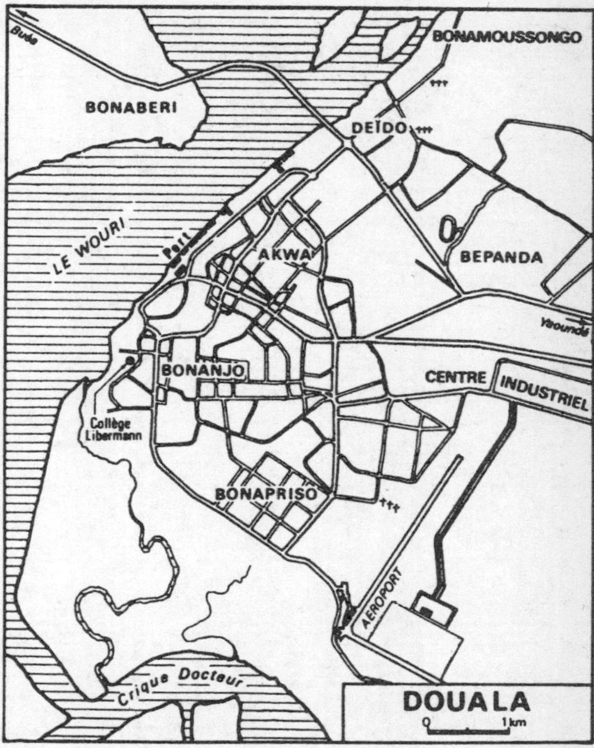
Buéa
BONAMOUSSONGO
BONABERI
DEIDO
LE WOURI
Port
AKWA
BEPANDA
Yaoundé
BONANJO
CENTRE
INDUSTRIEL
Collège
Libermann
BONAPRISO
AEROPORT
Crique Docteur
DOUALA
0
1 km

DOUALA, LE JOUR ET LA NUIT

Un tambour dans la nuit.

L'arbre vétuste et grandiose, curieusement appelé en français *le Grand Fromager*, est à deux pas de la maison où je me rends. La nuit, sa masse se détache si nettement que les pêcheurs du fleuve le cherchent des yeux pour rentrer. Demeure des ancêtres, il témoigne en pleine ville de la persistance des croyances traditionnelles, symbole d'autant plus fort que ses semblables de ce côté-ci du fleuve sont morts, et depuis longtemps. Près de l'arbre, le son du tambour m'oriente vers une maison voisine. Il est 21 heures. Rien ne distingue cette maison des autres. Elle aussi est inachevée et ne dispose que de l'essentiel : un toit de tôle recouvrant le rez-de-chaussée, des murs en ciment brut percés d'ouvertures rectangulaires. A tâtons je longe le couloir central qui traverse la case de part en part et je débouche sur l'arrière-cour, où trône le tambour, un fût de cent litres, vide, fermé par une peau tendue.

Le jeune homme qui frappe le tambour porte comme seul signe distinctif un bandeau rouge autour du front. Il occupe le milieu d'une piste le long de laquelle une cinquantaine de personnes sont assemblées, assises sur de petits bancs individuels, couchées sur des nattes ou debout, appuyées contre le mur. Malgré le peu de lumière dispensée par la lampe tempête, je me rends compte que ces hommes et ces femmes en train de bavarder tranquillement, drapés dans leur pagne de nuit, sont du quartier. A l'un des bouts de la piste est dressé un petit enclos sans toit, de quatre mètres carrés, fait de vieilles tôles verticales; de l'autre côté, je découvre dix-sept brasiers hauts de trente centimètres environ, prêts à flamber. Je ne remarque chez ceux qui m'entourent aucun étonnement à me voir ainsi surgir au milieu de leur assemblée nocturne et privée. Savent-ils que j'ai obtenu l'autorisation de me joindre à eux? En tout cas, quelqu'un m'apporte une chaise comme si j'étais attendu et me fait asseoir au premier rang, à côté d'un homme et d'une femme auxquels on témoigne des égards. Ils sont habillés à l'européenne et se tiennent guindés sur leur siège. La femme paraît infiniment lasse et ne répond pas à mon salut. L'homme parle plus volontiers et m'explique qu'il est venu découvrir d'où vient la grande fatigue de son épouse. Leur présence va me permettre de suivre les événements, moi qui ne maîtrise pas encore le douala, la langue parlée en ce lieu.

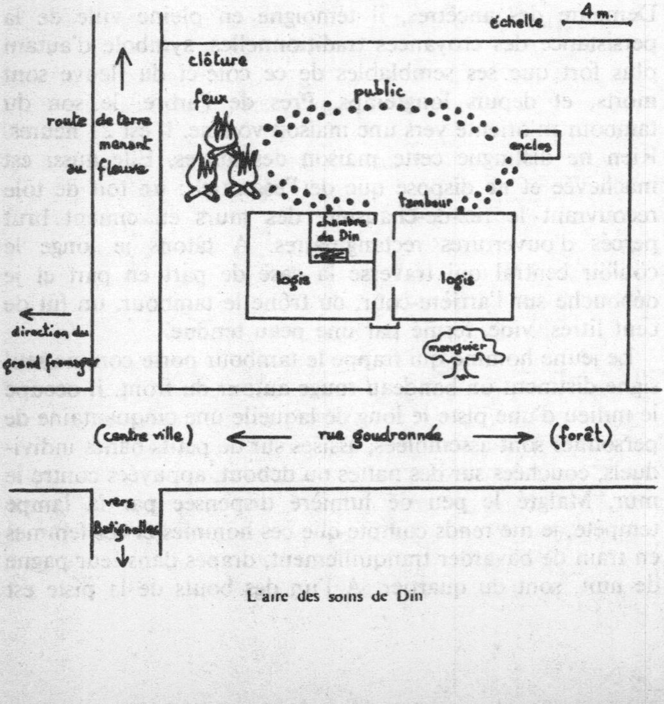

L'aire des soins de Din

22 heures. Il ne se passe rien encore. Le jeune homme au bandeau rouge frappe le tambour d'un coup donné d'une seule main, sourd et régulier comme une pulsation. De temps en temps, une drôle de femme fait irruption sur la piste et esquisse, pour le plaisir de tous, un pas de danse et quelques pitreries. « Qu'est-ce qu'on attend? Pourquoi ne commence-t-on pas? » Mon voisin me répond : « Mais..., c'est déjà commencé. » Quelques minutes plus tard, on me fait signe d'entrer dans la maison, et je suis conduit jusqu'à la porte d'une chambre où il est censé se passer quelque chose. Un homme maigre et d'assez grande taille est étendu, les yeux fermés, sur un lit. Il porte, comme le jeune tambour, un bandeau rouge autour du front, sur lequel sont cousus six petits coquillages appelés « cauris » qui, autrefois, avant l'apparition de l'argent, servaient de monnaie d'échange et gardent une valeur traditionnelle. Il est vêtu d'une longue chemise rouge, et d'un pagne multicolore noué à la ceinture lui moulant les jambes comme un linceul. Je reconnais Din, le maître qui m'a permis de venir. Pour l'instant, il demeure parfaitement immobile. Je lui trouve le teint gris cendre des cadavres et le nez pincé. Il me faut fixer longtemps sa poitrine pour m'assurer qu'il respire. A côté de sa tête reposent deux petits balais de paille ressemblant à des chasse-mouches mais, en la circonstance, ils ont certainement un autre usage, si j'en crois l'élégance avec laquelle leurs poignées sont serties. De la porte, je jette un coup d'œil circulaire. Les murs de ciment sont nus sans même un revêtement de peinture. Plusieurs cuvettes occupent le sol; elles contiennent des monceaux d'écorces – toutes semblables à mes yeux encore ignorants – des herbes et des feuilles à profusion, qui marinent dans un jus jaunâtre. J'aperçois par terre des osselets, des cornes, des griffes, d'autres objets encore, que je ne saurais identifier dans la demi-obscurité. Il se dégage une forte odeur à base d'encens, d'huile brûlée et de feuilles fanées. Je ne ressens aucun sentiment de dégoût, de peur ou d'étonnement, ou, plus exactement, je m'efforce qu'il en soit ainsi. Je suis comme le plongeur qui retient son souffle, totalement investi dans ce qu'il voit. Pourtant il me

semble communiquer avec cet univers, mais autrement que par la vue, d'une manière que je ne saurais encore définir.

Au bout d'un moment je me sens las et regagne ma place dans l'arrière-cour.

Mon voisin me fait alors ce commentaire : « Oui, j'ai vu Din ou plutôt l'enveloppe charnelle de Din, car celui-là est en réalité parti au loin, vers l'ouest, très exactement sur le mont Kupe, où la personne qu'il va sauver cette nuit est retenue prisonnière. Des sorciers la font travailler pour eux dans des plantations tristement célèbres, paraît-il, où sont rassemblées leurs victimes. Din est en train de la délivrer. Cette personne, c'est Engome, la femme étendue contre le mur, à gauche, à dix pas de nous. Selon les apparences elle est là, mais l'essentiel d'elle-même demeure au Kupe, à moins que Din ne soit justement en train de la ramener. » Ces explications me sont données d'un ton neutre, courtois et à voix basse, comme je pourrais en donner moi-même sur une cérémonie chrétienne à un bouddhiste curieux.

Mon voisin me précise que le tambour ne tonne pas, comme je le croyais, pour avertir du début de l'action, mais pour appeler les génies de l'eau peuplant les profondeurs du fleuve, à quelques centaines de mètres de l'endroit où nous nous trouvons. Ces génies sont d'un grand secours dans la lutte contre les sorciers. Quelques instants se passent quand soudain, au fond de la cour, une vieille femme se met à trembler sur son banc. « Voilà les génies », dit mon voisin. En effet, la vieille femme semble se comporter comme une possédée. Toujours assise, elle lance ses bras en avant et les ramène à elle, en cadence. Comme si une force invisible la saisissait par le cou, sa tête s'agite et bascule de droite à gauche, follement. Tout son corps est pris d'un tremblement convulsif et régulier. Autour d'elle, on s'écarte sans intervenir. Le tambour redouble. C'est alors que je m'aperçois de la présence de Din. Il est parmi nous et se met à faire le tour de la piste en dansant. Il s'approche de la possédée en brandissant ses deux chasse-mouches avec lesquels il la caresse à plusieurs reprises. Il réussit bientôt à la calmer.

Il est maintenant minuit passé, et plusieurs personnes

s'affairent autour des dix-sept feux pour les allumer tous à la fois. Pourquoi dix-sept feux? Mon voisin ne le sait pas. Il hésite même à me répondre depuis que Din est entré en scène. Celui-ci regarde souvent de mon côté et m'adresse des signes entendus que je ne saisis pas. Enjambant quelques corps, il rejoint Engome le long du mur et la ramène maintenant au centre de la piste : l'assemblée applaudit. C'est une jeune femme grande, décharnée; elle dépasse Din d'une demi-tête. Elle a une jambe enflée, me semble-t-il, et marche avec quelque peine. Voilà donc les deux voyageurs revenus du mont Kupe. Ils vont terminer leur randonnée sous nos yeux; Engome, collée au dos de son libérateur, lui entoure la taille de ses deux bras en le serrant très fort. Din, avec cette femme qui traîne la jambe et s'accroche à lui, arpente le terrain libre en tous sens et aussi vite qu'il le peut, pour bien prouver que l'évasion est réussie. Quand ils rasent les feux, leur visage et leur cou ont des reflets métalliques tant ils transpirent. Le couple revient sur nous, zigzague et finalement disparaît dans le petit enclos de tôle.

Din en sort bientôt et, en se dandinant doucement, refait seul le chemin parcouru : deux petits pas en avant, un de côté. Par moments il s'arrête, regarde à gauche, à droite, comme s'il flairait un danger. Depuis qu'il est revenu, il ne cesse de lancer, d'une voix nasillarde, des refrains lancinants que l'assemblée reprend en chœur. J'ai le sentiment que les airs sont connus de tous, mais que certaines paroles sont inventées pour la circonstance. Je retiens : *Wanea mo, wanea mo, Engome e nde o Kupe, wanea mo* (1). « Ramène-

(1) Conventions d'écriture approximatives, utilisées à Douala :

u	vaut	ou français
e	«	é
e	«	è
o	«	o comme dans « or »
s	«	ss
g	«	gu toujours dur
j	«	dj

Toutes les voyelles se prononcent.

Les tons sont indiqués quand ils permettent d'éviter une confusion entre deux mots.

Une écriture phonétique, conforme aux conventions internationales est enseignée au collège Libermann et à l'université.

la, ramène-la, Engome est au Kupe, ramène-la. » Sous l'effet de la chaleur – dix-sept feux sont allumés – et de la danse de Din au milieu de nous, nous sommes bientôt habités par une sorte d'allégresse. Je me surprends à rire tout haut puis à bâiller. Ma voisine elle-même semble sourire et se détendre. On distribue des planchettes de la taille d'une règle de classe et nous les frappons en cadence pour accompagner les chants. La nuit est totale, je suis toujours le seul étranger. Pourtant, dans cette arrière-cour transfigurée, je me sens en toute sécurité.

A partir de deux heures du matin, cette harmonie heureuse va se relâcher. On apporte des dames-jeannes pleines d'un jus laiteux à la sève douce et sucrée, tirée directement du palmier. On distribue aussi, par malheur, de la bière tiède et du mauvais rhum; impossible de refuser. Il y a de longs temps morts. Beaucoup s'endorment sur place. Je n'arrive pas à trouver une position adéquate : quand je croise les jambes ou les pieds, quelqu'un s'approche aussitôt pour les délier et les remettre côte à côte. Juge-t-on mon attitude agressive? Je ne vois pas en quoi, mais je me soumets.

Il semble soudain y avoir un entracte. Din disparaît et réapparaît. Plusieurs personnes vont le consulter dans sa chambre y compris le couple auprès duquel je suis assis. J'ai un bon nombre de questions à lui poser. A chacun de ses passages, je l'arrête. Il se laisse interroger, mais ne donne que des réponses élémentaires; il a l'air de penser que j'ai beaucoup à apprendre. Pourquoi ces feux? Ils dissuadent les sorciers qui sont parmi nous de contrecarrer son travail. Qu'y a-t-il dans l'enclos? Ces tôles cachent un arbuste puissant qui protège Engome. Quand je lui demande si la jeune femme va bientôt guérir, il m'affirme que c'est chose faite. Comme je lui objecte, en mimant sa démarche, qu'elle boite encore, il rit et m'invite à interroger l'entourage sur l'état d'Engome à son arrivée un mois plus tôt, tout enflée, et quasi paralysée. Din décrit avec ses mains un gros corps ballonné. Un coup d'œil complice, et le voilà reparti boire et danser. Quel âge peut-il avoir? Je serais incapable de le dire. Passé la jeunesse, l'Africain semble atteindre un âge indéfinissable jusqu'au jour où il sombre dans l'extrême vieillesse.

Vers quatre heures du matin, je suis sorti de ma somnolence par les roulements du tambour. Du bout des phalanges, avec les paumes et les coudes, l'aide de Din frappe à toute volée. Chacun réajuste son pagne et se lève. Un frémissement parcourt l'assemblée. Din, pieds nus, écrase les dix-sept brasiers, un à un, en dansant dessus. Mon voisin me dit : « Regardez, c'est son miracle. » De fait, la performance est impressionnante. On le voit grimacer. Mais n'est-ce pas le même rictus que tout à l'heure, lorsqu'il faisait « voyager » Engome? Nous passons tous à sa suite en procession à travers la fumée des bûches éteintes et nous l'accompagnons jusqu'à l'enclos où la jeune femme nous attend debout. Elle est admise à se mêler à l'assemblée qui a envahi la piste. Est-ce que je me trompe? La boiteuse semble danser normalement. Quant à moi, je retourne auprès de mon couple. Nous sommes les trois seules personnes de la cour encore assises. Je suis tout à la fois ébahi, subjugué et... lassé.

Un halo au ras des toits : l'équilibre de la nuit imperceptiblement se modifie. A proximité de l'équateur le jour éclate tout d'un coup. Il fait noir encore, mais je pressens le renversement. Cependant, impossible, sans mécontenter Din, de m'en aller avant le repas final. Pour me dégourdir un peu les jambes, je vais voir sur place où en est sa préparation. Ce repas, l'épouse de Din l'apprête depuis plusieurs heures derrière l'enclos. « J'ai fait cuire une chèvre qui a été sacrifiée la veille, me dit-elle avec naturel, au nom et à la place d'Engome à qui les sorciers réservaient ce sort-là. » Elle a ajouté le plantain qui porte un nom particulier : *miele ma sese*, et certaines herbes comestibles qui ont guéri Engome. Elle y a mêlé des condiments et des fleurs secrètes que toute femme de nganga connaît et qui donnent au plat son arôme. Tout est prêt maintenant. Din s'empare de quelques morceaux qu'il éparpille aux quatre coins de la cour : les ancêtres doivent être servis les premiers. Il nous répartit ensuite autour de grandes cuvettes, car la dégustation comporte des règles. J'ai droit à une place à côté d'Engome. Chacun s'accroupit sur ses talons, plonge dans le plat collectif ses dix doigts repliés à la fois et porte la nourriture à sa bouche grâce à un tour de poignet facile à attraper. Je regarde bien mes voisins, puis je me décide à mon tour, les doigts crochus mais le cœur allègre. Seul Din ne touche pas à cette nourriture. Repas pris en silence, jusqu'à ce que plus rien ne reste, repas d'une grande saveur symbolique après toutes ces heures vécues ensemble par mes compagnons pour la libération d'un des leurs.

L'accès au rivage.

Au petit matin de ce 5 février 1971, rentré chez moi, je ressens l'impérieux besoin de dormir. Ce besoin n'est pas dû à une fatigue purement physique. D'habitude, je ne cherche pas le sommeil immédiatement à la fin d'une longue veille, à plus forte raison lorsque j'ai bu de mauvais alcools, mais quelque chose est différent ce matin; je « désire » dormir profondément. J'éprouve une sorte de lassitude et en même temps une grande sensation de paix : l'impression de déboucher enfin sur une plage, après la traversée solitaire d'une forêt interminable, comme il s'en trouve le long de la côte. La plage, c'est l'accès à l'Océan, mais ce n'est pas encore la traversée. Avant de m'abandonner au sommeil, je tente d'analyser tout ce que je ressens.

Il s'exerce d'abord en moi une forte résistance intérieure qui doit, en partie au moins, être causée par la fatigue. Les lenteurs, les temps morts, les défauts de l'organisation, un certain désœuvrement ont éprouvé mes nerfs. Bien des rites me sont restés parfaitement hermétiques. Je ne fais que balbutier la langue douala, aussi le sens des mots m'a-t-il souvent échappé. Demain, je vais retrouver la malade et sa famille pour les interroger; relever les paroles que j'ai enregistrées au magnétophone; obtenir de Din qu'il m'explique l'ensemble de la cérémonie et le sens de chacun des rites. Il me faudra passer nécessairement par ces démarches pour tenter de comprendre. Et j'en mesure à l'avance l'extrême difficulté et toutes les forces qu'il me faudra concentrer pour y parvenir.

Je me sens à vrai dire comme dédoublé. Je suis pris d'un doute sur la validité de l'expérience. Venu de mon plein gré à la séance, j'ai cautionné Din par ma seule présence au premier rang de l'assemblée, d'un bout à l'autre de la nuit. Au moment où les jeunes Africains sont attirés dans un univers nouveau, celui des lumières, de la science et d'un mode de vie planétaire, pourquoi suis-je tout au contraire entraîné dans le monde de la nuit, des symboles et des rites initiatiques? Pourquoi suis-je attiré par les manifestations d'une culture de toute évidence d'ores et déjà condamnée? Question irritante, que je repousse comme une tentation, mais à laquelle, un jour, il me faudra bien répondre.

Et pourtant, je me sens apaisé. J'ai l'impression d'avoir trouvé ce que je cherchais confusément. Quatorze années après mon arrivée à Douala, je découvre pour la première fois l'éclatante expression de la culture africaine dont les bienfaits sont certains et qui ne doit rien à l'Europe. Les jours de fête, la population de Douala est conviée à des manifestations traditionnelles sur les places publiques, où des délégations des différents quartiers exécutent des danses et reproduisent des cérémonies d'antan. Tout autre est la séance de nuit chez Din. Elle ne cherche pas à démontrer l'existence d'une culture africaine, mais elle est l'exercice même de cette culture dans l'une de ses fonctions principales : la guérison. Ici, personne ne donne l'impression de jouer. Il s'agit de rendre la vie à quelqu'un, de rétablir l'équilibre d'une famille. Ma présence même n'a pu modifier l'ordonnance de la cérémonie, encore moins ses objectifs. Peut-être que Din a mis plus d'application à danser, mais il n'en a pas pour autant retardé la libération d'Engome. Si je l'avais gêné, il aurait trouvé un prétexte pour m'écarter. Je reste persuadé de l'authenticité de la cérémonie. La porte de la connaissance s'entrouvre pour moi.

Ce traitement est le premier d'une longue série et marque le début de mes démarches. Je retournerai chez Din le samedi suivant et de nombreuses fois encore, jusqu'à devenir un habitué de ses séances de nuit. Je rencontrerai ensuite plusieurs de ses collègues, hommes et femmes, qui exercent à Douala ou ailleurs. La découverte progressive de leur univers est l'objet de ce livre. Mais cette première nuit est aussi l'aboutissement d'un itinéraire personnel qu'il me faut préalablement expliquer. Je ne me suis pas rendu chez Din par hasard. Il ne s'agit pas d'une curiosité momentanée, comme celle de touristes ou d'Européens résidant aux alentours, attirés par le son du tambour et curieux de voir se dérouler une fête de quartier. Ceux-là se tiennent debout dans un coin reculé de la cour, malgré les invitations qui leur sont faites de s'asseoir; ils prennent deux ou trois photos et se retirent discrètement, un peu ahuris. Je ne viens pas non plus en tant qu'ethnologue ou comme critique. Mon cas est tout différent. J'ai été, pour ainsi dire, « appelé » chez Din.

Franchir la distance.

Je suis arrivé à Douala quatorze ans plus tôt, en septembre 1957. Je rejoignais une équipe de cinq jésuites qui m'avaient précédé de quelques semaines. Nous devions prendre en charge un établissement d'enseignement catholique, le collège Libermann. Nous étions nouveaux dans le pays, sans aucune expérience de l'Afrique noire. J'avais derrière moi plusieurs années de vie religieuse passées à étudier les lettres et la philosophie, mais je n'étais pas encore prêtre. Deux ans plus tard je devais commencer l'apprentissage de la théologie. En attendant, il était convenu que je donnerais des cours de français et d'anglais aux élèves du collège. On m'y avait envoyé pour renforcer l'équipe, mais aussi parce que j'avais toujours manifesté le désir d'être missionnaire.

Je dois encore mentionner une expérience marquante et encore toute fraîche, susceptible de faire comprendre l'état d'esprit qui était alors le mien : à cette époque la guerre battait son plein en Algérie. J'avais été rappelé en 1956 comme tous les jeunes gens de ma classe, et affecté à une unité de fusiliers marins qui opérait à la frontière algéro-marocaine. Je venais d'être démobilisé. J'avais encore les yeux remplis de visions dramatiques, d'autant plus douloureuses pour moi qu'autrefois j'avais passé deux années au Liban. La guerre m'avait bouleversé. Je n'évoquerai qu'une seule image qu'il m'est impossible d'oublier. Elle est significative : c'est celle d'un prisonnier berbère qui partagea notre existence dans le djebel pendant quelques semaines. Au lieu d'envoyer le prisonnier au centre des interrogatoires, nous avions réussi à le garder avec nous. Nous aidions cet homme à faire le mort, parce que nous le considérions comme tel. En effet, au cours d'une embuscade nocturne dressée le long d'un oued, tous les hommes de la section avaient tiré sur lui dans un tonnerre de feu, sous la lune. Ce Berbère qui était un paysan, forcé par les fellaghas à leur servir d'éclaireur, s'effondra avec son âne. A notre grande surprise, il n'avait reçu qu'une balle dans le pied. Imprécision des tirs de nuit, coups volontairement déviés, miracle? Nous eûmes pitié de lui et décidâmes qu'il était « mort ». Il ne parlait pas le français, nous ne parlions pas l'arabe. Nous le regardions : noble, impassible, tête rasée et pied plâtré, couvert de sa djellaba blanche. Il nous rendait notre regard. Cet homme inaccessible, qui disparut bientôt, resta tout le temps de son séjour parmi nous à une distance insupportable que je m'engageai intérieurement à franchir. Je fus dorénavant obsédé par le besoin d'une « vraie » rencontre.

***

J'arrivai à Douala quelques jours avant la rentrée scolaire, pénétré du désir de connaître le monde des élèves qui allaient m'être confiés. Il me semblait illusoire de prétendre leur enseigner ne serait-ce que la langue anglaise sans une approche culturelle préalable. Mon avenir dépendait de ces enfants qui allaient être mes premiers interlocuteurs au Cameroun. Je ne venais pas dans ce pays à titre provisoire, mais pour y demeurer une grande partie de ma vie missionnaire. C'est pourquoi j'allais être concerné par les moindres variations de nos rapports, les plus légères inflexions de leur confiance à mon égard. Un véritable temps d'épreuve commençait pour moi : le baromètre allait signaler d'étranges oscillations, dont j'ignorerais souvent les causes. Un écart imprévisible s'établirait entre eux et moi, non pas hostile comme celui que j'avais connu durant la guerre mais à un certain niveau, tout aussi désespérant. Je souffrirais du subtil et continuel décalage entre l'image qu'ils me fourniraient d'eux-mêmes et leur personnalité indéchiffrable.

Incontestablement l'architecture même du collège et son organisation étaient un écran entre nous. Rien de camerounais dans ce lieu, copie conforme d'un établissement français : deux bâtiments blancs à longue façade où sont rationnellement répartis dortoirs, classes, réfectoire, chambres des professeurs; une chapelle, un préau et un terrain de football.

Libermann est un collège qui paraît sale une partie de l'année durant laquelle de grands pans de ses murs se couvrent d'une moisissure noire. Quelques ornements évoquent la Colonie : tels ces lourds volets à manipulation verticale que l'on rabat à la manière de trappes dans un grand claquement de tout l'édifice quand une pluie serrée tombe à l'oblique. Mais comment donc aurait-il fallu le construire, ce collège, pour recevoir deux cents jeunes gens appelés à préparer ensemble le brevet et le baccalauréat? Structure oblige. Les programmes scolaires sont conformes à ceux de l'université de Bordeaux, maîtresse des sujets d'examen et de la correction des copies. Et nous venons à la rescousse d'un corps professoral en majorité français, qui enseigne ces programmes en langue française à des élèves venus de tout le Sud-Cameroun et dont la langue commune se trouve être, par la force des choses et de l'histoire contemporaine, le français.

Bien sûr, j'aurais pu me contenter du dépaysement offert par la nature s'imposant jusqu'au cœur de la ville, malgré le bitume, le béton et toute l'énergie dépensée à la rendre tolérable. Signe brutal et muet d'un autre monde que le mien, qu'allait-elle me révéler? Quatre mètres d'eau par an. Pluie d'apocalypse qui, lorsqu'elle n'est pas soulevée par le vent, tombe lourdement pendant des heures, parfois des jours, sans interruption. Une pluie chaude et apparemment débonnaire. Les enfants sortent pour se laver et danser sous son empire, mais ils rentrent bientôt et restent tapis chez eux, la pluie prenant, à la longue, l'allure menaçante d'un fléau. La végétation déborde. Dans la moindre fissure, une pousse surgit.

***

Je garde le souvenir de mon premier cours comme d'une petite distance franchie entre mes élèves de sixième et moi. Trente garçons figés au garde-à-vous m'interrogent des yeux. Je tarde à parler tant je suis impressionné par leur attitude. Ce que je dirai tombera comme des ordres. Je ne suis pas dupe de ce comportement guindé des jours de rentrée qui est partout le même. Mais ces élèves-là mettent une application peu ordinaire à m'écouter. J'en comprends la raison : ils ont quelque peine à me suivre parce qu'ils sont habitués à des instituteurs africains, et mon ton de voix les déroute. Pourtant leurs yeux vont bientôt s'allumer et pétiller, jusqu'à ce que l'accommodation soit générale. Toutefois, l'application « militaire » ne faiblira pas; ils ne feront que se détendre et seulement un peu. Ils seront ces élèves studieux et patients dont tout professeur rêve. La faille : ils ne s'intéressent qu'au programme, qu'aux manuels, qu'aux examens à préparer. Mes tentatives pour les ouvrir à la lecture échoueront. Je suis seulement, à leurs yeux, chargé de dispenser un savoir, qui conduit à un diplôme. Le reste est hors du sujet. Chaque fois que je déborderai du programme, poliment ils me le feront sentir. C'est un premier avertissement. Je sens que les enfants ont des mobiles, obéissent à des lois inflexibles auxquelles ils entendent que je me plie, sans m'en révéler le contenu.

Une ardeur aussi vive peut se comprendre dans le climat politique du Cameroun. D'abord colonie allemande, puis territoire sous mandat anglais et français après la guerre 14-18, le Cameroun se trouve encore sous tutelle en 1957. Mais l'indépendance est imminente et cela ne va pas sans tension. Une rébellion armée occupe la grande forêt aux portes de Douala. Des commandos surgissent en ville et créent un climat d'insécurité. Les élèves vibrent. Par exemple, ils aiment monter dans la fourgonnette du collège parce qu'elle porte à l'avant et en grosses lettres le nom de *Libermann* : ils entendent donner à ce terme le sens d'« homme libre », alors qu'il désigne tout simplement un célèbre missionnaire. Pour suivre les événements, les élèves ne se contentent pas de prêter l'oreille aux rumeurs des quartiers, ils lisent tous les journaux qui leur tombent sous la main; en particulier *le Monde* – M. Beuve-Méry aurait été certainement surpris de se découvrir de jeunes lecteurs aussi appliqués.

Au lieu de disperser leur attention, l'effervescence politique donne des raisons de travailler à ces jeunes collégiens. Même les plus jeunes pressentent qu'un pays libre aura besoin de nouveaux chefs, ingénieurs, techniciens, et surtout politiciens. Ils croient en l'efficacité de la parole... Ils rêvent, mais cela ne trouble pas leurs études. Aux périodes d'examen il nous faut rôder dans les dortoirs pour faire éteindre les lampes de poche avec lesquelles certains prolongent leur travail. Quant à nous qui venons d'arriver, ne nous sentant pas solidaires de la colonisation, nous communions avec nos élèves. Le souffle des libertés, les élans de nationalisme résonnent à nos oreilles comme de vieux refrains inspirés par notre propre histoire. Ces enfants sont prêts à discuter indéfiniment sur ces thèmes sans nous livrer pour autant quoi que ce soit d'eux-mêmes.

Il me semble que des pans entiers de leur existence m'échappent. Durant les intervalles qui séparent les cours, nos jeunes élèves restent plantés, le dos au mur, le long de leur salle de classe. Je revois leurs visages immobiles, impavides, et – surprenant contraste –, l'extrême agilité de leurs yeux. Ils observent de manière si aiguë qu'ils en deviennent mimétiques. Quand certains d'entre eux saluent l'un de nos collègues qui a passé une partie de sa vie en Chine et en a gardé les manières affables... ils ont l'air chinois! Cela dépasse la simple tendance de l'adolescent à imiter l'adulte. Je ne crois pas qu'ils aient la sensibilité, la tournure d'esprit des Français de leur âge, mais je serais bien en peine de caractériser les leurs tant ils excellent à me renvoyer le reflet du monde d'où je viens.

Averti, je ne tarderai pas à noter des anomalies dans leur comportement social. Je punis par exemple l'un d'eux parce qu'il arrive régulièrement en retard, m'attendant, de la part de ses camarades, à une attitude de neutralité, ou même, à une certaine complicité sympathique. A ma grande gêne, au contraire, toute la classe se dresse contre lui au point que je dois prendre sa défense. Cette même classe montre également son hostilité à l'élève qui réussit le mieux. Un jour, nous organisons un tournoi de ping-pong pour occuper un après-midi pluvieux. Les enfants participent avec entrain aux éliminatoires. Jusqu'aux quarts de finale, l'intérêt se maintient. Mais les demi-finalistes affichent une telle indifférence que la soirée se termine sans vainqueur. Pourquoi? J'apprends que tout élève qui se singularise pour le meilleur ou pour le pire est ouvertement ou secrètement désapprouvé par ses camarades.

J'ai alors la révélation brutale que la vie de ces jeunes, par-delà les apparences, a un envers. Peu de temps après mon arrivée, un garçon nommé Bona est brusquement pris, au dortoir, de tremblements convulsifs qui font croire à une crise d'épilepsie. Il est secoué de spasmes violents et réguliers que nous n'arrivons pas à maîtriser. Les bras tendus, il crie : *Madiba, madiba*, aussitôt traduit par un témoin à notre attention : « De l'eau, de l'eau. »

Aspergé d'eau, il finit par se calmer. Ses camarades expliquent : « Ce n'est pas une crise ordinaire. C'est le *jengu*, le génie de l'eau. Le *jengu* ne veut pas que Bona reste au collège. » De fait, Bona ne réussira pas, malgré mes efforts, à suivre les cours. Il restera assis jour après jour, des heures durant sur son banc, prostré, absent. A la fin, pour l'éloigner des « mauvaises influences », ses parents l'enverront dans le nord du pays et je ne le reverrai jamais.

A la suite de cet incident, les élèves mis en confiance me racontent des histoires de sorcellerie; ils évoquent des génies, leurs ancêtres, avec une telle volubilité, un tel luxe de détails, tant de vie et de conviction, que je sens se dérober sous moi mon sol culturel. J'écoute ces récits avec un visage impassible, sachant que le moindre sourire de ma part les interromprait immédiatement. Mais, en fait, je n'ai aucune envie de me moquer, je suis ému plus qu'il ne paraît : ces enfants m'entraînent déjà à tâtons dans les grottes profondes de leurs croyances...

Notre situation est devenue vraiment inconfortable. Et si je parle au pluriel c'est que plusieurs de mes collègues partagent mon sentiment. Comment entreprendre l'éducation de jeunes garçons sans connaître les soubassements de leur culture? Les ouvrages de G. Balandier, *Sociologie actuelle de l'Afrique noire, les Brazzavilles noires, l'Afrique ambiguë* ont paru, et le film de Jean Rouch, *Moi un Noir*, vient de sortir. Nous avons lu aussi les historiens des religions et d'autres classiques de l'ethnologie. Cela renforce notre foi dans l'existence des civilisations africaines, mais ne nous permet pas d'inventer une pédagogie. Et nos élèves ne nous sont d'aucun secours. Ils résistent à l'idée d'appartenir à deux cultures, la leur et celle de l'Europe. Ils sont traversés par des courants de modernité et de tradition si mêlés qu'ils sont incapables de les distinguer. Un atout majeur nous manque : la connaissance du monde d'où viennent ces adolescents. Et il ne faut pas compter sur eux seuls pour nous la livrer. Faute de mieux, nous nous efforçons de vivre au plus près de nos élèves pour nous laisser gagner progressivement, *comme par osmose*. Nous partageons souvent avec eux repas et loisirs, et nos bureaux leur sont ouverts. Notre régime de vie est aussi modeste que le leur. Nous ne nous conduisons pas ainsi par tactique, mais spontanément, comme pour réduire l'écart qui nous sépare. Toutefois si leur extrême gentillesse nous encourage, en vérité, elle ne nous apprend rien.

Notre sort n'est pas exceptionnel. La plupart des Européens exerçant une profession dans cette ville connaissent une situation plus délicate encore : ils côtoient les Africains et les ignorent. Certains de nos compatriotes – ils sont environ 8 000 à Douala – en concluent que les Noirs n'ont pas de culture propre et nous mettent en demeure de prouver le contraire. A la différence des enseignants comme nous, beaucoup d'entre eux ont des contacts artificiels avec la population. En dehors de leurs « boys » aux réflexes conditionnés, les Blanches se heurtent aux employés tatillons des P.T.T. et aux divers vendeurs d'objets d'art. Quant à leurs maris, ils reviennent du travail excédés, disent-ils, par l'inertie de leurs employés et l'incompétence de leurs directeurs africains. On ne leur renvoie qu'un reflet terni de leur civilisation. Mais qui accuser? En fait, certainement moins les hommes que les structures.

Dans de telles conditions, est-il possible d'accéder à la connaissance de la culture des autres? J'emploie ce mot « culture » à contrecœur, avec la crainte d'être mal compris. Par ce terme, je ne désigne pas l'écume luxueuse d'une civilisation, mais l'esprit très particulier d'un peuple, insaisissable. Qui peut en rendre compte autrement qu'en renvoyant à des objets qui tombent sous le sens? C'est bien là, pour moi, une source de vif malaise et d'irritation. Je devine la présence de cet esprit qui me ferait comprendre mes élèves, mais je n'en vois qu'exceptionnellement les traces. Je me surprends à regarder les plus vieilles maisons de la ville, dans l'espoir furtif d'y trouver la marque d'un style propre, mais ces belles cases épaisses, rouillées et moussues ne rappellent rien d'autre que le temps de la colonisation allemande. La seule écriture inventée dans cette partie du monde est celle que le sultan Njoya, très au nord de Douala, a créée au début du siècle pour les besoins de sa cour : un objet de curiosité sans aucune portée pratique. Dans cette ville et dans ce collège tout – ou presque – me ramène à ma propre histoire. Après un trimestre d'enseignement, je suis pris d'une furieuse envie de quitter les lieux. Mettre à profit les vacances scolaires pour arpenter le pays et *apprendre*.

⁂

Le Cameroun est divisé en deux parties : le Nord et le Sud. Cette constatation aussi simpliste correspond à une réalité. Mis à part leur passé colonial, le Nord et le Sud diffèrent en tout point. La géographie, le climat, les langues, les religions en font deux mondes étrangers. Au nord, la savane, la chaleur sèche, la présence de l'Islam et la persistance des religions coutumières, des langues d'origine soudanaise, des hommes de haute taille et au teint acajou; au sud, la forêt, l'humidité, le christianisme, des langues bantoues, des hommes de taille moyenne et au teint cuivré. Seule la récente histoire a fait que ces hommes qui diffèrent plus les uns des autres que les Norvégiens des Grecs appartiennent à une même nation. Je choisis d'abord de visiter le Nord.

Je ne raconterai pas cette première rencontre dont je suis revenu émerveillé. Le Nord m'a offert tout ce que je lui demandais : d'heureuses vacances, des paysages somptueux, l'aventure, mais surtout ce que je cherchais secrètement : la preuve physique de l'existence de l'Afrique. Voilà pourquoi j'ai été si réceptif à ce qui frappait mes sens : les langues chantantes, les parfums pénétrants, la lumière. Je me donnais ainsi l'assurance que j'étais capable de percevoir l'Afrique originelle et insolite. Cette expérience, pourtant, ne dépassait pas le stade des impressions. Il m'aurait fallu suivre à leur pas les Bororo et leurs troupeaux, connaître les Banana autrement que par leurs chants, rester plusieurs mois dans un village. Quels étaient leurs préoccupations, leurs désirs, leur foi? L'essentiel m'échappait. L'éclat du Nord était aussi trompeur que le masque européen de mes élèves.

Pendant les autres vacances scolaires de ces deux premières années au Cameroun, j'ai arpenté le sud du pays avec la même ardeur. Ce que m'a offert le Sud? Des plages infinies sur l'Océan, une montagne de 4 000 mètres aux portes de Douala, le mont Cameroun, et une forêt innombrable à pénétrer.

René Bureau, alors professeur au collège Libermann, réunissait les documents de sa thèse (1). Je l'accompagnais

(1) R. Bureau : *Ethnosociologie religieuse des Douala et apparentés*, collection « Recherches camerounaises », 1962, Yaoundé.

souvent. Après avoir tant circulé à la recherche de je ne savais quoi, je finis par acquérir cette conviction : les circuits de vacances ne m'en apprendraient pas plus sur le fond des choses que la vie du collège. Je devais imaginer une autre approche.

Il existait une rencontre d'un troisième type. Je m'y essayais souvent sans en deviner toutes les promesses. Il fallut ces agréables mais vaines explorations à la surface du pays pour me ramener à la réalité de Douala et m'ouvrir les yeux. Il m'arrivait, en effet, de rendre souvent des visites de courtoisie aux familles de mes élèves qui habitaient des quartiers populaires de la ville. Avec une dizaine de collégiens dans ma camionnette nous descendions pendant quelques instants chez chacun d'eux. C'était une tournée *a priori* fastidieuse à cause du nombre et de la rapidité des visites et de mon ignorance des langues locales. Mais, chaque fois, j'en revenais heureux. L'hospitalité était totale et spontanée. L'envie ne me prenait pas, comme au collège, d'arracher un voile insaisissable. Je commençais à percevoir que mon intégration dans ce milieu n'était pas impossible. Ma résolution était prise : je m'enracinerais dans un quartier de Douala.

Ce projet faillit, hélas, n'être jamais mis à exécution. Les années passèrent. Comme prévu, je revins en France pour étudier la théologie et être ordonné prêtre. J'achevai le cycle de formation des jésuites par une période de noviciat consacrée principalement à la prière. Puis je passai cinq nouvelles années au Cameroun, avec des occupations me laissant peu de loisir, au collège Libermann d'abord, et ensuite à l'aumônerie de l'université de Yaoundé. C'est alors qu'arriva pour moi un accident imprévu. La raison, brièvement résumée, en était la suivante : des étudiants s'étaient mis en grève; j'avais cru bon de faire méditer la communauté chrétienne universitaire sur l'événement. Mon intervention déplut en haut lieu. En septembre 1969, je dus quitter le Cameroun (1).

(1) Le contexte politique de cette grève est présenté par J.F. Bayart, *l'Etat au Cameroun*. Presses de la Fondation nationale des sciences politiques, Paris, 1979, pp. 129 et 130.

Mission terminée?

A Paris, je voulus reprendre souffle et réfléchir. J'avais certes obtenu un visa de retour au Cameroun, l'incident qui avait provoqué mon repli n'étant pas assez grave pour me valoir une expulsion définitive. Mais devais-je repartir? J'étais questionné au plus profond de moi-même, de manière lancinante, obsédante. Il ne s'agissait pas de n'importe quel tournant à négocier, mais de l'orientation même de ma vie. Rester ou repartir? Allais-je persévérer dans ma vocation missionnaire? Avec l'aide d'un jésuite, mon ancien maître, je repassai lentement en mémoire les motifs qui m'avaient poussé autrefois à quitter ma famille et mon pays pour l'étranger. Il ne s'agissait pas de faire une véritable analyse approfondie de mon enfance. Je n'en avais nulle envie, et ce maître n'était pas un psychanalyste. Je voulais seulement comprendre d'où me venait encore, à quarante ans, cet étrange désir de *partir*.

Je dus remonter au-delà de ma naissance, jusqu'au confluent de ma famille paternelle et de ma famille maternelle toutes deux nobles et chrétiennes, pour découvrir à quel point j'étais prédestiné à la vie de jésuite missionnaire. Au mariage de mes parents, elles s'étaient retrouvées comme les deux bras d'un fleuve au bout d'une île. Je m'explique ainsi, pour une part, l'entente harmonieuse dont mon père et ma mère ont donné l'exemple leur vie durant. Ils avaient même un parent commun dont on faillit m'attribuer les prénoms, Antoine-Nicolas; j'y échappai, car, à l'époque, le second faisait rire. Mes parents furent élevés dans les mêmes eaux douces et disciplinées, bien que lui habitât le Boulonnais et elle, la Normandie. Des deux côtés, depuis plusieurs générations, si les filles grandissaient au château, les garçons allaient chez les jésuites dans les collèges de l'exil, où les avait conduits la loi antireligieuse de Combes, au début du siècle, puis dans les collèges de France après leur rétablissement. Mon père, leur ancien élève, fut nommé, à sa sortie de l'Ecole polytechnique, officier instructeur à l'école d'artillerie de Fontainebleau, où je suis né.

On m'a souvent rappelé que les jésuites de Normandie venaient travailler ou se reposer chez ma grand-mère maternelle. Et le frère cadet de ma mère – pour ne citer que mon plus proche parent parmi les religieux de la famille – se fit jésuite, sans surprendre personne. Il passa une grande partie de sa vie à sillonner l'ouest de la France, prêchant infatigablement ce qu'on appelait alors « les Missions de l'intérieur ». C'était un homme bon et exemplaire que je regardais avec admiration lors de ses rares visites à mes parents.

Aussi loin que ma mémoire me le permet, je me vois joindre les mains, apprendre à lire, faire l'espiègle dans le sein de cette grande famille chrétienne traditionnelle, où je respirais à mon aise. Je garde le souvenir de vacances incomparables prises dans une tribu de cousins et de cousines qui avait son code de gaieté. Et pourtant nous étions en 1940 et j'avais dix ans. Mon père fut fait prisonnier et nous dûmes quitter le Boulonnais, ma mère, mes frères, mes sœurs et moi, suivre les colonnes de l'exode et nous réfugier dans la Sarthe. Ces événements auraient dû peut-être entamer la joie de mon enfance... Comment expliquer qu'il n'en fut rien, au moins en profondeur, et que cette joie soit devenue comme invulnérable, au point de m'habiter encore aujourd'hui? A onze ans, l'âge où les enfants prennent parfois des décisions pour toute une vie, sur cette plage étrange et calme qui précède l'adolescence, je sus clairement que je serais missionnaire. Le jour de ma confirmation, je me sentis envahi d'un sentiment de plénitude indicible que je devais impérativement communiquer jusqu'au bout du monde. En 1949, après des études secondaires poursuivies au hasard des bousculades de l'après-guerre, dans différents collèges tenus par le clergé ou les jésuites, j'entrai chez ces derniers en demandant explicitement à partir un jour dans un pays de mission. C'était la seule condition qu'un candidat pût présenter dans un ordre où la disponibilité doit être totale. J'avais l'accord inconditionnel de ma famille, sans que personne, pas même ma mère, qui désirait tant cette orientation, n'ait eu conscience, je crois, de m'avoir influencé. Le courant familial affluait en moi comme dans son lit. Que je sois envoyé au Cameroun plutôt que dans un autre pays devait dépendre seulement des circonstances.

En me remémorant le passé, je n'éprouvai aucune gêne à chercher dans les ressorts de mon éducation les raisons de ma vocation missionnaire. En abordant cette expérience religieuse à travers ma psychologie d'adolescent, je n'entendais pas réduire sa dimension irrationnelle et mystique. Je cherchais à découvrir pourquoi je m'étais lancé à corps perdu dans la voie missionnaire au point d'en faire mon unique raison de vivre. Je découvris ainsi le pouvoir d'équilibre de cette vocation. Elle m'avait permis de concilier concrètement mon adhésion à la foi chrétienne dans laquelle on m'avait élevé et mon désir d'indépendance. Tout était sauf, si je partais à l'étranger. J'irais communiquer à d'autres hommes cette joie et cette vérité dont ma famille me semblait intensément chargée. Je remplirais la fonction de missionnaire, la plus haute à mes yeux. Et je quitterais père, mère, frères et sœurs, comme le conseille l'Evangile. Sans doute avais-je résolu, à ma manière et sans calcul, dans le contexte particulier d'une vocation religieuse, le problème de mon émancipation. Ma persévérance s'explique-t-elle ainsi?

Après avoir passé au crible l'appel de mon enfance, je le retrouvai comme une poterie sortie des fouilles, qui aurait gardé intacte sa forme originale. Je considérais toujours la décision de mes onze ans comme déterminante. Mon désir de " partir au loin " n'était plus formulé dans les mêmes termes, mais restait aussi impérieux. On me disait à Paris : « Qu'allez-vous faire là-bas? On manque de prêtres en France. La Mission, vous la trouverez ici. » Là n'était pas la question : je désirais vivre dans un monde autre que le mien. Bien sûr si, pour des raisons stratégiques, mes supérieurs m'avaient demandé de rester, je leur aurais obéi. Mais un jésuite sur trois travaille hors de son pays natal, et je me situais dans la tradition missionnaire de mon ordre. Il y avait une coïncidence, peut-être une confusion – l'avenir le montrerait – entre ma vocation et mes désirs d'homme. J'en accusai, sans aucun regret, l'éducation fortement intégrée que j'avais reçue.

La première scène de *l'Annonce faite à Marie*, lorsque Anne Vercors explique son départ, me venait souvent à l'esprit. Je voyais une analogie entre la situation imaginée par Claudel et la mienne. La découverte de cette parenté spirituelle m'en disait plus long que toutes les analyses. Les raisons données par Anne Vercors à sa vieille compagne qu'il va quitter après tant d'années de bonheur trouvaient en moi une résonance particulière :

La mère : *Seigneur, tu pars? C'est pour de bon? Et où c'est que tu vas?*

Anne Vercors, montrant vaguement le midi : *Là-bas.*

La mère : *Mais nous sommes ici bien à l'aise et personne ne touche à Rheims.*

Anne Vercors : *C'est cela.*

La mère : *C'est cela quoi?*

Anne Vercors : *C'est cela, nous sommes trop heureux. Et les autres pas assez.*

La mère : *Anne, ce n'est pas notre faute.*

Anne Vercors : *Ce n'est pas la leur non plus.*

⁂

Mais la décision de repartir ne tenait pas seulement à moi. Je menais mon débat solitaire à une époque où beaucoup s'interrogeaient publiquement sur l'opportunité de la présence de nouveaux missionnaires étrangers en Afrique. Entre 1941, l'année où naissait ma vocation, et 1970, l'année où je la mettais en question, l'Eglise africaine avait pris forme. Le pape Paul VI, en visite à Kampala, venait d'adresser à la foule des chrétiens ce mot significatif et immédiatement répercuté : « *Africains, vous êtes désormais vos propres missionnaires.* » Or j'avais l'intention de regagner le Sud-Cameroun, l'une des régions d'Afrique où le nombre des chrétiens et la proportion des prêtres nationaux étaient les plus forts. Si j'en reprenais le chemin, ce ne pouvait donc plus être sous l'étiquette " missionnaire ".

Sur le conseil du maître qui me dirigeait, je m'efforçai de définir les nouvelles conditions de présence d'un prêtre étranger dans un pays africain à forte densité chrétienne. Le résultat parut dans la revue *Etudes*, sous la forme d'un article dont j'empruntai le titre, « Mission terminée », à un romancier camerounais. J'y ajoutai un point d'interrogation (1). Qui me connaissait n'aurait pas de mal, sous ce débat général concernant les prêtres de ma génération, à deviner ma propre recherche. En fait, je crois bien avoir écrit cet article, avant tout, pour me compromettre à mes yeux. Le résultat de plusieurs mois de réflexion, fixé par les caractères d'imprimerie, engageait plus sérieusement l'avenir qu'une simple résolution écrite à la main. Cet article devait déterminer mon comportement dans les années suivantes.

Le plus clair de la conclusion tenait en deux propositions pratiques à l'adresse des prêtres étrangers désireux de servir en Afrique chrétienne aujourd'hui. Il leur fallait consentir un investissement culturel considérable sur les lieux mêmes où ils étaient appelés à vivre : apprendre la langue communément parlée; étudier les coutumes qui continuent d'informer la vie sociale; connaître les croyances ancestrales qui peuplent l'arrière-monde des nouveaux chrétiens; partager dans sa vérité la vie quotidienne de la population. Je conseillai encore la modestie et la discrétion. Il fallait éviter l'accès aux fonctions ecclésiales voyantes. Au moment où les Africains devenaient chrétiens à leur manière, il eût été absurde que des Européens continuent de tenir les postes représentatifs. Je concluai, en imaginant mon propre profil : « Je vois une place dans ces pays pour des prêtres étrangers dont la surface officielle serait réduite, mais dont le réseau des relations personnelles, par contre, s'étendrait : ils vivraient sans grande référence aux titres et aux institutions, comme des prêtres parmi leurs amis, croyants parmi d'autres croyants. »

(1) « Mission terminée? » *Etudes*, Paris, mai 1970, pp. 737 et suivantes.

Ce programme serait critiqué. On y verrait une politique de repli, une dé-mission. Or il exigeait en fait du candidat une qualité première qui le ferait ressembler comme un frère au missionnaire d'antan : le désir impérieux de communiquer sa foi. Son comportement serait différent, mais rien de ce qui fait l'essence de la vie missionnaire ne se perdrait. Il prêcherait moins, baptiserait peu, ne construirait pas de nouvelles églises dans des pays où d'autres s'en chargeraient, mais serait un humble témoin de l'Evangile au beau milieu de la vie. Il ne brillerait pas comme une lumière sur la colline, mais il se perdrait – selon une image tout aussi évangélique – comme le levain dans la pâte.

J'envoyai cet article sans aucun commentaire au supérieur des jésuites du Cameroun, un Camerounais. J'étais convaincu qu'il lirait l'article à ses deux niveaux, le plus général, celui qui traitait de l'Eglise contemporaine, et le plus particulier, à savoir le mien. Je décidai que sa réaction serait déterminante : s'il soutenait ma thèse, je retournerais au Cameroun; s'il en critiquait le fond, je demanderais à rester en France. Le procédé peut paraître abrupt. Il donnait à ma décision le caractère d'objectivité qui lui manquait.

Au cours des mois suivants, mon supérieur m'écrivit plusieurs lettres. Aucune ne faisait allusion à l'article. Il avait dû recevoir le manuscrit, puis la revue *Etudes* à laquelle il était abonné. Ce mutisme imprévu me désarma. Finalement, je pris ce silence pour une invitation à me décider seul. Et je résolus de regagner le Cameroun. Je lui demandai la liberté de passer une année dans un quartier de Douala pour y apprendre une langue. Il me donna chaleureusement son accord.

J'irai loger au fond du quartier.

En octobre 1970, quelques mois avant de découvrir l'intense activité nocturne de Douala, je me trouve donc en train de chercher un quartier où m'installer, et une langue à apprendre. J'adopte sans hésiter le douala pour deux raisons très simples : j'ai commencé son étude lors de mon premier séjour, et elle se trouve être le seul parler vraiment local, celui des anciens occupants de la terre de Douala. Mais, par ce choix, je renonce déjà à la majorité des quartiers. La ville a connu une telle expansion depuis la Seconde Guerre mondiale, avec l'agrandissement de son port, le démarrage de l'industrie et l'explosion scolaire, que les étrangers à l'affût d'un diplôme ou d'un travail ont convergé vers elle de tout le pays. La ville est passée de 50 000 à 600 000 habitants en vingt-cinq ans. Les indigènes au sens propre, c'est-à-dire les premiers propriétaires du terrain, les Douala, se sont trouvés submergés. Ils n'ont pas quitté leur implantation traditionnelle le long du Wouri, le fleuve qui abrite le port, mais ils ne représentent plus, dans le grand ensemble, qu'une petite minorité de 27 000 personnes, répartie en trois quartiers et quelques villages environnants. Mon problème est simple : je dois choisir l'un de ces trois quartiers. Sur le conseil de mes amis, j'opte pour le plus excentrique, à savoir Deïdo, où domine encore la langue douala (1).

La plupart des faits que je rapporte dans ce livre se passent à Deïdo. Son nom lui viendrait d'une corvette anglaise – la *Dido* – ancrée à cette hauteur du fleuve, autour des années 1850. Le quartier se compose de plusieurs sous-quartiers parallèles, étroits et allongés, dont les têtes se trouvent au bord du fleuve et les queues dans le prolongement, vers l'intérieur des terres. Autrefois, les nobles douala habitaient au bord de l'eau, lieu de la circulation et du pouvoir, tandis que leurs serfs occupaient l'arrière-terrain. Cette répartition géographique par classes sociales est maintenant bouleversée. Cependant les noms des sous-quartiers demeurent, ainsi que leur disposition par langues de terre. La référence à la hiérarchie des temps passés persiste aussi. Elle se retrouve dans les soirées traditionnelles, les discussions à propos des droits de propriété, les plaisanteries... A l'heure de la République, les Douala demeurent des aristocrates. Je retrouve chez eux quelque chose de la simplicité

(1) Cf. Carte de Douala, p. 13.

digne de ma propre famille. Pourtant j'irai loger dans la partie reculée d'un sous-quartier.

Je déniche dans une vaste maison deux petites pièces, l'une pour dormir, l'autre pour recevoir. Je compte m'installer avec le minimum de mobilier. Dans l'espoir d'être invité par mes voisins, je ne prévois même pas de matériel de cuisine, à part un réchaud. La maison n'est pas d'un modèle ordinaire. Elle a hébergé le personnel de l'entreprise *Batignolles*, au temps de la construction du pont qui enjambe le Wouri. Les voisins continuent de l'appeler *Batignolles* pour l'amour du nom. Elle ne dépare pas un quartier fait de bric et de broc. Des cabanes en planches voisinent avec de grandes demeures familiales peintes comme des décors de théâtre. Des cases en ciment qui n'ont jamais reçu de toit se dressent de tous côtés, noires de mousse, investies par la brousse et inhabitées. Mais il n'y a pas de taudis. Seules les artères qui reprennent les pistes d'antan donnent un air de cité à ce quartier hétéroclite. Au centre, Batignolles fait bonne figure. C'est une maison assez longue pour recevoir plusieurs locataires. J'habite au milieu, un bistrot occupe une extrémité, une famille nombreuse peuple le reste.

Le premier soir, quand je ferme sur moi la porte et les persiennes, je découvre, à un certain frémissement dans le voisinage, à quel point j'éveille la curiosité. L'après-midi, j'ai emménagé au milieu des sourires polis, sans que personne ne semblât communiquer aux autres ses impressions. Mais avec le soir qui tombe, commencent les papotages. Je les entends. En face, les commères restent longtemps en observation, se demandant – je le devine – qui va me tenir compagnie pendant la nuit. Puis tout se tait. Et je m'endors avec le quartier. Assez vite les voisins commenteront la nouvelle et me situeront. Mes références au collège Libermann, même si je n'y enseigne plus, valent une recommandation. L'apprentissage de la langue est-elle à leurs yeux une raison suffisante pour vivre dans ce quartier? Je ne saurai jamais ce qu'ils en pensent. On m'avait mis en garde : je serais envahi d'enfants et de visiteurs importuns. On se trompait. Les voisins trouveront vite la juste mesure, par je ne sais quelle divination de mes goûts et de mes habitudes.

Le bistrot de Batignolles, c'est-à-dire la pièce voisine, est tenu par un jeune Bamiléké nommé Philippe. Dans un quartier à prédominance douala, les petits commerces sont pourtant tenus par les Bamiléké, peuple entreprenant, descendu des régions montagneuses de l'Ouest. Philippe n'a jamais mis les pieds dans son village d'origine, parce qu'il appartient à cette nouvelle génération née à Douala au moment du grand essor démographique des années 50, qui a grandi en ville et décidé de s'y maintenir. Le garçon paye cependant les cotisations qui permettent à sa nombreuse famille d'entretenir une chefferie traditionnelle dans la montagne. Très casanier, il est toujours là. Il ne gère pas un bistrot proprement dit, mais une « vente à emporter », catégorie inférieure, moins imposée, et très populaire. En principe, il ne fournit ni verre, ni chaise, ni table, personne ne doit consommer sur place. Tout le jour et une partie de la nuit, les clients boivent dehors et dedans, assis par terre, appuyés contre le mur, sous ma fenêtre, petit groupe gai, parfois éméché, jamais agressif. L'inaltérable sérénité de Philippe impressionne. Je crois d'ailleurs que tous ici répugnent profondément à la violence.

Les autres locataires sont moins bruyants : six enfants à la charge de leur grand-mère. La mère est morte à la naissance du plus jeune. Le père est coiffeur et vient de temps en temps embrasser les petits et donner à la vieille femme l'argent de la pension. Il a une seconde épouse et six autres enfants à sa charge dans un quartier voisin. Je me demande comment il peut habiller toute cette jeunesse, la nourrir, payer les frais de scolarité. Appartenant à une famille douala, il doit sans doute tirer profit de quelque terrain. Au village, sa seconde femme aurait élevé ses propres enfants et, avec eux, ceux de sa première épouse défunte. En ville, le poids de l'éducation retombe sur la grand-mère, et les enfants se retrouvent quasi orphelins. Chaque matin, ils passent sous ma fenêtre, frais comme des orchidées, trois allant à l'école publique, trois à l'école de la Mission catholique. Ils n'ont pas un long chemin à parcourir, ces deux écoles étant voisines, sur le trottoir d'en face. Cette répartition ne s'est pas faite par conviction religieuse, car cette famille est protestante, mais en fonction des places disponibles.

Ici, les enfants sont plus calmes et patients que les petits Français de leur âge. Le doivent-ils à la première année de leur vie passée dans les bras des femmes? Même les orphelins trouvent un dos pour se jucher, une poitrine pour dormir. Les sœurs aînées leur servent de mère. Cette familiarité prolongée avec des corps accueillants rend le bébé euphorique. C'est un petit prince dont on comble tous les besoins. Seulement, à dix-huit mois environ, on le pose à terre pour de bon et on le prive de cette chaleur physique qui prolongeait en lui le sein maternel. Il se retrouve alors à même le sol, face à ses égaux, les enfants de son âge, qui ne seront pas aussi tendres. Cette découverte soudaine de la rivalité est un terrible choc qui explique peut-être l'anxiété latente que les jeunes Africains cachent sous des dehors pleins de jovialité.

Je fais la connaissance de deux personnes très pauvres et très âgées, le frère et la sœur, originaires d'un village en amont du Wouri. Devant moi ils s'efforcent de parler un bon douala. Nos relations vont devenir chaleureuses. Quand je passe leur porte basse qui devait être rectangulaire, mais qui prend maintenant la forme inquiétante d'un parallélogramme comme d'ailleurs le reste de la case au bord de l'effondrement, je suis accueilli avec un plaisir évident. Pourtant je n'apporte rien, ayant décidé de me débarrasser de l'étiquette de bienfaiteur. Ne connaissant pas un mot de français, ils n'ont pratiquement jamais traité avec un Blanc, en dehors des cérémonies religieuses. C'est pour eux une expérience neuve qui les enchante et il en va exactement de même pour moi. Je rencontre une humanité qui m'était interdite par les formidables barrages de la couleur, des circonstances politiques et surtout par l'incapacité de parler la langue. Mes premiers balbutiements en douala provoquent chez eux des joies de jeunes parents. Parce que je me trouve en état d'infériorité totale, j'ai le bonheur de ne pas les effrayer. Il s'établit entre nous un équilibre inattendu qui rend nos relations exceptionnellement pures.

J'ai tout intérêt à montrer que je suis prêtre, même si je n'exerce pas de fonction sacerdotale pour le moment. Dans le sud du Cameroun, le prêtre fait partie de la vie sociale – la population étant partagée à égalité entre catholiques et protestants. Il ne faudra d'ailleurs jamais l'oublier : au plus fort des traitements nocturnes je serai toujours entouré de chrétiens, guérisseurs inclus. Je signale pourtant une exception : une partie de la population bamiléké conserve sa religion traditionnelle.

Je me rends régulièrement à l'église qui se trouve dans le prolongement des écoles, pour y dire la messe. C'est l'un des derniers lieux de culte témoins de la période allemande. Un clocher plus pointu, un toit plus incliné, un retable germanique rappellent la nationalité des bâtisseurs. Le dimanche, j'aide le curé, qui est originaire de la côte. La paroisse comprend deux communautés naturelles qu'il n'est pas facile de réunir en une seule assemblée : celle des fidèles douala, comme mes deux vieux amis, et celle des Bamiléké à laquelle appartient Philippe. Ces deux groupes ont de bonnes raisons de rester séparés. Les Douala et leurs alliés, les riverains du Wouri et les côtiers, redoutent l'invasion pacifique des Bamiléké, qui occupent déjà la moitié de la ville. Et ces derniers reprochent aux Douala de louer leurs terrains à des prix exorbitants. C'est une performance à l'actif du curé, que de réunir les deux communautés dans la même église et de faire alterner les chants, le premier cantique en douala, le suivant en bamiléké, et ainsi de suite.

Ma vie publique s'arrête là, si j'excepte les visites que je rends au chef traditionnel sous son arbre *le Grand Fromager*. Lequel a le plus d'importance dans le quartier, du chef ou de l'arbre ? L'arbre, sans doute. Ce chef, un homme de mon âge, a perdu, comme beaucoup de ses pairs, une grande partie de ses privilèges, sous les coups redoublés de la colonisation, du Mandat, de la Tutelle, et maintenant de la nouvelle administration qui dirige le pays depuis l'indépendance (1960). Il lui reste la collecte des impôts, l'arbitrage des querelles internes au clan, et une certaine assise populaire. Je suis sûr de trouver chez lui, à n'importe quelle heure du jour, les fanatiques du *ludo*. C'est un jeu qui paraît facile à première vue. Mais je me fais battre chaque fois. Les joueurs sont très habiles à faire jouer en leur faveur les hasards des dés. Ces chômeurs et ces retraités, une fois la partie finie, s'assoient auprès de l'arbre et regardent. Que guettent-ils? Ils donnent l'impression de rester sur le qui-vive, comme des soldats au repos dans un corps de garde. A quelles luttes intérieures se livrent-ils?

Au cours des repas dans diverses familles, j'apprends la langue, je m'imprègne de toutes sortes de coutumes ordinaires qui font une culture, et, surtout, je me confonds au milieu des convives principalement occupés à manger. Une dizaine de foyers me reçoivent. J'arrive sans prévenir au moment du repas, et je prends une part de la nourriture posée sur la table. Cette extrême simplicité ne cessera jamais de m'étonner. Pendant une année, je serai nourri par les uns et les autres, sans qu'il soit même pensable que je propose un seul franc en compensation. Les familles pauvres devant se contenter souvent du seul repas du soir, je vais de préférence déjeuner chez les Douala aisés pour être sûr d'y trouver à manger. Ceux-ci ont réussi dans la vie moderne, achevé leurs études à l'étranger et adopté de nouvelles manières de vivre. Ce sont eux qui comprennent le mieux l'enjeu de mon travail. Jusqu'à un certain point ils suivent un cheminement proche du mien, dans leur recherche du passé. Certains deviendront pour moi de vrais amis.

Le soir, les rites du repas dans les familles simples sont immuables. Seuls les hommes se mettent à table, tandis que les femmes dînent là où elles font la cuisine. Les hommes douala ont coutume d'élever la voix pour débattre telle ou telle question ou donner des ordres, mais ils savent que leurs silencieuses épouses détiennent en fait la réalité du pouvoir. Tous les plats sont servis en même temps par les femmes dans de petites marmites en émail polychrome, *made in Hongkong* ou *made in France*, qui font désormais partie de la batterie traditionnelle. Vous devez piquer vous-même des morceaux ici et là. Les enfants restent avec leur mère, quand ils ne viennent pas faire le siège du plus compréhensif des hommes attablés, et grappiller avec lui dans les marmites.

L'initiation à une culture commence par la cuisine. Par bonheur, je suis tombé sur un peuple gourmand qui se nourrit de manière excellente et variée. Les légumes, les épices, les condiments qui donnent aux viandes et aux poissons leur saveur, n'ont pas d'équivalents en Europe. Je décompte sept variétés d'épinards, cinq manières de préparer le manioc, en petits cubes, en bâton, en soupe, le cru et le cuit. Il y a le repas de fête avec le fameux *Ngonda mukong* qui demande trois jours de préparation, et que je trahis en l'assimilant aux gâteaux de pistache.

Une maison conserve et répand les senteurs de sa cuisine au point d'en être imprégnée. Quand j'approche l'une quelconque des habitations du quartier, demeure de Douala aisés ou maisonnette de pauvres, je reconnais la même odeur familière du manioc cru et du poisson fumé. Autant le manioc mis en poudre et vendu dans les magasins sous forme de tapioca est insipide, autant son tubercule, quand il a mariné dans l'eau et fermenté quelques jours dans le garde-manger de la cuisine, imprègne définitivement l'air, les murs et les vêtements d'une senteur sure et moisie. Elle me ramène en pensée à la cave de notre maison pendant la guerre, au moment de la " soudure ", quand nous conservions les pommes de terre de l'année précédente le plus longtemps possible dans l'espoir de les faire durer jusqu'à l'arrivée des nouvelles. Elle n'est désagréable que pour ceux qui ne mangent pas de cette cuisine. Avec le *stock-fish*, ce poisson séché sentant la fumée et le sel, l'arôme du manioc s'allie indissolublement et recouvre les parfums subtils des poivrons, des épices et des condiments. C'est une odeur organique, entretenue par la chaleur et l'humidité ambiantes, comme une sueur végétale, et qui devient vite naturelle à l'odorat.

J'épouse bientôt le rythme de la vie du quartier. Les journées sont toujours émaillées d'événements nouveaux, parfois dramatiques, souvent pittoresques. C'est, par exemple, au moment de me rincer, quand je suis savonné des pieds à la tête, que quelqu'un coupe l'eau de ma douche au robinet de commande situé à l'extérieur de la case. A la troisième coupure, je menace les enfants du voisinage qui me disent simplement : « C'est le fou. » Il y a en effet dans les parages un fou heureux. Personne ne se moque de lui, car son comportement étrange prouve qu'il communique avec les esprits. Lorsque je lui fais une remarque, il rit et recommence. Les deux vieux, frère et sœur, à qui je rends une visite quotidienne, trouvent la solution en m'initiant au langage des signes. Je dois couper une herbe longue qu'ils me montrent et la nouer autour du robinet. Elle exprimera mieux mon mécontentement qu'un long discours. Jamais plus le fou ne viendra troubler ma douche. Une autre fois, c'est le passage d'un troupeau de zébus qui occupe le quartier. Les bêtes sont descendues à pied du Nord, et se rendent à l'abattoir accompagnées de leurs gardes et d'une nuée d'enfants en fête. Ou bien c'est la tornade qui s'abat sur nous. Sans attendre, les écoliers courent dans le vent sous les arbres ramasser les mangues tombées. Un autre jour, nous fêtons une naissance chez des amis tandis que, dans une case voisine, un enfant se meurt. Hors d'elle, sa mère sort dans la rue, insensible à la pluie, ignorant les voitures. Elle marche à petits pas de danse, fredonnant un chant plaintif, incantatoire, pathétique.

Dramatique nouvelle : le choléra a tué dix-sept personnes en une seule nuit sur une petite île du Wouri. Le Cameroun a connu dans son histoire de nombreuses épidémies, en particulier celle de la variole, mais jamais encore le choléra. Le bruit court que des vaccins ont été enlevés de force des pharmacies, que les lycéens se sont mis en grève pour protester contre l'incurie des pouvoirs publics. Mais je ne vois aucun signe de panique dans mon quartier. Je mesure à cette occasion la force de résistance de la population. Ce que certains appellent de la passivité ou de l'insouciance m'apparaît comme une forme achevée de maîtrise. La radio lance des consignes d'hygiène, car le microbe se propage par les eaux sales. Alors les mères, plusieurs fois par jour – et avec quel soin – lavent et relavent leurs enfants... Des queues interminables se forment à la pompe municipale, mais sans désordre. Pourtant le mal se rapproche. A quelque distance de Batignolles, un homme en pleine force est emporté. On n'a pas le droit de réunir les parents autour du corps, et la mise en bière se fait aussitôt dans un cercueil de zinc, pour éviter la contagion. A la tombée de la nuit, spectacle angoissant, ce cercueil passe devant nous, transporté à la sauvette dans une carriole. A cinquante mètres, suivent une dizaine de personnes. La pompe habituelle des funérailles a disparu. Plus tard, on recommencera la cérémonie de deuil à laquelle chaque défunt a droit.

Enfin, les populations sont invitées par la radio à se rendre en sept points de la ville pour la vaccination. Sept points seulement pour 600 000 personnes... La suite est prévisible. Les habitants de notre quartier doivent gagner *le Grand Fromager* sous lequel vont officier les infirmiers, nouveaux prêtres de la Santé. Dès six heures du matin, je vois passer silencieusement devant chez moi les groupes qui se rendent au lieu dit. Chacun d'entre eux forme une grappe serrée où je devine les grands-parents, les parents et les enfants; l'unité familiale est si homogène qu'on croirait voir un seul corps : image saisissante de la structure sociale africaine. Vers 8 heures, je vois repasser les mêmes familles dans le même ordre, mais déçues, silencieuses. Devant un tel afflux, les infirmiers ont renoncé à vacciner et chacun est renvoyé chez soi jusqu'à nouvel ordre. Dans toute la ville de Douala, le fléau fera une centaine de victimes, tous adultes. Ce nombre aurait pu décupler sans la maîtrise de ces familles. La lutte contre le choléra va encore occuper le quartier pendant un mois. Ensuite les mesures d'hygiène appropriées s'additionneront aux précautions à prendre contre les maladies bien connues, comme la rougeole ou le paludisme. Le choléra rentrera dans l'ordre médical.

*
**

Je semble faire maintenant partie du quartier. Les voisins ne me prêtent plus la même attention qu'au début. Ils m'acceptent comme ils absorbent toutes choses : une rumeur, une nouveauté, une excentricité, l'enfant dont on ne connaît pas le père. Je mène une existence rangée qui n'inquiète personne. Le matin, sous la conduite d'un vieil homme d'Eglise, j'apprends la langue douala dans les livres. Ceux-ci sont nombreux, rédigés d'abord par les Allemands, repris par les Français, perfectionnés par les Douala : dictionnaires, grammaires, morceaux choisis. C'est une langue de plus de 8 000 mots recensés, qui ne possède pas d'écriture à elle, mais que l'on a pliée à l'orthographe européenne, avec les quelques aménagements que j'ai respectés ici. Il existe une écriture phonétique, mais personne ne l'emploie hors des cercles intellectuels. A 11 heures du matin, je sors et je passe à la pratique. Mis à part le temps béni des repas et des conversations avec les vieilles gens, je tente ma chance à tous moments : je saisis une phrase au marché, j'essaye une expression sur des enfants qui jouent, j'interpelle quelqu'un dans la rue, je me mêle aux bavardages. Mes interventions se terminent souvent par des éclats de rire, parce que le douala est une langue à intonations multiples. Que le ton d'une syllabe ne soit pas juste et la phrase change complètement de sens.

Malgré les multiples avantages de ma situation, des lacunes apparaissent. Je me trouve dans ce quartier totalement à l'écart de la vie scolaire et professionnelle. Les collégiens, les collégiennes, les travailleurs partent le matin dans des directions inconnues. Le soir, quand je les rencontre, ils ne font guère allusion à leurs occupations du jour, comme s'ils passaient leur temps dans un autre monde. Ce silence qui m'embarrasse ne me surprend pas. Je connais la coupure inévitable entre le quartier et la vie professionnelle. Ce monde moderne du travail qui est le mien ne m'intéresse pas dans les circonstances présentes : n'est-ce pas pour y échapper que je suis venu me retrancher à Deïdo? Mais une nouvelle question surgit : *Quelle est ma place réelle ici?* Je passe mes journées avec les femmes, les enfants, les personnes âgées et les chômeurs. Le seul homme que je vois travailler est Philippe, mon voisin cafetier. Même le curé quitte son presbytère pour aller donner des cours chaque matin dans un collège de la ville. En vérité, je suis devenu ni plus ni moins qu'un enfant dans ce quartier et, de ce fait, le champ de mon information est réduit.

Effectivement, je suis étonné de ne pas avoir encore observé, après quatre mois ici, ces irruptions fulgurantes de l'arrière-monde africain entrevues au collège. Il est vrai que je ne connais pas encore assez la langue pour saisir les allusions éventuelles aux opérations de sorcellerie, aux révélations des ancêtres ou des génies de l'eau. Mon statut infantile m'interdit l'accès aux secrets – si secrets il y a. Quoi qu'il en soit, je parviens à une conclusion provisoire : les manifestations des esprits et les scandales de sorcellerie tiennent sans doute moins de place dans la vie quotidienne que je ne l'imaginais. La connaissance de ce fait sera peut-être la leçon la plus utile de ces premiers mois de séjour paisible dans ce Deïdo hospitalier. Quand j'aurai découvert l'autre face de la réalité, qui est l'objet de ce livre, je n'oublierai pas ces temps d'observation, d'écoute, de flânerie aussi dans ce quartier accessible, semblable par bien des aspects, à celui de n'importe quelle petite ville de province française.

L'anti-sorcier.

Certains samedis soir, j'entends résonner un tambour à proximité. Il s'arrête un temps, puis reprend. Si je me réveille en pleine nuit, je distingue, dans le profond silence, chacun de ses battements. Son rythme est parfois très lent, et soudain se précipite. Il m'est difficile de décrire la sensation éprouvée à l'écouter. Une sorte d'émoi qui s'apparente à certains souvenirs quasi sacrés de mon enfance. Quand je m'approchais de la surface lisse et brune des douves, le soir, pour y relever la ligne de fond, j'étais troublé comme aujourd'hui. Sous cette nappe d'eau calme et sombre, qui recouvrait pour moi un abîme, j'imaginais toute la vie intense d'un étrange milieu aquatique. Je m'astreignais à une solitude totale et au plus grand silence intérieur pour m'approcher du bord, sur la pointe des pieds, là où le fil plongeait. Si la ligne faisait de brusques zigzags, j'étais comme paralysé tout à la fois de peur et de joie. Les autres pêches à la mouche ou au bouchon ne me subjuguaient pas de cette manière. Seule cette ligne de fond, seul ce tambour dans la nuit... Appels... Avertissements venus de quelles profondeurs?

Je sais que des funérailles peuvent se prolonger extrêmement tard le soir, et que des batteurs et des chanteurs sont chargés de consoler l'assemblée. Mais ce tambour n'anime pas une veillée funèbre – cela se perçoit à l'oreille – il participe à un événement, il accompagne une action. Pourtant personne ne m'a parlé de séances nocturnes. Depuis douze ans que je connais Douala, j'ignore totalement leur existence. Je suis profondément déçu que mes voisins, si hospitaliers et si compréhensifs par ailleurs, me les aient si bien cachées. Dans ce quartier où rien n'échappe à personne à travers les cloisons de bois ou le ciment sonore, on ne dit pas tout. Philippe, interrogé, me répond tout net que le maître du tambour est un *sorcier* qui officie à proximité du grand arbre traditionnel. Sans plus attendre, je me rends chez ce personnage. C'est Din. Il accepte que je vienne le samedi suivant assister à la séance, celle-là même que j'ai décrite au début de ce livre.

⁂

Philippe appelle Din un *sorcier*. C'est en effet le mot français le plus couramment employé pour désigner ce genre d'homme. Mais Philippe ne donne pas à ce mot son sens péjoratif. J'en recevrai confirmation par la suite. Pour lui, Din est un homme qui guérit, même si le caractère surnaturel de ses pouvoirs l'effraie. Chaque fois que je m'entretiendrai en français des activités de Din avec d'autres personnes, le mot “ sorcier ” reviendra, mais accompagné de sourires, d'un air gêné, ou au contraire prononcé sur un ton affecté, comme s'il fallait un correctif pour se faire comprendre.

Manifestement, l'appellation de sorcier n'est pas bonne. Elle désigne une catégorie d'individus louches, où l'on range pêle-mêle tous ceux qui pratiquent des rites nocturnes et ésotériques. Dans le cas de Din, elle est particulièrement malheureuse puisque l'homme incarne, au contraire, la figure même de *l'anti-sorcier*. Il est grand temps de lui faire justice (1).

En langue douala, Din est classé parmi les *bato ba mianga*. *Bato* désigne des hommes ou des femmes, selon le cas. *Mianga* renvoie aux remèdes dont ils ont le secret, remèdes chargés d'une puissance qui dépasse celle des simples médicaments pharmaceutiques. Ces personnages se trouvent au sommet de la hiérarchie médicale traditionnelle, supérieurs à beaucoup de petits soignants possédant le secret d'une herbe pour guérir un mal particulier. Chaque famille garde en effet une recette transmise en héritage, qui soulage, par exemple, les douleurs d'estomac ou favorise la fécondité. Mais rares sont celles possédant un *mota bwanga* (singulier de *bato ba mianga*) qui est un personnage d'exception.

Dans ce livre, je me suis résolu à appeler ce personnage un *nganga*, terme qui le désigne aussi bien, avec l'avantage d'être plus court et de ne pas varier au pluriel, même s'il est moins souvent employé que le premier en douala. C'est le nom générique commun à de nombreuses langues bantoues, depuis Douala jusqu'au Cap (2). Les adversaires en présence seront donc les sorciers et les nganga.

(1) Je m'interdirai donc absolument dans ce livre d'employer le terme de sorcier pour Din ou l'un de ses collègues; je le réserverai, en revanche, à une catégorie de personnages franchement maléfiques, que la tradition appelle *bato b'ewusu*, *bato ba lemba* ou *bato b'ekong*. (Se reporter au glossaire des noms douala, Annexe 1.)

(2) En français, aucun terme ne m'a semblé satisfaisant. L'Organisation mondiale de la santé propose " tradipraticien " ! " Guérisseur ", qui paraît s'imposer au Cameroun dans le parler courant, à la place de " féticheur ", " marabout ", " docteur indigène ", " professeur ", renvoie les lecteurs français à une catégorie de personnages encore en exercice dans les campagnes d'Europe, mais jouissant d'une renommée et d'un pouvoir social beaucoup plus restreints. Mes interlocuteurs l'emploient aussi parfois quand ils me parlent dans ma langue. Mais, sous ce mot approximatif, de " guérisseur " ils désignent en fait le nganga.

Me laissera-t-on fréquenter les nganga investis d'une telle charge émotionnelle? Mon principal soutien sera la complicité de mon entourage immédiat : mes voisins de quartier sauront garder le silence. Je compte sur mes amis douala, chez qui je prends mes repas, pour informer de mes activités nocturnes la direction de la sûreté et les chefs traditionnels. Reste le problème de la reconnaissance ecclésiastique. Un prêtre qui rentre chez lui au petit matin, après avoir passé la nuit dans un autre quartier, éveille les soupçons, surtout quand l'aventure se répète. L'évêque, prévenu, acceptera la version honorable (et exacte) d'une enquête sur la médecine traditionnelle. L'abbé Essombe, curé de Deïdo, originaire du même village que Din, et l'abbé Endene, prêtre douala qui m'a introduit auprès de ses frères, agiront efficacement. Ils disposent de réseaux de connaissances, impalpables et extensibles à volonté, leur donnant un pouvoir étendu, et leur permettant, je n'en doute pas, de suivre mes activités à distance. Quant aux jésuites, je n'ai pas d'inquiétude. Mon supérieur camerounais entreprend des enquêtes semblables dans sa région natale – la forêt bassa – et une longue tradition de notre ordre, rend les miennes presque banales. Un certain consensus s'établit autour de l'idée que je m'adonne à une “ recherche ”.

Ces précautions prises, j'ai l'illusion de croire que je puis retourner chez Din en toute tranquillité.

I

LA DÉCOUVERTE DU NDIMSI

« Les dimensions religieuses de l'existence m'ont paru depuis longtemps identiques à la recherche de la vérité fondamentale; le matérialisme ou l'athéisme méthodologiques me semblent certes être la condition de toute science moderne, qui est réduction au quantifiable, à l'espace et qui doit jouer à fond le jeu de l'explication démystifiante, je m'y emploie sans tergiverser; mais pour l'essentiel qu'il soit, ce n'est là pour moi qu'un moment de la raison. En l'occurrence, l'inquiétude du domaine religieux a animé mon enquête, et, somme toute, je pense qu'elle l'a servie, car je ne vois pas comment celui qui n'aurait aucune expérience d'arrière-mondes présents continûment et parfois sensibles, ou aucune idée pratique de puissances transcendantes et d'impératifs absolus, pourrait se trouver de plain-pied avec des hommes qui baignent dans de telles certitudes, et qui en informent leur vie (1). *»*

PHILIPPE LABURTHE-TOLRA.

(1) Ph. Laburthe-Tolra : *Les Seigneurs de la forêt*. Publications de la Sorbonne. Paris. 1981. p. 27.

FAMILLE CONTRE NGANGA

Au cours de ma première nuit chez Din, je n'avais d'yeux que pour lui et pour Engome, sa patiente. Parmi les personnes assemblées je remarquai encore le tambour, un couple et la cuisinière. Les autres m'ont paru former un groupe homogène et docile, prêt à soutenir le nganga dans toutes ses initiatives. Les visites que je rendis à ce dernier les jours suivants, et les autres séances nocturnes auxquelles je participai me firent découvrir le rôle déterminant de la famille du malade dans la réussite ou l'échec des soins. Quant tout va bien, comme lors du traitement final d'Engome, la famille reste fondue dans l'assistance. En cas de crise ou de conflit, elle révèle son véritable poids. J'ai mesuré le grand pouvoir du groupe familial au cours de deux traitements manqués qui se sont succédé à quelques jours d'intervalle. Din fut l'organisateur malheureux du premier et un autre nganga dont j'allais faire la connaissance, la victime du second.

« *Celui-qui-révèle-ce-qui-est-caché.* »

Entre la première nuit et la chasse manquée que je vais raconter, il se passera heureusement quelques semaines qui me permettront de mieux connaître Din et le monde qui l'entoure.

Mes visites à Din sont presque quotidiennes. Je le trouve le plus souvent sur le pas de la porte quand il n'est pas occupé à soigner ses clients dans sa chambre. Il m'avance un petit banc et je m'assois au ras du sol. Tout se fait en Afrique un peu plus près de la terre qu'en Europe. Le plus souvent nous gardons le silence. Il peut se dérouler une heure entière sans que nous échangions un mot. Ces temps de tranquillité me rappellent les loisirs de la marine, « les longues paresses inoubliables de la mer ». Mais cet état de demi-somnolence cache chez Din une extrême attention : passants dans la rue, paroles prononcées derrière nous, insectes surgissant de terre, étranges configurations des touffes d'herbes à nos pieds. Par moments, il dresse l'oreille, sensible à des événements qui m'échappent.

J'observe les mouvements de la population que contient, par un effet étonnant de compression, cette maison de taille moyenne au rez-de-chaussée unique composé de six pièces habitables. Din vit là avec sa plus jeune femme et Barthélemy dit Bata, son grand fils de dix-sept ans qu'il a eu avec sa première épouse restée au village. Il n'est pas propriétaire mais l'hôte d'Ekwala, un petit notable douala, père de sept enfants. Quand tous sont là avec leur mère, grand-mère et vieille tante, cela fait déjà une dizaine d'occupants. En plus de ces deux familles, sont installés en permanence, alités ou errant lentement dans l'arrière-cour, trois malades accompagnés chacun d'un membre de sa parenté. Engome, la boiteuse de la première nuit, poursuit sa convalescence sur place, et la petite Ndolo, une fillette de six ans, attend avec sa mère, pour avoir le droit de partir, que son père veuille bien payer la note de son traitement. Il faut encore compter, dans cette maison surpeuplée, le jeune assistant de Din qui frappe le tambour et sert de domestique. Seul, l'usage de la natte rend possible cette cohabitation. Grâce à elle, pas de place perdue : on l'étend le soir, on l'enroule le matin.

J'observe Din : singulier au milieu de tous, il vit là comme s'il était seul.

> **« *Na boli ebolo, ba yana nde***
> ***duala Mbedi, na bole nde ne?* »**

(Refrain)
« Je travaille, mais ils me méprisent, les Douala Mbedi; que dois-je faire ? »

Cette capacité de s'isoler dans une foule s'explique d'abord chez Din par ses origines. Son village natal se trouve sur une île lointaine de la Sanaga, à quelque cent cinquante kilomètres de Douala. Ne pas exercer sur la terre de ses ancêtres est certainement un handicap. Même *le Grand Fromager,* cet arbre généalogique vénérable, qui se dresse – on le sait – à quelques pas de la maison et étend sa protection sur tout le quartier, ne le concerne pas. En tout cas, je n'ai jamais entendu Din faire allusion, dans ses refrains et ses incantations, à ce géant étêté de la tradition aux formidables racines protubérantes qui font contrefort et le maintiennent debout. Je ne l'ai jamais vu non plus se rendre à son pied pour verser le contenu d'une bouteille de vin ou avoir l'une quelconque de ces petites attentions qui manifestent l'allégeance.

En contrepartie de son isolement, Din s'offre de nombreux moyens de défense, comme le ferait un étranger sur ses gardes. Je n'ai pas recensé, tant il y en a, tous les petits objets protecteurs – morceaux d'écorce, graines, cadenas, dents de fauve, pièces de monnaie ancienne, etc. – qu'il cache chez lui, enterre ou porte directement sur sa peau. Une fois, j'ai surpris son geste, quand il a glissé un petit objet, de la taille d'un dé, dans le verre que je lui servais chez moi et l'a récupéré ensuite subrepticement. De tous ces " blindages " – mot assez heureux pour les désigner en français – le plus fort est l'arbrisseau qui pousse à l'intérieur de l'enclos de tôle dans l'arrière-cour. Din l'appelle le *njum bwele,* que tout le monde s'accorde à reconnaître comme l'essence d'arbre la plus puissante contre les attaques des sorciers. En forêt, cet arbre rare fait le vide autour de lui. Rien ne pousse dans son voisinage immédiat. C'est pourquoi il s'élève au centre des clairières. A vrai dire, l'herbe grimpe allègrement autour du *njum bwele* de Din – c'est la raison pour laquelle je me suis pris à douter, peut-être à tort, de son authenticité...

Après l'isolement, le pire ennemi de Din est le doute. Les temps ont changé. Le nganga ne peut plus s'appuyer avec le même succès qu'autrefois sur un ensemble de signes et de croyances auxquels il continue d'adhérer personnellement, mais que ne partagent plus aussi intensément tous ses clients. Rien aujourd'hui ne va de soi.

Les sujets les plus difficiles à manier – et à guérir – sont les collégiens : « Moi, je ne crois pas à tout cela, me déclare un élève du collège Saint-Michel, dont la mère est traitée chez Din. Les soins vont coûter 24 000 francs (1), sans compter le vin. Et comment mon père va-t-il payer « l'écolage » (les frais de scolarité) à la rentrée? Mais, que voulez-vous, ils sont persuadés que Din va la guérir! » Il suffit que l'un des membres de la famille le veuille pour qu'on recoure au traitement. Contre la maladie, il faut tout entreprendre. Mais les hésitations des autres ont des conséquences pratiques et fâcheuses pour Din : ceux qui possèdent l'argent n'étant pas toujours ceux qui ont la foi et la reconnaissance. On cherche à Din de mauvaises querelles : autrefois les nganga se faisaient-ils payer? « En ville aujourd'hui, riposte Din, tout s'achète au marché, même certaines écorces médicinales qu'il faudrait aller chercher autrement dans la forêt lointaine qui recule chaque année! » Certains patients veulent le quitter sans lui verser d'honoraires. Que faire? Il ne peut pas les traduire devant le tribunal, puisqu'il ne possède aucun statut juridique et cette procédure se retournerait contre lui. Alors il garde les malades guéris mais insolvables à ses côtés sous la menace d'une rechute, tant que la somme admise au début par les deux parties n'a pas été réglée.

Derrière ces doutes et cette contestation se profile la silhouette de l'institution qui leur donne un fondement et les entretient : l'hôpital, la pharmacie, le dispensaire. Din ne peut pas les concurrencer. Je l'ai vu méditer sur cette réalité, lorsque des milliers de citadins ont défilé dans la rue devant chez lui pour recevoir, à l'ombre du *Grand Fromager*, le

(1) L'argent sera toujours compté dans ce livre en monnaie du pays, à savoir en francs CFA. Un franc CFA vaut deux centimes en monnaie française, 24 000 francs CFA = 480 FF.

vaccin anticholérique, sans que, bien sûr, personne ne s'arrête à sa hauteur. Il a fallu nos efforts conjugués pour qu'il aille se faire vacciner comme tout le monde, car il prétendait posséder les moyens d'arrêter l'épidémie. Il lui arrivait de chanter au cours d'un traitement : « J'ai fermé l'Orient et l'Occident à cette maladie qu'on appelle choléra (1). » Il prononçait kol-ra, ce qui provoquait le rire de tout le monde. « Si vous ne prononcez pas comme moi, rétorquait-il, vous n'aurez pas à boire. » Mais, ne nous y trompons pas, ce n'était que dépit. Din a recours à la médecine des Blancs pour lui et les siens, car c'est un réaliste. Seulement la radiographie ne décèle pas certaines tares que l'on appelle *maya ma bobe* (le sang mauvais), *mbeu'a nyolo* (la malchance), provoquées par le *ngada mudumbu* (fusil de la bouche) ou par ce serpent dangereux nommé *nyungu* qui va hanter ce récit (2). Quand ces types d'ensorcellement apparaissent, il sait que la famille ne conduit pas la victime à l'hôpital, mais fait appel à lui, l'anti-sorcier.

« Je suis comme un soldat contre les maquisards », me dit-il une fois, en faisant allusion aux événements politiques du Cameroun des années 60. Il se tient sur ses gardes, de jour comme de nuit. Je l'ai trop souvent surpris, solitaire, dans une attitude d'extrême attention, pour penser qu'il joue la comédie. Même quand il raconte des histoires et rit de toutes ses forces – ce qui est assez rare – il ne cesse jamais d'être vigilant. En effet, n'importe qui peut être sorcier : un passant, un membre de sa propre famille, moi-même. Din me surveille de très près. Il sait que les sorciers veulent sa mort : *Na mea nde onyolam,* chante-t-il au cours des soins. « C'est sur moi que je pleure. »

« Mulopo mwa machine mu bambe
bebambam na byei pe »

(1) « Na dibi jedu na diba pe mbenge, ba bele mo cholera. »
(2) Serpent mystérieux.

(Refrain)
**« Je suis la tête de la machine, je
tire les wagons et toute la ferraille. »**

Pour toutes ces raisons, Din vit à Douala dans un climat d'insécurité. Pourtant j'ai rarement rencontré un homme apparemment aussi sûr de son pouvoir. Il a l'orgueil d'un boxeur. Parfois cette attitude, quoique je la comprenne, m'agace un peu. Il doit constamment, pour garder foi en son charisme, réaffirmer son assurance, car son efficacité en dépend. On dirait que son pouvoir réside dans l'art de persuader ses patients, qu'il dispose d'une plus grande force que les sorciers.

J'ai été témoin de cette conviction contagieuse. Son logeur s'était fait bousculer à vélomoteur par un taxi et revenait à la maison avec l'épaule et le bras en écharpe. Tous les habitants de la maison se précipitèrent à la rencontre de la victime, en poussant des cris et des lamentations. Seul Din resta imperturbable, assis sur son petit banc. Le bon père de famille gesticulait d'un bras en racontant son aventure. Quand il vit Din impavide, il se calma aussitôt. Plus tard, il me confia : « Sans Din, je tombais sur la tête et me cassais le crâne. J'ai un cousin qui me veut du mal et il le sait. » Nombreux sont ceux qui croient ferme aux interventions à distance de Din.

En dehors des périodes de traitement, un tel pouvoir de fascination paraît impossible. De jour, la petite clinique de fortune est plutôt d'apparence minable. Ici et là, traînent des herbes, des oripeaux et tout un fatras de coulisse. Mais, lorsque, à la nuit tombante, Din fait allumer les feux, revêt sa tunique rouge et brandit le chasse-mouches, symbole de son pouvoir, il met un univers en mouvement, par le seul effet de la danse et du regard. Din, à la différence d'autres nganga, utilise un nombre réduit d'instruments et aucun de ces trucs de prestidigitateur qui donnent à certains une aura momentanée. Il ne se départit pas un instant de sa bonne humeur, marque suprême de son assurance. Son secret est l'art de concentrer l'attention de l'entourage sur sa longue silhouette un peu débraillée.

Si vous lui demandez d'où lui vient cette confiance il vous répondra sans hésiter qu'il la doit aux génies de l'eau *(miengu)*. « Personne ne les voit à part moi », affirme-t-il, et cette référence lui donne un singulier pouvoir. Leur chef se nomme *Ndoka bewudu,* « L'entêté des herbes », et préside au sort du pont du Wouri, tandis que *Dambo dam,* « Ma chose », est le chef des chutes de Kribi. « Ce sont " les grands docteurs ", – contrairement aux autres qui sont moins importants et trop nombreux pour être appelés tous ensemble. »

Din attribue à ces « grands docteurs » les mêmes titres qu'à lui-même, au point qu'il est difficile de distinguer dans ses chants et ses paroles si c'est à lui ou aux génies qu'il donne ces noms élogieux : Caterpillar, Révélateur des secrets, Tête du train, Seigneur des médicaments ou même encore Prostituée (dans le sens de " qui se donne à tous ") (1). Les spectateurs s'y trompent. Une nuit, j'interroge un voisin : « Pourquoi telle personne est-elle brutalement tombée en transe? » « C'est Din qui le lui a demandé. » Puis, après un moment de réflexion : « Non, j'ai mal compris la question. Ce sont les génies qui l'ont poussée. » D'après son disciple : « Din est celui qui voit, ce sont les génies qui travaillent. » Et lorsque, enfin, j'interroge Din : « Ce sont les génies qui font le travail, mais c'est aussi moi qui fais le travail! » me répond-il. En fait mes questions dérangent. Se les sont-ils seulement jamais posées à eux-mêmes?

Jamais Din ne se départit de son assurance. Je l'ai vu ivre, je l'ai vu sans argent, sans malades. Il affirme toujours la même confiance en son pouvoir. En fait cette certitude est indispensable. Elle est la preuve même de sa connaissance des réalités invisibles, et de son don de double vue lui permettant de découvrir les machinations des sorciers. Ce sont ses propres clients qui l'obligent à croire en lui-même,

(1) *Katapula, Eso mawuta, mulopo mwa machine, sangwa mianga, ngoma.*

en ses propres capacités de combattant. Ils n'ont pas d'autres recours pour se soutenir en attendant la guérison : si le nganga doutait, il perdrait de sa crédibilité et, par là même, de sa puissance.

> « ***Balemba na munja ba bele***
> ***mba Eso-mawuta.*** »
> (Refrain)
> « **Les sorciers du fleuve m'appellent : Celui-qui-révèle-ce-qui-est-caché.** »

Le ndimsi, c'est ce qui dépasse la vision et le savoir du commun des mortels. C'est la face cachée des choses, le monde des intentions secrètes et des desseins voilés. Ceux qui ont reçu le don de percer ces réalités invisibles ont un pouvoir impressionnant qui leur permet d'agir sur la santé, la maladie, pour le bonheur ou le malheur des simples mortels.

Pour décrire leurs dons de perspicacité, les initiés ont un vocabulaire qui se réfère aux dimensions spatiales et temporelles. Dans ce monde invisible, on parcourt des milliers de kilomètres, on va à pied, à cheval et en avion. On livre des combats dantesques dans des maisons sans que leurs habitants en aient la moindre idée. Les génies de l'eau *(miengu)* et toute une faune, dont le serpent *nyungu* – j'en parlerai plus loin – sont là aussi, mais accessibles seulement à certains. Il ne faut pas croire que le langage du ndimsi soit à la merci de l'affabulation. Il obéit à un code précis. Si vous ne le suivez pas, on ne vous comprendra pas, vous n'êtes pas sérieux. Ce n'est pas un langage imagé, encore moins mythique : il est seulement l'expression d'une réalité profonde dont seule la surface est apparente. Comment traduire ndimsi? « Pratiques occultes » évoquent un monde étrange et clos. Le mot « Mystère » me semble préférable à condition de l'entendre comme le cœur caché de la réalité.

Quand Din cherche à me décrire le ndimsi, il veut toujours me convaincre qu'il ne s'agit pas d'un monde mauvais chrétiennement parlant : il y mène le bon combat. L'explication qu'il me donne est une apologie du ndimsi (1) :

« Je veux te dire quelque chose de bien : nous autres, nous avons le moyen d'ouvrir les yeux la nuit, dans le ndimsi. Le ndimsi, c'est alors comme si nous étions dans la lumière. C'est ça, le ndimsi. Le ndimsi, c'est une bonne chose. Tu peux voir en Europe, tu peux voir là-bas et ailleurs encore, tout en restant chez toi. Le ndimsi, c'est ainsi : tu vois le mal et le bien. C'est comme pendant le jour.

« Le ndimsi, il faut que tu saches qu'il n'y a rien de mal dedans. J'ai été élevé dans la religion catholique. Je paie mon denier du culte. Ce n'est pas parce que je fais des mianga (remèdes en relation avec le ndimsi) *que je ne communie plus, c'est parce que j'ai deux femmes. Selon moi, le ndimsi, c'est une bonne chose.*

« Si un malade vient me voir, je prie seulement Dieu de m'aider à le guérir, parce qu'Il m'a donné pour cela des herbes et des écorces. Si c'est un malade que je peux guérir, je lui dis : « Tu vas guérir ! » Mais si je vois dans le ndimsi que je ne peux rien pour lui, je lui dis carrément : « Va à l'hôpital ! » Je sais que cet homme-là est un homme mort.

« Mais aujourd'hui, on s'emploie à faire croire que le ndimsi est mauvais. Mais le ndimsi n'est mauvais que si tu veux seulement la sorcellerie (Ekong), *si tu veux seulement tuer les autres. Dans ce monde, Dieu laisse faire chacun selon sa pensée. »*

Din, j'en ai la preuve, est persuadé de la réalité du ndimsi. Je l'ai trouvé, un jour, dans sa chambre-sanctuaire (*dibandi*), cette même chambre où je l'avais contemplé étendu, alors qu'invisible, il était parti au mont Kupe, à la recherche d'Engome. Cette fois, je le voyais de dos, penché sur une table, sans qu'il puisse remarquer ma présence. Il portait sa

(1) J'ai enregistré ses paroles et les ai fait traduire. (Din me laisse employer un magnétophone lorsque nous sommes ensemble ou pendant les séances de nuit.) Il sait le mal que j'ai encore à le comprendre et m'envoie même chercher l'appareil quand il a une information importante à me donner. Non seulement Din ne parle pas français, mais il manie la langue douala approximativement.

chemise rouge. Il était entièrement occupé à taper sur une assiette à l'aide d'une dent de cochon sauvage, au rythme saccadé de l'alphabet morse. J'en reconnaissais le bruit net et syncopé. Ses longues mains d'illusionniste, soyeuses et brun foncé sur le dessus, rêches et jaunâtres en dedans, aux ongles roses grossièrement effilés, imitaient la cadence du télégraphiste d'autrefois dépêchant un message. Avait-il observé les postiers allemands dans son enfance, ou son initiateur lui avait-il transmis ce secret des communications à distance? Je lui demandai stupéfait :

– Qu'est-ce que vous faites?

– C'est pour voir et communiquer au loin.

– Faites-vous cela souvent?

– Non, seulement si la maladie est grave.

– Avec qui?

– Avec mes gens qui sont à l'œuvre; j'ai des génies *(miengu)*, je leur parle, j'ai des ancêtres *(bedimo)*, je leur parle.

– Est-ce qu'ils vous répondent?

– Ils me répondent : ce travail, nous pouvons le faire ou nous ne pouvons pas le faire.

Je le harcelai de questions, heureux de le prendre en flagrant délit de sincérité.

La dent de cochon sauvage est pour lui, je le savais déjà, un instrument précieux, un symbole de puissance, puisqu'il l'a rapportée de son apprentissage chez les Pygmées. Dans l'assiette sur laquelle il tapait, étaient rassemblés divers objets significatifs. Signes de la maladie : l'hameçon qui accroche la victime, le cadenas qui l'enferme. Signes des soins : divers morceaux d'écorce, un halfpenny ancien; deux petites pierres polies et ovales, l'une blanche et l'autre rose, peut-être des météorites, que Din appelle « tonnerre de Dieu ». Signes de vision : un morceau de miroir, et un éclat de verre. Chacun de ces objets hétéroclites a, selon lui, valeur de signe, à condition de rendre à ce mot, déprécié en français, sa force opératoire.

Tel m'apparaît le nganga Din, après quelques semaines passées en sa compagnie, au moment où il va partir à la chasse au *nyungu* dans le champ de bataille du ndimsi. J'ai participé à plusieurs séances de nuit et passé déjà un nombre respectable d'heures, avec ou sans lui, sur le petit banc au seuil de sa porte.

Le nyungu, serpent de malheur.

Vous ne voyez le *nyungu* que si vous avez la double vue, parce qu'il jouit du privilège de l'invisibilité dans le ndimsi. C'est lui qui est l'exécuteur des hautes œuvres des sorciers. Il s'introduit jusque dans les maisons pour voler au profit de ses maîtres ou pour commettre un meurtre en mangeant le cœur de la victime désignée. Vous ne le voyez pas, mais vous sentez sa présence à des signes inquiétants : agitation dans le poulailler, bruits étranges, traces dans le sable. Dans la petite île de Jebale, qui commence en face du quartier où nous sommes, on ne creuse pas de puits par crainte du *nyungu*. Cela m'a été dit par diverses personnes dont Jacques Mudiki, maître à Jebale et Simon Musinga, pêcheur. On lui prête les propriétés du boa qui s'infiltre encore en ville aujourd'hui, mais d'un boa invisible. A Jebale toujours, les croyances sont si fortes chez certains que l'on ne creuse pas de latrines. Le *nyungu* serait envoyé là par l'adversaire, pour boire le sang des femmes et empêcher l'enfant de venir au monde. Cet exemple montre combien l'évocation de ce serpent peut frapper l'imagination.

Chaque nganga a sa manière de chasser le *nyungu*.

N.M., témoin de Jéhovah, prétend n'utiliser que les stricts remèdes autorisés par la Bible – herbes et écorces – sans recourir à la magie démoniaque. Il me donne pourtant une recette : faire bouillir de l'eau dans un fût de cinquante litres; y mettre du sel en abondance et verser le tout sur le sol de la maison. « Le serpent ne vient pas, ajoute-t-il en français, car il se trouve comme face à un océan invisible. Le sel produit toujours plus d'eau, et la bête n'aime pas l'eau profonde de la mer. » Ce traitement contre le *nyungu* coûte cher, car il s'agit d'une forme redoutable de la sorcellerie.

Din héberge actuellement une malade qu'il prétend habitée par un *nyungu*. La malheureuse est d'autant plus affolée que le serpent peut avoir la taille d'un ver intestinal comme celle d'un dragon. « Il a même le pouvoir de se tenir en toi sans que tu le saches », affirme Din. C'est le serpent mythique des civilisations, symbole du mal, tentateur des paradis terrestres, monstre marin, hydre à sept têtes.

Le *nyungu* possède à l'heure actuelle un nouvel atout : la confusion dans les esprits à son propos. Il profite de l'éparpillement et de la dégradation des croyances. Autrefois, si l'on en croit les anciens ou les quelques rares écrivains (1), ce serpent avait une forme et des contours plus précis. *Nyungu*, en langue douala, veut dire aussi " arc-en-ciel ". On pensait, dans une perspective cosmique, que les trésors étaient au ciel. Un riche avait le privilège de pouvoir y monter et le *nyungu* lui servait de guide. Pour obtenir ce guide, il fallait appartenir à une certaine société *(Ekong)* et commencer par vendre, pour s'y faire admettre, un membre de sa famille. Quand on possédait le *nyungu* on avait quelque chance d'augmenter sa fortune ou de manger le cœur de son ennemi.

La famille ayant invité Din à mettre fin aux agissements du *nyungu* qui la hante ne s'est pas résolue d'emblée à cette extrémité. Sa démarche auprès de Din est une ultime tentative pour rétablir une situation compromise. En effet, deux ans plus tôt, un accident s'est produit sur le fleuve. Une fillette de la famille est tombée d'une pirogue, a disparu dans l'eau et est remontée sans vie à la surface. Or, détail extraordinaire, qui frappa les esprits : elle n'était même pas mouillée. De toute évidence, la mort avait été mystérieusement provoquée. La suspicion commença alors à ronger la famille. Les uns accusèrent le vieux grand-père, qui se défendit en accusant son fils aîné lequel accusa son frère cadet. La famille organisa diverses cérémonies pour réconcilier ses membres, mais en vain. Restait une autre voie : faire intervenir un spécialiste qui neutraliserait l'action malfai-

(1) J. Ittmann : *Volkskundliche und religiöse Begriffe im nordlichen Waldland von Kamerun.* – Berlin. Afrika und Übersee, Beiheft 26. 1953. E. Ardener : *Costal bantu of the Cameroons.* – London. International African Institute, 1956.

sante du *nyungu* supposé responsable de tous ces malheurs et qui libérerait la famille de son démon. Ils firent appel à Din (1).

La maison hantée par le *nyungu* se trouve dans le même quartier que le nôtre, et au bord de la grande rue qui passe devant chez Din. A la voir, si gaie, peinte en rose, avec un petit balcon naïf, on ne peut imaginer qu'il s'y passe des choses aussi terrifiantes. Nous arrivons à 20 heures, Din, son épouse, quelques pensionnaires guéries ou convalescentes, dont Engome qui tire encore un peu la jambe, un ami rencontré en chemin et moi. L'aide principal, l'infatigable batteur de tambour, manque et son absence se fera durement sentir.

Dans la salle de séjour, les hommes de la famille sont déjà groupés et nous attendent. A elle toute seule, cette salle doit occuper les deux tiers de la maison, tant elle est spacieuse. Elle a des fenêtres et des portes donnant sur l'extérieur, de trois côtés. Son quatrième mur la sépare des chambres à coucher. La cuisine et les toilettes forment deux petites cases séparées, au-dehors, comme dans la plupart des habitations. Une grande table occupe le fond de la salle, côté cour, tandis que des fauteuils et des chaises sont disposés en rangs ainsi qu'au théâtre, à partir de la porte d'entrée. Ont pris place, le propriétaire, *fils aîné* et suspect, son *frère cadet*, également soupçonné, qui a provoqué cette réunion, et qui, manifestement, est le plus expérimenté. Gros homme engoncé dans son fauteuil, on ne croirait pas, à le voir, qu'il a bourlingué non seulement dans tout le pays, mais en Europe et assumé plusieurs responsabilités dans la haute administration. Les deux frères sont les principaux protagonistes et hôtes du nganga. Autour d'eux, quelques vieillards, perclus, sourds ou aveugles, mais toujours consultés; le jeune professeur, extérieur à l'action, et, au fond de la salle, entourant la table, une bande de collégiens, fils de famille, plus attentifs qu'ils ne

(1) Je tire ces explications préliminaires d'un professeur de lycée, membre de cette famille, qui assistera à la cérémonie avec moi. Il se dit sceptique mais désireux d'en avoir le cœur net, après avoir été témoin de tant de choses inexplicables depuis son enfance.

voudraient le laisser paraître. Manque le grand-père, principal accusé, dont l'absence sera déterminante. Les femmes, sur les pas des portes ou cantonnées dans les chambres voisines, suivent les événements sans y participer. La coutume ne leur permet pas d'intervenir. C'est une affaire entre les quinze hommes présents, représentant au moins trois générations, et le nganga.

L'action commence selon un scénario prévu et de bon augure. Avant d'entrer dans la salle, Din reçoit discrètement les 25000 francs qu'il a exigés. Il envoie aussitôt ses femmes derrière la case allumer les feux protecteurs et préparer le *dindo,* avec cinq poulets, des herbes et des écorces appropriées. Le *dindo,* repas réparateur clôturant toute cérémonie ou traitement, est pris en commun pour contrebalancer celui que se partagent les sorciers. Je connais déjà ce rite pour y avoir participé lors du traitement d'Engome, la première nuit. Les femmes s'activent. Presque aussitôt quatre feux protègent l'arrière de la maison. Nous voyons la lueur des flammes apparaître aux fenêtres et nous entendons leur crépitement. Il y a dans la méthode de Din toute une politique des feux dont le nombre varie selon les dangers courus ou la gravité de la maladie. « On peut aller jusqu'à vingt, ou se contenter d'un seul. C'est pour barrer l'action des sorciers », m'explique-t-il. Je m'aperçois bientôt qu'il parle de moi au *frère cadet.* Comment justifie-t-il ma présence au milieu de sa suite? Je ne le sais pas, mais personne ne prête exagérément attention à moi.

Au moment où Din va s'asseoir dans la salle des hommes, l'un d'entre eux, de la génération du grand-père, se lève et dit : « Ce n'est pas comme ça qu'on chasse le *nyungu*; il se chasse de jour et non de nuit! » Et le vieil homme quitte bruyamment les lieux. Din se met en colère. Déjà ovale par nature, son visage s'allonge; ses couleurs changent en quelques secondes : de bistre, il passe au gris ardoise, et ses yeux virent au rouge, signe indéniable d'une rare fureur. En même temps ses traits se durcissent et m'évoquent un certain masque de bois pendu au mur de ma chambre. Que va-t-il se passer? Je le sens mis en cause sur sa propre compétence. A partir de cet instant Din abandonne sa tranquille neutralité et va entrer progressivement en conflit avec la famille. Sa stratégie habituelle est compromise. Il revêt bien sa chemise rouge, saisit son *janjo*, le chasse-mouches des grands soirs, mais il le laisse pendre le long de son pagne comme un vulgaire balai. Il va de la salle à la chambre qu'on lui a préparée, reste prostré de longues minutes sur une chaise, esquisse un pas de danse sans conviction ni inspiration. Il se mouche bruyamment et à plusieurs reprises, comme pour gagner du temps : l'index de la main droite appuyé sur la narine droite, puis celui de la main gauche sur l'autre narine, il expulse dans une grande expiration, et non sans insolence, une morve qui ne voulait pas sortir. De surcroît, il tire une langue jaune. Je ne le reconnais plus. A la fin, il me demande de brancher mon magnétophone pour faire entendre à l'assemblée quelques échantillons de son répertoire que j'avais enregistrés chez lui. Ce dernier baroud d'honneur me permet de laisser mon magnétophone en marche et de prendre les passes d'armes qui suivent.

Din au frère cadet : *Quand tu es venu chez moi l'autre jour, tu m'as dit : « Tu écoutes ce qui sort de ma bouche pour aller le " vendre* (1) *". » Eh bien, moi je vais te dire la vérité : le* nyungu *que tu " vois* (2) *", dépend de beaucoup de choses... En vérité, on te craint parce que tu es plein de pouvoir. On dit que tu as mangé certaines choses puissantes, dont toi-même tu ne te souviens pas.*

Le frère cadet : *J'ai de la gale plein le corps* (3). *Si c'est mauvais enlève-moi ça !*

Din au groupe des vieux : *Ce que je viens de dire, c'est vrai, hein !*

Les vieux : *Non, ce sont des bêtises.*

Le frère cadet : *N'insiste pas !* (A Din) *Mets-toi au travail, il est neuf heures.*

Din : *C'est ce que je vais faire. Finissons-en avec cette histoire. Allons-y !*

(1) Terme de sorcellerie, plus fort que " trahir ".
(2) Le frère cadet aurait donc la double vue.
(3) Ironique : la gale est un mal superficiel.

Quelqu'un : *Si tu veux qu'on couche ici, dis-le-nous!*

Din (un peu plus tard, à la cantonade) : *Maintenant, je vais vous le dire. Il y a trois* nyungu, *dont deux femelles. Le troisième est un œuf mâle. S'il naît, quelqu'un de la famille va mourir. Il faut maintenant que je les chasse. Je vais chanter.*

Din (encore plus tard, au frère aîné) : *Ton frère a pris des remèdes* (1). *Il a mangé beaucoup de choses dont il ne se souvient plus. Il possède un janga* (2), *mais il ne s'en souvient pas. Il n'a pas besoin de ton argent. Il te hait uniquement parce que tu lui fais du bien. Il est contre toi sans raison* (3). *Ce qu'il voulait, c'était te tuer, mais il n'a pas pu : tu as mangé des choses qui l'empêchaient de te voir. S'il t'avait vu, il t'aurait tué. Voilà les* nyungu. *Ton frère peut dire si je mens. Ils sont là et là.* [Il fait un geste pour indiquer une direction.] *Tu m'as dit de montrer les* nyungu. *Est-ce que ce n'est pas vrai?*

Le frère cadet à Din : *Tu continues à nous raconter des histoires en dehors du sujet. Nous voulons que tu travailles.*

Din : *Que Dieu ait pitié de nous!*

Aux environs de minuit, les cinq collégiens assis autour d'une table au fond de la salle commencent à s'agiter; ils parlent des *nyungu* à tort et à travers. Jusqu'ici ils sont restés à peu près calmes, attentifs à la joute, sans vouloir le laisser paraître, soucieux de garder la distance à l'égard d'une tradition qu'ils connaissent mal, mais qui les impressionne encore trop pour en rire. Depuis une heure, ils ont choisi de sommeiller, la tête appuyée contre leurs bras croisés sur la table, un œil ouvert sur Din par intermittence. Maintenant, ils font de la surenchère. Un vieux les prend à partie : « Vous parlez des *nyungu!* Moi qui ai quatre-vingt-cinq ans, eh bien, je n'ai jamais encore vu de *nyungu!* » Din, excédé, se lève et s'en prend à l'aîné des jeunes gens :

« Pourquoi ris-tu? Tu n'es qu'une bête, imbécile! J'ai

(1) *Mianga* : remèdes relatifs au ndimsi.
(2) *Janga* : oignon aux vertus maléfiques.
(3) Définition même de la sorcellerie.

un fils qui vaut mieux que toi. Ignores-tu que, si je veux, je peux te punir à l'instant même? (Rire nerveux des jeunes.) *Toi et tes copains, qui vous a dit de montrer vos dents? Qui te permet de rire devant moi? Ton père, même s'il tue, demeure ton père. Laissez-moi faire maintenant! C'est pas du travail, peut-être?* (Chœur des vieux : « *Si!* ») *Regarde! C'est le* nyungu *qu'on est en train de chasser de ta famille. Est-ce que tu es fou? Voilà tes parents qui étaient sur le point de se donner des coups de couteau... pour une vérité qu'il faut bien dévoiler enfin. La voilà qui arrive, cette vérité; tu vas la rencontrer maintenant! Et que vas-tu faire après, quand tu sauras si oui ou non ton père est le tueur... Ne ricane pas, car moi je fais mon travail. Le* nyungu *de ton grand-père, c'est ça que nous poursuivons maintenant* (phrase répétée trois fois). *Et demain, quel est le* nyungu *qui risque de te tuer? Demain, quel est le* nyungu *qui peut faire en sorte que tu ne saches même plus où habiter? Tu es trop bête! Tes études, tu vois bien que tu ne peux plus les poursuivre, parce que le* nyungu *de votre grand-père vous a troublé l'intelligence! Voyons, tu ne comprends pas que tout ça est sérieux... Cesse donc de rire bêtement. J'affirme que celui-ci a vu le* nyungu (il désigne le frère cadet), *et qu'il le connaît et qu'il le voit* (1)*!* »

J'éprouve de plus en plus de gêne. Cette famille doit supposer que j'ignore le langage de la sorcellerie, autrement comment supporterait-elle ma présence? Mais je suis surtout mal à l'aise à cause de Din. Lui, si fier, si sûr de lui, donne le spectacle d'un homme aux abois, échouant lamentablement sous les yeux de son invité. Vers une heure du matin, je fais un petit signe de connivence à l'adresse du professeur de lycée et je m'éclipse, laissant cette partie de chasse se terminer en queue de serpent.

(1) En attendant de mieux comprendre le parler douala, j'emploie des collégiens comme traducteurs. J'interviens pour faire respecter le texte original ou la langue française, mais je les laisse le plus souvent choisir les mots et les tournures. Cela donne à mes traductions un style qui est proche des autres interviews enregistrées directement en français. Je pense respecter ainsi une certaine homogénéité de fait, créée par le bilinguisme ambiant.

Le démon de la famille.

Le lendemain, j'aperçois au bout de la rue la lourde silhouette du *frère cadet.* J'avais apprécié sa verve, sa truculence et le contrôle qu'il exerçait sur lui-même sous les coups redoublés de Din, tandis que son *frère aîné,* respecté par le nganga, était resté muet et impénétrable. J'hésite à le rejoindre, pour ne pas dépasser les limites de la discrétion. Mais mon désir de connaître les derniers événements de la nuit est trop fort, et je l'aborde. Debout dans la rue, après quelques réserves, il se met à parler : « Din n'a pas travaillé. Il n'a fait que boire, il n'a pas travaillé. Il s'est plaint d'être seul contre beaucoup. Il n'avait rien apporté *(aucune arme).* Après le *dindo,* on a cru qu'il allait commencer. Mais il a chanté un peu, il a bu, et rien! On lui a repris son argent, et c'est maintenant à lui de trouver quelqu'un qui va nous enlever le *nyungu.* Il y avait autrefois un Blanc, un sapeur-pompier *(dont il me donne le nom),* qui faisait ça très bien. Il venait, il disait : « Là... » Et il lovait le serpent, l'emportait et le brûlait. Sinon, il faut creuser ici et là, chercher et trouver le *nyungu.* Alors d'un coup de fusil, on pourra le tuer. A mon avis, Din est peut-être bon pour autre chose, mais pas pour le *nyungu.* »

Je retrouve la trace du Blanc en question. Il a quitté le corps des sapeurs-pompiers depuis l'indépendance, et s'est reconverti dans des services techniques. C'est un petit homme grassouillet, les traits gonflés par l'abus d'alcool. D'un abord facile, il ne demande qu'à parler des trente années passées à Douala. Il est un représentant typique de ceux que l'on appelle « les anciens du Cameroun ». Il vit avec une Africaine qu'il a dû épouser à l'église. « Autrement, commente-t-il, ils m'auraient tué à la machette! » Je sais qu'il ne faut pas prendre à la lettre les paroles racistes de ce genre d'homme, capable par ailleurs d'une grande délicatesse. Il me laisse noter devant lui ses souvenirs quand je lui dis que je fais des recherches.

« J'ai un don magnétique : je suis le septième garçon de

ma famille. A partir de 1951, comme j'étais pompier, si quelque chose faisait peur et qu'on ne le trouvait pas, on me demandait d'intervenir. La croyance au serpent magique vient du fait que les pans des trous de cabinet sont en sable et s'effondrent : ça crée des remous. Ou bien certains mettent du carbure de calcium qui donne des émanations d'acétylène et ça leur brûle les... Le serpent magique? Il n'y a qu'à faire une trace avec un pneu et dire au type qui vous demande : « Paie-moi ! » Et le serpent disparaît ! En effet, il n'y en avait pas. Le Noir est si naïf! Je n'ai jamais chassé de serpent magique, mais quelquefois des serpents réels. Quand il y avait un vrai serpent, un python, je l'attrapais. J'en ai vu qui mesuraient six mètres à Deïdo. Le serpent magique, c'est du bluff, c'est pour prendre l'argent, ça n'existe pas. Si l'homme est sérieux, ça n'a pas de prise sur lui. Je n'ai jamais rien vu qui sortait de l'ordinaire. Moi, je ne me fais pas payer, autrement je perds mon don... Mais j'ai trouvé des cadavres : un puits fermé avec un cadenas, et un corps d'enfant dedans. Si je retourne en France et que je trouve un écrivain, on sort un livre : « Nègre, qui es-tu, d'où viens-tu, où vas-tu? » Il est inadmissible que l'on aide encore ces pays-là. »

Sa femme, la Camerounaise, sourit et nous sert à boire.

Je retrouve Din assis sur le pas de sa porte, imperturbable, l'œil vigilant, le rictus de l'assurance retrouvée au coin des lèvres. Il me donne sans hésiter son point de vue sur l'affaire... très différent de celui des autres. J'enregistre :

– Qu'avez-vous fait après mon départ?

– J'ai voulu enlever le *nyungu*, mais on m'a encerclé. J'ai préféré attendre une prochaine occasion pour travailler.

– Mais alors, pourquoi vous ont-ils appelé?

– Ils m'ont appelé pour chasser le *nyungu*. Ce sont des tueurs. Ce sont des sorciers *(bewusu)*. Je cherchais une piste pour sortir le *nyungu*. Mais ils sont venus nombreux pour lutter contre moi dans le ndimsi. Alors, j'ai préféré abandonner. Si j'avais insisté, quelqu'un aurait pu en mourir : l'un de ceux qui m'accompagnaient, ou moi-même.

– Avez-vous trouvé les sorciers?

– Oui. Ils sont de la maison, mais hier soir ils n'étaient pas là. On avait fait un plan pour m'encercler.

– Y retournerez-vous?

– J'ai proposé de retirer le *nyungu,* quand il n'y aurait personne. Seulement le maître de maison (le *frère aîné*) m'a dit de ne pas revenir.

Din a perdu 25000 francs. Il aurait pu perdre aussi ma confiance si je ne l'avais vu agir par ailleurs et ne m'étais assuré de sa sincérité et de ses pouvoirs en d'autres circonstances.

De ces trois interprétations si différentes de l'échec de Din, la sienne me paraît la plus sérieuse. Même si son langage déroute l'Européen que je suis, elle donne le meilleur éclairage de l'affaire. Avec le sapeur-pompier, je me rencontre sur un seul point : le *nyungu* n'existe pas. Mais je ne vois pas comme lui de supercherie dans cette histoire où s'affrontent des personnes qui partagent une même croyance en l'existence du *nyungu.* Avec le *frère cadet* je pense que Din a manqué sa mise en scène – un magnétophone ne remplace pas un tambour – et perdu le contrôle de la séance, mais pas avant d'avoir constaté la vanité de sa tentative. Je donne surtout raison à Din quand il affirme dans son langage hermétique que les conditions pour exorciser le démon de cette famille n'étaient pas réunies. En effet, il y a eu très vite entre Din et les autres membres de la famille un malentendu qui ruinait toute chance de réussite.

Voyons maintenant le point de vue du *frère cadet,* leader de l'opposition. A son avis, Din aurait dû se comporter comme le pompier qui fait feu à bout portant sur un boa et, le *nyungu* n'étant pas un serpent ordinaire, utiliser une technique magique appropriée. Du fond de son fauteuil, il fait dépendre du coup de main d'un spécialiste la solution du dramatique conflit familial auquel il est mêlé. Pour Din, c'est tout le contraire. Ayant flairé une affaire de famille, il a tenté de la faire affleurer avant de passer aux opérations de chasse. Beaucoup de traitements commencent ainsi, m'a-t-on souvent dit, par une invitation à avouer ses torts. L'action peut piétiner plusieurs heures tant que la confession n'est pas faite. En l'occurrence, le *frère cadet* s'y est manifestement refusé. Le *nyungu* et la zizanie allant de pair, Din ne pouvait pas tuer le *nyungu* avant de voir apparaître les signes de la réconciliation. Triste malentendu! La famille attendait en spectatrice que se déroule la chasse, tandis que Din guettait vainement les signes d'une évolution des esprits.

Mais, selon moi, il manquait à Din un atout capital pour réussir : le *grand-père*. On sait que lui et ses deux fils se rejetaient la responsabilité de la noyade et du désordre familial. En l'absence de l'un des adversaires, comment pouvait-on obtenir sur-le-champ des aveux et une réconciliation? Le comportement des deux frères est clair : sans leur vieux père, ils préfèrent adopter une attitude négative, l'aîné se réfugiant dans un mutisme total, le cadet jouant le spectateur ironique. Mais pourquoi Din a-t-il accepté de travailler dans de telles conditions? L'argent, l'alcool, l'espoir de voir arriver le grand-père, le goût du combat, une erreur d'évaluation? Ou bien une confiance inébranlable en lui-même et en ses génies?

Moralié de cette histoire de chasse : l'arme d'un nganga fait long feu si la famille ne lui a pas fourni la poudre.

LE POUVOIR PERDU

Peu de temps après, je me suis retrouvé témoin d'un cas de vive résistance, qui souligne encore le pouvoir de la famille. Le nganga qui en fit les frais s'appelle Loe (1). Des personnes chez qui j'avais pris un repas me l'avaient recommandé comme un initié très compétent. Je notai toutefois une certaine réticence, que je mis sur le compte de la méfiance habituelle qui entoure ce genre de personnage, et me fit conduire chez lui.

Loe est originaire de Deïdo. Il appartient à la famille du chef supérieur. Mais, depuis longtemps déjà, il a préféré s'installer à l'écart pour exercer de manière plus indépendante sa fonction de nganga en pleine campagne, avec les herbes, les plantes médicinales à portée de la main. Il n'avait pas compté avec la rapide extension de la ville. A le voir, maintenant, dans ce quartier de Bependa, perdu au milieu de maisons, on n'imagine pas qu'il ait pu se trouver dans la brousse, dix ans plus tôt. Loe fait contre mauvaise fortune bon cœur et continue à se considérer comme le seigneur des lieux. Il a bâti une chapelle pour les fidèles de l'Eglise baptiste camerounaise à laquelle il adhère. C'est un homme entreprenant. Il a construit ses maisons de ses propres mains – d'assez étranges constructions élevées sans aucun respect de parallélisme, chacune de taille différente, posées au hasard comme des cubes, dans une vaste cour : toits en tôle

(1) Prononcer Lo-é.

d'aluminium, charpente en bois brun, murs en parpaing gris.

Loe est un petit homme sec, vif et fragile d'apparence. Les traits de son visage sont fins, avec un nez à peine épaté, et une petite moustache au ras de la lèvre supérieure, ornement rare chez un Africain. Comme son teint est relativement clair, je me demande si on ne trouverait pas dans ses ascendances un quelconque navigateur, portugais, français, allemand, comme il en est tant passé par ce port depuis deux siècles.

Je me garde évidemment de poser cette question lors de notre première rencontre. Quand je pénètre chez lui avec mes amis, Loe me jauge comme si j'étais un client. Je m'aperçois qu'il comprend le français, et qu'il le parle même d'une façon truculente, à la différence de ses compatriotes. Nos relations en seront simplifiées, mais il nous sera plus facile par ailleurs de nous dérober l'un à l'autre, facilité qui m'est interdite avec Din. Je me présente un peu abruptement : je suis prêtre, j'ai enseigné au collège Libermann et comme je lui dis m'intéresser à la médecine traditionnelle, il fait apporter des bouteilles de " fort ", à savoir du whisky, et de l'eau-de-vie locale appelée « ha! » à cause de la suffocation qu'elle provoque à la première gorgée.

Au milieu de la conversation, Loe me demande si je peux disposer d'une voiture. Il doit se rendre demain soir dans les environs de Douala pour organiser une petite cérémonie chez un collègue, à une heure où on ne trouve pas facilement de taxi. Je demande à en savoir plus long. Il a reçu une requête personnelle de la part d'un nganga qui travaillait déjà avant sa naissance et qu'il appelle « le vieux ». Le vieux le supplie de venir chez lui, à l'occasion du changement d'année, lui réinsuffler de nouvelles forces. Les siennes déclinent, et il ne réussit plus à traiter ses malades. Il faudra que Loe démontre sa propre force avant de rendre à son collègue sa vitalité défaillante. La proposition semble obéir à une logique si simple que j'ai peine à y croire, après les péripéties de la chasse au *nyungu*.

Le lendemain soir, j'arrive chez Loe avec une voiture, à

l'heure convenue. Je trouve celui-ci assis par terre sur une natte, à l'entrée de sa maison principale, avec tous les siens accroupis ou étendus autour de lui. Une lampe tempête, posée à même le sol, allonge les ombres et donne à ces corps des formes étranges. L'atmosphère est humide et chaude, mais la pluie ne menace pas. Je devine, à voir les visages fermés, que nous n'irons pas ce soir à la rescousse du « vieux ». C'est un contretemps pour moi, mais aussi une chance qui m'est offerte de faire la connaissance – les femmes sont présentes – de toute cette famille. Quand on ne vit pas, nuit et jour, dans le quartier, il faut parfois plusieurs semaines pour savoir qui est qui, quelle est la sœur de l'un et le père de l'autre, etc. Enquête d'autant plus délicate qu'il serait « grossier » de poser des questions trop précises. Les présentations n'étant pas d'usage, je m'assois discrètement à côté de Nkongo, disciple du nganga Loe, qui me fait faire, à voix basse, la connaissance de chacun des membres de la famille.

Il m'apprend que Loe a épousé quatre femmes. La première est morte et la troisième l'a quitté. La deuxième et la quatrième sont présentes. Elles lui ont donné chacune un enfant. Une distribution facile à retenir : quatre femmes, quatre enfants, deux garçons et deux filles. La première fille, absente ce soir, a mis au monde deux bébés dans des temps rapprochés, avec deux hommes différents. « Elle n'est pas bien vue de la famille », commente Nkongo. Les deux bébés sont les bambins nus qui grimpent sur les dos, trouvent ici des genoux, là un sein, hurlent à la moindre contrariété, et abusent d'un exceptionnel climat de tolérance à leur égard. Car l'attention du groupe est fixée ailleurs, sur un couple : le frère aîné du nganga et sa femme. Ces deux-là sont en train de vider leur querelle devant nous. C'est à Loe de retenir son frère, fin saoul, qui veut se jeter sur son épouse. Paresseux, buveur, irascible, il vit, me dit Nkongo, dans le même ensemble de maisons, avec cette femme et cinq enfants. « Je ne pouvais pas quitter le quartier ce soir-là, s'excusera plus tard Loe, autrement mon frère aurait tué sa femme à laquelle il reprochait d'avoir caché les économies du ménage. » Je remarque que, décidément, les relations entre frères aînés et cadets sont à la fois étroites et explosives. Le nganga doit pourtant supporter chez lui le poids de la loi familiale.

Nkongo, le dernier à se présenter, ne sait pas son âge à une année près. Il se donne vingt-cinq ans. Il a le teint légèrement roux des personnes qui ont un soupçon d'albinisme. (Les vrais albinos, fréquents à Douala, ont une peau d'un blanc laiteux qui les fait prendre, de loin, pour des Européens.) Nkongo travaille comme manœuvre dans les entrepôts *Mikès* où il passe huit heures par jour à porter des sacs. C'est dire qu'il est râblé et musclé. Le soir, il vient dîner et dormir chez Loe, sans être pour autant de la famille. Il a été guéri ici même autrefois et s'est attaché à la personne de Loe au point de devenir son disciple. A la différence de l'aide-tambour de Din, Nkongo est un associé aux secrets des herbes et des écorces. Il lui manque seulement la double vue pour être nganga à part entière. Quelque chose le retient dans le franchissement de cette étape : une hésitation profonde qui lui vient à la fois de ses convictions chrétiennes et de ses trois années d'études de comptabilité – initiation à un nouveau monde – hélas soldées par un échec. Quand les esprits s'apaisent autour de nous, je lui pose en français la question qui me brûle les lèvres depuis la veille. Avec mon petit magnétophone sur les genoux, j'enregistre sa réponse, comme je le ferai désormais systématiquement. En voici le meilleur passage :

– Comment un nganga peut-il perdre son pouvoir?

– Vous voyez, chaque chose a un temps. Rien n'est éternel. Les herbes et les arbres... Le pouvoir qu'avaient les guérisseurs dans l'Antiquité s'est perdu. Les arbres et les herbes n'ont plus la même puissance qu'avant. C'est comme la croyance en la parole de Dieu, elle n'est plus aussi forte maintenant. Avant, Dieu donnait des exemples ouvertement, en plein jour; le monde recevait des preuves. Maintenant, comme Dieu ne se révèle plus, et qu'il n'y a plus que les Ecritures (Nkongo est protestant), qu'il y a moins d'exemples, moins de preuves, le monde ne croit plus tellement. C'est pareil pour le travail des nganga. Ils avaient une très grande puissance, et la puissance a diminué, il y a moins de preuves.

Dès que le frère aîné, défait, s'est endormi sur place, je relance Loe sur l'affaire du vieux nganga. Selon lui, il néglige sa famille et ses femmes ne reçoivent pas de nourriture. C'est peut-être la raison de sa défaillance, et Loe se promet de lui faire avouer ses torts au moment voulu du traitement. Ce n'est que partie remise. Abandon de ses devoirs familiaux, selon Loe, conséquence d'une perte générale de la croyance selon Nkongo, j'apprendrai bientôt ce qui oblige le vieux à demander un renfort de puissance à son jeune collègue.

Le lendemain soir, je retrouve Loe prêt à partir. Il emmène avec nous son frère aîné, qu'il ne veut pas laisser à la maison, sa plus jeune femme et son disciple Nkongo. Avant l'expédition, il faut passer au dibandi, pour « se blinder ». Le dibandi de Din est, faute de mieux, sa propre chambre à coucher, mais celui de Loe s'élève, comme un petit sanctuaire, au milieu de ses autres maisons. Rien n'indique extérieurement un lieu sacré. C'est un hangar entièrement fermé de murs de parpaing, avec une seule porte d'entrée. A l'intérieur, le spectacle est, pour moi, fort insolite. Au fond se dresse sur deux mètres cubes, relativement bien délimités, un amoncellement inqualifiable – inqualifiable parce que je suis incapable de le définir selon mes propres critères. Plusieurs termitières en forme de champignon ont été transportées là sur un sol de ciment. Autour d'elles et entre elles sont accumulés des morceaux d'écorce, dont certains atteignent un mètre de haut; des bouteilles vides; des flacons de parfum, comme on en trouve à bas prix au marché; des bougies qui ont coulé; des écailles d'œuf; toutes sortes de peaux et de cornes; des poignards rouillés. L'ensemble est entouré de fils d'où pendent des clochettes et quelques étoffes rouges et blanches, aux couleurs passées. On a tant répandu le sang des animaux sacrifiés, tant écrasé d'œufs frais et versé le vin des libations qu'une sorte de patine noire s'est imprégnée partout. Elle explique mon impression dès l'entrée d'une seule masse sombre et homogène. Malgré l'aération de la salle, il se dégage une intense odeur d'huile brûlée et de baume répandu, comme dans une crypte où des cierges sont consumés en permanence.

Passé le premier saisissement, j'essaie d'imaginer l'effet de cette formidable concentration de forces sur l'esprit de mes compagnons. Avec les gestes d'un cérémoniaire, Loe, parfaitement à l'aise, s'affaire autour du bloc. Les autres se tiennent debout derrière lui, sagement, sans montrer de signe de crainte ni même de respect. Leur impassibilité apparente est-elle un signe de leur manque d'adhésion ou même de leur incrédulité? Je l'ignore encore.

En tirant sur la ficelle qui les retient toutes, Loe fait sonner les clochettes pour appeler à la rescousse les génies de l'eau *(miengu)* et leur demander de nous suivre. Il honore les ancêtres *(bedimo)*, en versant une bouteille de vin rouge sur les termitières qui marquent leur présence. Il se frictionne le corps avec une huile qu'il appelle *ndima,* l'invisible, mot de même racine que ndimsi. Il invite les autres, sauf moi, à l'imiter (son frère aîné s'esquive). Loe absorbe ensuite la poudre de diverses écorces râpées *(ngando)* qui possèdent la vertu de protéger en chemin. Je me tiens prêt à recevoir ce qu'il voudra bien me donner. Veut-il ménager ma sensibilité, ou estime-t-il que je suis « blindé » de nature? J'ai droit seulement à une cuillerée de miel.

Moi (plus tard) : *Comment le miel peut-il blinder?*

Loe : *Pourquoi poser de pareilles questions? Vous ne savez pas ce qu'est le miel, non? C'est parce que l'abeille butine partout. Il y a beaucoup de force là-dedans. Elle butine même sur la saleté des plaies, la bave du cadavre, la salive* (l'écume?) *du poison, la viande pourrie, et même sur les* mianga (remèdes en relation avec le ndimsi)... *Le miel, c'est le résultat de tout ce mélange.*

Loe fait mettre dans le sac, en plus de sa robe rouge de combat, et d'une feuille large comme une assiette, appelée *dibokuboku* et employée pour les rites de réconciliation, quelques petits objets que je n'identifie pas. « Comme je n'ai pas la double vue, je n'en connais pas toujours l'utilité, me commente Nkongo. Mais il peut prendre pour se préparer une simple allumette qui va " dire " beaucoup. Tout cela c'est un " contre " (blindage).

« Nous allons, ajoute Nkongo, dans un pays étranger (un village de banlieue!), nous ne savons pas si nous ne serons pas attaqués au moment du traitement. Il faut que nous soyons prêts. Ce n'est pas la première fois que nous partons comme ça pour aller traiter un malade chez lui. Il faut avoir beaucoup de force. Là-bas nous serons contre tout le village, contre tous ses sorciers. Il faut être bien armés. »

En route. Nous traversons les quartiers de Bepanda et de Deïdo endormis. Nous passons le pont de dix-huit cents mètres qui enjambe le Wouri, dans la féerie des bateaux illuminés le long des quais sur notre gauche, et les formes sombres des rives et des îles sur notre droite. Mes compagnons ne regardent ni d'un côté ni de l'autre, ils se taisent. C'est pourtant vers la société de droite que nous nous rendons. Après la traversée du quartier de Bonabéri, nous entrons dans la brousse et arrivons presque aussitôt au village. Loe me conduit par des chemins de sable jusqu'à la case du vieux. C'est une nuit sans lune, et nous distinguons à peine les masses des cases et des plus grands manguiers entre lesquels nous passons. Nous sommes à sept kilomètres de nos maisons, mais « à l'étranger », bien que nous suivions un nganga douala rendant visite à un autre nganga douala.

Le vieux dort déjà. Il se lève et se déclare flatté de nous voir arriver. Malheureusement, il n'a pas pu rassembler l'argent voulu pour nous recevoir comme nous le méritons, à cause d'une histoire de filet et de poissons peu compréhensible. Alors, sans argent, entre nganga, le traitement risque d'être compromis. Loe, grand seigneur, répond qu'il n'est pas venu pour boire mais pour travailler, car son but, ajoute-t-il avec un rien d'emphase, est de sauver celui qui souffre.

Sur ces mots, le chef du village fait son entrée. Contraste. Autant le vieux nganga paraît chétif, réduit à un frêle assemblage de quelques os, avec toutefois deux yeux bruns malicieux perpétuellement en mouvement dans une tête de mort, autant le chef en impose par sa stature, l'harmonie de ses traits et quelque chose de droit dans le regard. Je suis immédiatement subjugué. A ma surprise, il va s'asseoir en retrait. Il refuse même le whisky que Loe a apporté. (« Il est plus prudent de boire ce qu'on connaît », m'avait dit ce dernier.)

Soudain la porte s'ouvre violemment. Le fils du chef fait irruption : il proteste contre cette réunion et ce traitement dont il n'a pas été averti. Lui et son père sont d'ailleurs de la famille du vieux. « De quoi souffres-tu? » Et le vieux de répondre ironiquement : « Mes parties ne fonctionnent pas bien, j'ai fait venir un médecin. » – « Qui est ce Blanc que tu as amené avec toi? », demande le fils du chef, en se tournant vers Loe. Avant que je puisse répondre, Loe explique que je suis son ami. Je vais souvent chez lui, je m'intéresse à ce qu'il fait et je le suis partout où il va. Puis il donne à nouveau les raisons de sa venue. Il a l'intention de laver le corps de cet homme qui se plaint de perdre son pouvoir, de le « laver de la malchance » *(mbeu'a nyolo)* (1).

Un voisin arrive en demandant la raison de ces éclats de voix. Il s'étonne de ce qu'on fasse venir un nganga, alors que d'habitude le malade se déplace lui-même. Loe explique patiemment qu'il est là pour apporter la paix dans la famille. Il est « président des nganga du territoire » – titre bien grandiloquent – et ne peut laisser dans la souffrance un collègue, même si celui-ci le dépasse en âge, en expérience et en connaissance des lois du ndimsi. La jeune épouse de Loe commence à s'agiter et cherche à convaincre son mari, par signes, de lever la séance. Une vieille voudrait intervenir, mais on la fait taire, parce que ce n'est pas le moment pour une femme de prendre la parole.

Le sous-chef du village parle à son tour. Son intervention nous révèle ce que tous les autres savent depuis le début, les vraies raisons de l'opposition familiale aux actes du vieux. Nous apprenons qu'il héberge depuis peu une femme ma-

(1) Je suppose que le " lavage " et la " malchance " dont il est question ont une tout autre portée que celle des mots français pris au sens ordinaire.

lade. Or, pas plus tard que la semaine dernière, l'enfant de cette femme mourait à Douala. On accuse le vieux d'avoir fait un pacte avec le mari, d'avoir acheté l'enfant au prix du rétablissement de sa femme. (Nkongo me fait un commentaire sibyllin dévoilant les dessous de toute l'affaire : « L'enfant qui est vendu n'est pas réellement mort. On lui a seulement retiré le souffle et on l'a enterré. Mais il n'est pas parmi les ancêtres *(bedimo)*. Il vit dans le ndimsi. Il aide son nouveau maître – le vieux nganga – en travaillant pour lui. ») La position de la famille est la suivante : un nganga qui tue quelqu'un perd automatiquement son pouvoir. Cela est bien connu, c'est l'interdit numéro un, la ligne de démarcation qui le sépare de son contraire, le sorcier. Et, en devenant sorcier, il perd du même coup ses capacités de guérisseur. En laissant soigner le vieux, sa famille donne raison à la rumeur publique. On saura qu'il a fait venir un collègue pour lui redonner ses forces honteusement perdues.

Le vieux proteste de son innocence. Le fils du chef, décidément fort agressif, s'en prend à lui avec violence, rappelant que ce n'est pas la première fois qu'on le soupçonne de tuer. Lui-même se sent en danger de mort. (J'entends l'expression : « *O ma pula bwa mba* » – « Tu veux me tuer! ») L'affaire prend une si mauvaise tournure que le frère aîné de Loe, resté muet jusque-là, se lève et déclare solennellement que la famille demeure seul juge. On ne fera pas de traitement contre son consentement. Loe se tourne vers le chef et remet la décision entre ses mains.

Le chef nous signifie aussitôt notre départ. Même si Loe entreprenait le traitement, ce serait peine perdue. Inutile de gâcher son talent. Il consent à reconnaître que nous ne sommes pas venus avec des mauvaises pensées. Autrement nous ne serions pas sortis d'ici. « Que Dieu vous remmène! » J'interviens alors pour me présenter plus précisément et expliquer les raisons de mon ignorance. Je le fais le plus calmement possible dans mon douala encore balbutiant, pour dissimuler plutôt ma déception que mes craintes – en effet, je me crois " blindé ", invulnérable parce que je suis prêtre et blanc. Je me propose de revenir une autre fois et de jour les visiter. Le chef prononce à mon endroit le seul mot chaleureux de la soirée : « Vous serez reçu comme mon fils. » Le tout s'est déroulé presque rituellement, à la manière d'une palabre officielle. Le chef a choisi d'adopter au début une attitude réservée pour laisser chacun prendre la parole. Sa décision finale décrétant notre départ est tombée comme une conclusion logique et inévitable, sans qu'il ait eu besoin apparemment de prendre parti.

Dans les jours qui suivent, l'événement est commenté avec Loe. L'accusation portée contre le vieux nganga me semble incroyable. Mais l'important pour moi est de savoir ce qu'en pense Loe et quel sens il lui donne dans son univers.

« *Que ce soit vrai ou faux, me répond Loe, personne n'en est sûr, du moins nous les étrangers* (à ce village). *C'est en travaillant que j'aurais pu savoir si c'était vraiment de la sorcellerie. On ne nous a pas autorisés à faire ce qui était nécessaire. Eux sont convaincus, moi beaucoup moins. Si le vieux meurt, je saurai que c'est sa famille qui l'a tué, pas besoin d'enquêter. Autrefois, pour avoir une preuve absolue, on préparait une cuvette de mianga* (remèdes en relation avec le ndimsi). *L'accusé devait boire ça et vomir. Mais maintenant avec l'évolution, c'est interdit. Ça s'appelait* Kwa (1). »

Moi : *Accuser quelqu'un ainsi, est-ce une bonne ou une mauvaise coutume?*

Loe : *Chez nous, c'est une bonne coutume. C'est pour*

(1) « *Kwa* désigne l'*Erytrophleum guineense*, arbre à poison connu sous le nom de *sasswood*. On utilise l'écorce rouge des racines du jeune arbre. Le suspect de sorcellerie était condamné à boire ce breuvage ou le demandait pour se justifier. L'écorce que l'accusé allait chercher lui-même était mise à macérer et on en formait neuf petites boules qu'il devait avaler. Ensuite il buvait la plus grande quantité possible de breuvage empoisonné. S'il pouvait vomir le tout en chantant et dansant, il était absous et pouvait exiger de son adversaire sa réhabilitation. S'il commençait à vaciller sans vomir, le *kwa* avait révélé sa faute et il était pendu ou frappé à mort. En raison de l'interdiction de ce genre d'ordalie, on donne à boire le *kwa* non plus à l'homme mais, à sa place, à un poulet. On observe ce qui se passe ensuite et on fixe le jugement : amende ou réparation. » *Volkskundliche...*, art. *kwa*. Ittmann. *Op. cit.*

corriger. Ça arrête un peu la sorcellerie. Ce n'est pas pour le plaisir d'accuser quelqu'un.

Loe ne met pas en doute la responsabilité d'un tiers (ou de la victime elle-même) en cas de maladie. J'essaie de découvrir la faille du système, non pour me donner la preuve que j'ai raison de le trouver simpliste, mais pour en évaluer la résistance et la cohérence, afin de mieux le comprendre.

Moi : *Il y a quand même des maladies où il est évident que personne dans le village n'est coupable! Prenons, par exemple, l'épidémie de choléra qui s'est déclarée à Jebale* (une île que l'on aperçoit sur la droite du pont du Wouri), *on a quand même accusé à tort un vieil homme d'avoir provoqué la mort des dix-sept premières personnes atteintes!*

Loe sait, tout comme moi, que le choléra est une maladie nouvelle, venue du Moyen-Orient par le canal des voyageurs et plus précisément des pêcheurs nigérians arrivant de l'estuaire du Wouri, c'est-à-dire du sud.

Loe (imperturbable) : *Et pourquoi donc cela a-t-il été justement si grave à Jebale? Les Jebale sont au nord et les Douala plus au sud. Pourquoi l'attaque a-t-elle commencé à Jebale? Nos sorciers cherchent toujours l'occasion d'exercer leur métier. Alors les chefs ont arrêté ce choléra. D'abord à Jebale, le chef de l'île a protesté contre eux, puis ce fut le tour de Deïdo. De même à Bonabéri. On a fait l'*Esa (rite collectif d'expulsion du mal), *on a dit que l'on ne voulait pas de cette maladie, et on l'a arrêtée. C'est notre coutume. Même si les Européens n'avaient pas donné le vaccin, ça n'aurait pas pu continuer parce que la population s'y opposait. D'ailleurs la population s'est demandé pourquoi on a sorti le vaccin seulement le premier jour du choléra et pas avant; pourquoi? C'est pas de la sorcellerie, ça?*

Ebranlé, je cesse de questionner Loe. Je ne peux toujours croire au pacte de mort qui aurait fait du vieux nganga un sorcier. Je suis stupéfait que les intéressés puissent sincèrement trouver la chose plausible, et s'appuyer sur une logique pour la défendre. Je ne sais pas que l'occasion va m'être donnée de passer de l'étonnement à l'expérience.

« Quand M. Loe accepte un malade, me dit Nkongo, il désire toujours que la famille du malade soit présente et il la réunit avant de commencer le traitement afin de savoir si la famille est contre le malade ou pas, si elle ne veut pas du traitement, si elle fait en sorte qu'il ne guérisse pas. Ensuite, il s'emploie à donner des arguments pour que toute la famille accepte le traitement. Et si elle n'est pas d'accord, il y renonce. C'est arrivé. Mais si c'est très grave et s'il voit le malade prêt à mourir alors que la famille est la cause de la maladie et ne veut pas qu'on le délivre, alors, lui, il impose sa volonté. D'accord ou pas d'accord, il guérit le malade. Il n'a pas pu faire cela là-bas, parce qu'il était dans un pays étranger. Chez lui, il est plus en force. »

Din et Loe sortant de leur forteresse pour chasser le *nyungu* ou revigorer un vieillard ont manqué leur expédition. Ils se sont heurtés de front aux familles qui les attendaient dans leur enceinte même. L'aspect complet de ces deux récits ne doit pas faire illusion. Au-delà des paroles enregistrées fidèlement au magnétophone, un échange tacite, intraduisible, inaccessible à un étranger, s'établit entre les interlocuteurs. Si je n'ai pas pu percevoir la communication au-delà des mots, du moins en ai-je reconnu l'existence. Atteindrai-je un jour ce niveau de perception? En tout cas, il m'est peu à peu mais clairement apparu que les familles refusaient d'entrer dans le processus du traitement : c'est le petit progrès que j'ai accompli. Deux forces sont nécessaires pour conjurer ce type de maladie qu'il est convenu d'appeler " envoûtement " : la famille et le nganga. Si un conflit naît entre elles, au point que le nganga ne réussisse pas à s'attirer assez d'alliés chez l'adversaire, le traitement est impossible. Peut-on soigner une personne contre la volonté de sa famille?

LA RUMEUR

« *Ba, na...* »
« A ce qu'on dit. »

Un sociologue camerounais, Cosme Dikoumé, m'avait prévenu : « On te regardera, on t'observera; un beau jour, tu seras intégré au système, on se sera fait une idée sur toi. » Sa prédiction se réalisait lentement. J'étais regardé, j'étais observé, et avec sympathie. Je ne pouvais espérer passer inaperçu dans ces milieux de la guérison où les Européens se rencontrent peu, encore moins les prêtres. J'étais vraiment touché par la chaleur et le tact que mes hôtes me manifestaient à chacune de mes visites, même dans les situations conflictuelles que j'ai décrites. Quant à être intégré un beau jour dans le système, je ne voyais pas comment... si ce n'est par cette lente osmose à laquelle je me soumettais, œuvre de patience pour eux comme pour moi. Je me sentais immunisé et inassimilable à court terme..Pourtant, soudaine, inattendue, cette intégration aura lieu dans le village où Loe avait voulu revigorer le vieux. Elle aurait pu survenir ailleurs et aussi brusquement.

Loe m'avait prévenu : « C'est moi qui vous ai amené là-bas la première fois, je dois vous interdire d'y retourner. Moi-même je n'y vais plus. Nous sommes en dehors de l'affaire, je le leur ai répété plusieurs fois. Ils m'ont répondu que, bien sûr, ils me croyaient. Mais cela dit, il n'est vraiment pas possible d'aller y enquêter à nouveau. »

Malgré l'avertissement de Loe, je me rends comme prévu sur les lieux pour saluer le chef. La chefferie n'a rien de proprement traditionnel. C'est une large et solide demeure sans étage, telle que les notables en faisaient construire après la guerre : toit de tôle assez incliné en raison de la pluie, sol surélevé à cause des inondations et des serpents, petits perrons et fenêtres à volet de bois. La date de finition – 1951 – apparaît en gros chiffres sur le ciment rose. L'intérieur, composé essentiellement d'une vaste salle de séjour, est plus caractéristique : fauteuils, chaises, tables sont groupés en cercles pour recevoir les visiteurs et tenir compte de leur rang. Sur les murs s'alignent de nombreux portraits photographiques. Trois générations de personnages pris de face, et, quel que soit leur âge, figés dans une attitude guindée; exactement le contraire de ce qu'ils sont dans la vie : joviaux, décontractés, impulsifs. Le portrait du chef actuel est présent dans chacun de ces cadres : c'est bien la figure centrale du village. Ecrit en caractères gothiques au-dessus d'une porte, un proverbe rappelle la loi généalogique et hiérarchique : « *Muna a si ma ya pon sango tom* » – « L'enfant n'engendrera jamais son père. »

Dans la réalité et de jour, le chef est encore plus imposant. C'est un beau vieillard, de haute stature, à l'allure guerrière, il correspond à l'image du « roi nègre » que je m'étais faite dans mon enfance à partir des estampes des explorateurs. Il porte sur son torse un maillot blanc, sans manches, d'où surgissent deux formidables bras, aux muscles torsadés comme des lianes. Il a noué son pagne – un riche pagne aux zébrures noir et or. Comme les trois quarts de l'étoffe forment un gros bourrelet ramassé autour de la ceinture, le dernier quart ne parvient à le couvrir que jusqu'aux genoux, comme une jupe courte ou un kilt écossais. La séduction immédiate exercée par cet homme vient sans doute de l'harmonie et de la finesse de ses traits, inattendues dans une telle constitution. Chaque élément de son visage – oreilles, nez, bouche – est parfaitement proportionné. Les rides, les sillons, les petites pustules même y font l'effet de veines sur du beau bois. Dans les magnifiques yeux sombres de cet homme qui a atteint la soixantaine, je lis tantôt l'intransigeance, tantôt la tristesse et parfois même la douceur.

Il me reçoit généreusement, sort un alcool de sa fabrication, adouci par la vertu des écorces. Pourquoi ne pas l'appeler par son vrai nom : Caïn Dibunje Tukuru? Nous parlons du collège Libermann où il veut faire entrer son petit-fils; il est silencieux sur l'échec du traitement. Il me dit seulement son étonnement, que ce soit un étranger, en l'espèce mon guide Loe, qui ait apporté le whisky et offert à boire : valeur significative des rites de la boisson (1). Je le quitte à la nuit tombante, avec promesse de retour pour un enregistrement du *ngoso*, le répertoire musical traditionnel des Douala, dont il est l'un des meilleurs interprètes. Se doute-t-il de ce qui se prépare?

Je tombe sur un barrage fait de planches, de rondins et de pieux, coupant la large piste centrale du village. L'obstacle a été monté hâtivement pendant ma visite au chef. Impossible de passer! Le piquet est assuré par une cinquantaine de jeunes et d'enfants, en uniforme d'éclaireur ou plutôt en " bribes " d'uniforme, béret sur la tête de l'un, foulard sur le cou de l'autre et insignes hiérarchiques sur toutes les épaulettes. Ce sont ces fameux éclaireurs que l'on voit défiler les jours de fête et qui assurent un service d'ordre capricieux aux stades. Je leur demande le passage. Ils me répondent qu'en l'absence de la police, ils sont seuls à tenir la route, et que je ne passerai pas avant de m'être entretenu avec eux dans une case voisine. Un taxi puis un camion arrivent, qui franchissent l'obstacle sans encombre. Je commence à me poser des questions qui restent sans réponses. Je leur décline titres et références, rien n'y fait. Il me paraît plus sage de faire demi-tour, et je retourne chez le chef qui, j'espère, saura bien ouvrir la route.

Le chef passe de l'étonnement à la colère. Avec son fils

(1) Le whisky, le rhum et le gin arrivés sur la côte avec les premiers commerçants anglais au XVIIIe siècle, sont devenus des boissons traditionnelles de fête, plus prisées que les alcools locaux.

héritier et quelques gardes, il s'engouffre dans ma trois-chevaux. Je prends conscience brusquement de l'ampleur de l'affaire quand je vois l'une de ses épouses se précipiter, affolée, pour l'empêcher de monter. Nous atteignons bientôt le barrage où une foule compacte s'est formée. Des femmes se sont jointes aux jeunes gens. En quelques minutes, l'air a changé. Une poussière dense s'est levée, avec l'afflux de nouveaux arrivants et l'agitation des éclaireurs. Une rumeur, comme dans une foire, se forme, mais plus inquiétante, ponctuée de vociférations et de cris aigus. Deux femmes ont délié leurs tresses, défait le haut de leur robe et arpentent la piste avec de grands gestes de lamentation.

Le chef m'ordonne de garder le moteur en marche, les phares allumés et de rester dans la voiture, au centre de la foule. Calmement, il harangue les jeunes, leur ordonnant d'ouvrir le barrage. Peine perdue. Son fils mime une colère terrible, mais sans succès. Le chef se fâche pour de bon, et à grands coups de pied nu repousse les premiers rondins du barrage, que les éclaireurs reforment aussitôt devant lui. En d'autres circonstances, j'aurais apprécié cette scène épique où un vieux géant furieux, torse nu, pagne solidement noué à la ceinture, affronte seul, à la nuit tombante, une troupe de jeunes gens qui évitent le conflit direct. Je constate seulement que la route ne s'ouvre pas et que le geste d'autorité de Caïn Dibunje Tukuru ne semble avoir aucun effet.

J'apprends alors, par l'un des gardes du chef restés près de moi, que je suis accusé de connivence avec le prétendu vieux nganga considéré comme sorcier : je suis venu lui acheter des hommes et des femmes qu'il me vendra très cher. Il se chargera ensuite de les faire mourir par les voies mystérieuses de la sorcellerie. J'acquiers ainsi des hommes à mon service dans ce monde des réalités invisibles. Le bruit court que déjà, la semaine dernière, j'ai été rossé pour fait de sorcellerie. Mon nom serait *mukala ndedi*, un commerçant grec accusé d'entretenir un trafic d'êtres humains dans la région.

Le chef remonte dans la voiture, laissant son fils parlementer avec les insoumis, et je fais une nouvelle fois demi-tour. J'attends le résultat de la négociation dans la salle de séjour de la chefferie. Plusieurs personnes de l'entourage du chef me somment de porter plainte à la police, mais je n'en ai nulle envie. Tout en tournant distraitement les boutons du poste de radio, comme pour garder contact avec le monde extérieur, je m'imagine les effets d'une intervention de la police. Elle ruinerait mes plans. Tout d'abord, je me verrais interdire mes allées et venues nocturnes et, par conséquent, toute étude suivie de la médecine traditionnelle. Surtout, je serais brûlé, aux yeux de la population. Je décide donc de suivre l'avis de Caïn Dibunje Tukuru qui me conseille sagement d'attendre que la nuit vienne et que les esprits se calment.

Une heure, qui me paraît interminable, s'écoule; puis le fils revient excité et trempé de sueur. Il a convaincu les jeunes de leur erreur et obtenu l'ouverture de la route. Mais gare à moi si je reviens au village! Il accepte de m'écouter quand je lui rappelle, quelque peu excédé, les origines de l'affaire. Nous repartons dans la voiture, lui et moi, entre deux rangées d'éclaireurs silencieux et franchissons le passage. Je conduis en faisant un grand signe de ma main libre, auquel quelques-uns répondent timidement. Je laisse le fils du chef à la sortie du village, avec un billet pour arroser son succès diplomatique.

⁂

Bien que l'aventure se soit apparemment terminée sans encombre, je ne peux me cacher son importance sur le plan émotionnel. Me voilà tout d'un coup, par suite de ce malentendu, du côté de la sorcellerie, des Blancs exploiteurs et honnis, parmi les hommes que la société se doit d'excommunier. Je le ressens viscéralement. Je n'éprouve pas de crainte physique, j'ai connu des situations plus périlleuses au cours de la guerre d'Algérie, mais j'ai froid comme un enfant chassé de sa communauté. Aucune explication de ma part, aucun discours ne pourrait y changer quoi que ce soit : une formidable réprobation collective pèse sur mes épaules.

Je sais déjà, pour l'avoir observé et me l'être fait raconter, comment une société, après une longue élaboration culturelle, réussit à inventer un comportement devant l'angoissante réalité du mal : elle reporte sur quelques individus qu'elle débusque les responsabilités de la maladie et de la mort. J'éprouve la puissance du mécanisme, combien un groupe peut se sentir soulagé quand il croit avoir trouvé le responsable de son mal. C'est pour lui une véritable libération collective, mais en même temps, quelle angoisse mortelle pour l'homme désigné! Je pense au vieux nganga devenu sorcier, mis désormais au ban de son propre village.

N'oublions pas cependant que, de nos jours, le sorcier jouit d'une position plus enviable que ses prédécesseurs. Il n'a pas de statut juridique, c'est-à-dire qu'aucune poursuite en justice n'est possible contre lui à moins par exemple d'un flagrant délit d'empoisonnement. Les vieilles méthodes de l'épreuve de vérité (*kwa*) sont depuis longtemps interdites. Le sorcier a les coudées plus franches. Et le christianisme aidant, dans ce village où tout le monde est protestant, il est possible d'espérer pour lui, s'il le mérite et, avec le temps, plus de tolérance.

Une autre chance du sorcier, c'est sans doute sa relative et paradoxale utilité pour la société. Il permet de localiser sur sa personne ce mal, qui, autrement, resterait une force anonyme et, de ce fait, beaucoup plus inquiétante. Supprimez tous les sorciers et vous risquez de vous retrouver quotidiennement confronté au mal.

Mon affaire prit rapidement des proportions inquiétantes. Quelques jours plus tard, je m'aperçois que la rumeur a déjà gagné un village lointain.

Je m'étais rendu à K., à plus de trente kilomètres de Douala, pour rencontrer avec un ami du quartier de Deïdo, alors instituteur dans ce village, un nganga renommé. L'épisode de la barricade ne datait pas d'une semaine et je ne pouvais pas me douter que le bruit ait pu s'en répandre si loin. Nous étions arrivés le soir dans ce petit village éloigné de la grande route, et le nganga, prévenu, nous avait reçus agréablement. Sa séance de soins souffrait manifestement de l'improvisation. Je ne m'attarderai pas ici à la décrire.

Mais, soudain, comme dans le village précédent, le chef survint. Il s'étonna vivement de ce qu'un Blanc ose venir dans son village sans l'avertir. Je reconnus mon tort, m'en excusai et il s'assit pour boire un verre avec nous. « Vous êtes professeur au collège Liberman et vous êtes prêtre, me dit-il, je suis donc rassuré, parce que, voyez-vous, il y a des Blancs qui font le bien et des Blancs qui font le mal. Ainsi, tout dernièrement, près de Douala, on a surpris un Blanc en train de faire la navette entre un vieux sorcier et le chef, pour acheter certaines personnes. On dit qu'il s'appelle *mukala ndedi*... »

Il me donna le nom du village : pas de doute possible, il s'agissait de moi. Les soins terminés, je pris congé rapidement, prétextant l'heure, et m'enfuis sans plus attendre avec mon ami l'instituteur. Ce dernier devait m'informer le lendemain du dernier cri de la rumeur : « Dès notre départ de K., les gens ont commencé à mourir... Moi, je n'y retourne pas! », ajouta-t-il.

Le premier moment de stupeur passé, je me renseignai sur ce qui avait pu déterminer des conséquences si dramatiques... C'est ainsi que j'appris ce qu'était la sorcellerie de l'Ekong.

LA SORCELLERIE DE L'EKONG

« On a raconté que je me rendais dans les villages pour acheter des gens...

– Ça s'appelle l'Ekong. »

La repartie fuse aussitôt. Elle me sera donnée aussi spontanément sur toute la côte sud du Cameroun et dans l'arrière-pays jusqu'aux confins de la forêt. L'Ekong est de nos jours la sorcellerie la plus répandue dans cette partie de l'Afrique. Je pourrais citer de nombreux témoignages de cette démarche qui consiste à se rendre chez un sorcier et à lui proposer de l'argent en échange de personnes qu'il se chargera de vous livrer pour en faire vos esclaves : c'est l'Ekong. Engome, la première que j'ai vu soigner chez Din, était victime de ce commerce. Din, après s'être rendu invisible, l'avait délivrée *in extremis*, en se rendant au mont Kupe, où elle travaillait déjà pour son nouveau maître.

Le commun des mortels voit les victimes tomber malades, dépérir et mourir, tandis que certaines personnes s'enrichissent et prospèrent à côté d'elles sans raison apparente. On met un lien de cause à effet entre ces deux situations anormales, sans apporter d'autres preuves que les témoignages de quelques rescapés des camps de la mort (1). En revanche les initiés, ceux que la naissance ou le rite ont dotés d'une double vue, sont censés contempler ce trafic d'hom-

(1) Le cas du mort qui est revenu : un petit commerçant du marché de Deïdo.

mes comme en plein jour. Ils interviennent durant l'opération pour la favoriser ou l'empêcher. Voici le témoignage du doyen des Douala, Etame Dika, qui m'explique, tout en faisant une profession de foi en l'Ekong, pourquoi il a toujours refusé de se faire ouvrir les yeux :

« *La vente des hommes, ça existe encore aujourd'hui. Ils sont vendus à un prix différent du nôtre, selon la monnaie du ndimsi. Quelqu'un peut être vendu entre 2 et 25 francs* (1). *Si on va derrière la ville, on trouve des gens vendus. Si quelqu'un sait travailler, il te met des gouttes dans les yeux, et tu vois comment on emmène ceux qu'on va vendre. Ça, c'est la force de l'invisible. Je peux te montrer quelqu'un, qui, après avoir dormi, dit tout ce qui se passe même en Europe. Mais si tu apprends à voir, c'est dangereux. Il y a trop d'interdits, et si tu les enfreins* (o wusi te), *tu peux mourir. Il peut arriver aussi qu'on te demande de donner quelqu'un... On a voulu me faire voir, mais j'ai refusé. Il y a trop d'interdits là-dedans* (mieka me ten)... »

Son langage repose sur des données anthropologiques étrangères à la compréhension d'un Occidental : pour lui, l'homme a un double. Et ce fait est aussi évident et irréfutable pour un Camerounais moyen que peut l'être la distinction de l'âme et du corps pour un Européen. La distinction entre l'âme et le corps n'est pas absente de la langue douala, mais d'importance secondaire face au dédoublement de l'homme en une personne visible et invisible. Pendant son sommeil, par exemple, le double d'un homme peut être enlevé par des sorciers, – corps et âme – tandis qu'il reste apparemment étendu sur son lit, à la vue de tous. Il est indispensable de garder cette donnée présente à l'esprit pour comprendre les informations que je reçois et qui tablent constamment sur le dédoublement de l'individu. En guise d'illustration, je laisse parler Loe qui veut m'expliquer en français, avec force images, la technique des sorciers de l'Ekong :

« *On prend ton nom, tu vas mourir. Ceux qui te tuent*

(1) Valeurs monétaires d'autrefois qui ont toujours cours dans le ndimsi.

achètent quelque chose qui te ressemble parfaitement. On prend ta forme, on fabrique une sorte de grande poupée. Ça te ressemble comme une photo. C'est là sur le lit et tout le monde pleure. Mais toi, tu es à côté et tu vois tout. On t'a mis quelque chose sur la bouche et tu ne peux parler. Tu es comme un chien obéissant à son maître qui l'a tué. Et la famille va enterrer ta copie conforme, en croyant qu'elle t'a enterré. Après l'enterrement, les gens de l'Ekong viennent avec leurs gris-gris, (te déterrent) et enlèvent ta forme avec tous les habits. Le cercueil reste vide. On t'amène chez celui qui t'a acheté, (on te reconstitue) et à dater de cet instant tu travailleras pour lui comme manœuvre. »

L'Ekong et le ndimsi.

La vente d'hommes suivant la filière de l'Ekong n'est qu'une opération parmi d'autres dans le vaste domaine du ndimsi, un monde où on se rit des distances, du temps et de l'obscurité. J'ai obtenu de Loe qu'il me situe l'Ekong dans cet univers, face à l'autre forme de sorcellerie, celle de l'anthropophagie, dont je n'ai pas encore vérifié les effets. Je préfère une fois de plus l'interviewer en français pour l'obliger à créer de ces expressions aussi signifiantes que savoureuses.

« *Il y a quatre casiers (*catégories*) de ndimsi. Le premier, c'est le ndimsi du Seigneur, Dieu Créateur. Tu es décédé, mais tu iras vivre chez Dieu. Voilà un ndimsi, comme on dit chez nous. Le deuxième est un ndimsi criminel,* c'est l'Ekong où l'on tue, et où l'on vend. *Le troisième, selon ce que je connais, est celui où l'on te tue aussi, mais où l'on te bouffe. On te mange dans la bouche comme la viande : une viande mange une autre viande. C'est une sorcellerie qui est plus forte que tout, c'est la sorcellerie dans l'eau, celle du caïman* (1). *C'est la première sorcellerie du Cameroun. On ne te vend pas. Tu continues à vivre, à marcher. Mais tu sens un peu de douleur, tu te mets à chanter doucement comme*

(1) La sorcellerie du caïman. Cf. *infra* : « Rentrer dans l'ordre. »

ça, puis on te mène à l'hôpital, tu n'arrives pas à comprendre. Tu ne sais pas que c'est une affaire du ndimsi. »

Loe poursuit : « *Mon travail, c'est le quatrième casier du ndimsi : les docteurs. Je dors, je dors et je vois comme en rêve les sottises que font les hommes. Je reste sans bouger, je fais des rêves. Et quelquefois, ça vient de Dieu, comme une lumière. Et si la lumière revient, alors là je suis content. Je vois comment il faut que je soigne. Je vois comment il faut que je me bagarre dans le ndimsi. Je vois qu'on a attaché un type là-bas. Mais si je me mets à faire couler le sang d'un homme, mais si je vends des cheveux ou des ongles d'un homme, si on vient me prier de tuer quelqu'un, et si je fais couler le sang, c'est la mort de moi-même. C'est le quatrième ndimsi, il n'y en a pas d'autre, selon mon expérience.* »

L'Ekong est donc essentiellement lié à la richesse et à l'argent. On soupçonne les personnes fortunées d'entretenir des esclaves qui travaillent pour elles dans des plantations invisibles. Aussi loin que les anciens se souviennent, la croyance n'a pas évolué sur ce point. Autrefois l'Ekong était le nom d'une association qui regroupait les commerçants, les notables et les chefs. Elle représentait en somme la classe opulente. Toujours selon les anciens, l'Ekong n'avait pas alors le caractère odieux qu'il a acquis aujourd'hui. On faisait une nette différence entre les sorciers proprement dits (*bato ba lemba*), considérés comme des anthropophages, véritables incarnations du mal et les membres de l'association (*bato b'ekong*). Les premiers avaient la réputation de faire le mal pour le mal, tandis que les seconds pouvaient au moins expliquer leur conduite par l'amour de l'argent. Ils avaient à leur service le fameux *nyungu* qui réalisait des opérations de commando à leur profit.

De nos jours, l'Ekong évolue. Il n'est plus l'apanage des grosses fortunes, mais se trouve à la portée de tous. Il se démocratise. Par le fait de sa généralisation, il inquiète davantage, monte dans la hiérarchie des horreurs et se trouve aussi réprouvé maintenant que les autres pratiques de sorcellerie. L'apparition du salariat et du papier-monnaie est peut-être l'une des causes de cette recrudescence et de cette généralisation. Le pouvoir d'achat et de vente n'est plus désormais à la discrétion des chefs de famille ou des grands négociants. Il est en principe partagé par tous. Par voie de conséquence, les besoins d'argent grandissant avec le coût de la vie créent des surprises, des envies et de dangereuses tentations. Les lois incompréhensibles qui président à la distribution de l'argent, le monde secret de l'émission des billets, les forteresses que représentent les banques, tout cela entretient dans la mentalité populaire l'idée qu'il existe une réalité invisible et inquiétante, et nourrit la croyance de l'Ekong.

Si cette croyance n'avait pu intégrer le mystère économique, elle aurait sans doute quasiment disparu, ne pouvant rendre compte des faits d'expérience; sa persistance dans les couches populaires montre qu'elle continue à fournir une explication de la richesse. Elle empêche les petites gens de s'affoler devant le marasme monétaire, et elle garde une relative utilité, tant que l'école n'aura pas enseigné clairement les lois et les interdits du nouveau royaume de l'argent.

L'Ekong et la traite des esclaves.

Après ma visite au nganga, j'ai eu le malheur de me rendre chez le chef, convaincu que cette visite était une garantie contre les interprétations fantaisistes. Je me trompais. Dans les deux cas les trois personnes présentes étaient soupçonnées de connivence : le nganga, moi-même – pris pour un commerçant appelé, *mukala ndedi* – et le chef. La description que j'en ai faite le laissait déjà entendre : la surprenante désobéissance des jeunes au chef sur le barrage. Je devais apprendre que, dans l'autre village, le chef avait, lui aussi, été soupçonné de complicité pour avoir bu le whisky que j'avais apporté. La rumeur se nourrit de mille petits signes révélateurs. Qui boit avec un autre, dans de telles circonstances, un alcool de qualité, est son compère. Il n'y a pas d'alliance sans libations.

Mais pourquoi tant d'empressement à soupçonner des

chefs? Au triste temps de la traite des esclaves, certains d'entre eux ont servi d'intermédiaires, s'entremettant pour livrer aux Blancs des petites gens et en tirer profit. Le commerce des esclaves a peut-être été plus réduit sur la côte du Cameroun que sur les rivages des pays voisins, mais le souvenir n'en est pas effacé. Un Blanc faisant le va-et-vient entre un nganga et un chef réveille dans la mémoire collective un schéma hélas trop connu.

Entre la traite des esclaves qui est un événement historique et l'Ekong qui est une croyance, une parenté existe. Le Blanc venait acheter les esclaves qu'il emmenait travailler à son compte dans de lointains pays. On ne les revoyait plus jamais. Selon la croyance moderne, un Blanc peut encore acquérir des hommes qui travaillent pour lui. Et, sauf quelques rares exceptions mal expliquées, ils disparaissent également à tout jamais. Les sorciers les font passer dans un autre monde loin des regards familiers. Quel a été l'impact de ce formidable événement de la traite, pendant un siècle, sur les croyances? Sans dire qu'il soit à l'origine de l'Ekong, il lui aura donné en tout cas une singulière actualité (1).

Enfin, dernière découverte qui va apporter à la rumeur sa substance, le Blanc en question est déjà une vieille connaissance; un homme sur le compte duquel circulent des bruits inquiétants : *mukala ndedi.*

Comme on me prend pour cet homme, je décide de partir à sa recherche pour faire sa connaissance.

Mukala ndedi est un commerçant grec de Douala un peu affolé par sa renommée. Il en connaît d'ailleurs les raisons. Il lui arrive de recevoir des visiteurs intéressés qui se proposent de lui vendre un membre de leur famille. Désemparé au début, il a finalement adopté la tactique suivante : refuser toute conversation seul à seul avec qui que ce soit, et si l'on insiste, menacer d'avertir la police. *Mukala ndedi,* cepen-

(1) A l'appui de mon hypothèse, j'apporte deux arguments supplémentaires : quand quelqu'un rêve qu'il est emmené, les mains liées, vers le fleuve ou l'Océan, comme esclave, sans pouvoir reconnaître le visage de ses ravisseurs, il est angoissé et cherche à rencontrer un nganga le plus vite qu'il peut. De plus, les populations de l'intérieur disent que la sorcellerie de l'Ekong qui sévit chez eux leur vient de la côte.

dant, n'est pas un surnom désavantageux, cela veut dire le Blanc qui a pitié, le bon Blanc. On le lui décerne aussi en langue bassa : *nkana ngo.* Il est en effet réputé pour vendre le tissu moins cher que ses concurrents. Ensemble nous avons essayé de comprendre d'où lui vient sa redoutable réputation.

Mukala ndedi, tout d'abord, a fait une rapide ascension dans le monde des affaires. Parti en 1963 avec 250000 francs (1), il se trouve, moins de dix ans après, l'homme auquel on ne refuse pas le crédit et qui est l'un des commerçants les plus heureux de Douala. Sa fortune, dit-il, n'égale pas celle d'autres Grecs de la ville, mais la débauche de tissu qui s'étale dans son magasin impressionne : c'est là le signe évident de sa richesse. Cet homme qui dispose en 1972 de 70 employés (visibles) et vend si bon marché, possède, c'est impossible autrement, une armée de travailleurs dans l'autre monde.

« Mais pourquoi moi, et pas un autre Européen? Je ne suis pourtant pas le seul marchand aussi prospère sur la place! »

Mukala ndedi paye ici l'idée de génie qui lui vaut son succès. Il est en plein quartier africain, à l'un des endroits les plus fréquentés de Douala. « J'ai cherché le secteur où il y avait le plus de monde pour y installer ma petite boutique. » Acharné au travail, habile en affaires, spécialisé dans le meilleur commerce du moment, il a réussi rapidement.

Le spectacle qu'offre sa boutique est fascinant, superbe. Les étoffes envahissent le trottoir par vagues, obligeant à passer toute cette mousseline comme à la nage : déferlement de bleu, de mauve, de jaune, de rouge vif, de teintes diffuses mariées par la grâce de la lumière. Derrière ces flots de couleurs surgissent les pagnes, méthodiquement pliés en carrés, jusqu'à former des piliers atteignant le plafond. Entre eux, accrochés comme des tentures, tous les modèles sont déployés. Vous avancez comme à l'intérieur d'un temple. Vous baissez instinctivement la voix pour parler au grand

(1) 250000 F CFA = 5000 FF.

prêtre de l'étoffe, *mukala ndedi.* A longueur de journée parmi les petites gens ébahis de sa réussite, il est pour ainsi dire absorbé, ses faits et gestes interprétés, et la rumeur aidant, baptisé « l'homme de l'Ekong ».

Sa boutique d'Ali Baba est souvent fréquentée par l'un de ces aimables fous de la rue, en continuel monologue intérieur, que l'on voit déambuler chamarrés de décorations et de gris-gris, respectés et craints. Entre lui et le fou, il y a une véritable amitié. *Mukala ndedi* le fait vivre par de petites aumônes et paie le loyer de son logement. En retour, le fou est prévenant, il arrête la civilisation impérativement quand son maître sort. Mais, à mon avis, la présence de celui que l'on nomme son « sorcier » contribue aux faux bruits qui courent sur le commerçant.

Mukala ndedi, l'homme de la pitié passe aussi pour l'homme de la traite des esclaves.

L'Ekong et la rumeur.

Que faire maintenant? Continuer le travail d'information hors de Douala auprès des nganga serait m'exposer à des remous populaires encore plus violents que les précédents.

Je prends conseil mais les avis qui me sont donnés sont assez divers selon les personnes consultées. L'une me dit ne pas savoir comment s'y prendre dans de pareils cas, car il s'agit d'une population protestante. Si les villageois étaient catholiques, on organiserait une grand-messe où chacun pourrait s'assurer de mon identité de prêtre. Mais on raconte une vieille histoire de missionnaire catholique allemand molesté dans ce village, à l'arrivée des soldats alliés en 1915, et il y a une rengaine : « Mais qui donc a brûlé la barbe au prêtre (1)? » Une autre personne consultée pense

(1) « *Ba nja nde ba dise masedu ma pata wea a Bonendale.* »
Une nouvelle chanson court déjà chez les enfants, sur mon compte :
O bi mo, o wo (bis)
nun mukala ndedi, o wo (bis)
nu m'ande bato, o wo? (bis)
« Le connais-tu, o wo (bis)
ce Blanc de pitié, o wo (bis)
qui achète les gens? (bis) »

qu'il faut attendre : les esprits vont s'apaiser avec le temps.

Din, à qui j'ai raconté mes mésaventures, me déconseille de retourner seul au village. Il affirme, suivant sa logique propre, que, dans ce village, il n'existe plus une seule personne capable de contrer les sorciers. C'est un royaume de la sorcellerie où les nganga ont perdu le combat. « Tu voyages trop, me dit-il, il faut te prémunir. » Et il me propose des objets protecteurs. Tout au contraire, un chef de quartier me rassure en me disant qu'il s'agit là d'une toute petite affaire, facile à régler. Il suffit de se rendre sur les lieux, de rassembler les responsables de la population, avec l'appui des autorités. Ne pas avertir les personnalités administratives, régler cette histoire avec le soutien des chefs traditionnels et religieux. C'est à cette dernière proposition que je m'arrête : laisser jouer les rouages de la coutume.

L'un des chefs supérieurs de Douala, celui dont dépend le village, a décidé de prendre l'affaire en main. L'accompagnent un autre chef voisin, figure populaire dans le pays, l'abbé Endene, prêtre douala, un cousin ingénieur chimiste et moi-même, une délégation volontairement imposante. Nous devons rendre une visite officielle à Caïn Dibunje Tukuru, le chef incriminé et rassembler autour de lui les principaux auteurs de l'incident. Alors que nous bavardons déjà avec cet homme de la tradition, maître dans l'art de creuser les pirogues, nous pouvons entendre les ébats des éclaireurs dans le proche voisinage : sifflets de rassemblement, cris de patrouille, les vieux airs des grands jeux de mon enfance, tout le folklore acoustique du scoutisme.

Nous voyons déboucher enfin, après une longue préparation dans les sous-bois, les jeunes en question. Ils défilent, paradent devant nous, trois drapeaux en tête, celui des éclaireurs unionistes, celui des éclaireurs du Cameroun, sur lequel l'inscription mal effacée, « éclaireurs de France », subsiste, et celui de la République unie du Cameroun. Et ces trois étendards dignes d'un régiment sont suivis par un ensemble disparate, mais en rang, composé de petits garçons à l'âge louveteau, de quelques jeunes filles, des guides sans doute, et d'une douzaine de gaillards, portant un invraisemblable accoutrement. Ce sont les éclaireurs unionistes du lieu, en train de nous démontrer leur puissance et leur discipline : petite armée fantoche d'irréguliers, au sein de la chefferie. Puis ils se mettent en cercle devant nous et miment un jeu incompréhensible qui consiste à s'accroupir et à se lever en poussant des petits cris, avec un enjouement lugubre. L'abbé Endene et moi, nous nous regardons consternés devant cette démonstration puérile et grotesque. D'un côté la tradition digne, de l'autre la pacotille européenne. Mais ces garçons ne s'en rendent manifestement pas compte. Ils sont fiers de leur référence au grand mouvement international, et sont décidés à s'imposer contre le chef, comme les garants d'un ordre nouveau. Ce sont eux, je les reconnais, qui ont donné poids à la rumeur en élevant la barricade.

Le chef du village prend la parole en douala, car il parle difficilement français, pour dire : « Voilà une heureuse coïncidence. On s'apprêtait à les convoquer et ils viennent d'eux-mêmes. » Il ne prononcera plus un mot et fera même rapporter à la maison la bouteille de la réconciliation. Il est clair que les jeunes et Caïn Dibunje Tukuru s'affrontent. Le leader des éclaireurs, qui porte lui aussi le titre de chef, prend la parole pour s'expliquer : « Qu'on n'aille pas se mettre dans la tête que la jeunesse du pays ait voulu faire du mal au Blanc! » Puis il laisse entendre par le détour d'une vieille histoire, que le chef d'un village est toujours responsable du mal commis sur son territoire. Au moment de l'indépendance, en effet, le roi Bell, chef principal des Douala, en visite au village, s'était attiré ce reproche d'un ancien : « Tu as laissé à un autre la présidence de la République. Sache que c'est de toi que dépend le pays; s'il meurt ou s'il survit, c'est toi que cela regarde. » Le conflit d'aujourd'hui est celui des générations, des cultures à l'avantage de l'ancienne, dans notre cas, au moins sur le plan de l'esthétique.

Les discours succèdent aux discours. Le Chef supérieur de Douala entre dans le jeu des éclaireurs. Il se dit leur protecteur et leur enjoint d'obéir à Caïn Dibunje Tukuru. Puis il leur explique les raisons de ma visite au nganga et l'enjeu de l'étude des coutumes. Il est visiblement tourné vers le monde moderne auquel le Chef local n'a pas accès. L'abbé Endene explique à son tour le sens de notre travail qui se voudrait « scientifique, religieux, pacifique ». Tout se termine dans une ambiance de réconciliation. Le whisky apporté par le Chef supérieur de Douala scelle les démonstrations d'amitié : saluts, promesses de se revoir, congratulations. Tout paraît arrangé sauf, me semble-t-il, entre le chef du village et les éclaireurs.

A ce moment, j'aperçois le vieux – sorcier, nganga? – qui s'est discrètement mêlé aux curieux. Lorsque je lui serre la main, un homme m'aborde en me demandant : « Est-ce qu'il t'a vendu des gens?

– Non, bien sûr! »

Alors, je me tourne vers le vieux et le questionne : « Est-ce que quelqu'un vous a battu? – Non, dit-il, mais ils ont exigé de moi une chèvre et un cochon. » Notre conversation est interrompue par un notable qui veut chasser le vieux et me dit : « Je n'aime pas que vous lui parliez, c'est un mauvais homme, il veut tuer mon fils. » Nous nous regardons longuement le vieux et moi... Comprend-il que je souffre de ne pouvoir intervenir en sa faveur? Je crois lire dans ses yeux tranquilles une leçon de résignation. Jamais plus nous ne pourrons nous rencontrer ni nous parler.

Sur la route du retour, le Chef supérieur de Douala me donne des conseils : « Vous pouvez retourner dans ce village, mais au début n'y allez pas seul. Et, si cela se produit ailleurs, forcez le barrage. »

Pouvoir sur la rumeur.

Je retourne chez le doyen des Douala, Etame Dika, qui m'avait déjà renseigné sur l'Ekong. Il est l'un de mes plus sûrs informateurs, le plus spirituel aussi. Il décrit le bombardement de Douala par les Anglais en 1915, quand il était lui-même fonctionnaire de l'administration allemande, avec des effets de voix qui font rire aux éclats ses arrière-petits-enfants. Mais il me fait une remarque désabusée. « Les chefs n'ont plus de pouvoir (*nginya*) comme autrefois, parce que le gouvernement a pris ce pouvoir. Au temps de nos ancêtres, quand quelqu'un était nommé chef, il avait le droit de prendre n'importe quelle décision contre un malfaiteur. Aujourd'hui, le chef doit, lui aussi, passer par le gouvernement. Il n'est là que comme surveillant de la coutume. Les chefs aujourd'hui ne sont plus que les symboles (*eyembilan*) de la Tradition. »

Mais le plus étonnant, le voici : privés pratiquement de tout rôle juridique, sauf celui de percevoir l'impôt, les chefs gardent un prestige, une assise populaire avec laquelle tous doivent encore compter, même les jeunes.

Désirant connaître le point de vue de l'autre camp, je m'arrange pour rencontrer l'un des jeunes dirigeants éclaireurs – il a trente ans – qui m'avaient empêché de sortir du village. Il me fait circuler à travers les rues de sable, entre les manguiers tutélaires, afin que la preuve soit donnée de mon innocence et de notre réconciliation, et il s'explique. Je retiens quelques-unes de ses affirmations d'un style lapidaire :

– Le secret de ce quartier : capter la jeunesse.

– Il y a beaucoup de jeunes ici. Certains sont à Douala, mais ils reviennent le dimanche.

– La chefferie ne fait rien pour le développement.

– Nous, on veut faire la révolution.

– On va faire entendre raison aux parents.

– Le chef ne nous avait pas informés qu'un Blanc allait chez le vieux nganga. Alors on a fait la barricade.

– Le chef a voulu forcer la barricade, il aurait dû discuter.

– Son fils, le successeur, est jeune, il nous comprend, il a parlementé.

Le dialogue est-il possible entre un chef vigoureux, sûr des valeurs traditionnelles, mais malhabile à s'exprimer en français, et ces jeunes qui ont raté leur entrée dans la société moderne, mais qui ne retourneront pas pour autant à la pirogue et à la pêche? Ce petit village de banlieue, c'est déjà la ville, et tout demeure comme à la campagne. Les conflits nés de l'acculturation y sont exacerbés. Dénouement provisoire de cette passe d'armes entre les deux pouvoirs : les responsables du mouvement à Douala suspendent le chef des éclaireurs de ses fonctions pendant six mois, pour conduite insolente envers le chef du village.

Il n'a pas été question devant moi de la rumeur qui a couru sur mon compte. Il existe en fait deux langages radicalement différents : le même événement est relaté tour à tour sous deux éclairages, lunaire et solaire. Les circonstances et les interlocuteurs font passer de l'un à l'autre. Les jeunes eux-mêmes, dont la raison sociale est le refus de l'ancien, croient cependant dur comme fer à la réalité de l'Ekong. Le commissaire des éclaireurs prend un air scandalisé pour me dire : « Comment des scouts peuvent-ils croire des choses pareilles! » Or, il est bien évident qu'ils y croient, mais leur langage devant une barricade, la nuit, ne sera pas le même qu'à quatre heures de l'après-midi, lors d'une tournée pacifique.

Maintenant, tout est ramené à une lutte d'influence entre le chef du village et les jeunes. Ces derniers ont saisi au vol l'occasion de se rebeller, sachant que la population serait à leur côté quand il s'agirait de dénoncer une affaire de sorcellerie. Si aujourd'hui ils me blanchissent de tout soupçon c'est qu'on leur a fait l'honneur d'une visite officielle. Ils ont encouru une sanction, mais ils ont donné la démonstration de leur puissance : un point partout.

La rumeur varie ainsi au gré des intérêts, mais une fois répandue, bien fort est celui qui peut la juguler, car elle fonde sur la puissance émotive des croyances (1).

Comme je racontais le dénouement de cette affaire à Loe

(1) J.F. Bayart : *l'Etat au Cameroun. Op. cit.*, p. 274. L'auteur mentionne cet épisode, qu'il a lu dans mon premier livre, pour illustrer sa thèse sur la contestation politique des chefs traditionnels par les jeunes. Je n'ai pas signalé, au cours du récit, que ces éclaireurs font également partie de la JUNC (Jeunesse de l'Union nationale camerounaise) et que le fils du chef, qui les a apaisés, en est le responsable local. En effet cet élément plus ouvertement politique n'a jamais été évoqué ni par les uns ni par les autres devant moi. A cette époque l'appartenance au parti unique n'était pas chose populaire chez les Douala. Le mouvement des éclaireurs fournissait une meilleure couverture aux affrontements.

qui avait été à son origine, il me répondit : « Les jeunes n'ont pas cru que vous étiez un prêtre – et pourtant je le leur avais dit – c'est la raison pour laquelle ils ne vous ont pas laissé passer. » L'expérience a montré, en effet, que si l'on connaît mon identité, en ville par exemple, où je fréquente pourtant les nganga, l'attitude à mon égard est fort différente. L'homme d'Eglise *(mot'ebasi),* l'homme de Dieu *(mot'a Loba)* jouit d'une considération certaine. Mais ce prestige tient pour une bonne part aux pouvoirs qu'on lui attribue.

Je veux savoir si Loe situe le prêtre quelque part dans le ndimsi. Les avis divergent sur ce point. Les uns m'ont dit qu'on ne rencontrait pas de prêtre dans le ndimsi parce qu'un prêtre est un « Blanc de Dieu » *(mukala Loba).* D'autres affirment le contraire : oui, à condition qu'il soit " blindé ".

Loe est fondateur, constructeur et paroissien de la chapelle de l'Eglise baptiste camerounaise dans son quartier. Il est formel :

– Il y a des prêtres dans le ndimsi, parce qu'il y a des prêtres qui tuent. Ils portent un fil, là.

Je le questionne alors :

– La ceinture? (Le cordon de certains missionnaires comporte plusieurs nœuds, et le nœud dans la symbolique populaire est le signe d'intentions meurtrières.)

– Oui, me répond-il, la ceinture, c'est pour tuer. Ou encore, vous prenez votre Bible, vous la lisez et il y a un homme qui devient fou.

– Voyons! Je n'ai jamais rien vu de semblable, dis-je, indigné.

– C'est ça que je veux te mettre dans la tête. Il y a des bons prêtres et il y a des mauvais prêtres. Des prêtres qui tuent. D'ailleurs, Jésus lui-même a tué.

– Vraiment! Donnez-moi donc un exemple...

– Jésus, un jour, avait aperçu un arbre. Il avait faim et soif, et il voulait profiter de ce manguier (1). Or, il n'a rien

(1) Figuier – Cf. Evangile. Mt 21, 18.

trouvé dessus. Ce n'est pas possible qu'un arbre pousse sur la terre sans rien donner. Alors, il l'a fait sécher.

Moi (*rassuré*) : Mais Jésus n'a pas tué d'homme!

– L'arbre est l'égal de l'homme. Les herbes et les arbres, les oiseaux, les bêtes sont nés de la terre exactement comme l'homme. C'est Dieu qui a tout créé.

– C'est une façon de voir. Mais, dis-moi, les bons prêtres, que font-ils de leur pouvoir?

– Ils ont un pouvoir semblable au mien : pardonner, soulager, conseiller.

Ce dialogue ressemblait à une joute amicale mais j'avais nettement le dessous.

Quelle idée en vérité pouvait-on bien se faire de moi?

LA MALCHANCE EST UNE MALADIE

« Mbeu'a nyolo nya wa nde na oa na mba' » Din.
« La malchance vient de (la relation entre) toi et moi. »

Après cette aventure ambiguë, je décidai de renoncer pour un temps à courir la campagne, afin de laisser s'estomper la rumeur. Même si des villageois rassurés sur mon identité acceptaient que j'assiste à une séance de soins, ma présence risquait de créer un tel émoi que le traitement ne suivrait sans doute pas les normes. Si la brousse m'était provisoirement interdite, je trouverais en ville le calme et la sécurité, surtout dans les quartiers de Deïdo et de Bépanda où mes tuteurs, Din et Loe, exerçaient. Je pris donc la résolution de poursuivre mes recherches sur place; mon séjour commençait à porter ses fruits : là, je serais reconnu et défendu.

J'allais pouvoir m'appliquer enfin à résoudre une petite question de vocabulaire. Il s'agissait d'un agaçant et continuel malentendu entre mes interlocuteurs et moi sur le mot " maladie ".

Ce mot " maladie " revenait toujours à mes oreilles. Chez Din, Engome avait été " malade ", puis convalescente. Loe avait tenté de porter secours au vieux nganga atteint, soi-disant, d'une étrange " maladie " qui lui mesurait ses pouvoirs. Je me mis à douter de l'emploi de ce mot passe-partout. Un enfant attrape la rougeole, que Loe sait soigner, c'est une maladie. Je veux bien qu'une longue fièvre d'origine psychosomatique soit encore une maladie. Mais si un homme se démet une épaule, on accuse la malchance, et c'est toujours une maladie! Peut-être traduit-on ainsi, pour simplifier, plusieurs mots douala différents. Après enquête, je me rends compte que le mot " maladie " correspond exactement au mot douala *diboa* (pluriel *maboa*), aussi extensible que son équivalent français. Selon moi, les causes de l'amalgame ne tiennent pas seulement au vocabulaire, mais à une certaine façon de prendre la vie (et la mort) qui m'échappe encore.

Loe me donne alors à son insu l'occasion d'éclaircir cette question et d'entrer du même coup plus avant dans la logique de son univers. Elimbi, son seul grand fils, qui a vingt ans et que je rencontre rarement à la maison, est au chômage. Plus exactement, il n'a jamais eu de vrai travail. « Regardez ce garçon, me dit Loe désespéré, il a quitté l'école et il ne travaille pas. » Il décide alors de traiter le jeune homme contre la malchance, à sa manière de nganga, comme il aurait soigné une maladie, pour lui faire trouver un métier. Devant ma surprise, il me dit en français :

– *La malchance est une maladie comme une autre, mais c'est la plus terrible. Si tu n'as pas d'argent, tu es foutu, non?*

Moi : *Est-ce que la malchance peut se soigner comme une maladie ordinaire?*

Loe : *Une maladie ordinaire! Une maladie, une maladie provoquée, il n'y a pas de maladie ordinaire.*

Moi : *Vous pensez que la malchance est toujours provoquée?*

Loe émet un sifflement d'approbation en guise de réponse.

Dans sa logique, il réunit immédiatement trois mots presque équivalents pour lui : la maladie, la malchance, le chômage, ce qui n'est pas aussi aisé – pour ne pas dire impossible – en français.

Une question me vient à l'esprit :

– Si Elimbi n'a pas de travail, pourquoi n'en feriez-vous pas un nganga comme vous?

– Le fils n'est pas automatiquement le successeur de son père. Pour être nganga, il faut avoir un cœur qui ne se fâche pas aussi vite que les autres, un cœur patient qui supporte tout. Il ne faut pas tuer. C'est pourquoi ce sont les *bedimo,* c'est-à-dire les ancêtres de la famille qui choisissent le successeur. On mesure ton caractère, si tu es respecté, si tu as du cœur, si tu es obéissant. Je ne veux pas d'apprenti. Il ne s'agit pas là d'une science " automatique " de la coutume. Si je meurs, les *bedimo* – mes ancêtres disparus – donneront le secret à un autre.

Elimbi est d'ailleurs du même avis :

– Je ne veux pas faire le métier de mon père : il y faut du cœur. Je n'ai pas ce cœur, c'est risqué, on peut mourir; et mon père a failli mourir : il est tombé pendant les soins. Il y en a qui viennent et qui lui veulent du mal. Un homme comme papa, n'est-ce pas, il voit des choses que je ne peux pas voir. Il faut être courageux pour les voir toutes. D'après lui, ce qui n'existe pas dans notre monde existe là-bas : il y a des monstres et bien plus encore. Vous saisissez alors que l'on peut tuer quelqu'un, vous comprenez qu'on n'est pas heureux! Parce qu'il y a des lois aussi, mais vous ne devez en parler à personne. Si vous le faisiez, vous pourriez être la cause de votre propre mort. Ça demande du courage (1).

Elimbi a fréquenté l'école primaire sans obtenir son certificat. Inscrit ensuite à une école professionnelle, il a cessé très vite de s'y rendre. Son oncle maternel lui a trouvé alors un petit travail dans une entreprise, la SEPIC. Mais, après cinq mois, on lui a donné son congé. La secrète passion de ce grand garçon un peu efféminé et malchanceux, c'est l'électricité. En désespoir de cause, il veut suivre des cours par correspondance pour tenter d'obtenir un C.A.P. en cette matière. Je l'en dissuade, sachant l'inutilité et le coût d'une pareille opération. Elimbi est l'un de ces collégiens

(1) J'ai déjà indiqué que le seul disciple de Loe était Nkongo, un ancien malade guéri par ses soins, mais absent ces jours-là.

chômeurs qui en savent trop ou trop peu : trop, parce qu'ils n'acceptent plus d'être manœuvres, et trop peu, parce qu'ils ne possèdent aucune aptitude professionnelle. « Chez nous au Cameroun, soupire Loe, nous avons une difficulté. Un enfant comme celui-ci est un " bouquin ", sans avoir de travail. » C'est un cas typique de malchance!

A la maison, la position d'Elimbi n'est pas stable non plus. Il pourrait se considérer comme le fils aîné, ce qui serait un avantage. Mais sa mère, la troisième femme de Loe, a quitté le domicile conjugal quand Elimbi était un enfant, et elle a changé de quartier pour vivre avec un autre homme. Par représailles. Loe n'a jamais voulu reconnaître légalement son fils dont il avait épousé la mère selon la coutume, mais sans faire ratifier le mariage civilement. « C'est une question qui me touche beaucoup », me dit Elimbi. Et, de son côté, Loe me confie : « Ma femme, c'est le sang d'un autre homme; Elimbi, c'est mon sang. »

Le pèlerinage à l'arbre.

En principe, le traitement de la malchance commence dans la forêt, au début de la nuit. Mais sommes-nous encore en forêt? Car la ville ne l'a pas plus respectée qu'elle n'a épargné la maison du nganga. L'arbre au pied duquel nous nous rendons s'élève dans un ravin, déjà entouré de cases neuves. Il ne doit son existence qu'à sa position au flanc d'une pente impropre à la construction. Cet arbre au tronc tordu est loin d'avoir la majesté du *Grand Fromager* de mon quartier. A première vue, son écorce rougeâtre n'a rien de particulier. Il se distingue seulement de ses voisins, pour le profane que je suis, par les multiples entailles faites à son pied. « D'autres nganga y viennent, m'explique Elimbi. Il est rare et connu. C'est l'arbre de la famille, qui peut te tuer ou t'accorder ce que tu demandes. Personne ne s'en approche. On sait qu'il y a là, des " choses ". Personne ne dit le nom de l'arbre. C'est un secret de famille mais que tous ses membres ne connaissent même pas. »

Nous sommes en Vespa, moi sur le porte-bagages de Loe,

le bras tendu pour éviter de casser les deux œufs frais que l'on m'a demandé de garder soigneusement dans la main pour un usage que j'ignore. A travers les quartiers endormis où les rues ne sont que des chemins de terre défoncés pleins de creux et de bosses comme d'anciens champs de bataille je ressemble à s'y méprendre à un équilibriste... Nous suivons Elimbi, qui accompagne son père quand Nkongo, le disciple, est absent, et un petit homme guindé qui doit être soigné cette nuit-là. En haut du ravin, où nous déposons nos engins, le petit homme a une longue conversation animée avec Loe. Il refuse de descendre et ne cache pas sa peur. Il me demande en français ce qu'on va lui faire, question à laquelle je suis bien en peine de répondre. Loe, mécontent, le plante là et nous invite, Elimbi et moi, à le suivre jusqu'à l'arbre. Au cours de la descente, Loe me confie : « Il a plus peur de vous que de l'arbre. » Les derniers événements rendent l'argument plausible. C'est au pied de l'arbre que Loe décide d'entreprendre le traitement de son fils, envisagé depuis quelque temps.

Le traitement n'était pas prévu pour moi, me dira Elimbi plus tard, *c'était prévu pour le monsieur. Le monsieur n'a pas eu confiance, il a refusé le traitement. Le papa était engagé, n'est-ce pas. Il ne pouvait plus rester avec sa puissance, il devait travailler, il fallait que ça sorte. S'il m'a soigné, c'était pour diminuer la puissance qu'il avait. C'était pour faire sortir la puissance qu'il avait déjà, qu'il avait prise à l'arbre.*

Auprès de son arbre, Loe ne cache pas son bonheur. Il ne se trouve pas en « pays étranger » comme lors de notre dernière expédition, mais bien chez lui, dans ce ravin qui mène à la rivière Mbanya, affluent du Wouri et haut lieu de la tradition douala. Loe a l'habitude de parler à son arbre, de le prier comme s'il s'agissait d'une personne, la personne de ses ancêtres. Il se met donc à mâchonner un condiment sucré, le *nsote* qu'il recrache contre l'écorce. Ce geste signifie la bonne entente; il est aussi une forme de bénédiction qui se pratique sur les membres de la famille. Loe introduit une cigarette allumée dans une crevasse de l'écorce. Puis il projette contre le tronc l'un des deux œufs que l'on m'a confiés pendant le voyage. Par des gestes aussi simples, Loe associe à ses rites les matériaux et les éléments fondamentaux de la nature : l'eau, le feu, le souffle, la matière végétale et animale.

Après avoir béni l'arbre de cette manière et pratiqué en plein bois quelques nouvelles encoches, Loe et Elimbi se déshabillent complètement, s'embaument de parfum de la tête aux pieds et se mettent à embrasser le tronc à bras-le-corps, peau contre écorce, pour s'imprégner de sa sève et de sa vie. Elimbi me dira plus tard : « Quand on se frotte à l'arbre, il faut penser au-dedans de soi. Si on pense qu'on va mourir le soir, on meurt le soir. Moi je pense toujours à avoir de la *chance* et une longue vie – A qui t'adresses-tu? – A l'arbre. »

Durant la cérémonie, le nganga murmure par bribes une invocation à l'arbre. Je suis un peu en retrait à flanc de pente et j'enregistre ses paroles, à peine audibles. Alors la forêt se met à parler... Mon magnétophone s'emplit du bruissement de milliers d'insectes, du frémissement des herbes, du grincement des arbres. Voici la prière de Loe (1) :

Nous n'entreprenons pas de divination *(bedinge)* sans faire appel à toi...

Fais-moi cadeau de la force *(nginya)* que Dieu *(Loba)* t'a donnée...

Absolument toute la force...

Attache-moi bien mon pagne.

Tant de fois nos yeux ont vu le succès (bonam) grâce à toi!

Vraiment, tu es dans la main de « Yehovah », Dieu du Ciel *(a Loba la moyn)*!

Si quelqu'un pense à mal... Ça regarde Dieu *(a Loba njom)*...

C'est qu'il ne connaît pas l'amour de Dieu *(ndol'a Loba)*.

(1) J'ai réussi à la transcrire avec l'aide d'Elimbi.

Je demande la chance *(la grâce, musima)* et la bénédiction de Dieu *(bonam ba Loba)*.

La fabrication des remèdes *(ebol'am ya bwanga)* que je fais...

Celui que je touche, quel qu'il soit, il doit vraiment guérir *(angamen nde bole)*!

Quelle que soit la maladie *(diboa)*, lèpre, folie, épilepsie, paralysie, n'importe quoi (1)...

Quand le père et le fils ont honoré ceux qui se trouvent à la source de toutes les *chances*, à savoir Dieu et les ancêtres, ils reprennent silencieusement le chemin de la maison. En remontant la pente, tant que nous sommes encore dans le champ de l'arbre, nous ne devons ni nous retourner ni dire un mot. En haut, le petit homme nous attend. Mais la puissance de l'arbre ne viendra pas à lui, cette nuit-là.

Quand notre cortège débouche enfin dans la cour de Loe, nous trouvons une vingtaine de personnes, occupées à chanter ou à frapper tambour, gong et cliquettes. Elles nous ont accompagnés à distance pendant notre visite à l'arbre. Ces quelques voisins, patients et proches parents de Loe sont assis sur les trois côtés du carré fermé par le dibandi. Je m'assois à mon tour à côté de notre compagnon de pèlerinage, sur un banc d'hommes, les autres étant réservés aux femmes qui sont plus nombreuses. Ces bancs ne sont que des planches incertaines posées sur des parpaings, presque au ras du sol. J'ai toujours préféré aux chaises ce type de siège, durant les longues séances de soins. Un chant s'élève. Je me saisis d'une paire de cliquettes, le seul instrument à ma

(1) Plusieurs mots clefs apparaissent dans cette prière. Dieu est employé dans son acception chrétienne (*Loba*, Yehovah). En effet Loe ne cache pas son appartenance à une Eglise protestante. L'expression *A Loba njom*, antérieure à l'annonce de l'Evangile, signifie littéralement : A Dieu (revient) l'origine, la cause, la raison. Elle renvoie au Mystère du Dieu du Ciel (*Loba)* et a été christianisée par les missionnaires; elle est employée quand une situation dépasse les ressources de l'explication humaine.

Les termes *musima* et *bonam* veulent dire " grâce " et " bénédiction ", mais sont généralement traduits en français populaire par " chance " et " bonheur " opposés à " malchance ". Cette vulgarisation ou laïcisation du vocabulaire religieux explique déjà le malentendu sur le contenu du mot français " malchance ".

portée. Elles sont taillées dans le bambou et ont la forme plate d'une large règle de classe. Il faut les entrechoquer en cadence. Le gong, sorte de cloche triangulaire qu'on doit frapper à l'extérieur au moyen d'un bâtonnet et le tambour à peau sont des instruments beaucoup trop difficiles pour moi, avec leurs rythmes à contretemps. Pendant ce chant, Loe et Elimbi entrent dans le dibandi. Je ne saurai donc pas quels gestes ils feront, ni quelles paroles ils prononceront dans cette sorte de centrale énergétique que je n'ai entrevue qu'une seule fois. Loe, qui a souvent des trouvailles verbales, l'appelle en français son « commissariat central ».

Mon voisin de gauche, un homme agréable, est retraité de l'administration. Il finit ses jours dans le quartier et ne manque aucune séance de nuit. Pendant que nous frappons les cliquettes selon un rythme imposé par le tambour, il me donne en langage châtié son opinion sur Loe :

Je vous assure qu'il guérit. Je viens toujours ici, je ne viendrais pas s'il faisait des affaires " fantastiques ". Il prononce toujours le nom de Dieu en priorité. Il reconnaît que les herbes sont la force donnée par Dieu. Il guérit souvent. C'est comme cette femme-ci (il me désigne la jeune personne en face de nous, drapée dans un pagne blanc), *c'était une folle qui est allée à l'hôpital plusieurs fois, mais elle a des rechutes. Je ne dis pas que l'hôpital n'a pas fait quelque chose, mais elle a toujours des rechutes. Et comme elle est convaincue qu'on l'a ensorcelée, elle est venue. Telle que vous la voyez, elle est guérie.*

Il y a des gnanga qui mélangent un peu leur danse avec les affaires européennes (1). *Lui, il guérit carrément avec les herbes, comme les anciens faisaient chez nous autrefois, quand le Blanc n'était pas là. Il a toujours existé des nganga. Evidemment, les vrais sont rares, mais on en trouve quand même. Le malheur, c'est qu'ils ne peuvent pas se concerter : il y a celui qui guérit les fous, celui qui guérit l'épilepsie et d'autres maladies. S'ils pouvaient tous s'entendre et faire une sorte de club, voyez-vous, l'administration pourrait en profi-*

(1) Allusion aux pratiques nouvelles d'astrologie.

ter. Il faudrait codifier ces traitements. Mais les nganga sont tous individualistes.

Pour guérir, c'est une question de conviction. Quand on est certain qu'on veut vraiment être guéri, on est guéri. Et c'est pour ça que quand quelqu'un est déjà convaincu de sa mort, même si on lui fait toute la médecine du monde... Question de conviction. Il en est de même pour les affaires de Dieu : la foi, c'est-à-dire croire,... quand on croit, on est sauvé.

Ses réflexions me rappellent le disciple de Loe, Nkongo – il est absent cette nuit – quand il reconnaît, non sans esprit critique, l'efficacité de toute conviction comme telle, sans pour autant remettre en cause l'existence même des croyances. Malgré leur différence de génération, ils croient l'un comme l'autre à l'intervention des ancêtres et des génies de l'eau, alors qu'ils possèdent l'instrument intellectuel qui leur permettrait d'en douter. Je constate la capacité de résistance des croyances.

Loe sort du *dibandi*, en compagnie d'Elimbi, et profite d'un temps de relâche pour ouvrir une bouteille de rhum, dont tous les hommes présents vont profiter. Quand il passe devant moi, il me fait remarquer cyniquement que la bouteille a été apportée par le petit homme pour son traitement manqué. « On lui en payera une autre », ajoute-t-il. Dans l'espoir que le petit homme m'entendra, je dis tout haut à Loe mon regret d'avoir été la cause involontaire de cet échec. « C'est une affaire de sang; il n'a pas assez de sang », déclare Loe sans relever ma phrase! Quelques minutes plus tard, le petit homme s'esquivera discrètement et s'évanouira dans le quartier. Je ne le reverrai plus.

D'où vient la malchance?

Commence alors sur l'espace délimité par le carré des spectateurs-acteurs, une longue cérémonie familiale qui va nous retenir jusqu'à l'aube. Loe fait ranger tous les siens debout et en ligne : son frère aîné et l'épouse de celui-là – on se souvient de leurs démêlés –, ses deux propres épouses et une tante du côté paternel. Lui se tient en face. Elimbi, qui le dépasse d'une tête, est à sa droite. Mais la famille restreinte n'est pas au complet : la première femme du nganga est morte. Quant à la troisième, la propre mère d'Elimbi, elle a quitté le domicile de son mari depuis longtemps. La cérémonie se déroule en deux étapes. Il y a d'abord une conversation animée où tous les protagonistes parlent en même temps (1), puis ensuite un rite calme et solennel où chacun parlera seul et distinctement.

Le retraité : *En ce moment, Loe demande si toute la famille est d'accord pour que ce malade soit traité. Maintenant, l'oncle* (frère aîné de Loe) *demande : « Est-ce que ce serait ma "faute"? » Et sa femme dit : « Oui, puisque c'est ton neveu. » Comme ça, c'est une sorte de confession, quoi ! L'oncle dit qu'il donne son accord pour traiter l'enfant. Il a mis une espèce de cale, si vous voulez* (un frein, un obstacle) *parce que l'enfant n'était pas sérieux...*

En peu de mots, beaucoup de choses me sont dites. N'importe quelle maladie, fût-ce la malchance, a toujours une cause. Le frère aîné de Loe n'en serait-il pas responsable? D'une part, on connaît son caractère agressif. Sa femme, avec qui il a tant de querelles ne va pas manquer l'occasion de le désigner publiquement. D'autre part, les Douala savent bien que les relations entre un oncle paternel et son neveu sont structurellement conflictuelles. Quand un homme meurt, son frère et son fils entrent en compétition pour l'héritage. En cas de maladie, on accusera spontanément et presque rituellement l'oncle paternel de la victime, à qui peut profiter la disparition du rival.

Le retraité : *Loe est en train de convaincre toute la famille que ce jeune homme doit être soigné. La plus jeune femme de Loe dit qu'en tout cas, c'est un enfant de la famille; donc, « leur » mari doit essayer de le ramener à la vie* (2). *C'est la confession de la famille, parce que le malade est de la famille. C'eût été quelqu'un de l'extérieur, il n'y aurait pas eu besoin d'appeler la famille pour ça.*

(1) Je ne pourrai enregistrer cette discussion confuse. Heureusement mon voisin le retraité m'en donnera le sens général.
(2) Loe est polygame.

Jusqu'ici l'enjeu du traitement me paraît limité au salut d'un individu. Un jeune homme ne trouve pas de travail. Sa famille s'emploie à lui en donner par les moyens que lui offre sa tradition, moyens dont je cherche à comprendre la portée. Mais, grâce aux commentaires de mon voisin le retraité, je commence à m'apercevoir de la dimension collective du problème. Le sort de l'individu Elimbi n'est-il pas subordonné à la résolution d'un malaise familial? Pour le moment, les soupçons se portent sur le frère aîné de Loe.

Le retraité : *Maintenant Loe reproche à son grand frère de ne pas avoir parlé franchement, et d'avoir mis une certaine espèce de cale* (gêné le cours normal des choses, bloqué Elimbi par les moyens de la sorcellerie), *cela prouve qu'il n'a pas un cœur serein. Il lui demande ce qu'il veut exactement. Il dit : c'est un enfant que la famille doit bénir. Son oncle fait une résistance et ne veut pas que la famille se concerte pour donner la bénédiction à cet enfant.*

Mais le frère aîné proteste solennellement et déclare vouloir bénir son neveu : la seconde partie de la cérémonie peut commencer.

« Front, ouvre-toi pour la chance. »

« Muto a si manea,
mumi nde a manee. »
« La femme ne doit pas commander,
c'est l'homme qui commande. »

Loe entonne en douala un chant majestueux, tranquille, mélodique, qui contraste avec les rythmes incantatoires des refrains indéfiniment répétés depuis une heure. Je pense qu'il s'agit d'un air inspiré d'un cantique protestant. Il commence ainsi : « J'ai reçu la force de Dieu. C'est moi l'homme qui lutte. » Elimbi, planté comme un cocotier au milieu de nous, souple et droit, obéit aux ordres de son père : « Si tu tapes des pieds, malheur à toi! Regarde-moi dans les yeux! » Loe pratique d'abord sur son front, qui est considéré comme le siège de la chance et du bonheur, de légères scarifications : « Front, ouvre-toi pour la *chance* et le bonheur, front, ouvre-toi ! » Il recommence sur les oreilles, la bouche, la poitrine, les bras et les jambes. Cela fait, Loe apporte une large cuvette pleine d'eau, dans laquelle marinent « les herbes spéciales de la famille », et surtout le *dibokuboku la wonja,* une large feuille épaisse et ronde comme une assiette, qu'on utilise toujours dans ces cérémonies pour signifier et opérer la réconciliation. Cette feuille, les six membres présents de la famille vont la prendre, tour à tour, sans l'égoutter, et la promener sur le visage d'Elimbi, en improvisant un petit sermon, fait de reproches et de souhaits.

L'ensemble de la cérémonie, le conseil de famille inclus, s'appelle *Esa.* C'est, sans doute, le rite le plus familier aux Douala. Il est pratiqué dans les grandes et petites circonstances, quand le danger menace, lors d'un événement heureux, chaque fois qu'il s'agit de souder le groupe, dans la vie publique comme au sein de la famille. Les paroles qui vont être prononcées n'ont donc rien d'insolite. Je les rapporte parce qu'elles donnent la clef de ce traitement dit " médical ", appliqué à un jeune chômeur malchanceux.

A part quelques expressions fleuries prononcées en français par Loe, le tout est dit en douala, mais avec des interférences d'autres langues camerounaises et de pygmée. Au cours d'un seul traitement, Loe peut employer jusqu'à huit langues. Il rappelle par là que les génies de l'eau lui donnent le don des langues, ce qui est une manière, encore, d'afficher sa vocation universelle. Il a même parlé, affirme-t-il – au cours d'un traitement à base d'herbes et d'écorces – plusieurs langues européennes que lui soufflaient ses génies. Car un nganga ne connaît de frontières ni linguistiques ni raciales. Je regrette de n'avoir pas entendu ces « voix » car les langues camerounaises utilisées par Loe ne sont pas toujours intelligibles à ceux qui les parlent couramment. Dans son langage fleuri, Loe invite chacune des quatre femmes présentes à prendre la porte à tour de rôle pendant les ablutions.

(En français :) *O coco, belle dame, mon bel amour, ma belle chérie;* (en douala) *chère à mes pensées, chère à moi comme la prunelle, ô toi qui n'aimes pas la richesse, toi qui dépasses la beauté... Mes femmes n'entendent pas leur nom?*

Loe donne d'abord la parole à son frère aîné :

L'oncle d'Elimbi (tout en passant la feuille sur le visage du jeune homme) : « *C'est toi qui es l'héritier ici; ta famille veut que tu trouves du travail. Tu es debout à cause de la malchance. Ta malchance vient de moi et pas de quelqu'un d'autre. Je dis cela pour avoir le cœur très, très pur au-dedans. Que Dieu* (Loba) *t'aide pour que tu ailles de l'avant. C'est comme ça que nos ancêtres faisaient : si on est en colère contre son enfant, il faut le dire, car, si on tient cela secret, on le tue. Comme je te l'ai dit ici aujourd'hui, je crois que je t'aime. Que Dieu ait pitié de toi.* »

Chant : « *C'est pas par orgueil que je suis ici, j'attends la guerre.* »

Première femme, saisissant la feuille à son tour : *Au nom de Dieu, moi aussi je t'essuie. Tu es un enfant, né du seigneur Loe. La femme ne commande pas, c'est l'homme qui commande. Je t'essuie avec grand soin : que tout le malheur s'en aille, s'en aille. Si c'est moi qui presse ton cœur de ne pas revenir chez ton père, et si tu as alors toi-même cette pensée, que ton cœur se retourne. Fils, reconnais ton père. Que tes mains te servent bien. Que Dieu ait pitié de tout ce que tu touches pour travailler.*

Ce discours marque un net revirement que les autres interventions vont accentuer encore. Il me livre la clef du traitement d'Elimbi. En effet, la première femme n'a pas fait allusion au frère aîné de Loe, cet oncle vers lequel se portaient jusqu'ici les soupçons, mais à la *propre situation familiale d'Elimbi.* Dans une parfaite unanimité, tout le monde soulignera désormais le côté anormal de son comportement : comment ce garçon peut-il vivre loin de son père? On sait que la mère d'Elimbi a, depuis longtemps, quitté le domicile de son mari. J'apprends – fait capital – qu'elle a entraîné leur fils et que le garçon, contrairement aux usages, passe le plus clair de son temps loin de l'influence paternelle. N'est-ce pas la principale cause de sa malchance?

Les trois autres femmes présentes tiennent à tour de rôle un discours semblable à celui de la première sur la nécessité pour un garçon de demeurer auprès de son père.

Loe prend à son tour la feuille rituelle et essuie le visage de son fils, en disant : *Suivant les ancêtres, on n'achète pas un enfant avec de l'argent, on ne vole pas un enfant. Il est un don généreux de Dieu. Mon fils, gloire à Dieu le Père, au Fils et à l'Esprit, car j'ai pu t'engendrer. Je ne suis pas content de toi, mon fils, parce que tu n'étais pas à mes côtés : je marchais seul sur la route; si je sors, qui va rester à la maison? La mort ne prend pas un morceau de bois, mais un homme qui a des membres. Si elle m'avait pris, l'aurais-tu même su? Si tu dis que tu ne veux pas reconnaître la famille... O homme, à chacun sa manière de faire! Mais si tu dis que tu reconnais la famille... Que les paroles qui sortent de ta bouche soient sucrées comme miel, et ton cœur au-dedans, tranquille comme celui d'un homme véritable.*

Car il y a de la concurrence à Douala (pour trouver du travail), *si vous ne le voyez pas de vos yeux. Au nom de la petite sagesse que Dieu t'a donnée, sache que ce sont tes mains qui doivent nourrir ta bouche. Tu sais bien que ton père a de l'argent. Je veux que toi aussi tu gagnes ton propre argent. Les Français disent : « chacun pour soi, Dieu pour tous »* (en français). *Que tes pieds cherchent pour toi, qu'ils te portent, qu'ils t'emmènent là où est la chance* (musima). *Qu'ils ne t'emmènent pas là où il y a la malchance* (mbeu'a nyolo).

Malchance, va-t'en, va-t'en, je te chasse! Amen, Alleluia!

Chacun des officiants a ponctué sa déclaration en crachant sur Elimbi des petites graines du condiment appelé *nsote*, celles-là même que Loe avait projetées sur l'arbre des ancêtres, et qui ont la capacité de refaire l'unité. Durant les derniers rites, Loe utilise les mêmes matériaux ou les mêmes éléments qu'auprès de l'arbre. D'abord le feu : pour son fils, Loe ne ménage pas les bouffées de feu. Il allume une poignée de paille, prend une gorgée de pétrole, la projette au travers de la flamme et fait feu sur la tête et les membres du jeune homme. Après chaque bombe, Elimbi répond : « *E!* », qui veut dire : « Oui, c'est moi. » La bouffée de feu empêche le mal de surgir, elle écarte les ennuis, m'expliquera Loe. Elimbi droit répondre pour qu'on sache s'il est mort ou vivant. Après ce rite éprouvant, Elimbi doit encore sauter par-dessus la cuvette où marinent « les herbes spéciales de la famille », c'est-à-dire, m'expliquera Loe, « sauter au-dessus du malheur qui l'entoure » et recevoir en plein front le second œuf que j'avais rapporté du ravin avec précaution. Loe prononce à haute voix ces paroles (ce qui m'évitera de lui demander plus ample explication) : « Cette poule (en puissance) perd sa vie pour toi. Que la colère de cette poule monte contre toi, si tu n'écoutes pas. Que la colère de cette poule (maintenant passée du côté des ancêtres) arrête quiconque voudra se mettre en travers de ta route. Voilà! Redresse la tête. Tu as une sale tête, comme ton oncle! »

Les chants et les danses se poursuivent jusqu'au matin, tandis qu'Elimbi se tient silencieux dans un coin. De toute la nuit, il n'aura dit que « *E!* » après chaque flambée. « Il ne doit pas parler, me dit Loe, c'est interdit parce qu'on vient de le bénir; il faut qu'il reste tranquille. Même en ma présence, il reste muet. Personne n'a le droit de lui poser une question. »

Le lendemain, j'invite Elimbi à venir chez moi. Il ne se fait pas prier, peut-être pour compenser le mutisme auquel il a été contraint la nuit précédente. Je le fais asseoir dans l'unique bon fauteuil de mon petit appartement de Deïdo. Philippe, mon voisin cafetier, nous apporte deux bières. Je sens Elimbi détendu, confiant et prêt à parler longuement. Je décide de l'interrompre le moins possible, tant je crains de gâcher un tel témoignage, par surcroît exprimé directement en français.

Moi : *Tu crois que ce qui a été fait peut forcer ta chance?*

Elimbi : *Je pense que oui. Je ne crois pas, mais je pense que oui.*

Cette distinction entre “ penser ” et “ croire ” signifie sûrement qu'Elimbi a du mal à concilier tant d'expériences. Mais cette distinction dit aussi bien que “ croire ” c'est se donner vraiment. En ce sens, Elimbi met un écart entre les deux mots, qui éclaire avec bonheur sa position à l'égard du traitement subi. Nkongo, l'aide habituel de Loe, et le retraité, mon guide d'une nuit, l'avaient déjà fait à leur manière.

Elimbi : *Je n'ai pas dit que ça ne donne pas la chance. Il y a des cas où ça donne la chance directement, il y a des cas où ça la donne indirectement. Par exemple, vous cherchez un emploi... Ça peut venir directement. Laissons papa à part, il y a d'autres nganga. Vous voulez un emploi, vous allez chez un nganga, il vous travaille, c'est lui-même qui envoie une lettre dans un lieu de service* (bureau d'embauche), *et on vous appelle immédiatement. Donc ça prouve qu'il existe un certain pouvoir dans tout cela. Quelquefois « la science »* (l'art de guérir) *n'agit pas directement, disons suffisamment, pour attirer des clients dans votre boutique. Ça agit, mais pas tellement vite. Ça commence à venir petit à petit. Ça peut prendre un mois. Mais cependant, vous-même vous sentirez que vous avez été « travaillé ».*

Mon père a une façon de traiter. Vous savez que dans cette ville, la vie est pleine d'ennemis. Je ne sais ce qu'il en est pour les Européens, je parle pour les Noirs. Il y a des familles qui ne s'entendent pas. L'un ou l'autre peut aller chez un féticheur (nganga louche) : *Essayez de me bloquer cette personne qui est là ! Alors, tout ce que vous avez comme biens commence à s'envoler, comme ça. Vous n'êtes pas malade, hein ! non, mais vous voyez toutes les chances qui vous abandonnent* (1). *Bien sûr des cas comme ça, ça se traite. Mais je ne pense pas qu'on puisse ajouter une autre chance à celle que Dieu a donnée à chacun.*

Par exemple, on peut être dans une même famille de même père, mais de différentes mères. Moi je vais dire :

(1) Seul cas du récit où le mot « maladie » est employé dans un sens restrictif.

« Les biens de mon père, c'est moi qui dois les gérer. » Un autre va dire « non ! » Ça se passe souvent comme ça. Alors moi je vais aller chez un marabout (guérisseur musulman), *pour lui dire que je n'ai pas le courage de tuer celui qui n'est pas de mon avis, mais que je voudrais bien qu'il le rende un peu fou. Ce genre de choses se fait. Mais je ne pense pas qu'un marabout ou un féticheur puisse améliorer la chance que Dieu nous a donnée, ça, vraiment, je ne le pense pas.*

– Comment peut-on voir la différence, entre un vrai nganga et un faux nganga?

– Le faux nganga doit être malin, très malin. Certains, quand vous venez chez eux, vous demandent comment vous vous sentez : « Est-ce que vous n'avez pas mal quelque part? » Alors vous dites : « Quelquefois, oui, dans le dos... – Ah! tiens! C'est ça, c'est bien ça! Ton frère qui est à côté de toi, c'est lui qui te fait tout ce mal. »

– Mais pour revenir à la dernière séance, tu crois donc vraiment que la chance va te sourire?

– Je sais surtout que tout ce qu'on m'a fait ce n'est pas rien, ça a de l'importance. C'est quelque chose... Tout ce qu'ils ont souhaité là, ça va arriver. Parce que, en vérité, mon père a une puissance. Mais, moi-même, je dis bien que je ne base pas tout sur ça, je ne me donne pas tout à fait. Je sais que ça aide, n'est-ce pas, parce qu'il y a des preuves, mais je ne me donne pas entièrement à ça. C'est-à-dire, je ne mets pas toute ma volonté sur ça. Parce que, même moi, quand je fais tout, je ne peux pas dire : « O esprits, aidez-moi », mais « Dieu aide-moi! » Parce que... Parce que Dieu a dit : « Tu n'auras pas d'autre Dieu devant toi! » Parce que toute personne qui se donne entièrement, c'est pour adorer. Si vous vous donnez entièrement à une chose, c'est déjà l'adorer.

Une fois, Nkongo avait fait une réflexion aussi forte, étonnante dans la bouche d'un apprenti nganga : « Quand vous croyez à une chose, quand vous croyez à fond à ce que les nganga font, ça a trop d'effet... Quand on croit totalement en eux, on ne croit plus en Dieu. »

Je relance Elimbi puisqu'il est disposé à parler :

– *Si on reste tranquille chez soi sans bouger, la chance peut-elle venir?*

– *Ah! Ah! Voilà le problème! Voilà pourquoi je dis toujours : en ce qui concerne la magie, moi je n'y crois pas. Je sais que ça a de la puissance, hein! Mais moi j'ai toujours pensé : il suffit d'avoir la maîtrise de soi-même. Si vous savez vous maîtriser, vous allez même dans un bureau pour chercher un emploi. Vous vous êtes maîtrisé? Allez! vous donnez votre volonté. Ce que vous allez demander, peut-être Dieu vous donnera la chance de l'avoir.*

– *Où as-tu appris ça?*

– *Vous savez qu'on discute avec les « Grands »* (haut placés), *c'est là qu'on ramasse les meilleures choses. Il faut être curieux en quelque sorte. Si je vous vois discuter intellectuellement, moi, je ne peux pas passer* (mon chemin) *sans entendre.*

Dieu peut donner la chance; il y a des preuves. Ça m'est arrivé une fois, quand maman a enfanté, un soir, en pleine nuit... Elle avait un retard de quatre mois (!), alors c'était très grave. Alors je me suis retiré dans un coin, je priais, je pleurais. J'ai vu que Dieu a eu pitié de moi. Je ne sais pas comment on appelle ça en français... Ça commençait à se former et c'est sorti. Le fils respirait. J'ai vu que vraiment c'était Dieu qui m'avait aidé, parce qu'il y en a d'autres qui ramassent la mort comme ça! J'ai su que si l'on se donne entièrement, si on prie vraiment, on obtient satisfaction.

– *Pourquoi as-tu accepté le traitement?*

– *J'habitais avec la maman, et elle a eu trois enfants après avoir quitté Loe. Elle vit avec un pêcheur qui ne gagne pas beaucoup. Il me faut trouver du travail. Mais il y a des choses qui ne regardent que le père. Et si je reste avec ma mère, mon père ne s'occupera pas de me trouver du travail.*

Ici ils ont envie de moi, je pense, parce que je suis l'aîné. Tous les autres sont encore des enfants. Si maintenant mon père meurt, il n'y a que moi qui puisse prendre la situation en main. Je suis alors responsable des trois femmes. L'oncle serait là seulement pour me guider, ce ne peut être lui le responsable.

– Tu crois que le traitement va te donner du travail?

– Je n'en suis pas encore sûr. On vient seulement de me traiter. Je n'ai pas encore vu si... Même si je trouvais du travail maintenant, je ne pourrais pas affirmer que c'est à cause de cette puissance. C'est Dieu qui m'aurait aidé.

Le malheur pour Elimbi, c'est donc que ses parents soient séparés. Si ce grand garçon efféminé continue à vivre avec sa mère, il ne sera pas considéré comme un homme, au regard des coutumes, mais comme un vagabond. Un vagabond ne trouve pas de travail. Mais, s'il reprend sa place de fils aîné aux côtés de son père, prêt à lui succéder, il retrouve un statut social. Dans la rue, il sera considéré comme un homme « bien ». Voilà de bonnes conditions pour trouver du travail!

Elimbi est sensible à l'argument. Ce n'est pas l'amour de son père ni de ses femmes qui le fait revenir au domicile paternel, mais la sagesse. Il se soumet au traitement, place Dieu à l'origine de toutes les chances, invoque l'arbre et accepte ablutions et sacrifice, mais il ne se « donne » pas totalement. Il tient docilement son rôle durant la cérémonie de l'*Esa*, qui le réconcilie avec les siens. Il écoute les conseils prodigués, et accepte même qu'on le mette en garde contre sa mère. La réintégration est à ce prix. Jusqu'ici, il n'a pas eu la chance de trouver du travail parce qu'on le maintenait dans une situation familiale déséquilibrée.

L'oncle est sommé par sa femme de s'accuser : « Accuse-toi puisque tu es son oncle! – Je me repens pour avoir le cœur très pur au-dedans! », répond-il prudemment. Loe lui-même, que j'interroge, ne croit pas en la culpabilité de l'oncle : « Le mal vient du côté de la mère. » Le mal vient du fait que ce fils est retenu par la famille maternelle hors de l'influence du père. « Ce n'est pas à la femme de commander, mais à l'homme! »

Cette cérémonie ne donne pas pour autant du travail à Elimbi. Il lui faut encore le chercher, mais en mettant cette fois les chances de son côté. J'interroge Loe sur la suite des événements : « Et si votre fils n'avait pas de travail? » Après m'avoir prié de lui en trouver, il ajoute : « Je vais voir. S'il n'a pas la chance, j'exercerai mon métier. Mais maintenant, je n'ai rien dans le cerveau (je n'ai rien décidé). » Si Elimbi ne trouve pas de travail, son père se rendra au dibandi, revêtira la robe rouge de combat, appellera les ancêtres et les génies de l'eau à la rescousse, entreprendra, en une nuit de danse, le grand travail de la découverte du sorcier ou de la sorcière qui en veut à son fils.

L'histoire d'Elimbi se sera révélée à moi telle une photographie que l'on développe; d'abord floue et indécise, elle a gagné en netteté. Au début, j'ai eu du mal à la comprendre, tant les mots utilisés entre nous étaient ambigus. Mais je sais aujourd'hui que la vraie difficulté vient de nos cultures différentes dont ces mots sont issus.

Rétablir l'ordre perdu.

Je me rends chez Din pour l'interroger lui aussi sur la malchance et ses causes. J'attends de lui un complément d'information en langue douala, puisqu'il ne parle pas le français, en espérant sortir du continuel malentendu de vocabulaire. Il va me confirmer l'essentiel de ce que j'ai appris au cours du traitement d'Elimbi, mais accouplera encore les deux mots français : « chance-malchance » en les mêlant aux termes de sa langue. Illustration de la manière dont une culture en grignote une autre : au début, le vocabulaire l'emporte, puis, petit à petit, la philosophie véhiculée s'impose. Mais, dans ce cas précis, les mots français ne mordent guère sur la conception traditionnelle du malheur.

A l'origine de la « chance », disent, l'un comme l'autre, Din et Loe, il y a Dieu. L'arbre et les ancêtres, le dibandi et les génies de l'eau accordent une « chance » dont Dieu est la source. Cette association de Dieu et de la chance jure moins en français, si on prête attention aux mots douala sous-jacents, que Loe avait employés à l'arbre. *Musima* et *bonam*, mieux traduits par « grâce » et « bénédiction » sont, avant tout, le résultat d'une intention favorable, et non le fruit du hasard. Si on se reporte au Larousse : la chance est le résultat d'un événement dû au hasard – on mesure alors la distance entre les deux langues. L'Africain n'ignore pas le hasard, seulement il ne s'y réfère pas dans la vie courante. Il le laisse aux soins des devins qui savent interpréter les aspects aléatoires de la vie. Mais on croit généralement ici que la chance est une grâce mesurée par Dieu. « Je ne pense pas qu'à la chance donnée par Dieu à chacun, on puisse ajouter une autre chance », dit Elimbi.

Au départ, une conception fondamentalement optimiste de l'existence : Dieu donne à chaque homme sa chance, son poids de chance. Si elle ne sourit pas, si elle tourne, il faut, ou s'en prendre à soi-même, ou accuser les autres. Qui a dérangé le cours normal des choses? Din m'explique ce renversement contre nature par la parabole du bananier :

C'est l'homme qui est mauvais. Prends le bananier : on ne plante pas un bananier par la tête. Tu sais ce que c'est qu'un bananier? Ce qu'on plante par la tête ne pousse pas. Maintenant, si on plante bien ce que Dieu a créé sur terre, ça pousse. C'est comme ça que nous avons le plantain. C'est pourquoi je te dis que c'est l'homme qui est mauvais. Dieu a fait tout ce qui est. L'homme sait bien que telle herbe et telle écorce qu'il « tire (angwe) *sur toi »* (qu'il jette sur toi comme un mauvais sort), *te donnent la " malchance "* (Din emploie le mot français). *Dieu n'a pas cherché cela. Il dit à l'homme : « Fais ce que tu veux, mais sois-en responsable* (mbong). »

La malchance vient de la perversion des rapports entre les hommes. C'est, je crois, la remarque la plus lucide que Din ait jamais faite devant moi : « *Si quelqu'un n'a pas de chance, c'est que son sang est mauvais* (maya ma bobe). *S'il a un mauvais sang, c'est qu'il n'a pas de chance* (musima). *Et puis si tu en viens à regarder de plus près les choses, c'est que quelqu'un l'a fait tomber dans cette malchance. C'est quelqu'un qui l'a renversé, qui lui a fait du mal, pour que son sang se gâte. Il en est ainsi. La malchance vient de la relation entre toi et moi* (mbeu'a nyolo nya wa nde na oa na mba). *Si je me fâche contre toi, je te donne la malchance. Et si je t'aime, je te donne la chance, comme toi aussi tu me la donnes. Il en est de même pour le malfaiteur* (mot'a bobe), *qui est un homme qui doit te chercher du mal. Tu m'as compris?* »

Les deux mots douala courants, qui sont traduits ici par « malchance », ont chacun une signification organique. *Mbeu'a nyolo* signifie mot à mot : « Le mauvais état du corps », et *maya ma bobe* veut dire à la lettre : « Le mauvais sang », qui rappelle l'expression française : « Se faire du mauvais sang. » Quand Loe pratique sur Elimbi, ou sur un autre patient, de légères scarifications, le sang sort en gouttelettes. Rien qu'à la couleur du sang, Loe prétend suivre la progression de la maladie ou l'efficacité du traitement. Quelle que soit la valeur de leurs connaissances anatomiques, les nganga mettent sous l'étiquette de la malchance des symptômes physiques. Quand Loe affirme que la malchance est une maladie, il entend par là une maladie accompagnée de complications organiques. Des Européens seraient portés à ranger cette fameuse malchance dans la catégorie des « malaises de la personnalité » qui ressortit à la psychiatrie. Chez Din et Loe, je n'ai jamais vu faire la distinction entre les maladies de l'esprit et celles du corps. Ils y sont encouragés par le penchant des malades à accuser physiquement l'anxiété ou le désarroi. Ces réactions somatiques, sans doute plus fortes chez l'Africain que chez l'Européen, reflètent l'arrière-fond philosophique du premier : pour lui, l'homme est un. Je le rappelle : la distinction dans l'homme ne se fait pas sensiblement entre l'âme et le corps, le physique et le psychique, mais selon sa visibilité et son invisibilité.

C'est alors que ces nganga interviennent. Leur fonction consiste à enlever cette malchance contre nature qui a été " jetée " sur leurs patients comme un mauvais sort, et à les remettre en état de " chance ", en état de grâce. Ce jeu de retour à la chance se trouve rendu avec justesse par une merveilleuse phrase de Loe dite en français après le traitement de son fils : « La chance, je vous dis que c'est la volonté de Dieu. Si je vous enlève la malchance, je vous remets au bon poids. » Quelles que soient leurs dimensions physiques, psychosomatiques, sociales, toutes les formes de déséquilibre – qu'il s'agisse du mal, du malheur, de la maladie –, sont considérées comme des corps étrangers à évacuer, ou des saletés à laver pour rendre l'intégrité et la propreté originelles. L'opération m'a été clairement décrite un jour : *Si vous souffrez, si vous avez des maux de tête ou des maux de ventre, je tire* (na duta) *toutes ces douleurs, je les rassemble en une seule place* (na kotele ni sese nyese o wuma iwo), *je fais des coupures à cet endroit* (na ma sasa yi wuma) *et le sang qui coule fait sortir le mal* (ma maya ma ma buse, ma ma busane di diboa).

Rétablir un ordre perdu, tel est, je crois, le travail primordial des nganga. Mais j'ai été rassuré d'entendre mes deux maîtres, Din et Loe, affirmer que l'objectif du traitement, à savoir, l'obtention d'un métier pour Elimbi, ne serait pas atteint automatiquement. Il faut encore les allées et venues, les démarches, l'attente aux bureaux d'embauche : « On ne peut pas avoir le travail si on ne l'a pas cherché. Il est dit : " Frappe et on t'ouvrira ", ou bien : " Cherche et tu trouveras " », conclut Din en citant l'Evangile. Pas de magie en ce domaine. Cet aspect du problème, à savoir l'effort personnel ou la compétence, que je suis porté à considérer comme essentiel, n'occupe sans doute qu'une place secondaire dans la logique de mes partenaires. Question d'accent. Mais il n'est pas inutile de signaler l'importance qu'elle revêt à leurs yeux, et qu'on est tenté d'oublier. Des cérémonies, semblables à celles que j'ai essayé de décrire, risquent d'être classées sans pitié au rang des opérations magiques, et donc naïves, par ceux qui relèvent d'une autre culture.

Lorsqu'un élève rate son brevet et déclare : « C'est la malchance », ou qu'un chômeur ne parvient pas à trouver du travail et accuse encore la malchance, il n'est pas facile de savoir dans quel contexte culturel ces paroles désenchantées se situent, ni ce qu'elles veulent dire au juste. A l'école, on enseigne que la malchance est souvent due au hasard malheureux. En famille, la malchance dépend, au contraire, d'un réseau complexe d'intentions et d'interventions qui dépassent l'individu. Depuis Dieu jusqu'à l'employeur ou le correcteur de la copie, que de monde est intervenu pour décider de l'échec ou de la réussite. Entre ces deux pôles culturels, celui qui a dit : « C'est la malchance », n'opte pas consciemment et ne peut le faire. Son exclamation renvoie au hasard aussi bien qu'à la sorcellerie. Mais si sa malchance persiste et qu'il est saisi par la fièvre, s'il cesse de manger et commence à dépérir, les siens interpréteront ces symptômes. Ils le conduiront chez le nganga, car cette malchance est une maladie.

La chance d'Elimbi, sa grâce, aura été son père nganga qui n'a pas attendu ces extrémités pour intervenir. Après son traitement, Elimbi se mettra à chercher un métier et trouvera un emploi dans un bar. Plus tard, il obtiendra un travail plus stable dans un entrepôt de ciment de Douala.

LE PROCÈS

« Mulemb' ango e nde mot' ango nya nyolo. » Proverbe douala
« Ton sorcier est chevillé à ton corps. »

L'épouse de Din, si discrète que, d'habitude, elle n'ose jamais me rendre visite, frappe à ma porte à Batignolles. Je pressens un malheur et je ne me trompe pas. Les gendarmes ont emmené Din, voici deux jours. Ils ont pris en même temps le tambour qui sert aux séances de soins, la précieuse défense d'éléphant, don des Pygmées, les pierres, les étoffes, les écorces, jusqu'au lot de cadenas, enfin tout ce qu'ils ont pu trouver susceptible de prouver, sans doute possible, les activités de Din. C'est son ancien logeur, l'ami Ekwala, auquel il a rendu tant de services, qui l'accuse de pratiquer la sorcellerie. Ekwala ne s'est pas contenté de le dénoncer, mais il a apporté à la gendarmerie une série de pièces compromettantes qu'il prétend avoir trouvées dans l'arrière-cour, enterrées par les soins de Din. L'épouse de Din me fait ce récit d'un ton détaché, comme s'il s'agissait d'un événement neutre, observé chez des voisins. Je suis profondément touché par cette voix monocorde passée déjà sur le registre de la résignation.

Que faire? Je m'étais contenté de plaindre le vieux nganga du village prétendument devenu sorcier, sans pouvoir le défendre. Avec Din, je me sens mobilisé. Il m'est impossible de ne pas intervenir. Les relations que j'entretiens avec lui sont plus personnelles qu'avec Loe. Rarement une semaine se passe sans que je lui rende visite. J'ai assisté chez lui à de nombreux soins. Petit à petit, l'intérêt que je porte à sa médecine et la bonne volonté qu'il met à m'informer ont modifié nos relations. Il vient me voir à son tour et nous parlons, grâce à mes progrès en douala, de n'importe quel autre sujet. Je lui ai demandé un savoir et me suis aperçu progressivement qu'il désirait me communiquer une expérience. Dès que j'ai compris cela, je me suis trouvé libéré de ce sentiment de ridicule que j'éprouvais lorsqu'il parlait de m'initier à son art. Qu'est-ce que cela signifiait pour moi devant l'immense écart culturel qui nous séparait? Mais justement, ce qui est mis d'habitude sous le vocable " culturel ", lui est parfaitement étranger. Si je désire " savoir ", ce ne peut être à ses yeux qu'apprendre à me débattre dans l'existence. A cela il veut m'initier.

On comprendra donc aisément que ma réaction ne puisse être neutre. Je me dois de participer à son sauvetage. Mais il me faut, auparavant, raconter plus en détail l'histoire de Din et celle de nos relations jusqu'à ce jour.

L'histoire de Din.

J'ai fait la connaissance de Din et d'Ekwala son dénonciateur, en même temps, et dès la première nuit, puisque, à l'époque, leurs deux familles vivaient ensemble, au point qu'il m'avait fallu plusieurs visites pour les distinguer. J'ai déjà décrit leurs liens au moment du traitement d'Engome et de la chasse au *nyungu*. Depuis, je ne devais pas remarquer de détérioration. Bien sûr, à la cuisine ou dans les chambres du fond, j'entendais parfois des éclats de voix, mais les disputes n'étaient ni plus longues ni plus violentes que celles de mes voisins de quartier. Quant à Din et à Ekwala, les deux chefs de famille, ils étaient plutôt des éléments pondérateurs, et je ne les avais jamais vus se quereller l'un l'autre. Din avait récemment quitté, il est vrai, la maison d'Ekwala, avec tous les siens, pour s'installer dans une case qu'il venait de se construire. Mais quoi de plus naturel? Pour que

Ekwala accuse aujourd'hui de sorcellerie son ancien hôte, il faut qu'il y ait des raisons cachées.

Un jour, Din, particulièrement en confiance, m'a raconté comment il est devenu nganga et ce qui l'a fait quitter son village et son filet pour la ville cruelle. Il m'a fait ce récit dans un style prosaïque, différent des récits épiques et merveilleux que font ordinairement les nganga pour accentuer le côté exceptionnel de leur vocation. Il est vrai que Din m'a dit assez de choses étonnantes pour n'avoir pas à me convaincre encore, par le verbe, de l'importance de sa tâche. Dans son village, plusieurs personnes devaient d'ailleurs me garantir l'exactitude de ses propos.

Il faut savoir que Din est originaire d'une petite île, appelée Malimba, située à l'embouchure du plus grand fleuve du Cameroun, la Sanaga, et à plus de cent kilomètres de Douala, à vol d'oiseau. (Le vol de l'oiseau étant toutefois une mesure de distance très discutable pour le voyage en pirogue à travers l'inextricable entrelacement des palétuviers!) Le fleuve est le domaine des riverains qui en ont pris possession voici deux siècles environ à la fin d'une longue migration, tandis que la forêt est la propriété millénaire des Pygmées. Entre les uns et les autres, les relations sont rares et tendues. C'est pourquoi l'histoire vraie de l'adoption de Din par les Pygmées est insolite.

Din : *J'ai commencé à fréquenter l'école de la Mission catholique à Marienberg* (à 15 km de l'île de Malimba par le fleuve). *C'est là que mon père et ma mère m'avaient envoyé. Un samedi, nous étions partis, un ami et moi, couper du bois dans la forêt mais nous étions étrangers dans cette forêt. Nous nous sommes perdus. Il était environ six heures du soir. C'est alors que les Pygmées nous ont vus, ils nous ont pris et ils nous ont emmenés chez eux. Cette nuit-là nous n'avons pas dormi, nous nous lamentions beaucoup. Comme ils parlaient un peu notre langue, nous avons pu lier amitié avec leurs enfants. C'est eux qui nous ont appris le pygmée.*

Dans ce village, il y avait une vieille femme, aveugle à cause de son âge. Quand il faisait soleil, nous la sortions pour lui faire prendre l'air, et nous lui grattions le corps. Alors, elle nous apprenait les mianga (la manière de soigner), *tout comme on apprend quelque chose à l'école. De la même manière, vous pourriez m'apprendre le français et, petit à petit, je finirais par comprendre.*

J'ai grandi là-bas, je me suis marié et j'ai eu un garçon que j'entretiens encore. Le père de ma femme a continué à me montrer le travail des mianga *jusqu'à ce que je le sache. C'est lui qui m'a donné ma défense d'éléphant. Il m'a appris comment faire toutes sortes de traitements, et si je te soignais, tu te sentirais bien. Je ne te mens pas. Je ne suis pas comme Ekwala et le chef* (du quartier) *qui m'ont dit de ne pas tout t'apprendre. Je te le dis parce que tu es mon ami et que je suis ton ami.*

Un jour j'ai reconnu un de mes frères, Isaac. J'étais ce jour-là avec Ntonga et Menu Manga qui sont des Pygmées. Isaac m'a répondu et a approché sa pirogue, étonné car il me croyait mort. Il allait vendre des poissons à la ville. Je lui ai dit d'apporter du sel, du tabac et des tissus parce que les Pygmées aiment ça, et je suis rentré à l'île de Malimba, où j'ai rassemblé tout le monde. J'ai fait un grand traitement, le salaka (action de grâce et offrande de nourriture aux génies de l'eau et aux ancêtres).

Auparavant, je voulais aller à l'école, je ne pensais pas du tout à « faire les mianga *»; tout cela est arrivé parce que nous nous sommes perdus en brousse. Cela a déclenché beaucoup d'aventures et d'événements imprévus.*

Je suis allé à Douala à cause d'une guerre à Malimba. J'étais parti à la pêche. Les sorciers (bewusu) *sont venus lutter contre moi pour une affaire d'argent. Quand ils se sont approchés, nous nous sommes battus longtemps, et je les ai renversés, mais ils ont brûlé le moteur de ma pirogue. C'était la malchance* (mbeu' a nyolo). *Je pourrais dire que ce fut « ma mort ».*

Le moteur calciné de Din, qui avait dû représenter toute sa fortune, se trouve encore dans son dibandi, en pièces détachées, dans un sac de légumes. Les gendarmes ne s'y sont pas intéressés.

Din avait rencontré Ekwala la première fois chez un malade, lors de l'un de ses rapides séjours à Douala. Après le combat perdu, il se présenta à son domicile pour lui demander l'hospitalité. Ekwala le reçut non sans surprise, car le bruit avait couru qu'il était mort au combat. Din s'installa chez lui avec sa dernière femme, son grand fils de dix-sept ans, Barthélemy dit Bata, qu'il tenait d'une autre épouse restée au village, son aide, et ses patients. Sa parenté pygmée semble inconnue à Douala. L'homme qui s'est installé chez Ekwala était déjà une grande figure guerrière de la sorcellerie.

Ekwala m'a toujours donné l'impression d'être un homme tranquille et respectable, quoiqu'un peu naïf. Il occupe des responsabilités certaines dans son église. Il dirige une chorale mixte, où se chantent les graves et paisibles cantiques protestants hérités des Allemands. Il est marié à une seule femme et digne père de sept enfants vivants. « J'ai le sang pour les enfants », dit-il souvent avec fierté. Je me suis étonné qu'un homme rangé ait accordé aussi facilement l'hospitalité à un guerrier de la trempe de Din. Mais il en tirait avantage. Comme sa fille aînée se lamentait de ne pas avoir d'enfant, il la lui confia pour soigner sa stérilité et il la traita efficacement. (Cela, Ekwala devait le reconnaître au plus fort de leur querelle.) Il demanda aussi à Din de soigner sa seconde fille Ewudu, mais le traitement n'eut pas le succès escompté et ce fut le prétexte de leur rupture et des incidents qui devaient suivre.

Ekwala, tout le temps que Din logea chez lui, afficha pour son hôte une admiration sans bornes, qui, à la longue, me parut inquiétante. Je ne raconterai pas ici tous les exploits qu'il lui prêtait. Din aurait ainsi sauvé un sien cousin qui était devenu fou en France. Pour obtenir ce résultat Ekwala affirmait qu'il s'était mis en " sommeil " un samedi soir et était tombé dans cet état quasi cataleptique que prennent les nganga et qui révèle leur absence : ils sont loin, en train de mener de formidables combats. Une lettre avait précisé que le jour du rétablissement du cousin coïncidait avec son intervention. Ekwala me raconta aussi qu'une femme avait été transportée chez le nganga, moribonde, et les membres inférieurs paralysés. Ce dernier était parti aussitôt chercher des herbes en brousse et, une heure plus tard, elle était sauvée. Et de conclure : « Il a la connaissance de l'arbre du Bien et du Mal, l'arbre du Livre de la Genèse. »

Cependant, Din ne lui rendait pas la vie facile. Quand il se saoulait, il devenait exigeant, et soumettait son entourage à tous ses caprices. Je l'ai vu moi-même réveiller Ekwala à deux heures du matin, pendant un traitement, sous un prétexte futile. Din me paraissait exercer sur Ekwala une sorte de fascination; je crois qu'il s'en rendait compte et l'entretenait. Un jour qu'ils étaient venus tous deux me rendre visite, Din me fit comprendre en aparté que je n'avais pas à parler à Ekwala de ce dont il m'instruisait. Mais cette attitude allait se retourner contre lui : Ekwala passait peu à peu de la vénération à la haine.

Mes relations avec Din.

L'évolution de mes rapports avec Din s'est faite en tâtonnant. La soudaineté avec laquelle il s'est déclaré prêt à me montrer comment il soignait, quand il a vu que je m'intéressais sérieusement à son travail, m'a surpris et m'a mis sur la réserve. Cette offre si rapide ne cachait-elle pas un besoin d'argent, ou le désir d'impressionner sa clientèle en recevant un prêtre européen? Je ne sais.

Au début, Din se montra méfiant envers moi. Il faisait dire qu'il était absent, alors que je savais pertinemment le contraire. Chez moi, je l'ai déjà signalé, il déposait discrètement un petit objet au fond de son verre, en guise de " blindage ", et le retirait non moins discrètement une fois le verre vidé, ce qui n'était pas une preuve de totale confiance à mon égard. Je lui rendis sa méfiance qui se changea, un beau matin, en réelle inquiétude. Au lever, j'éprouvai une impression de vertige. Tout tournait dans ma chambre de Batignolles, au point que je dus renoncer à traverser la rue pour me rendre à l'église y dire la messe. Une idée saugrenue me passa par l'esprit : est-ce que Din ne m'aurait pas fait avaler un produit... disons le mot, un poison? Allez savoir? Crainte passagère dont je ne parlai alors à personne. Il s'avéra que je souffrais d'arthrose cervicale.

En même temps, il m'associait à son travail, me demandant parfois de l'aider à masser des malades, et ne refusant jamais de répondre à mes demandes d'explication. « Je veux que tu comprennes. Durant le traitement tu dois observer sans relâche. Tu as bien vu que cette jambe ne marchait pas. Et maintenant tu vois bien qu'elle s'est mise à marcher! » Un jour j'apportais, à contretemps, une bouteille de whisky. « Tu as apporté cette bouteille, pourquoi? Si tu veux voir ainsi avec moi, je n'ai rien à te dire; regarde et voilà tout. Mais, il n'y a rien à découvrir de cette façon. Si tu veux vraiment *voir*, alors il faut faire une convention. »

Dès qu'il fut installé dans sa nouvelle case, il entreprit de me familiariser davantage avec son univers. Je donnais alors quelques cours au collège Libermann. C'est là qu'il réussit un jour à me joindre pour m'inviter officiellement chez lui le lendemain. Il envisageait de faire à mon bénéfice une cérémonie protectrice. Je fus étonné qu'il se soit déplacé jusqu'au collège qui représente un milieu fort différent du sien, avec son règlement, ses couloirs réservés aux professeurs, ses heures de visite, où le français qu'il ignore est la langue véhiculaire. Je pris donc cette démarche méritoire très au sérieux : « Quand je suis arrivé, me dit-il, j'ai trouvé d'autres Blancs. Mais je n'ai demandé que toi. C'est un Blanc qui a dit au portier que je te voulais. Il m'a dit par où c'est interdit de passer (?). Au collège vous aussi vous vous mangez (*sic*). Dans chaque endroit on trouve le mal. »

Je me rends à l'invitation de Din : 18 heures, moment privilégié des rites individuels, le commencement de la nuit et des inquiétudes. Sa nouvelle case en planches a été construite à l'économie et ne se distingue d'aucune autre dans ce quartier populaire. Mais elle offre l'avantage d'avoir été conçue à l'intérieur pour l'exercice de la médecine traditionnelle. Au centre il y a une pièce sans fenêtre ni ouverture sur l'extérieur et qui est son nouveau dibandi. Je n'y retrouve pas l'appareil impressionnant que Loe a constitué progressivement chez lui. Ici, les objets et les instruments de travail sont posés à même le sol ou dans des cuvettes recouvertes de morceaux d'étoffe rouge. Un dibandi ne peut se composer en quelques semaines.

Nous sommes seuls. Il me fait asseoir face à lui sur une chaise. C'est tout le mobilier de la pièce, avec trois petits bancs et une horloge insolite pendue à la cloison. Elle ne marche pas. Je remarque que, cette fois encore, Din tarde à commencer. Il est capable de rester parfaitement immobile, un bon quart d'heure sur son tabouret, à attendre je ne sais quel signe, à suivre je ne sais quelle trajectoire avant de passer au rite. J'aime ces temps morts qui me permettent de régler mon rythme au sien et, parfois, de faire naître son sourire.

J'observe ses yeux. Même au repos ils gardent une lueur d'anxiété accentuée par leur couleur : un brun fauve sur fond blanc rougi au feu... de l'alcool. Ce n'est pas en eux que va naître le sourire mais de la commissure droite des lèvres, par un rictus qui fait partie de son masque de nganga et qui précède chez lui toute autre activité faciale. Soudain quelque chose semble peser sur son épaisse lèvre inférieure toujours encline à pendre, et c'est peut-être le rire qui va éclater... Mais non, Din veut me sourire et il y arrive finalement et finement par un effort de contrôle des muscles inférieurs de son visage. Je me retiens d'applaudir à la réussite de ce sourire. C'est le résultat d'une victoire du nganga sur son faciès marqué par une vie tragique.

Il fait enfin apporter la pierre de cuisine massive et noire avec laquelle je l'ai souvent vu décortiquer, tailler, écraser herbes et écorces pour préparer les fameux remèdes, les *mianga*. On dirait un gros galet de plage arrondi par le patient polissage des vagues. Il la recouvre de l'étoffe rouge de la médecine et du combat. Quelques-unes des preuves de son pouvoir sont placées à côté : les cadenas et la défense d'éléphant. Je dois, déchaussé, mettre les pieds dessus, et lui, face à moi, fait de même. Cette pierre a une grande puissance. Voici comment il me l'expliquera après le rite :

« *Cette pierre est la pierre des génies de l'eau, la pierre des ancêtres et aussi la pierre qui broie les écorces. Elle porte ces trois pouvoirs dans sa masse.* (Le mambo malalo bodila bwao.) *Elle est faite pour chasser les sorciers, pour empêcher qu'un sorcier ne te mange. Prenons l'exemple d'une boisson où on a versé du poison. Même si je suis saoul, le verre va se casser. Pourquoi? A cause du sang de cette pierre.* (Onyola na maya ma di dale.)

« *Elle écrase les remèdes* (mianga) *bons et mauvais. S'il y a des remèdes* (mianga) *qui ne se mangent pas, mais que l'on utilise pour les incisions, c'est toujours cette pierre qui les écrase. La puissance de cette pierre réunit les ancêtres, les génies de l'eau, les écorces et les herbes. Voilà sa force. C'est sur elle que tu dois te tenir pour que son pouvoir te pénètre le corps* (1) (nginya nyingeye oa o nyolo). »

Din prépare ensuite deux petites bouchées, composées de fleurs jaunes en bouton, le *ndonga balemba*, ce qui veut dire « piment des sorciers », de *ngando*, poudre noire venant de plusieurs écorces puissantes, le tout aspergé d'un parfum ordinaire, et enveloppé dans des morceaux de la feuille épaisse du *dibokuboku la wonja*. Din appelle alors sa grande fille dans la nouvelle maison et lui demande de placer dans ma bouche et dans la sienne l'une de ces boulettes. J'avale. Un temps. « Si je meurs de cette nourriture, me prévient-il, tu meurs aussi (2). »

Moi : *Pourquoi avez-vous appelé votre fille?*

Din : *Elle t'a fait manger comme elle m'a fait manger moi aussi. Il faut que ce soit une vierge ou un garçon qui n'a pas connu le mal* (nu si bi bobe). *Si elle connaissait le mal, elle ne t'aurait pas servi. Je t'ai fait avaler ces bouchées* (matam) *et maintenant te fais savoir que tu es déjà comme mon frère.*

(1) Explication particulièrement dense, qui associe dans un fulgurant raccourci et contre toute loi physique les êtres, les actes et les choses. Donnée à la suite du rite, elle me fait éprouver, plus que comprendre, ce que représente un " remède ", terme faible par lequel il faut bien traduire *mianga* (singulier : *bwanga*). Les nganga sont également appelés « hommes des remèdes », *bato ba mianga*.

(2) Din recommencera une seconde fois mais la boulette sera plus fortement dosée et m'emportera le palais.

Si quelqu'un veut te faire du mal, il ne t'atteindra pas. S'il te donne du poison, ça ne te fera rien. Si on veut te faire du mal dans le ndimsi, rien ne t'arrivera. Tu éviteras la mort dans l'eau, la mort par accident de voiture, si cela vient de la volonté de quelqu'un, à moins que ça ne vienne de Dieu.

Je lui offre à boire, laisse une offrande symbolique et m'apprête à partir. Din me dit d'attendre un peu pour que la nourriture me pénètre mieux.

La vie et la mort, le mal et la virginité, ces valeurs essentielles à toute existence sont présentes à cette cérémonie. Din et sa famille sont sincères quand ils font sur moi des gestes bénéfiques qui ont manifestement pour eux une grande portée. Je suis esthétiquement touché par la grandeur des paroles et une certaine beauté des objets dans leur extrême simplicité, et malgré leur relative saleté. Mais si cette cérémonie me touche à cause de l'amitié naissante dont elle est la preuve, si elle renforce mon respect et mon admiration, elle n'a cependant pas sur moi, je dois l'avouer, de réelle portée. Je m'applique à obéir et à bien suivre les rites, mais je reste parfaitement froid. Est-ce parce que je demeure sur la défensive, qu'il m'est impossible d'entrer dans le monde qui m'est ouvert?

Din m'ordonne de revenir avant que ne se termine le neuvième jour qui suit cette cérémomie.

« *Ce jour-là, nous achèterons une poule. Le* dindo (repas rituel que nous avons pris à la fin du traitement d'Engome) *ne sera que pour toi et pour moi. Ce jour-là, nous mangerons ensemble le* dindo *pour te faire comprendre que ton sang, nous l'aimons, parce que tu as un sang tranquille* (maya ma musango). *Tu m'es comme un frère. Si j'ai quelque chose de bon, mon frère le reçoit et le mange. Je ne veux pas te faire payer. C'est toi-même qui feras un geste* (eyembilan), *et je serai satisfait. A partir d'aujourd'hui je vais me purifier le cœur pour me préparer à te traiter. Voilà deux ans que nous nous connaissons, mais je ne t'ai pas encore fait manger ceci. Tu sauras ainsi que les nganga* (bato ba mianga), *ça existe.* »

D'habitude le nganga ne partage pas le repas rituel de ceux

qu'il soigne. Mais au cours de la petite cérémonie intime de ce soir-là, il me rappelle plusieurs fois qu'il prendra part au repas. « Ce *dindo* est fait pour nous empêcher d'avoir la malchance *(mbeu'a nyolo)*. Moi-même j'en mange, c'est pour toi comme pour moi. »

La poudre de *ngando* est décidément significative. Nous en prenons encore mélangée à du whisky, boisson des libations solennelles. Cette fois, c'est une grand-tante qui est chargée d'apprêter le repas, composé d'un poulet, de riz et de différentes herbes. Elle verse ce qui reste de *ngando* dans le plat, où la famille proche viendra puiser après nous, et elle accompagne son geste de la déclaration suivante, qui est toute une explication.

« *Avec Esomawuta* (1), *nous avons quitté là-bas Ekwala et nous sommes venus nous installer ici. Si quelqu'un en veut à Esomawuta, que cela se retourne contre lui. Lui n'envie personne. Mais si quelqu'un l'envie, que cela se retourne contre lui. De même pour tous ses malades. Quand ils sont en route, si on les regarde avec méchanceté, que cela se retourne contre eux. Il faut que les malades de cet homme-là guérissent. Qu'il ait de l'argent et qu'il reste en paix chez lui!* »

Moi : *Pourquoi est-ce une tante et non votre fille qui nous a donné, cette fois-ci, à manger?*

Di : *Parce que là, il n'y avait pas t'interdit* (ye titi mbenda). *Tandis que ce que nous avons mangé tous les deux l'autre fois, il fallait que ce soit une vierge qui nous le donne, c'est une loi. Apprends cela.*

Entre la Virginité et le Sacré, il existe une étroite parenté. J'en ai trouvé la confirmation en observant la vie des nganga. Tout polygames qu'ils soient, Din et Loe s'abstiennent de rencontrer leurs épouses durant la période d'un grand traitement. Les relations sexuelles leur sont provisoirement défendues. Ils ne donnent pas d'autre signification que la loi et le risque d'échec s'ils l'enfreignent. Quand je les pousse dans leurs retranchements, ils donnent à cet interdit un sens plus

(1) L'un des titres de Din : « Celui-qui-révèle-ce-qui-est-caché. »

positif : leur puissance doit être tout entière orientée vers la réussite des soins. Il arrive souvent que les nganga (ou des personnes de leur entourage) me demandent à leur tour pourquoi je ne prends pas femme. Je leur retourne l'argument en leur disant que je me suis consacré à Dieu pour la vie. Je ne suis pas satisfait de cette explication un peu abrupte quoique exacte mais, pour le moment, je n'en vois pas d'autre qu'ils puissent saisir. Elle semble leur suffire, puisqu'ils cessent de m'interroger à ce sujet.

A la fin du *dindo*, au moment où nous nous léchons les doigts et nous pourléchons les babines afin qu'aucune parcelle de cette nourriture bienfaisante et sacrée ne soit perdue, Din reçoit une visite en rapport avec les événements qui provoqueront son arrestation. Les personnes qui viennent d'entrer sont Mme Ekwala, femme de l'ancien logeur de Din et futur accusateur, et l'une de leurs filles, Ewudu, âgée de dix-sept ans. Sur le moment, je ne comprends rien à la conversation, car ils parlent vite. Mais, rentré chez moi, je note ceci :

Irruption inopinée de Mme Ekwala et de sa fille, Ewudu, habillée tout de blanc et manifestement furieuse. Ewudu rapporte un caillou blanc qu'elle tend à Din. Elle s'assoit à côté de lui. Il se passe quelque chose entre elle et lui.

Quand Din reprend la petite pierre blanche, la mère et la fille s'esquivent. N'étant pas au courant des récents démêlés de Din avec Ekwala, je ne m'intéresse qu'à la pierre. Elle est ronde comme une grosse bille. Je l'ai déjà vue dans le dibandi de Din. « *Cette pierre-là, c'est le fusil de Dieu* (ngad'a Loba, météorite). *On peut te lancer cette pierre et détruire ta maison ou te tuer. C'est pourquoi nous avons de quoi la " contrer "* (l'empêcher d'agir). *Si on la lance et qu'elle trouve ce " contre ", elle tombe ailleurs. Ce sont mes beaux-parents les Pygmées qui donnent ces pierres. Quand le fusil de Dieu tombe quelque part, ils creusent jusqu'à ce qu'ils le retrouvent. Le fusil de Dieu fait le bruit du tonnerre.*

Je garde cette pierre, elle ne peut ni disparaître ni éclater. C'est une façon de se " blinder " (londa). »

Pour quelles raisons Din a-t-il voulu protéger ou armer Ewudu en lui prêtant sa pierre, je l'ignore. Il me fournit une explication que, par discrétion, je ne cherche pas à vérifier. La collégienne attend un enfant, et certains de ses parents veulent la faire avorter. Elle vient lui demander secours. « Voilà le fond de l'histoire », me dit-il.

Après ces rites du crépuscule, Din se met à agir sur mon sommeil. Il prétend que je voyage trop et qu'il me faut me prémunir contre les dangers courus en chemin. Se rendre du quartier de Deïdo au collège Libermann est déjà à ses yeux un voyage. Que dire des randonnées dans la brousse et la banlieue de Douala qui m'ont valu les honneurs de la rumeur? Je lui ai tout raconté, et, en ami, il décide de m'armer. L'opération consiste à me faire voir en rêve, c'est-à-dire pour lui en réalité, quel est mon comportement social et quels dangers je cours. Autant je crois être resté insensible aux rites visibles, autant, je l'avoue, je suis ébranlé par les rêves. Peut-être suis-je plus touché que je ne le pense.

Din fabrique un petit paquet, avec deux parcelles d'écorce, quelques herbes séchées, le tout enveloppé dans du papier et lié par un fil (1). Je dois le mettre sous mon oreiller trois ou quatre nuits de suite et rendre compte de ce qu'il me sera donné de voir. Je rapporte à Din le premier rêve que je me suis forcé à noter à mon réveil, en pleine nuit :

Ai vu une assemblée de nganga, deux par deux, maître et disciple sans doute. Ne m'a pas tellement plu. Ai été soulagé de ne plus les revoir.

(1) L'une des écorces est celle d'un arbre connu de tous les nganga : le Eselebako. J'ai accompagné Din auprès de celui auquel il s'approvisionne (km 18, route Razel). L'arbre est mutilé sur deux mètres. A son pied gisent les cadavres de bouteilles dont le contenu a été versé en libation. « Tu prends l'écorce, tu la mélanges avec du baume. Tu vas dans l'eau et tu la jettes, et tu vois l'animal des génies de l'eau, le *manga* (lamantin) qui sort. On l'appelle " chèvre des génies ". Tu lui donnes un coup de lance, tu emmènes la bête au village et tu te mets à crier de joie. Peut-être un jour, te montrerai-je ce travail. »

La réaction de Din : « Tu commences à voir comme cela, petit à petit, et ainsi de suite jusqu'au moment du traitement, de telle sorte que si tu es devant une maladie, tu vois d'abord pendant la nuit comment il faut la traiter, et le matin tu te mets au travail, et tu la guéris. C'est pourquoi je veux que tu voies. »

Din me donne un nouveau petit paquet de *mianga* avec le même mode d'emploi. Dans un demi-sommeil je vois ceci :

> **Je marche dans un village inconnu mais familier avec un groupe d'amis, tous Africains, armés de bâtons, sans reconnaître qui que ce soit. Ils me devancent pour aller à la rencontre d'une autre troupe hostile et vociférante. Impression rassurante que mes amis sont les plus forts.**

Din commente : « Non, ce n'est pas un rêve stupide. Je te donne ces écorces pour que tu commences à voir. Si ce sont de braves gens que tu vois, vous marchez ensemble. C'est comme ça qu'on commence à voir dans le ndimsi. Le moment viendra où, en plein jour, si quelqu'un de mauvais arrive, tu pourras le distinguer. Que ce soit un Blanc ou un Noir, tu pourras le savoir. Je ne peux pas faire cela à quelqu'un d'autre que toi. Non, mon aide ne voit pas. Je ne lui montre que les herbes, mais pas directement le ndimsi, parce que c'est encore un enfant. Plus tard quand il connaîtra le ndimsi, il commencera à lutter contre moi. »

Din me donne cette fois, en plus des écorces de rigueur, un petit morceau de cartilage de baleine (*njonji*). Je m'oblige à écrire ce rêve à quatre heures du matin :

> **Une cérémonie, à l'extérieur, le long des cases. Pas de soins, mais une préparation. Je suis avec quelqu'un qui sait et qui me garde près de lui. Je ne peux pas poser de question. Mais j'ai confiance en lui. Comme si cette cérémonie avait été déjà tentée et interrompue. Elle est de courte durée. Pas mal de personnes, mais elles ne s'inté-**

ressent que distraitement à moi. Toutes sont africaines. Je ne peux en reconnaître aucune précisément.

Je suis comme quelqu'un qui ne sait pas, qui cherche à comprendre, qui essaie de voir le plus possible. Les raisons de la cérémonie me sont inconnues. Pas envie de rire. Je suis comme un novice. Beaucoup d'agitation dont le sens m'échappe, quelque chose d'important semble se préparer qui ne me concerne pas. Incapable de dire quels gestes. On rit un peu de ce que je ne comprends pas. Une cérémonie où il se passe un début de quelque chose. Aurait continué si je ne m'étais réveillé. Est-ce la transposition de ce que je vis avec Din ?

Je m'explique sa satisfaction. Ces rêves présentent leur héros en bonne compagnie, jamais solitaire, alors que les songes révélateurs de l'envoûtement isolent la victime et la montrent affrontée, seule, à un groupe d'agresseurs dont elle ne voit pas les visages. Ici les symboles inquiétants n'apparaissent pas : aucune corde, aucun lien, on ne m'entraîne pas au fleuve.

L'arrestation de Din va stopper l'apprentissage ébauché. Mais je me sens mobilisé à ses côtés pour le défendre.

L'arrestation

J'attends quelques jours pour voir venir, et je me rends à la gendarmerie où le brigadier me reçoit poliment. Je lui affirme que Din n'est pas un charlatan. Je veux prouver qu'il soigne à la manière traditionnelle. Peu impressionné, le brigadier m'apprend que Din risque une lourde peine, parce qu'il tombe sous le coup de l'article 251 du Code, réprimant la sorcellerie :

Est puni d'un emprisonnement de deux à dix ans et d'une amende de 5 000 à 100 000 francs CFA, celui qui se livre à des pratiques de sorcellerie, magie ou divination susceptibles de troubler l'ordre et la tranquillité publics,

ou de porter atteinte aux personnes, aux biens ou à la fortune d'autrui sous forme de rétribution. (Chap. II : Atteinte à la paix publique. Code pénal 1967.)

En effet, le cas est clair pour le brigadier. Din est accusé d'avoir envoûté Ewudu, fille d'Ekwala, sous prétexte de lui faire réussir son brevet. Il lui a donné une pointe bic magique contre une forte rétribution, et aurait essayé d'abuser d'elle. Je me souviens de la scène du petit caillou blanc... Comme la fille a échoué au brevet, il s'agit de sorcellerie doublée d'escroquerie. De plus, Din ne possède pas de patente lui donnant droit d'exercer le métier de nganga. Son compte est bon. Il prétend lutter contre les sorciers et " blinder " les gens, c'est donc qu'il est lui-même expert en sorcellerie. Je rétorque au brigadier que, pour lutter, il faut connaître les armes de ses adversaires. Mais la cause est entendue, et d'ailleurs Din a tout avoué.

Je demande à m'entretenir un instant avec lui. Quelques minutes plus tard, je le vois entrer par la porte des prisonniers, l'air épuisé. Son rictus habituel a disparu, et je lis la panique dans ses yeux. Il est mal rasé, mais l'a-t-il jamais été correctement? Il porte une veste en lambeaux à même la peau et un pantalon qui flotte, trop grand pour lui. A le voir approcher, voûté, chancelant, je devine qu'il a été battu. Je suis prêt à jurer qu'il est victime d'une accusation de sorcellerie calomnieuse, comme le vieux nganga du village. Il évoque irrésistiblement, pour moi, la passion d'un autre homme accusé injustement et battu dans une salle de garde, il y a deux mille ans. Le rapprochement augmente mon émotion, et je suis incapable de lui adresser un seul mot. A voix basse, par bribes, il me dit l'essentiel. Tout ce qu'on raconte sur son compte est faux. Il l'a avoué après avoir été sévèrement maltraité. Il ne reconnaît que la propriété des cadenas. Mais il a grand-peine à se faire comprendre du brigadier qui ne parle pas le douala. Et l'interprète n'est autre qu'Ekwala! J'interviens auprès du brigadier qui me promet de le remplacer. Les paroles prophétiques de Din à propos du ndimsi me reviennent à l'esprit : « Le ndimsi, c'est tout comme ce qu'on voit pendant le jour. A la police, il y a des prisonniers attachés, d'autres battus. Dans le ndimsi, c'est pareil. »

Consterné, je vais demander des comptes à Ekwala. Il commence par un discours sur l'ingratitude de son ancien ami, hébergé et nourri chez lui pendant quatre ans et demi gratuitement, recevant même de l'argent de sa part, et qui s'en est allé, sans un mot, construire sa case 300 mètres plus loin! Un homme de mauvaise vie qui abuse de certaines de ses malades! Il avait demandé à Din d'aider sa fille Ewudu à passer ses examens. Le résultat a été bon pour l'entrée en 5e, en 4e, et en 3e, mais décevant deux années de suite quand elle tenta de passer le brevet. Deux échecs, c'en est trop, Ekwala est persuadé que Din a changé ses alliances, et qu'il entreprend de nuire systématiquement, à travers Ewudu, à toute sa famille. Nous voici au cœur de l'affaire. Il s'agit de ces réalités invisibles, impossibles, de l'aveu même d'Ekwala, à faire apparaître dans l'enceinte d'un palais de justice.

Ekwala poursuit : « Din s'est éloigné de chez moi, Din mine la santé et l'avenir de ma fille, Din est acheté par un clan de la famille paternelle ligué contre moi. » Tout se tient... Mais je questionne : « Voyons, pourquoi Din vous voudrait-il du mal? – Pour de l'argent. » Des membres de sa famille veulent l'empêcher, lui Ekwala, de devenir un « Grand » dans le quartier et s'entendent avec Din pour le réduire à rien. Le chef de quartier me dira en effet qu'une forte tension existe entre Ekwala et sa parenté paternelle, à propos de titres de propriété. La véritable accusation qu'il porte contre Din dépasse donc la personne de sa fille : il l'accuse de vouloir tuer tous les siens, il le répète avec fureur. Mais, au palais, il ne parlera pas une seule fois du complot : il essaiera de neutraliser celui qu'il estime être l'instrument de la haine familiale, grâce à l'affaire du brevet.

Je lui rappelle sa vieille amitié et même son admiration pour Din. Sa fille aînée n'est-elle pas mère de famille grâce à Din? « Ne vous immiscez pas dans nos histoires indigènes! », me dit-il. Il reconnaît cependant mon droit d'assister

Din et ne proteste pas quand je lui dis mon intention de témoigner au parquet de l'authenticité de sa médecine.

L'accusation

Ekwala me raconte comment un jeune devin qu'il appelle Ernest lui a permis de découvrir dans son jardin des pièces à conviction qu'il a apportées lui-même à la gendarmerie. Cet aspect relativement secondaire du débat sera la principale arme de l'accusation. Il révélera la différence de classe existant entre un nganga comme Din et un petit charlatan-prestidigitateur de ville comme Ernest. J'ai la chance de rencontrer ce dernier à deux pas du *Grand Fromager* de Deïdo, chez le chef de quartier qui l'encourage à tout me raconter devant le magnétophone : comment il a connu Ewudu, comment il a découvert, par ses dons de divination, les pièces à conviction ensevelies dans le sol du jardin. Le récit très vivant qu'imperturbablement le garçon me fait a son prix. Il rapporte les circonstances de l'arrestation. Pendant ce temps-là, les éternels joueurs de *ludo* entrechoquent leurs dés sous la fenêtre.

Moi : *Comment avez-vous connu toute cette histoire?*

Ernest, en français : *C'est-à-dire, j'habite chez les sapeurs-pompiers. Dans la caserne même, la première maison. Je suis là avec un copain qui travaille à la mairie. Alors la fille qui s'appelle Ewudu est arrivée. Elle vient ici jouer au handball. Elle m'a rencontré et elle m'a dit de lui acheter des « aspro » en même temps que des médicaments pour moi.*

– Qu'est-ce que tu as? lui ai-je demandé.

– Je suis souvent malade, et je me fais soigner par quelqu'un, mais je ne sais si ce « quelqu'un » me soigne bien... Alors je lui ai répondu : « Bon! moi, si tu veux, je peux faire ce travail. »

Il se trouve qu'Ernest, comme Din, est originaire de l'île de Malimba. Je passe la longue affabulation sur les sources de son savoir : il tient du Nigeria sa connaissance des génies de l'eau (*mamy wata*), du Sahara sa prétendue familiarité avec le Coran, et son expérience de presque toutes les villes du Cameroun. (Dans les récits que donnent les nouveaux magiciens, les voyages de grande envergure, parfois jusqu'en Egypte et en Inde – transposition moderne du merveilleux et de l'extraordinaire – remplacent les narrations mythiques les plus anciennes, qui sont de règle.)

Ernest : *J'ai pris un petit livre, là, en arabe. Je l'ai lu et j'ai dit : « Oui, ma fille, tu es malade. Il y a un magicien qui est passé chez toi : est-ce que je mens?...*

– Non!

– Il a habité chez toi, n'est-ce pas?

– Oui!

– Ce magicien met trop de choses dans ta tête. Ta tête est troublée. Tu as raté d'abord ton brevet une première fois. Alors cet homme t'a " tuée " (t'a fait échouer). »

Din lui donnait une pointe bic pour rédiger ses épreuves de brevet, et, sans qu'elle sache comment, cette pointe bic disparaissait dans la salle. La fille posait la pointe comme ça, se mettait à parler un peu, et soudain elle avait disparu. C'est Din qui la reprenait.

Puis elle m'a emmené voir son papa et sa maman (1). *Je leur ai dit : « Je peux " travailler " pour tout ce qui se passe ici. » Ils ont dit : « D'accord! – Moi je ne demande pas d'argent, ai-je dit. Echangez seulement 3 000 francs en jetons-jetons* (pièces de monnaie) *et donnez-moi une bouteille de whisky »; je suis allé jeter tout ça dans l'eau pour les fées* (miengu, génies de l'eau). *Quand je suis revenu, j'ai dit : « Bon! je vais t'enlever les choses de la tête. » Car l'indigène a ce pouvoir. Je lui ai retiré des cartouches, et après les cartouches, un serpent.*

Moi : *C'était chez M. Ekwala, le jour ou la nuit?*

E. : *Le jour.*

Moi : *Devant tout le monde?*

E. : *Devant tout le monde. J'ai pris un foulard, je l'ai attaché sur la tête de la fille et je suis resté là un moment en lisant seulement le livre. Tout le monde était assis. Alors j'ai*

(1) La scène se passe là où Engome avait été soignée. Cf. Plan de l'aire des soins de Din.

dit : « Tousse un peu. Lève les bras en l'air. Bon! détache le foulard maintenant. Touche encore le livre. » Et le serpent est tombé.

Moi : *Il était vivant le serpent?*

E. : *Oui.*

Moi : *Quelle espèce?*

E. : *C'était un serpent vert qu'on trouve par ici et qu'on appelle* jembu *en douala. Tout le monde a pris la fuite. Je leur ai dit : « Halte, n'ayez pas peur. » J'ai attrapé le serpent et puis je l'ai tué. J'ai dit à la fille : « Tourne un peu la tête. » Elle ne sentait plus rien. D'habitude, en classe, elle prend un livre, jette les yeux dessus comme ça, et sa tête lourde tombe sur le livre. « Bouge la tête, essaie de courir. » Elle a couru. « Tu te sens déjà bien? – Oui! – Ce n'est pas fini, il reste encore des petites choses. » Il y avait encore un ver, des épingles, un miroir. « Il reste encore beaucoup de travail à faire chez vous, ai-je dit, car il y a aussi des choses enterrées, des cadenas fermés, des tas d'histoires. »*

Moi : *Qu'est-ce que vous avez trouvé enterré dans le jardin?*

E. : *J'ai trouvé sous le manguier une chaîne avec des cadenas. Il pleuvait. J'ai tiré la chaîne, la chaîne me tirait. Le sol glissait, il y avait de la boue. Quelque chose en bas continuait à me tirer. A la chaîne était attachée une corde, à la corde un os d'homme et une bouteille, et dans la bouteille il y avait écrits les noms de la fille et de tous les membres de la famille de M. Ekwala. Il y avait le nom de Din derrière le papier. Quand j'ai eu retiré le tout, M. Ekwala a dit qu'il allait porter plainte à la gendarmerie.*

Ernest raconte ce qu'il a vu à la gendarmerie, où il a accompagné Ekwala :

E. : *Le commandant demande à Din : « Vous reconnaissez tout ça? – Non!... » Le commandant dit : « Bon, fessez-le un peu. » Il était couché à plat ventre, et il y avait un gendarme qui le tapait avec une matraque.*

Moi : *Sur la tête?*

E. : *Sur les fesses. Après, Din dit : « Oui, je reconnais tout ça. – Et la chaîne? – Je ne reconnais pas la chaîne. Mieux vaut qu'on me tue. » On lui dit alors : « Va un peu réfléchir. On va te taper. » Din sort, puis revient. « Oui, je reconnais la chaîne. J'avais donné ça à un apprenti pour qu'il l'enterre quelque part, mais je ne sais plus où. – Dis-nous où tu avais foutu la chaîne. – Sous le manguier. » Alors le commandant lui dit : « Tu t'es noyé. Il fallait dire la vérité la première fois. »*

E. : *Puis Din dit au commandant : « Je connais bien ce gars-là (c'était moi), il est magicien : un gars qui peut faire apparaître des foulards, qui peut faire disparaître n'importe quoi. » Le commandant répond : « Ça c'est une science, c'est pas défendu. Tout le monde peut faire ça. Toi, tu tues. Quels sont tes camarades? »*

Moi : *Quels camarades?*

E. : *Ses camarades, ça voulait dire ses copains de la sorcellerie noire indigène. Puis le commandant demande : « M. Din, vous connaissez la sorcellerie? – Non, je sais traiter pour guérir. – Comment, tu sais traiter les ensorcelés et tu ne connais pas la sorcellerie? – Je connais la sorcellerie, mais je ne sais pas tuer. – Et la fille, qu'est-ce que tu as voulu lui faire, du bien ou du mal? » Din dit qu'il a voulu lui faire du bien. « Dis la vérité. Bon, amenez la matraque, il va dire la vérité. » Puis le commandant lui dit : « Bien, c'est fini, emmène tes affaires, tu vas en prison. »*

Déconcertant récit fait avec une parfaite assurance. Croit-il que je suis dupe? Ou se duperait-il lui-même? Exerce-t-il sa rhétorique avant la plaidoirie du tribunal? Si j'accepte son histoire, ne va-t-il pas penser qu'elle convaincra le juge? Je le perçois plutôt comme l'un de ces innombrables chômeurs de Douala, qui s'est trouvé, faute de mieux, une raison sociale, celle de la petite divination, à laquelle il s'accroche désespérément. Est-il pris au sérieux? Je suis porté à répondre, à partir de ma propre expérience de la rumeur, qu'il est plutôt utilisé. Crédulité et malice vont subtilement de pair. J'avertis Ernest et le chef de quartier, auditeur impassible de l'entretien, que je témoignerai en faveur de Din, car je n'ai rien vu chez lui qui ressemblât aux racontars d'Ernest.

En attendant de comparaître au tribunal, Din réussit à sortir de la gendarmerie et à rentrer chez lui, quatre jours après mon intervention, dont j'ignore si elle a été déterminante. Mais c'est pour se rendre à l'hôpital, car son passage à la gendarmerie l'a sérieusement éprouvé. Il vient chez moi et me donne quelques explications qui me rassurent en partie, tant je me demandais si, derrière la naïveté et la crédulité du brave Ekwala, les fumisteries d'Ernest, certaines accusations n'étaient pas fondées. Sur les points litigieux, il me donne sa version.

Din : *A la gendarmerie, Ekwala a dit : « Ce sont ces cadenas qui me tuent, moi et toute ma famille. » Le commandant a cru que c'était la vérité, et ils ont commencé à me fouetter. J'ai été fouetté jusqu'à douze fois, jusqu'à ce que je vomisse du sang. On m'a demandé de reconnaître les autres* mianga. *J'ai refusé et ils ont continué à me battre terriblement. Oh la la la!* (na tetete). *Quand j'ai commencé à trop souffrir, j'ai accepté n'importe quoi, et on s'est mis à écrire n'importe quoi. Mais je reconnais seulement que les cadenas sont à moi. Le cadenas des Blancs* (dal'a mukala), *il n'y a rien là de mauvais. C'est la preuve du travail* (le nde mbong ebolo). *Tu sais que, au cours d'un grand traitement, si quelqu'un veut guérir, il doit apporter une chèvre. On met la tête de la chèvre dans la terre, tout le monde voit ça. Si ce n'est pas une maladie grave, il faut apporter seulement un cadenas et on le met au dibandi.*

Moi : *Vous avez aidé la fille d'Ekwala à passer ses examens?*

Din : *Non! Sa fille avait des vertiges et elle ne voyait pas bien; elle ne pouvait pas bien lire. C'est pour ça que je l'ai soignée. Sa main tremblait chaque fois qu'elle tenait le bic* (esao, plume). *Je travaillais alors tout simplement pour que sa main cesse de trembler. Mais ce n'était pas pour lui " donner " l'examen.*

– Et la pointe bic?

– *Si je lui ai " fait* (1) " *cette pointe bic, c'est pour qu'elle ait la force d'empêcher sa main de trembler. Bientôt sa main ne trembla plus, ses yeux ne tourrnèrent plus* (plus de vertige); *j'ai achevé le travail, je ne sais pas ce qu'ils me veulent.*

Moi : *Vous m'avez dit qu'Ekwala avait palabré avec sa famille.*

Din : *Je connais ses affaires parce que je suis resté chez lui quatre ans et demi. J'ai constaté qu'il n'est pas aimé, parce qu'il dit de mauvaises paroles. Il dit que je me suis associé avec ses cousins pour " tuer " sa fille. C'est étonnant... Je suis resté quatre ans et demi sans aller jamais chez ses cousins. Je ne le voulais pas de peur que l'on m'accuse de connivence, puisque Ekwala ne s'entend pas bien avec eux. Il voulait que je construise juste derrière chez lui et non pas ailleurs. Mais moi je suis " Grand ", j'ai des femmes et des enfants. Mieux vaut construire ailleurs, parce que en général les enfants et les femmes* (de familles différentes) *ça fait toujours des histoires s'ils habitent côte à côte. J'ai construit là où je suis et Ekwala a cru que je m'étais entendu avec ses cousins.*

(1) Petites recettes :

– Selon un Douala : faire une plume (stylo, pointe bic) d'examen, *Pongo esao ya kekise*.

Prendre une assiette, y verser un peu d'eau. Mettre un morceau de bambou sur l'eau. Prendre de l'écorce *eselebako*, la gratter au-dessus. Mettre dans l'eau l'herbe *bonkeng* et poser la plume sur le bambou. Puis couvrir le tout avec un mouchoir. Attendre trois jours. Puis donner la plume au propriétaire.

– Selon un Haoussa (en fait originaire d'Arabie Saoudite) : lire quelques versets du Coran. Ecrire un verset sur un papier sans lignes. Le plier, le donner au cordonnier qui l'enferme dans une peau. Le porter au cou, dans la poche, n'importe où le jour de l'examen. (On peut le jeter après l'examen.)

Cela s'appelle *Layaarou* en foulfouldé, langue des Foulbés.

J'ai interrogé un collégien qui l'utilise :

– Tu me dis que tous tes camarades portent cet objet. Est-ce qu'ils ont tous réussi ?

– Non, puisque certains n'avaient pas étudié.

– Alors ?

– C'est pour donner le bon moral.

« *Celui qui t'ensorcelle est ton garde du corps* (1). »

Selon Ekwala, Din n'est qu'un intermédiaire, dangereux certes, à cause de ses pouvoirs invisibles aux yeux du profane, seulement un homme de main, non pas l'adversaire principal. Ce dernier est forcément un membre de sa famille, à lui, Ekwala, car il n'y a pas d'action de sorcellerie sans au moins la complicité d'un parent, sinon son initiative. Ce cousin que Din a vu mystérieusement sur la route, lors de son accident de mobylette, est depuis plusieurs années, aux yeux d'Ekwala, le suspect numéro un. Il me raconte même comment il l'a découvert. Au cours d'une fête, un membre de sa famille lui a signalé l'un de leurs cousins, apparemment très aimable, et lui a dit que celui-là était son pire ennemi. Je demande à Ekwala leur lien exact de parenté. C'est l'aîné de ses cousins du côté de son père. L'oncle paternel d'Ekwala, un homme qui ne l'aimait pas, est mort, et son fils, ce jeune cousin, a hérité de son animosité contre lui.

La sorcellerie trouve un terrain d'élection dans certaines structures familiales, celles qui sont plus susceptibles de tension, par exemple le rapport *oncle paternel-neveu aîné* (2). Lors du traitement d'Elimbi, les soupçons se sont spontanément portés sur son oncle paternel, le frère aîné de Loe. Entre les deux personnages, tout porte au conflit : ils ont les mêmes titres à l'héritage et à la richesse, ils ont les mêmes droits sur les terrains, et plus de chance que d'autres de porter le même nom.

A sa mort, l'oncle transmet ses pouvoirs à son fils, et, par le fait même, son réseau d'agressivité. Cela devient dès lors une lutte entre cousins. Comme le chef du quartier me le fait remarquer, il y a souvent dans les familles de vieilles histoires : la concurrence amène la jalousie, la jalousie

(1) Proverbe douala : *Mulemb' ango e nde mot'ango nya nyolo*. C'est-à-dire : « Celui qui t'attaque est toujours l'un des tiens. »
(2) Le régime familial douala est patrilinéaire.

engendre la sorcellerie, et les enfants deviennent des vases communicants.

Chaque petite catastrophe parmi les siens renforce Ekwala dans l'idée que ce cousin du côté paternel entreprend, par l'intermédiaire du traître Din, de réduire sa famille à néant.

En pareilles circonstances, la recherche d'une résolution du conflit ne dépend-elle pas des initiatives des milieux traditionnels, et principalement du chef du quartier, qui habite à mi-chemin des antagonistes? Celui-ci prétend qu'Ekwala lui a fait constater la découverte de la chaîne et de tout l'attirail. Il a bien vu des bouts de papiers, mais il n'a pas cherché à lire ce qui y est écrit. D'ailleurs la plainte étant déjà portée, il estime qu'on s'est passé de ses services. De son côté, Ekwala m'affirme qu'il a refusé d'intervenir. Qui croire? Comment ce petit chef, dépourvu d'autorité dans son propre quartier, mêlé à de perpétuels différends à propos de terrains, en conflit avec le chef supérieur, aurait-il pu trancher cette affaire? Tourné vers la vie moderne, il s'est coupé déjà des sages et des notables qui auraient dû l'appuyer en un tel cas. Il est pourtant versé dans la connaissance des sciences occultes, et, qui plus est, rosicrucien depuis plusieurs années, mais ces pratiques ne le servent pas. Le monde de la sorcellerie l'oppresse et il n'est pas homme à dominer la situation.

Cependant l'intervention d'un chef respecté et d'envergure peut être efficace. Récemment j'ai vu agir et réussir l'un d'eux : Can Dibunje Tukuru, l'homme de la barricade. Il s'agissait pour lui de ressouder une famille divisée pour cause de sorcellerie. Voilà l'affaire : deux sœurs et un frère viennent de perdre leur frère aîné, et les sœurs accusent le survivant d'être l'auteur du décès. Le chef décide alors de pratiquer le rite appelé *male* (alliance). Comme je dispose d'une voiture, il me demande de le conduire. Il survient à l'improviste, pour que les parties en présence ne s'esquivent pas sous divers prétextes. Il veut régler cette affaire car « il est nécessaire, me dit-il, que ce soient les hommes qui commandent et non les femmes ». Le chef a déjà fait son enquête. Devant la famille réunie, il déclare aux sœurs que les preuves contre leur frère n'existent pas. Les deux femmes rétorquent que celui-ci a changé de domicile, qu'il a acquis des *mianga* pour les enfouir chez leur frère aîné, causant ainsi sa mort. De plus, il ne leur adresse pas la parole.

Le chef leur lave à tous trois le visage avec un alcool de marque. Malgré les réticences des femmes, il les fait boire dans le même verre. Après avoir lui-même retenu dans sa bouche l'alcool qui restait dans la bouteille, le chef leur souffle au visage avec force en prononçant les mots rituels.

L'alliance est donc ainsi scellée à nouveau entre le frère, les sœurs et deux chefs de famille. Le procédé est expéditif mais jusqu'à ce jour, efficace. Malheureusement, dans le cas de Din, pareille cérémonie est impossible, faute de structure traditionnelle adéquate. Il faut donc s'en remettre au tribunal.

Au palais de justice.

L'abbé Essombe, curé de Deïdo et parent de Din, persuadé de l'innocence du prévenu, suit l'affaire avec soin depuis l'arrestation. Il lui conseille de prendre un avocat. Il prévoit que Din, totalement étranger dans l'enceinte du palais de justice – monument impressionnant par la hauteur de ses salles, la stature de son escalier central – ne sera là qu'un malheureux oiseau blessé, incapable de se défendre contre ceux que les petites gens appellent « les Grands ». Cet avocat, à la veille du procès, me convoquera pour savoir si je suis prêt à venir à la barre, en qualité de témoin de moralité. J'aurais à démontrer, grâce aux documents que j'ai rassemblés, le sérieux et l'authenticité du nganga Din.

Nous sommes en décembre 1972. Le tribunal correctionnel siège le mardi. Quuatre-vingt-neuf affaires, pas moins, sont inscrites au rôle du greffe, pour ce seul jour : blessures involontaires, abandon du foyer conjugal, escroqueries, émission de chèques sans provision, détention d'alcool clandestin, etc. De surcroît, trois affaires de sorcellerie, dont celle de Din, sont à l'ordre du jour. Un rapide coup d'œil dans le hall d'entrée sur les rôles des autres semaines me convainc que le cas n'est pas rare au tribunal correctionnel de Douala.

Je gravis les larges marches qui mènent à la salle d'audience et je me poste au fond, adossé à la grande porte sculptée et vernissée, sachant que je serai bientôt appelé à la barre. Trouver une place assise sur les bancs déjà surchargés serait encore possible, compte tenu de la capacité illimitée de compression et l'inaltérable patience du public, mais en sortir rapidement, une fois assis, me paraît une gageure. J'ai bien fait d'ailleurs de rester debout : le procès de Din va commencer.

J'aperçois Din de dos, au banc des accusés, légèrement voûté, flottant dans son éternelle veste sombre des grands jours, dont la couleur d'origine est incertaine, seule tache de tristesse dans une salle qui arbore un étrange air de fête. Ekwala, placé à sa hauteur, de l'autre côté de l'allée centrale, garde la tête haute.

Le procureur de la République et l'avocat, principaux jouteurs en lice, sont de jeunes et dynamiques juristes camerounais, ce qui ne les empêche pas de porter la traditionnelle robe noire du barreau français. En guise de préambule, le procureur déclare que l'affaire Din lui paraît claire, les dossiers complets et que le tout ne doit pas prendre plus d'un quart d'heure. En fait, elle va durer une heure et demie.

Au siège, le président du tribunal, transpirant sous l'hermine, surveille avec une attention amusée les premières passes d'armes brillantes, goguenardes ou pathétiques entre le procureur et l'avocat, qui sont plus jeunes que lui. L'interprète s'égosille dans toutes les langues, répète, deux tons au-dessus, les ordres du procureur à l'adresse des témoins et à la foule tassée au fond de la salle. Un certain courant populaire humanise l'artifice et la solennité des lieux.

L'avocat tient à son effet de surprise. Il demande qu'en ma

qualité de connaisseur (!), je sois admis à témoigner de la moralité professionnelle de son client. Je suis professeur au collège Libermann et j'étudie la pratique médicale traditionnelle. « Qu'est-ce que ça peut apporter de neuf? », rétorque le procureur. Mais le juge trouve utile que des " renseignements " lui soient donnés. On me fait signe d'approcher ainsi que Mme Din et les témoins à charge, à savoir Mme Ekwala et son bras droit, Ernest; Ewudu est retenue au lycée. Une fois identifiés, nous sommes congédiés pour que la cour entende les deux adversaires. Je ne connaîtrai donc pas cette phase du jugement, mais René Roi, un professeur jésuite du collège Libermann qui m'accompagne, me dira que les adversaires ont fait tourner le débat autour du brevet et des pointes bic, l'un niant systématiquement ce que l'autre affirmait. J'ai noté l'avertissement de l'avocat : « D'habitude, on analyse, on s'applique au détail. Mais moi, je ne m'intéresse pas à Ekwala. Il faut aborder le problème de fond, sur le plan non seulement juridique mais social. »

Le président me fait rappeler et venir à la barre. Dès qu'il me donne la parole, je précise que je n'ai pas de témoignage à apporter sur le différend qui oppose mes amis, puisqu'ils ne m'ont informé de leur litige qu'une fois le processus officiel engagé. Tout en parlant, je réalise combien ce tribunal est incompétent pour traiter l'affaire sur son vrai terrain : une vieille histoire de haine familiale, entretenue, nourrie, grossie par la sorcellerie. C'est le décalage, il me semble, entre la langue officielle et les convictions qui donne à ce procès son allure de parade. Puis-je réellement dire tout haut à la cour toute la vérité, rien que la vérité?

Le président me pose une question apparemment anodine, mais en réalité dangereuse pour l'accusé. « Monsieur le professeur, dit-il, que savez-vous sur les traitements par herbes? » Lui répondre directement, c'est entrer dans une distinction classique que je refuse, entre l'herborisme, une science tout à fait rassurante, et l'occultisme, une pratique suspecte. Quitte à me faire rappeler à l'ordre, je réplique que la connaissance des herbes et des écorces n'est ni le seul, ni le meilleur atout des authentiques nganga. Je préfère m'étendre plus longuement sur la valeur thérapeutique des séances nocturnes où les produits naturels réservés aux soins du jour ont peu de place, mais au cours desquelles les patients retrouvent le goût de vivre et la santé.

Le procureur me demande à son tour pourquoi je me suis intéressé à Din en particulier. Je saisis l'occasion qui m'est donnée d'introduire la distinction, celle-là capitale, entre un vrai nganga et un petit charlatan. Je me suis intéressé à Din parce qu'il pouvait passer honorablement l'examen auquel la population soumet un nganga de ville avant de s'adresser à lui : est-il resté longtemps dans le même quartier? Est-il reconnu par les habitants de son village natal? Enfin, les guérisons qu'il opère sont-elles durables? Quand le président m'interrompt pour savoir si j'ai assisté à des guérisons chez Din, je lui garantis, avec peut-être un peu trop d'assurance, que j'ai suivi et étudié plusieurs traitements réussis.

« Merci, mon Père, conclut-il. (Le président a appris que je suis prêtre et devient soudain plus cordial.) Etes-vous au courant du prêt de la pointe bic? Din ou Ekwala vous en ont-ils parlé? » Cette question me surprend, car j'ai déjà avoué mon ignorance de toute l'affaire, mais elle est logique : quel peu bien être le lien réel entre la médecine et la réussite aux examens? Je lui réponds que les nganga respectent l'esprit de la Tradition en calmant l'angoisse de collégiens dont l'examen est le souci principal. Ils s'adressent bien à nous, les prêtres, pour nous demander des prières!

Le procureur ne se tient pas pour battu : « Mon Père, insiste-t-il, les sorciers promettent donc le succès au brevet. Alors si les élèves qui les ont payés ne sont pas reçus, est-ce que ce n'est pas de l'escroquerie? »

L'avocat se dresse : « Le Père a fait la distinction entre sorcier et nganga. L'un est l'homme du mal, l'autre du bien. Je ferai remarquer que la cour n'a pas encore fait état de cette distinction. »

J'interviens une dernière fois pour répondre au procureur. On ne peut pas reprocher aux nganga leur assurance, car la confiance de leurs clients en dépend et avec elle une large part du succès convoité (1).

Après moi, les témoins à charge et à décharge défilent et sont brièvement interrogés. Ernest devient la cible de la cour dès qu'il a raconté une partie du récit que j'ai cité plus haut.

– Voilà le magicien, s'écrie l'avocat! (Le président et le procureur opinent.)

– Vous êtes sorcier? demande le procureur.

– Je suis herboriste, répond Ernest.

– Vous devez savoir qui a mis les cadenas dans le sol.

– Non.

– Et voilà! conclut le procureur, saluant le repli stratégique d'Ernest.

Mme Din est très digne quand elle dit : « Mon mari a été arrêté parce qu'il faisait son métier. » Din et Ekwala continuent à s'affronter sur les mêmes points chauds : avoir donné ou pas la pointe bic, avoir séduit ou pas Ewudu, avoir exigé ou non une forte somme. Le procureur intervient pour remarquer qu'au fond toute cette affaire vient du dépit qu'Ekwala a ressenti quand il a cru sa fille séduite. Ekwala et Din opinent de la tête, mais ce dernier ne peut comprendre, car le procureur parle français. Il affecte de comprendre, il croit comprendre, comme celui qui apprend une langue étrangère et se fait une idée de la conversation avec le peu de mots qu'il saisit. Je connais cette situation et ses inconvénients.

Le procureur, dans son réquisitoire, déclare que deux chefs d'accusation sont retenus contre Din : escroquerie et sorcellerie. Pour ce qui est de l'escroquerie, il n'y a pas de preuves. En revanche, il y a pratique de sorcellerie. Cela s'appelle bien ainsi dans le Code et c'est le Code qu'il s'agit d'appliquer. La défense unanime a affirmé, preuves à l'appui, que Din exerçait, et cela depuis des années, sans autorisation, sans patente. Le Code exige un emprisonnement d'une durée

(1) René Roi remarque : « Tu n'as pas été très brillant. Tu étais sur tes gardes, prudent. Il était clair que tu ne voulais pas témoigner sur ce cas particulier, mais prendre le parti des vrais nganga. Tu pesais tes mots. »

minimale de deux ans, et une amende pouvant s'élever jusqu'à 100 000 francs CFA. Le procureur marque un temps, puis il énumère les circonstances atténuantes relevées par la défense de Din, son ignorance du français, son inadaptation à la ville, et demande, à mon grand soulagement, que la peine ne soit que de trois mois de prison avec sursis et l'amende de 25 000 francs.

L'avocat de Din fait alors sa plaidoirie que j'ai reconstituée ensuite de mémoire :

Quelle est donc la situation de notre pays, pour qu'un homme dont le métier est de soigner soit emprisonné sans jugement par la gendarmerie et frappé? Voici les certificats médicaux que mon client a obtenus lors de sa convalescence. (Il les dépose sur la chaire du président (1).)

A la gendarmerie, qui a servi d'interprète entre le brigadier et mon client? L'accusateur lui-même. Voyez le procès-verbal. (Nouveau dépôt sur la chaire.) *L'accusé est très malade, il peut s'effondrer d'un moment à l'autre sous vos yeux...* (L'avocat a du métier.) *Cet homme n'est pas un escroc, le procureur lui-même l'a dit. L'escroc, le magicien, dans cette affaire c'est bien plutôt Ernest. Or le Code assimile sorcier et escroc. Voyez les deux articles 251 et 318, vous y trouverez les mêmes expressions pour désigner aussi bien la sorcellerie que l'escroquerie : « Celui qui se livre à des pratiques susceptibles de porter atteinte à la fortune d'autrui. » S'il n'y a pas escroquerie, il n'y a donc pas non plus sorcellerie* (2). *Mais quelle est donc cette loi, monsieur le Président, qui ne distingue pas entre sorcier et nganga? Dans cette ville, vous trouvez tel médecin européen qui, fort de son*

(1) J'ai lu ces certificats. Ils font état d'ecchymoses sur le corps et d'un traumatisme crânien, mais sont formulés de telle sorte qu'on ne puisse savoir quelle en est la cause.

(2) L'avocat donne une interprétation de la loi autre que celle proposée par le « commentaire du Code pénal », à vrai dire non officiel, mais dont disposent toutes les gendarmeries : « Le législateur a fait de la " sorcellerie " une infraction *sui generis*, et non un cas d'escroquerie. C'est la raison pour laquelle cet article figure sous la section relative aux atteintes à la paix publique. Il a considéré qu'il était indispensable d'assurer la protection de la personne et des biens des citoyens contre ceux qui s'arrogent un pouvoir imaginaire. » Article 251.

expérience des traitements traditionnels en Indochine, a compris l'utilité de chercher le conseil de nos nganga. Notre jurisprudence est à revoir en la matière. Je dépose sur le bureau du président le dossier que le Père a constitué sur la pratique traditionnelle de mon client. (Nouveau dépôt.)

Je demande la relaxation pure et simple, et qu'aucune amende ne lui soit imposée.

Le président du tribunal remercie, décide de différer le jugement jusqu'à fin décembre et passe à une autre affaire. L'assistance est favorable à Din. Quand je sors, quelqu'un me dit : « Vous avez gagné. » Din n'ira pas en prison..., mais le conflit entre les deux hommes n'a nullement été éclairci et le fond du problème subsiste.

Mais qui est Din?

Din sera acquitté. Aucune charge n'ayant été retenue contre lui, sinon celle de l'exercice illégal de la médecine, et comme cette accusation n'a même pas été prise en considération par le juge, je me donne le droit de lui conseiller de reprendre sa fonction de nganga. Mais il n'aura pas de patente; je me suis renseigné, il est pratiquement impossible à un nganga de s'en procurer (1).

Je rends successivement visite aux deux adversaires. Leurs positions restent inchangées. Ekwala refuse toute réconciliation. Il me répète ce proverbe jusqu'à ce que je le retienne : « *Nyam'a bwaba e labi te oa oen te ekonkong o ma nya nde mila.* » « Qu'un serpent te morde, et tu prendras la fuite à la vue d'un ver. » Et Din jure qu'il aurait écrasé cet homme comme un ver si l'affaire ne s'était pas passée devant le tribunal des Blancs. Le fond du problème n'a pas été effleuré au parquet. Ils demeurent irréconciliables tant qu'Ekwala sentira peser sur lui et sur ses enfants les menaces d'un proche parent.

(1) Entre 1972 et 1981, la situation des nganga s'est améliorée. Sans entrer, à proprement parler, dans le champ du droit, ils reçoivent une reconnaissance officieuse, à condition de faire partie d'une association régionale contrôlée par les autorités administratives.

Une fois passée la joie de savoir Din acquitté, je demeure insatisfait en profondeur. L'avocat et moi lui avons fait rendre justice, mais des dizaines de cas comme le sien – si j'en crois les rôles du tribunal –, sont traités selon une loi absurde parce que inadaptée, par des magistrats apparemment sûrs d'eux-mêmes dans leur robe noire, mais singulièrement hésitants en leur for intérieur. Au tribunal, j'étais gêné par la procédure et soucieux d'éviter un mot maladroit, que le procureur aurait immédiatement relevé, c'est pourquoi je ne me suis pas prononcé avec autant de véhémence que je l'aurais souhaité. Pourtant l'enjeu l'aurait exigé.

Pour compenser, ou pour mieux me faire entendre, je rends une visite privée au juge qui a acquitté Din. Il me reçoit dans un petit bureau capitonné du palais et me laisse exposer mon point de vue le temps nécessaire, se contentant de ponctuer mes arguments par des remarques ou des exemples qui vont dans mon sens. Capacité d'écoute professionnelle? Prudence? Je préfère croire tout simplement qu'il m'approuve.

« Grande est la confusion dans les esprits, monsieur le juge, faute de critères sûrs pour distinguer nganga et charlatans. La pratique de la prestidigitation n'est pas un argument décisif. On trouve des nganga authentiques qui font des tours avec autant d'habileté que les escrocs.

« Je puis vous proposer trois critères que j'ai seulement énumérés au procès, monsieur le juge, et qu'il m'aurait fallu développer et illustrer. Ils m'ont été indiqués par des habitués des séances de nuit – accompagnateurs des malades, ou voisins de banc – qui me parlent librement, pendant les poses, sans que je les provoque.

« La première garantie d'un vrai nganga est sa *stabilité*. Les excès d'un devin de fortune ne passeront pas longtemps inaperçus dans un quartier, derrière des cloisons de bois aussi frêles que du carton-pâte. Les protestations des clients bernés retentiront tout alentour, au point de provoquer un attroupement et des commentaires à n'en plus finir. L'escroc devra décamper.

« La seconde preuve, et, selon moi, la plus sûre, de son

orthodoxie, est la *reconnaissance* des habitants du village où le nganga est né. Que dit-on de lui? Les siens lui reconnaissent-ils le droit de s'appeler nganga? Ici, on doit être d'abord prophète en son pays. D'où tient-il son titre? Un maître lui a-t-il ouvert les yeux sur le ndimsi après un long apprentissage? Un ancêtre nganga a-t-il exigé de lui en songe qu'il prenne sa succession? Ou bien, a-t-il acheté à un autre nganga, comme c'est possible de la part d'un ancien malade, le mode d'emploi d'herbes et d'écorces médicinales? En milieu villageois, chacun connaît celui qui est passé par l'une de ces trois voies. Mais, en ville, il n'est pas inutile d'interroger les frères du présumé nganga sur ce qu'on raconte de lui au village. Je l'ai fait pour Din et pour Ernest, originaires l'un comme l'autre de l'île de Malimba. Din est une grande figure de la médecine traditionnelle chez les Malimba, Ernest n'a jamais exercé chez les siens. C'est la ville qui les a nivelés.

« Le troisième critère, le seul valide pour la plupart des intéressés, tombe sous le sens : « *Le nganga guérit-il?* » Mais le contrôle n'est pas si simple qu'il paraît. Quelle est la mesure de la guérison? La petite magie peut apporter un soulagement passager, comme l'a ressenti Ewudu quand elle s'est crue débarrassée du serpent. Question de patience, disent mes informateurs qui s'y entendent. On verra si la première amélioration se maintient. La réputation d'un nganga est fondée sur la durée.

« C'est ce troisième critère, veut bien me répondre le juge, qui a emporté ma décision au procès, mais sincèrement, à votre avis, mon Père, Din guérit-il complètement? » Je réponds par l'affirmative : « Din, il me semble, peut passer honorablement le triple examen. Quant à Ernest, il devrait échouer : ses talents restent ignorés des insulaires de Malimba, il est instable à Douala et n'a pas encore guéri durablement une seule personne. »

Je me surprends alors à hausser le ton comme un avocat :

« Et maintenant, quelle solution, monsieur le juge? Loe, Din et les autres vont poursuivre leur travail dans une semi-clandestinité, sans espoir de patente, à la merci des dénonciations arbitraires; quant aux Grands qui appartiennent au monde de ceux qui les jugent au nom de la loi, ils continueront fort souvent à leur demander secours. Situation absurde! » En disant cela je revois une longue limousine noire de l'Administration discrètement arrêtée le long de la haie, aux abords de la maison de Din, et le chauffeur endormi sur le volant. Tout le voisinage sait que son patron – l'un des principaux hommes politiques de Douala – est en train de consulter Din.

Le juge, à la recherche d'une solution immédiatement exécutoire, suggère qu'un médecin constate l'efficacité des traitements, et fasse, le cas échéant, un certifirat de guérison pour tel ou tel des clients de Din.

« Pour le moment, je crois le projet irréalisable, dis-je au juge. Dans le contexte actuel, quel médecin et même quel nganga accepteraient la procédure? Si, par bonheur, la formule réussissait pour un cas, elle ne suffirait pas à renverser les préjugés. Il faut changer les esprits, puis l'esprit de la loi, puis la loi elle-même! Travail à long terme qui dépend des Camerounais. Mais une tâche se présente dans l'immédiat : établir des documents prouvant la validité de la médecine traditionnelle, et d'une manière plus systématique que je ne l'ai tenté jusqu'à présent. »

En sortant de chez le juge, encore sous le coup de cette plaidoirie impromptue, je suis pris d'un doute. J'ai défendu un ami en difficulté et je ne me reproche rien. Etant donné la qualité de nos relations, je devais me compromettre pour lui. Mais sa cause est-elle aussi claire que je l'ai affirmé? Ai-je vraiment pénétré le fond de l'affaire Din? Par exemple, n'a-t-il pas abusé de la jeunesse d'Ewudu? Quel est le fin mot de ces allusions obscures à un avortement? Emporté par le désir de justifier les nganga, n'ai-je pas parlé avec une assurance légère de l'univers du ndimsi? Je vois les anciens patients de Din, ceux qui lui font confiance parce qu'il les a guéris, continuer de le craindre. Est-ce sans raison? L'écart entre le sorcier et le nganga n'est-il pas plus étroit que je l'ai affirmé? Din, Loe et les autres sont mêlés aux luttes intestines des familles. Malgré leurs protestations de neutralité, ne se rangent-ils pas dans l'un des camps?

Seul avec moi-même, je me pose la question de tout avocat sur son client : mais qui donc est Din?

II

CEUX QUI SOIGNENT DANS LA NUIT

LE TOURNANT

Din et Loe sont-ils mes amis? Entre eux et moi les différences sont évidentes, mais paradoxalement, elles ne pèsent pas. Nous évitons de les souligner et de nous heurter à leur propos. Nous nous contentons d'être minutieusement attentifs au fait que nous existons, chacun à notre manière. Peu à peu, s'établit entre nous un accord délivré des conditions culturelles, une entente dépouillée et fondamentale. Eux et moi, sommes désireux avant toute chose de nous « reconnaître ».

J'avais été prévenu à maintes reprises contre l'esprit farouchement individualiste des nganga. Malgré ces avertissements, quelques mois après l'acquittement de Din, j'ai voulu aller plus loin et organiser une rencontre de mes deux maîtres. Je ne les avais jamais vus ensemble. Ce fut une faute de ma part, et cette faute montre à quel point je restais désespérément en deçà d'une certaine perception, d'une certaine « intelligence » de l'univers de ces hommes.

Pour donner de l'éclat à la reprise des séances nocturnes de Din après son acquittement, je lui demande donc d'inviter Loe et son disciple Nkongo. Il accepte si facilement que je ne me fais pas de souci. Loe se dit lui aussi intéressé par cette rencontre. Le soir, je vais donc chercher le maître et le disciple pour les amener chez Din qui habite une nouvelle case à distance respectueuse d'Ekwala, quoique dans le même quartier.

Din présente son collègue Loe à la petite assemblée

ordinaire, réunie sur un espace de quelques dizaines de mètres carrés, au flanc de sa nouvelle case. Le ton du discours me paraît un peu hautain quoique poli et flatteur. Mais quand il a terminé, Loe, assis à côté de moi, refuse de répondre et semble furieux. Je vois sa petite moustache trembler. Pourtant Din a annoncé que Loe était un nganga *jengu*, un *esunkan*, c'est-à-dire un homme tenant sa force des génies de l'eau, distinction suprême chez les Douala. Il a insisté, il est vrai, sur sa moindre ancienneté dans le métier (Loe était encore menuisier quand Din pratiquait déjà la médecine). Toujours est-il que Loe me souffle : « Il s'est moqué de moi. »

Plus tard dans la soirée, je vais être encore plus surpris. Une jeune femme malade, d'environ vingt ans, doit être traitée. Din l'a guérie d'une fièvre tenace qui la prenait tous les jours depuis la naissance de son premier enfant. Son mari, mécanicien chez Citroën, a payé ce qu'il fallait pour cet ultime traitement nocturne qui doit ressembler à celui d'Engome : long voyage invisible sur les lieux de l'ensorcellement, danse sur l'aire des soins avec la victime libérée de l'Ekong, marche sur les feux devenus inutiles, repas final partagé avec toute l'assistance. Pour commencer, Din invite solennellement Loe à prendre la direction du traitement et Nkongo à battre le tambour. C'est peut-être un geste de politesse. Mais Loe et Nkongo refusent tout net : « Ce n'est pas comme ça que l'on fait chez nous », me souffle Loe qui ne décolère pas. Din nous abandonne alors et s'en va s'étendre sur son lit pour entreprendre un voyage interminable.

Les heures s'écoulent : vingt-deux heures, vingt-trois heures, minuit. Rien ne se passe. Je suis prêt à attendre la venue du jour assis sur ma chaise. Les trois feux se sont éteints d'eux-mêmes et depuis longtemps. Les enfants ont délaissé la cour. Seule l'épouse de Din continue à s'affairer autour de la marmite pour préparer le *dindo*. Mes compagnons sont assis, bien droits, immobiles comme des porteurs de masques qui ne dansent pas. L'attente devient si pesante que je décide d'agir. Je trouve Din étendu sur son lit, un peu saoul, les yeux ouverts. Il donne l'ordre de déguster le *dindo* sans lui et affirme qu'il commencera à travailler pour de bon quand nous aurons fini. Autour de la grande cuvette où nous nous servons des morceaux de chèvre, accompagnés de plantain et d'une sauce spéciale, les langues commencent à se délier. Loe trouve le plat très bon et conforme aux recettes de la coutume. Quant au mécanicien, il me dit son étonnement. Din lui avait promis de « frapper un grand coup contre les sorciers » pour que sa femme puisse, définitivement guérie, rentrer à la maison.

Après le *dindo*, toujours rien... Je vais prévenir Din, encore étendu sur son lit, que je dois raccompagner ses deux invités. Il me dit une seule parole dont je ne saisis pas la portée : « *Ongwane mba son.* » – « Aide-moi seulement un peu. » L'aider? Pourquoi et comment? Que se passe-t-il en lui? Je reconduis Loe et Nkongo qui ne me donnent pas un mot d'explication. Le samedi suivant, en leur absence, Din reprend le traitement final de la femme du mécanicien suivant l'ordonnace coutumière. Que lui est-il donc arrivé la première fois? Perte subite de son pouvoir? Crainte de décevoir ses invités?

Mais Din n'est pas un débutant, et cet incident me déçoit beaucoup, car je les fréquente, lui et Loe, depuis plus de deux ans. Je pourrais donc rester à leurs côtés, dix années encore, en ne comprenant rien? Je suis dans une impasse. L'échec peut sembler minime, pourtant, il m'affecte profondément. Je m'explique cette réaction disproportionnée en rapprochant de l'incident certains rêves provoqués par Din, où je me voyais, face aux nganga (1), incompétent et maladroit. Dans ma progression, je me heurte à de nouvelles difficultés que je n'arrive pas à cerner, comparables à un blocage psychologique.

Pour sortir de cette impasse, l'idée me vient d'abandonner provisoirement mes deux amis ou au moins d'espacer mes visites, quitte à les retrouver plus tard, et après avoir rencontré de nouveaux nganga. A vrai dire, je n'ai pas

(1) Cf. *supra*, pp. 147 à 150.

attendu cet état de saturation pour assister à des traitements, ici et là, chez leurs collègues du voisinage. J'ai étudié les songes avec Mme Mbu, au fond du quartier de Deïdo, la folie avec Kolombo à Bonabéri et assisté aux traitements nocturnes chez quelques autres (1). Pourtant ces divers personnages ne m'ont pas impressionné autant que Din et Loe et n'ont pas modifié la trajectoire de mes recherches (2). Quoi qu'il en soit, je décide donc de m'éloigner de Douala, hors de toute sphère d'influence et de reprendre l'étude de la médecine traditionnelle avec un regard neuf. Grâce aux vacances scolaires, je peux me rendre sur la côte, à deux cents kilomètres à l'est de Douala, près du petit port de Kribi, où de nombreux nganga exercent. Aidé d'un professeur du collège, je prends plusieurs séries de diapositives et j'enregistre de nombreuses mélopées au cours des traitements. J'en étudie quelques-uns (3). Mais ces vacances sont trop brèves pour me permettre de nouer des relations suivies avec ces nouveaux nganga et de progresser réellement dans leur connaissance et celle de leur rituel; je le regrette beaucoup, car il est différent de celui des Douala et me semble d'une prodigieuse richesse.

C'est alors qu'un élément imprévu va relancer mes recherches à Douala. En effet, depuis le début de mes travaux, je soumets les récits qui fondent ce livre à quelques amis et leur demande conseil. Or, au cours d'une session d'étude, organisée à Yaoundé par les jésuites sur « Croyance et guérison », j'avais présenté, comme contribution, l'analyse d'un traitement à Kribi (4). Mes amis s'étant réunis en groupes de discussion à ce sujet, voici les remarques de l'un d'entre eux :

Le rapporteur : **Dans notre groupe, nous nous sommes posé deux séries de questions, la première sur la position**

(1) Cf. Ndimsi, *op. cit.*
(2) C'est pourquoi je ne leur donne pas de place dans cet ouvrage, où mon problème est de trouver ma route au milieu d'une forêt d'expériences.
(3) Ndimsi : *op. cit.*, pp. 235 à 320.
(4) M. Hebga et un groupe de chercheurs : *Croyance et guérison*. Yaoundé, CLE, 1973 – « Le jengu de Claire. »

de l'enquêteur étranger, et la deuxième sur le texte que nous avons reçu.

La position de l'enquêteur a particulièrement retenu notre attention. Elle est doublement ressentie du fait qu'il est ici un prêtre catholique et bien sûr un Blanc étranger. Si la distance entre les deux cultures face à face est énorme, le fait d'être prêtre facilite sûrement le contact, car, considéré comme neutre, il ne semble pas dangereux, et pour cette raison les secrets et les pratiques lui seront librement confiés. Toutefois, il ne faut pas oublier la censure qu'implique automatiquement, dans l'expression, la dignité de l'état religieux.

Il faudrait que l'enquêteur prenne davantage en considération, dans son interprétation, la perturbation objective qu'il introduit par sa simple présence.

Quant à la situation du Blanc, elle est au total positive, car on lui témoigne de la déférence et, par conséquent, on se sent flatté de le renseigner.

La deuxième série de questions concerne le texte. Elles rejoignent ce que nous avons dit relativement à la méthode. L'enquêteur a probablement raison d'être spontané, de ne pas s'encombrer de techniques et d'enregistrer ce qu'il voit. Mais, ce faisant, il ne se met peut-être pas en position de critiquer ses propres préjugés. Il peut prendre, s'il veut, le parti d'être spontané, mais il faudrait l'expliciter davantage.

Le ton de ces remarques était impersonnel et sans concession mais n'avait rien d'artificiel ni de blessant : c'est celui que nous employons habituellement mes amis et moi-même. Quant au style, il était objectif et net dans le but précis d'aider mes recherches. Chaque mot de cette précieuse critique s'inscrivit très précisément dans ma mémoire.

Depuis le début de mon enquête, je m'étais voulu le plus impartial possible. Je rapportais uniquement des événements auxquels j'avais assisté personnellement et je pouvais répondre aux Douala sceptiques : « Voilà ce qui se passe chez vous, ne dites pas que votre patrimoine a disparu. »

J'adressai les résultats de mon enquête à des Européens peu au fait de ces réalités, pour qu'ils saisissent la cohérence de ce monde qualifié trop vite d'irrationnel. Certains m'invitèrent bientôt à renoncer à cette apparente neutralité, me conseillant de m'impliquer réellement dans mes récits. Ainsi, disaient-ils, mes récits présenteraient une plus grande objectivité.

Un ami douala ingénieur des pétroles, originaire du quartier Deïdo où exerçait Din, où était né Loe, restait viscéralement sensible à leur langage thérapeutique; culturellement, il était leur frère. Ayant passé plus de dix ans en France, il doutait des pouvoirs des nganga, tout en étant fasciné par eux. Il me dépassait dans mon propre univers occidental par ses compétences techniques, et il avait sur moi l'avantage inné de sentir en Africain, ce qui lui permettait d'anticiper sur les résultats de mes enquêtes. Mais la profusion de ses expériences lui rendait impossible leur mise en ordre. J'attachais un grand prix à ses réactions. Il ne m'adressa aucune critique, jusqu'au jour où il vint me rendre visite à Deïdo et me dit : « J'ai lu vos récits. Je n'ai qu'une seule question à vous poser : vous-même, que pensez-vous donc de tout ça? » D'une façon encore plus concise que mes compagnons, il m'engageait à me manifester davantage.

Ses questions étaient précisément les suivantes : « *Vous*, prêtre de l'Eglise catholique, qui héritez de l'extrême suspicion dans laquelle ont été tenues les cérémonies traditionnelles, les croyances antérieures, les luttes mêmes des nganga contre la sorcellerie, que pensez-vous de tout ça? (*Ça* désignant d'abord les pratiques de la médecine traditionnelle.) Croyez-vous qu'elles soient efficaces? Quel poids ont-elles à côté des réalisations de la médecine européenne et des réussites de la chinoise? Gardent-elles une fonction utile et une chance de survie? (*Ça* vise encore la sorcellerie.) Quelle est sa réalité? Dans un bureau climatisé d'ingénieur des pétroles ou sur la plate-forme d'un derrick au large des côtes, l'aiguillon de la sorcellerie ne lancine pas nuit et jour, mais au village, dont aucun Africain ne peut se détacher, sa pointe exacerbe à mort les relations de parenté. Qu'en pensez-vous vous-même? »

Questions, conseils et avis rencontraient mon sentiment personnel. J'étais préparé à les entendre. En effet, je commençais à m'interroger sur ce qu'il fallait penser du ndimsi et des *mianga*, en somme de la médecine traditionnelle. J'avais été le plus souvent ballotté, comme une bouée sur les vagues. Je n'éprouvais aucun regret; bien au contraire, n'avais-je pas désiré cette dérive? J'aspirais maintenant à prendre du champ. Fatigue, crainte de trop m'engager, résistance intérieure, dépit devant l'indéchiffrable comportement de Din et de Loe? Je ne sais. J'avais besoin d'analyser les rouages du système traditionnel, en me libérant momentanément de leur emprise.

Ma situation sociale s'était, pour ainsi dire, régularisée et facilitait la réalisation de mon projet. J'avais recommencé à enseigner l'anglais au collège Libermann et je ne me trouvais pas seul à Deïdo. Nous formions une communauté jésuite. Deux autres professeurs et le directeur de l'établissement, un Camerounais – ceux-là mêmes qui avaient porté un jugement critique sur mes recherches – s'étaient joints à moi. De plus, l'installation de quelques-uns d'entre nous dans un quartier populaire signifiait une volonté d'insertion dans la vie courante, dont mes recherches personnelles n'étaient qu'un épisode. Nous habitions une petite maison neuve et blanche, tout en longueur, appelée, dans le langage immobilier, un « double ménage », assez vaste pour nous quatre et la cuisinière. Le cimetière était derrière nous et la maternité en face. Celle-là nous cachait Batignolles où Philippe continuait de vendre des bières « à emporter », et la vieille grand-mère d'élever la progéniture de son fils.

Ma résolution d'éviter Din et Loe ne m'empêchait pas de rendre de fréquentes visites à Caïn Dibunje Tukuru. Depuis la cérémonie de réconciliation, je pouvais arpenter le village sans difficulté, même si je remarquais parfois une certaine retenue dans l'attitude de quelques habitants à mon égard. Mais, dans la maison du chef, j'étais comme chez moi. Mêlé aux deuils ou invité aux fêtes, je faisais partie de sa grande famille. Il finit même par me donner un nom, comme cela se fait pour les étrangers adoptés, les *njan*. Il m'appela Dibunje, de son propre nom, pour signifier qu'il me considérait comme son fils (1). J'aurais trouvé artificiel qu'on me propose la citoyenneté camerounaise, en revanche j'acceptai ma nouvelle identité presque naturellement.

Ce village, et particulièrement son chef, ont joué et joueront encore pour moi, comme mes tout premiers voisins de Deïdo, le rôle du balancier, équilibrant à tout moment ma marche sur la corde raide. Dans l'avenir, je ferai rarement allusion à ma famille d'adoption, parce qu'elle ne m'apprendra rien de nouveau sur la médecine traditionnelle, si j'excepte quelques renseignements fournis par Caïn Dibunje Tukuru, maître de la coutume. Mais je partagerai sa vie quotidienne; aussi ai-je choisi le visage de son chef fixé avec art par Gérard Dupuy, de préférence à celui d'un nganga, pour représenter le pays douala sur la couverture de ce livre.

(1) Le mot « dibunje » quand il est parlé et prononcé avec un accent à la tonalité haute sur la seconde syllabe littéralement : petite pousse.

POURQUOI J'AI GUÉRI DIEUDONNÉ

A la sortie du collège Libermann – il devait être midi – deux personnes m'attendent, je ne les connais pas. D'après leur âge, ce pourrait être le père et le fils. Dans les bruits de klaxon, les interpellations des élèves, le premier hausse la voix : « Je suis venu vous demander de bénir mon fils. » Celui-ci se tient à ses côtés et tente de rester immobile dans le flot des garçons et des filles qui nous bouscule. Je les entraîne à l'écart et le père, après m'avoir appris qu'il est brigadier de gendarmerie, me répète sa demande. Son fils a dix-sept ans et prépare son B.E.P.C. dans un autre collège de la ville. Mais il est troublé par de mauvais esprits, et ses résultats en classe, comme sa conduite à la maison, s'en ressentent. Est-ce que je ne pourrais pas lui donner une bénédiction, là, sur-le-champ, afin de chasser ces esprits de malheur?

Le caractère abrupt de la démarche et son urgence ne me surprennent pas. Souvent les prêtres sont abordés, quels que soient le lieu et l'heure, et priés de faire usage de leur pouvoir de guérir. Parce qu'ils ne croient pas en eux-mêmes, ou qu'ils sous-estiment la démarche, faite dans un langage magique à leurs yeux, certains s'en tirent par une bénédiction hâtive et quelques mots apaisants. D'habitude je trouve le moyen de m'esquiver en renvoyant la personne à son curé. Mais, instruit par mes expériences antérieures, je subodore une affaire grave sous cette requête innocente. D'ailleurs, le brigadier ajoute que je lui ai été recommandé par un autre prêtre, au nom de mes recherches sur les nganga. Avant de leur donner satisfaction, j'invite le père et le fils à venir me raconter toute l'histoire, à tête reposée, dans notre maison de Deïdo.

Ils viendront successivement : le père, désireux de me parler seul à seul, puis le garçon nommé Dieudonné, enfin son jeune frère Gabriel. Ils ne font aucune difficulté à ce que je les enregistre. Puisqu'on me demande d'intervenir, il est naturel que je le fasse avec mes méthodes, même si elles ne ressemblent pas dans l'immédiat à un rite de bénédiction. Leurs versions se recoupent à quelques détails près, caractéristiques il est vrai. Je me contente de reproduire ici le récit de Dieudonné qui est le plus complet des trois. Dieudonné est physiquement l'opposé de son père qui a l'apparence chétive d'un petit policier de quartier. Quant à Gabriel, il ressemble trait pour trait – une taille en moins – à son frère aîné, avec les mêmes intonations de voix traînantes. Tous deux sont élancés et « un peu bruns » selon l'expression couramment employée, tandis que le père est « un peu noir ».

Le langage courant ne dépasse pas ce genre d'approximation pour décrire l'infinie variété de nuances qu'offrent ici les visages. Entre les extrêmes : le « thé léger » et le « pur ébène », il faudrait distinguer avec soin les alliances des jaunes, des rouges et des bruns, le basané, le bronzé, le tabac, le hâlé, etc., sans oublier un certain ton appelé « ventre-de-biche » dans les livres qualifiés! J'y renonce pour deux raisons. La première est qu'un seul visage « noir » peut présenter à lui tout seul plusieurs nuances... La seconde est que, vivant intimement avec cette population, je ne « réalise » plus qu'elle est « de couleur »... au point qu'il m'est arrivé de demander à quelqu'un dans quelles circonstances nous nous étions déjà rencontrés, et de réaliser soudain qu'il me rappelait physiquement l'une de mes vieilles connaissances " blanches ".

Dieudonné se cale confortablement dans un fauteuil du living, avec cette fausse aisance propre aux collégiens, et tourne vers moi son visage « un peu brun ». Je l'interromprai le moins souvent possible.

Je ne me sens plus à moi.

Cette histoire... ça a commencé l'année passée quand nous sommes venus ici. Nous étions nouveaux dans la ville. Alors j'ai connu un certain gars qui n'habitait pas dans mon quartier, mais qui est du même village que nous. Ce gars, un jour, il est venu chez moi et m'a dit qu'il en avait assez des femmes, qu'il ne voulait plus de femmes. Alors je lui ai dit : « Tu es un dieu pour avoir tant de femmes! » Il m'a répondu : « Oh, moi j'ai des talismans pour avoir des femmes. » Il avait une lettre. Comme c'est un copain, il me l'a montrée. Aussitôt j'ai senti qu'il y avait des affaires de magie là-dedans, des affaires concernant Mme Mylla (1). *Il est parti et il m'a laissé avec les papiers. J'ai encore relu les papiers, c'était intéressant. J'ai voulu faire des commandes. C'était au premier trimestre. Mais je me suis dit : « Je verrai. Il faut que je fréquente le collège. Si je vois que je réussis mal, alors je ferai une commande. Si je vois que mes études marchent normalement, je ne ferai pas de commande. » Et j'ai posé les papiers au-dessus de la porte.*

J'ai eu moins de 7 au premier trimestre. Je ne me suis pas trop plaint. J'ai dit à mon père : « Ça n'a pas d'importance; comme je redouble, ça ira mieux au second trimestre. » Et en effet, j'ai eu une moyenne de 10,56 et j'ai dit à mon père que ça allait.

Comme un jour je rentrais de classe, un gars me dit : « Ton petit frère a commandé des chaînes en Europe. – Mon petit frère, il a commandé des chaînes? » Il a dit : « Oui. » Alors j'ai été troublé. Et puis je suis immédiatement parti voir mon petit frère, et je lui ai dit : « Bon, viens à la maison, on va parler de cette question avec papa et maman. » Et puis

(1) Mme Mylla habite Paris. Elle envoie sur la ville de Douala, et sur les autres métropoles francophones, des chaînes d'amour à 750 francs, des clefs du bonheur au même prix, des médaillons chinois qui donnent du travail au chômeur pour seulement 1000 francs CFA (20 FF).

je me suis mis à penser : « Peut-être qu'il a trouvé les papiers que j'avais mis en attente! » Quand le papa est arrivé du travail, je lui ai expliqué ce qu'il en était. On a fouillé la valise de mon frère. On a trouvé l'adresse là-dedans.

Alors ma maladie, ça provient de là. Quand le papa a commencé à interroger mon petit frère et à lui demander : « Qui? Pourquoi? », il est resté environ trente minutes sans parler. Il réfléchissait. Alors je suis sorti pour acheter de la boisson. Il a dit au papa en mon absence : « Mon père, ce n'est pas ma faute, j'ai vu les papiers chez mon grand frère. Je les ai gardés. J'ai relevé l'adresse, mais je n'ai rien envoyé. » Papa m'a donc attendu. Quand je suis rentré, il m'a dit : « Monsieur, vous êtes déjà inclus dans l'affaire. C'est à vous les papiers, c'est vous qui avez gardé les papiers. » Je lui ai expliqué la provenance des papiers. Et puis après, mon petit frère est parti dans ma chambre et il a rapporté les papiers. Le papa a dit qu'il fallait informer celui qui nous avait donné les papiers, de ce qu'il en faisait, et crac, crac, il les a déchirés. Puis il a pris l'allumette pour les brûler. J'étais assis à quelque trois mètres. Il a pris la première bûchette (allumette), il l'a allumée, cela s'est éteint. Il a pris la seconde, cela s'est éteint. La troisième bûchette alors... Quand le bâton a pris feu, immédiatement j'ai senti comme si on m'enlevait mon corps et mon âme et puis tout mon esprit. J'ai commencé à sentir la chaleur monter en moi, ça commençait par les pieds, ça montait, ça montait... et puis hop! jusqu'à ma tête. C'était comme si je devenais un peu fou. J'ai couru vers la porte. J'ai commencé à me poser des questions, là, pour savoir ce qui m'arrivait. Ma maman m'a arrêté. Je ne me sentais plus à moi. Je ne pouvais même plus rester dans la case. Je leur ai dit de me conduire chez le nganga. Peut-être qu'il pourrait voir d'où venait ma maladie. J'y allai donc.

Moi : *Qu'est-ce qu'il t'a dit?*

– Il a dit que ce sont les mauvais esprits qui nous suivent parce qu'on a brûlé les papiers à la maison. Il n'aurait pas fallu qu'on les brûle. Il fallait qu'on les jette dans un marigot,

ou bien qu'on remette ça au gars qui nous les avait donnés.

Mais depuis lors je ne me sens pas à moi; même en classe, je ne me sens plus tellement à moi comme auparavant. Je me sens toujours comme si j'étais une autre personne. Pour lire ou étudier, mon esprit n'est pas de ce côté-là. Quand je rentre à la maison, je n'ai qu'une envie, c'est dormir, c'est tout. Je ne comprends pas.

Moi : *Qui a voulu aller voir les prêtres, toi ou ton père?*

– C'est moi-même. Et ce qui m'a poussé à venir les voir, c'est justement parce que je suis sûr de cè que je vous ai dit : je n'ai pas fait de commandes, aussi je ne comprends pas pourquoi tout ça m'est arrivé.

Le pouvoir magique.

Je me retiens de dire à Dieudonné combien sa demande d'intervention m'embarrasse. Je suis pris entre le désir qu'il guérisse et une forte résistance intérieure. Je ne doute pas qu'une bénédiction donnée en un lieu et un temps convenables puisse rassurer ce garçon, sans pour autant le libérer de ce qui est, non un cauchemar ou une inquiétude passagère, mais, peut-être, une véritable névrose. La raison de mes réticences n'est pas médicale, mais personnelle. Dieudonné me met dans une situation nouvelle que j'aurais traitée à la légère trois ans plus tôt, avant de fréquenter les nganga, quand j'ignorais encore la puissance du système traditionnel et le poids de son influence sur les esprits. Je reçois aujourd'hui, pour la première fois, une demande expresse d'opérer par moi-même sur un terrain qui est celui des nganga, au nom de mon statut de prêtre. Cette proposition innocente de Dieudonné m'engage plus personnellement que les aventures déjà courues à l'occasion de mes visites aux nganga, l'arrestation spectaculaire au village et le procès gagné. Pour me donner le temps de réfléchir, je donne rendez-vous à Dieudonné chez ses parents quelques jours plus tard. Malgré leur impatience, le père et ses deux fils vont attendre encore ma bénédiction.

Où se situe ma crainte? Elle repose essentiellement sur un risque de malentendu. Dieudonné m'attribue un pouvoir de guérison que je possède peut-être, mais que je répugne à exercer, par crainte d'interprétations abusives. Sa requête ravive en moi un soupçon tenace surs l'idée que l'on se fait du pouvoir des prêtres. Le « pouvoir magique », voilà le mot qui évoque le mieux ma gêne : un pouvoir attaché à un personnage quelles que soient sa compétence et ses intentions véritables, un pouvoir venu d'ailleurs et automatiquement efficace à condition de prononcer les mots et de faire les gestes appropriés.

Je confie mon embarras à mes élèves de seconde du collège Libermann, garçons et filles, contemporains de Dieudonné, pensant que leur jugement peut m'être précieux. Mes relations avec les élèves ont changé depuis le temps de mes premiers cours, seize ans plus tôt, quand je m'étais trouvé confronté à des jeunes studieux et dociles, mais passablement énigmatiques. Avec eux, aujourd'hui, j'ai des rapports plus directs. Le changement vient surtout de moi. Des années d'enseignement m'ont familiarisé avec les problèmes et les réactions de cette jeunesse, et la fréquentation parallèle des nganga m'a fait percevoir nombre de sentiments, de pressentiments, d'émotions qui peuplent l'arrière-monde de ces jeunes gens. Je me trouve plus à l'aise avec eux depuis que j'ai découvert les maîtres de la nuit. De leur côté, les élèves semblent s'apercevoir de mon évolution et me parlent avec franchise et spontanéité. Je leur ai montré les diapositives prises à Kribi pendant les grandes vacances, et nous en avons librement discuté. Au moins la moitié des élèves de la classe ont assisté à une séance de soins organisée pour un membre de leur famille ou même subi un traitement. Rares sont ceux ou celles qui prétendent les ignorer totalement.

Je leur fais donc entendre le récit de Dieudonné et les versions de son père et de son frère que j'ai enregistrées (1). L'anonymat respecté, je peux recueillir l'avis de ces jeunes

(1) Leurs noms n'apparaissent pas, ni celui du collège que fréquente le garçon, et aucun de mes élèves ne peut reconnaître la famille. Douala compte de vingt mille à trente mille collégiens et collégiennes.

gens qui ont le même âge, la même culture que Dieudonné, et une expérience familiale sans doute proche de la sienne. Je leur demande quel pouvoir on me prête. Leurs réponses très critiques montrent l'ambiguïté de la démarche de Dieudonné et renforcent ma réticence à accorder la bénédiction. Après la réunion, l'un de ces élèves met par écrit son opinion qui résume bien celle de ses camarades :

On se demande pourquoi Dieudonné ne s'est pas adressé à un pasteur. Sans doute parce que le cadre dans lequel vivent les prêtres est bien différent de celui des pasteurs qui sont mariés, plus en contact avec les hommes et, de ce fait, moins soupçonnés d'un pouvoir magique. La personnalité des prêtres cache au contraire quelque chose de mystique. Et c'est cette chose-là que Dieudonné croit être la clé de sa guérisson.

Les mauvais esprits, qu'est-ce que c'est pour toi?

Je rends visite à la famille de Dieudonné, bien décidé à utiliser mon crédit pour qu'il retourne chez Nombote, ce nganga dont il a parlé dans son récit. Nombote réside à Deïdo, dans une zone nouvelle où s'entassent les nouveaux arrivants venus de l'intérieur du pays. J'ai repéré sa petite enseigne et je me promets de lui rendre visite plus tard. La famille de Dieudonné, au contraire, loge dans un lointain quartier populaire situé hors de l'influence des Douala. Le père, originaire de Nanga-Eboko, une commune de l'est du pays, a loué la première maison disponible : en sa qualité de gendarme, il doit être prêt à déménager du jour au lendemain. Dans ce quartier, les maisons faites en planches, de forme rectangulaire, se ressemblent toutes, et j'ai du mal à trouver la sienne.

Lorsque j'arrive devant la porte à l'heure dite, j'ai l'impression d'être attendu depuis un temps infini. Je constate à quel point on compte sur moi. Cela m'émeut mais ne m'ébranle pas. Nous nous asseyons dans la salle de séjour, où le nombre des sièges a été calculé.

J'essaye de donner à cette première réunion un tour solennel pour impressionner la famille tout entière, sachant que la maladie de l'un est souvent le symptôme d'un malaise collectif. Je leur dis à peu près ceci :

« *Vous êtes venus me chercher au collège Libermann parce que je suis prêtre et professeur. Je fréquente les jeunes de ce pays depuis dix-sept ans, l'âge de Dieudonné. J'ai écouté le père, Dieudonné et son frère cadet Gabriel. Eh bien, ce n'est pas un prêtre qui peut le guérir, pas même un médecin, mais un nganga. Puisque Dieudonné n'a pas terminé son traitement chez Nombote, qu'il y retourne.* »

Ils restent tous assis, silencieux, attentifs en face de moi, même la petite sœur, aux yeux plus larges que le nez, dont j'ai totalement investi l'attention. Je pressens combien la maladie subite de Dieudonné – fils et grand frère – les inquiète.

Le père me demande :

– *Mais est-ce qu'il est vraiment malade?*

Moi : *Oui, il l'est. Ce n'est pas comme une jambe cassée, mais c'est bien une maladie.*

Lui : *On nous a dit d'emmener Dieudonné chez le médecin indigène. Je ne savais pas que ça pouvait donner un résultat. S'il guérit, je vous le confie. Il ira dans votre établissement.*

J'énumère à Dieudonné les conditions d'entrée dans mon collège pour lui éviter de s'engager sur une mauvaise piste, sachant bien qu'il ne pourrait probablement pas les satisfaire, faute de bases scolaires suffisantes et pour finir je lui demande ce qu'il a fait et souhaite faire.

D. : *J'ai été chez Nombote, et il a commencé à dire des choses incompréhensibles, que j'avais fait une commande à Mme Mylla... Alors, j'ai voulu voir un prêtre pour qu'il me débarrasse du pouvoir de ces papiers.*

Moi : *C'est du ressort du nganga. Es-tu prêt à retourner chez Nombote et à lui faire confiance?*

D. : *Oui.*

Son père : *Comment ne pas y retourner?*

Pourtant, le retour de l'enfant prodigue sera un échec.

Dieudonné séjournera trois jours chez Nombote, à Deïdo, se soumettant sans vraiment y croire aux nombreuses potions, fumigations, inhalations imposées, puis subitement il disparaîtra et, comble d'insubordination, on le surprend en train d'écrire à Mme Mylla. Manifestement, Nombote a perdu son crédit. Dépité de cet échec qui est aussi le mien, je vais aux nouvelles mais la case familiale est fermée, vidée de ses occupants. Grâce aux voisins, je retrouve leur trace jusqu'à leur nouvelle maison. Le père est resté là, seul, pour raison de service. Toute la famille est partie subitement au village.

J'apprends bientôt, de la bouche de Dieudonné, les raisons de ce départ général :

D. : *Nos voisins nous ont dit que la case n'était pas bonne. Même le propriétaire nous a avoué qu'un certain monsieur qui l'avait habitée avant nous y faisait des séances occultes. C'est pourquoi nous avons eu peur et nous nous sommes enfuis. Et puis je continue toujours à souffrir. Alors j'ai demandé au papa qu'on nous envoie au village. Là, je pourrai peut-être retrouver le gars qui nous a passé les papiers de Mme Mylla.*

Moi : *Tu n'as pas été satisfait de Nombote?*

D. : *Non, je n'ai pas été satisfait. Quand on est à l'hôpital il y a au moins des changements jour après jour. Là, je ne voyais aucun changement. Je lui disais que je ne revenais pas à moi. Il me répondait seulement : « Il faut que tu reviennes à toi. » Mais je ne savais pas comment je pouvais faire. J'ai constaté qu'il n'était pas du tout fort.*

Moi : *On m'a dit que tu avais écrit une lettre à Mme Mylla. Pourquoi as-tu fait cela au lieu de faire confiance à Nombote?*

D. : *Il y avait chez Nombote un militaire. Il m'a dit : « Pourquoi ne pas écrire ou téléphoner aux Mylla pour leur demander si ce ne sont pas eux qui sont la cause de ta maladie? » J'ai cherché le numéro de téléphone, je ne l'ai pas trouvé. J'ai fait une lettre, mais je n'ai pas marqué mon nom, ni utilisé mon bic. J'ai pris le nom du gars qui m'a passé les papiers et j'ai écrit à sa place à Mme Mylla comme quoi il s'était fait emprisonner pour nous avoir donné les papiers. On les a brûlés et on est tombé malade. Qu'elle dise la rançon pour qu'on puisse payer leur papier.*

Moi : *Ce sont donc les papiers qui, d'après toi, t'on rendu malade?*

D. : *J'ai posé la question à beaucoup de personnes. Il ne fallait pas les brûler. Il fallait les jeter au fleuve, ou dans des cabinets, ou alors les donner à un prêtre. Nombote m'a dit que ce sont les mauvais esprits de ces gens-là qui m'ont rendu malade.*

Moi : *Les mauvais esprits, qu'est-ce que c'est pour toi* (1)?

D. : *Pour moi... J'ai vu un certain film, là, qu'on a tourné au Brésil,* Orfeu Negro. *Là j'ai vu une femme troublée par les mauvais esprits. Elle faisait des trucs-là, elle criait : « Oh! Oh! » C'est là que j'ai vu les mauvais esprits.*

Dans la nouvelle maison où il réside donc seul, puisque toute la famille a reflué vers le village, je rencontre le père.

Moi : *Pourquoi n'avez-vous pas obligé Dieudonné à terminer le traitement chez Nombote? Vous n'avez pas confiance en lui?*

Lui : *J'avais confiance. Mais quand vous allez à l'hôpital et qu'on vous donne de la pénicilline, si vous vous sentez toujours mal, est-ce que vous allez accepter encore de la pénicilline? Dieudonné n'est toujours pas normal. Il m'a dit : « Il faut qu'on s'en aille chez quelqu'un d'autre. » Mais je vois que les nganga d'ici ne demandent que de l'argent. Vous avez dit que cette maladie, il ne faut pas la soigner à l'hôpital, il faut la soigner chez le nganga. J'ai préféré l'envoyer au village. Au village, il y a aussi des nganga qui pratiquent.*

Je ne sais pas comment cet homme interprète mon ardeur à suivre le cas de son fils. Sans doute espère-t-il une bénédiction efficace et un soutien par la suite. Quant à moi,

(1) Je lui posai cette question pour savoir s'il traduisait là en français le mot de sa langue et lui donnait le contenu traditionnel, à savoir les esprits des ancêtres. Je me trompais.

je désire sincèrement la guérison de Dieudonné, mais je n'entends pas intervenir, ne serait-ce que par une bénédiction, sans savoir comment elle sera interprétée et quelles en seront les conséquences.

Troubles de concience.

Trois semaines plus tard, je vois Dieudonné arriver chez moi, avec, comme toujours, son air respectable d'aíné et de collégien. Je devine non sans contrariété ce qu'il attend de moi, rien qu'à voir sa hâte à me saluer. Et de ce fait ses premières paroles sont pour réclamer à nouveau la bénédiction.

Il me raconte ensuite qu'il s'est rendu au village avec sa mère chez le vieux devin de la région qui n'a pas voulu se prononcer à son sujet et aussi que la réponse de Mme Mylla lui est parvenue : elle dit tout bonnement qu'elle est incapable de faire du mal à quiconque (1). Dieudonné m'annonce par ailleurs qu'il a reçu des conseils de la part de son oncle :

Dieudonné : *Mon oncle, au village, m'a dit que ma maladie venait d'un trouble de conscience.*

(1) Il y avait longtemps que j'entendais parler de cette Mme Mylla que Dieudonné désigne indifféremment au féminin singulier ou au masculin pluriel. Je pensais que ce nom cachait un gentleman moustachu et cynique. Pierre-Marie Mesnier, ancien professeur au collège Libermann, ancien compagnon de recherches à Kribi, mon complice à Paris, fait donc pour moi une visite impromptue à l'adresse que beaucoup de collégiens de Douala possèdent. Voici ses impressions :

« Mme Mylla est une petite dame assez replète (cheveux teints, type « brave ménagère du nord de la France »). Intérieur aisé mais du plus mauvais goût. La dame me confie qu'elle a soixante-treize ans : elle n'en paraît pas plus de soixante-cinq (effet de son " fluide " ou coquetterie de vieille femme ?). Elle me reçoit gentiment, plutôt intriguée tout de même. Je m'attendais à un intérieur un peu sombre, du style " voyant extralucide ", m'apprêtant même à lui dire que je ne venais pas pour une consultation. J'apprends vite qu'elle ne fait aucune consultation chez elle, qu'elle ne prodigue ses conseils que par correspondance et uniquement pour un public d'Africains (francophones).

« Quelques phrases, retenues de mémoire et notées peu après, te parleront mieux que le reste :

« Je fais une tâche morale d'éducation pour ces pauvres Africains des colonies qui sont de grands enfants... »

Moi : *Provoqué par quoi?*

D. : *Provoqué par la peur.*

Moi (étonné par l'apparition de ce nouveau vocabulaire) : *Cet oncle-là, qu'est-ce qu'il fait? A-t-il été à l'école?*

D. : *Il a été à l'école et au lycée.*

Moi : *Qu'est-ce que c'est pour toi un « trouble de conscience »?*

D. : *Il m'a expliqué que c'est comme au moment des élections. Vous dessinez le président de la République sur une feuille de papier. Vous prenez cette feuille, vous la roulez pour faire une cigarette. Je suppose que vous êtes un villageois. Une autorité passe et vous trouve avec le papier à cigarette et le président dessiné dessus : « Attention, ce papier que vous allez brûler, c'est dangereux! » Vous avez peur. Cette peur peut vous conduire à la folie. C'est là qu'on a une conscience étranglée* (sic). *C'est comme ça que j'ai eu une peur à partir des pieds, qui montait jusqu'à la tête.*

Moi (décidé à faire progresser Dieudonné) : *Tu vois que la conscience ça veut dire deux choses : Ça veut dire la raison. Ça peut vouloir aussi désigner la voix de la conscience religieuse. Ici, tu veux dire quoi?*

D. : *Je vois la différence : Ici, ça signifie à peu près : trouble de la raison.*

« J'ai une autorité, une domination sur eux, que je n'aurais pas sur les Blancs. Je les empêche de faire le mal, par exemple de voler, etc. »

« Je ne suis pas marchande de bijoux (cela revient plusieurs fois dans la conversation) : après avoir analysé le caractère et les tendances des gens (par l'écriture et l'astrologie), j'enferme dans une bague le fluide qui va les aider à lutter contre leurs mauvais penchants... »

« Elle ajoute qu'elle a un " don " pour aider les gens, depuis son enfance. C'est le prêtre qui l'a baptisée – un cousin ophtalmologue (!) par surcroît – qui le lui a révélé.

« Elle insiste beaucoup sur l'absence de magie dans son entreprise : rien pour faire réussir aux examens (stylos magiques, etc.), pour prédire l'avenir (« je ne suis pas comme Mme Soleil avec son ordinateur, moi! ») et pour avoir le portefeuille bourré à plaisir. Je ne sens chez elle aucune volonté de m'ébahir : elle me parle de son activité comme elle me parlerait de son service de table acheté aux Galeries Lafayette. Y croit-elle? Difficile à dire... En tout cas elle n'a rien d'une intellectuelle ou d'une intrigante. Elle est simplement persuadée que, si elle se rendait en Afrique, des masses de gens viendraient lui témoigner leur reconnaissance. J'ai l'impression qu'elle doit trouver un langage assez simple pour leur parler, d'où son succès. »

Moi : *Tout s'éclaircit. Je trouve que tu as beaucoup changé depuis quelque temps et que tu vas bien mieux maintenant.*

D. : *Il m'arrive parfois aussi, quand je suis couché, de me dire qu'il y a quelque chose dans ma tête que je dois examiner pour pouvoir me retrouver.*

Dieudonné semble s'orienter vers une représentation psychologique de sa maladie. Je reprends à mon compte le jugement d'un élève de seconde : « Il n'a plus confiance au nganga. Inutile qu'il le rencontre. » Je propose donc à Dieudonné de l'introduire chez le pscychiatre. Il m'apprend, à ma vive surprise, qu'il a déjà fait cette démarche, au tout début de la crise, avant même de me connaître. Mais il n'a pas rendu compte au médecin de l'environnement culturel de son drame, par crainte de paraître ridicule et de s'entendre dire : « Vous me dérangez avec vos histoires de magie, allez chez le magicien ! » Il semble décidé maintenant à tout raconter à un psychiatre, comme il l'a fait avec moi, mais il persiste à réclamer ma bénédiction.

Qui pourra libérer Dieudonné?

Le psychiatre camerounais chez lequel il se rend demande à Dieudonné de lui raconter par écrit son histoire. J'ai lu cette lettre. Elle concorde avec la relation que Dieudonné m'a faite de ses troubles. Le médecin lui prescrit des tranquillisants et aussi des remèdes qui favorisent la synergie de l'organisme et relâchent les émotions. Il veut l'aider à reprendre le contrôle de lui-même.

Au cours d'une seconde séance, le médecin demande à son client de commenter librement quelques thèmes. Dieudonné en est très surpris et moi aussi quelque peu. Il me communique la liste : la vie sexuelle antérieure; la place qu'occupe la sexualité; la nature des relations avec l'entourage; l'importance des nganga.

Les questions qu'il m'a posées..., moi je n'ai pas compris pourquoi. Alors j'ai répondu que je n'ai rien en ce qui concerne les relations sexuelles. Et je lui ai fait comprendre que moi je suis mineur, que je n'ai jamais " pratiqué ". Il ne m'a rien dit. Il a seulement pris le papier et il a lu ce que j'ai écrit.

Le diagnostic provisoire du psychiatre est la névrose d'échec. Mais je suis persuadé que, tôt ou tard, il abordera avec Dieudonné le problème de ses relations avec son père. En effet, les différents récits font apparaître que le père se conduit également dans sa famille comme un véritable gendarme. Le fait que les papiers aient été brûlés par le père – homme de l'ordre, de la loi et de l'interdit –, donne des proportions exceptionnelles à l'acte et a fort bien pu déclencher l'affection nerveuse de son fils. Je suis étonné de constater que ni Dieudonné ni les élèves de seconde, ses contemporains, n'aient vu d'eux-mêmes le lien de cause à effet, entre la sévérité du père et le traumatisme du fils (1). Il me faut le lui faire découvrir.

Moi : *Comment est le père avec vous à la maison?*

Dieudonné : *Il est, il est... trop sévère. On sait que lorsqu'il rentre le soir, il a toujours quelque chose à dire, quelque chose qui n'est pas en ordre, un travail que nous avons mal fait. Non, papa n'aime pas le désordre à la maison. Quand il vient, il parle, il parle, il se fâche!*

Moi : *Et la maman?*

– La maman, elle aussi... elle suit le rythme de son mari. Elle veut l'imiter. Mais depuis que j'ai eu ce coup-là, je n'aime pas que papa et maman me grondent. Quand on me gronde, ça ne tourne plus rond.

Un élève de seconde m'avait prévenu : « Je crois qu'il cache beaucoup de choses à son père. » En tout cas, Dieudonné m'avoue lui dissimuler son état d'esprit actuel. Pour l'achat des médicaments, un problème se pose, car le

(1) Selon Marie-Cécile et Edmond Ortigues (*Œdipe africain*, Plon, 1973), le rapport du père géniteur et du fils n'est pas à penser suivant le schéma de relation propre à l'Europe. En Afrique les jeux de l'identification et de l'affrontement du fils au père tendent à se déplacer sur les frères. Le père, représentant la lignée des ancêtres, est inattaquable. Mais, selon les mêmes auteurs, le garçon scolarisé, devant un père acquis au monde moderne, comme c'est le cas ici, aura un comportement plus proche de celui d'un adolescent européen.

père, depuis son retour du village, le croit guéri, sur la foi de l'oncle qui a déclaré qu'il s'agissait d'un simple trouble de conscience. Il y a entre le père et le fils une opposition latente, qui ressort de leurs récits respectifs. Là où le père dit qu'il a pris l'initiative, Dieudonné s'adjuge la décision. C'est lui qui aurait choisi le nganga Nombote et qui aurait décidé de partir au village. Il est un garçon très conscient de ses responsabilités de fils aîné, l'intellectuel de la famille. Quelles déceptions en perspective, et, par conséquent, quel riche terrain pour une névrose!

Je m'efforce de raisonner comme lui. S'il n'est pas coupable, comment va-t-il expliquer alors le choc qu'il a ressenti? D'autres auraient dû normalement l'éprouver à sa place, le camarade qui lui a passé les papiers dangereux, ou son petit frère qui a écrit le premier à Mme Mylla, ou même le père, inexcusable d'avoir brûlé les papiers. Et lui qui se contentait de conserver les papiers compromettants pour les rendre à son ami, a été frappé! Qui donc pourra le libérer de cette force mystérieuse qu'il appelle, faute de mieux, la peur? Un homme au pouvoir absolu : *un prêtre.* Et Dieudonné, au cours du traitement psychiatrique, me redemande la bénédiction salutaire que je suis sur le point de lui accorder :

« Le papa sait que je suis guéri. Moi-même je commence à sentir que ça va mieux depuis que j'ai vu le docteur psychiatre et que je prends les remèdes. Mais après les analyses, je voudrais vous demander si possible une bénédiction et une chaîne, comme en portent les catholiques, pour toujours me protéger. »

Ma résistance est émoussée. J'essaie, une dernière fois, d'évoquer, mais en vain, tous ceux qui entre lui et moi me semblent plus aptes à l'aider.

Enfin je lui souffle un bon argument :

– *Jésus guérissait-il?*

– *Bien sûr, Jésus guérissait.*

Moi : *Pourquoi guérissait-il?*

– *Parce qu'il avait pitié des hommes. Et parce qu'ils se sont déclarés. Ils sont venus pour être guéris. Il y avait une vieille femme qui avait perdu l'un de ses fils – nous avons une chanson chez nous qui le raconte – alors elle est partie expliquer son malheur à Jésus, et Jésus est passé à la maison et il a dit à l'enfant de se lever. L'enfant s'est levé de lui-même. Mais si la femme était restée à la maison, c'était fini. Jésus ne pouvait pas savoir que cette femme avait mal. Quand elle s'est présentée, Jésus a compris et l'a suivie.*

Depuis que nous nous connaissons, Dieudonné n'a pas modifié d'un pouce théologique sa position sur le pouvoir des prêtres. Sa confiance également est intacte. Moi, je suis obligé d'évoluer. Il me semble maintenant, après les tentatives répétées pour trouver un substitut, que la guérison définitive de Dieudonné dépend de cette bénédiction qu'il n'a cessé de réclamer avec une constance désarmante. Et je ne vois plus au nom de quel christianisme je pourrais lui refuser la santé.

La bénédiction.

La préparation du rituel que je compose avec le même groupe d'élèves est laborieuse. Je les sens eux-mêmes partagés entre la croyance et la critique, comme le montre la désinvolture excessive de certaines de leurs suggestions :

– Il faut que vous fassiez un semblant de quelque chose, dans le genre mystique.

– La magie des prêtres, c'est leur bréviaire. Lire quelques prières.

– Moi à votre place, je ne le pourrais pas. Ce serait faire comme les mauvais nganga qui simulent. Ça risque de ne pas le guérir.

– Sans le concours d'une certaine influence du prêtre, il ne guérira pas.

– Vous compliquez. Il veut un geste et c'est fini.

– Vous avez votre bréviaire. Vous prenez une prière qui sort de l'ordinaire. Pas un simple « Notre Père » ou un simple « Je vous salue Marie ».

Nous décidons finalement que je m'appuierai sur deux shémas, celui d'une liturgie chrétienne de la Parole avec rite de bénédiction, à célébrer dans la bibliothèque de notre maison de Deïdo où nous disons parfois la messe, et j'intégrerai celui que j'ai vu pratiquer par un extraordinaire nganga appelé Ntonga, près de Kribi. J'ai, en effet, assisté chez celui-ci, sur la route de Bipindi, à une cérémonie de départ de l'un de ses malades déclaré guéri, et certains éléments de la liturgie semblent convenir. J'en montre les photos à mes élèves.

Ntonga est un petit homme, presque nain, avec une grosse tête de gnome, affublé d'un capuchon rouge et drapé dans une trop longue aube blanche, qui virevolte autour de ses patients, mimant la lutte acharnée contre les puissances du mal, à coups de poing, à pleines dents, serrant la gorge de son patient comme un étrangleur (mon intention n'est pourtant pas d'en faire autant avec Dieudonné!). L'efficacité de la cure (outre l'emploi des herbes et des écorces) vient de la puissance symbolique de ses gestes, de son ascendant et de sa conviction. Il termine le traitement en déclarant, avec une assurance contagieuse, que son client est guéri, puis entame avec lui une sorte de dialogue qu'il mène rondement jusqu'au moment où le malade lui-même reconnaît tout haut, au milieu de la liesse générale, qu'il est effectivement guéri. Je veux amener Dieudonné (mais dans l'atmosphère feutrée d'une bibliothèque!) à affirmer lui-même qu'il est guéri, au cours d'un dialogue final de même esprit.

Dieudonné vient au jour dit, accompagné de son frère Gabriel et d'un camarade de ce dernier, catholique. Je l'ai laissé libre d'amener qui il voulait à la cérémonie de guérison. En les attendant, j'ai préparé la bibliothèque de notre maison de Deïdo, recouvert la table d'une nappe, posé un cierge à droite, et, de l'autre côté, la burette d'eau et le rameau.

Ils arrivent, et je leur assigne des places de part et d'autre de la table. (Je veux allumer le cierge, l'allumette fait long feu, une seconde allumette également. Etrange coïncidence,

Dieudonné me regarde d'un air entendu. Je prends mon temps et réussis seulement l'opération, tout comme son père, à la troisième tentative.)

– *Dieudonné, tu es venu me voir la première fois pour être guéri, n'est-ce pas?*

– *Oui.*

– *Dieudonné, tu étais malade, n'est-ce pas?*

– *Oui.*

– *Et tu attends aussi toute la guérison de Dieu, n'est-ce pas?*

– *Oui.*

– *Prions : Seigneur, regardez ces trois jeunes gens avec faveur...*

Après ce dialogue d'introduction, je fais à leur intention deux courtes lectures commentées. La première est tirée de saint Jean (chap. 9) et relate comment Jésus a rendu la vue à l'aveugle-né. La seconde, extraite des Actes des Apôtres (chap. 14), retrace la guérison d'un impotent et la protestation de Paul lorsque la foule lui rend les honneurs dus à un dieu. Je veux, par ce texte, rappeler qu'il faut rendre grâce d'une guérison à Dieu et non au prêtre.

(Dieudonné suit la lecture avec concentration et sérieux. Gabriel, retient son rire non sans peine. Mais je sais que cette envie de rire cache souvent une forme d'émotion ou d'acquiescement.)

Puis je passe au rite de l'eau en leur expliquant le symbole de la bénédiction, rappel de leur baptême qui a fait d'eux les frères de Celui qui est vainqueur des Puissances des Ténèbres. J'asperge les trois jeunes gens avec le rameau ruisselant d'eau.

– *Prions : Seigneur, Toi qui guéris...*

Enfin j'impose les mains sur Dieudonné en déclarant :

– *Dieudonné, tu es guéri.*

Puis, après une pause, et à la manière d'un nganga :

– *Dieudonné, tu es bien guéri, n'est-ce pas?*

Il me répond nettement et sûrement : *Oui* (rire de Gabriel).

Pendant que nous prenons un verre ensemble, pour fêter sa santé retrouvée, Dieudonné me demande :

– *Et pour la médaille, quand faut-il que je vienne?*

J'ai prévu avec les élèves cette dernière requête, et nous avons décidé de minimiser l'importance de l'objet, que Dieudonné est trop porté à exagérer.

Moi : *Quand tu voudras. Mais ce n'est pas indispensable. Comme en mathématiques : pas une condition nécessaire et suffisante.*

Dieudonné (dans le ton) : *Pas une condition* sine qua non.

Un silence. Puis Dieudonné, qui attend manifestement cette occasion pour révéler ce qui lui tient à cœur, pose cette question :

– *Ça prendra combien de temps pour se transformer?*

Moi : *Se transformer?*

– *Oui, pour devenir catholique.*

Moi (après un silence) : *Pourquoi veux-tu devenir catholique?*

– *Il y a des avantages. Je vois qu'on peut communier souvent. Je vois qu'on peut se confesser. D'ailleurs, j'ai déjà communié et je me suis confessé. Mais j'ai commis une erreur.*

Moi : *Laquelle?*

– *Je n'ai pas payé la cotisation.*

Je suis un peu décontenancé, je l'avoue. Pourvu qu'il n'ait pas été dans une paroisse – s'il en existe encore – où l'on exige la carte du denier du culte avant de donner l'absolution!

Moi : *Où?*

– *A la paroisse Saint-Paul.*

Moi (connaissant la paroisse, je respire) : *Tu as commis une erreur, mais ce n'est pas celle-là. Que veut dire communier et se confesser dans une église catholique, si tu es protestant? Et si tu deviens catholique, que va dire ta famille?*

– *Pour eux, je suis déjà catholique* (Gabriel opine et rit).

Ils me voient comme un catholique. Je vais à la messe chaque dimanche à Saint-Paul.

Moi : *Depuis quand?*

– *Depuis que je suis rentré du village.*

Moi : *Je serais heureux que tu deviennes catholique, mais il nous faut savoir pourquoi tu le veux.*

Je note cette conversation et la rapporte à mes élèves le lendemain. Ils se montrent fort réservés, comme en témoignent quelques-unes de leurs réflexions :

– L'idée de devenir catholique, ça ne vient pas de lui-même. Son père a dit : « Si vous le guérissez, vous le prenez! »

– Il veut devenir catholique par intérêt, pour s'assurer contre une rechute.

– Avant l'arrivée des missionnaires, nous avions une religion avec des rites qui ressemblaient plus au catholicisme qu'au protestantisme.

(L'un d'entre eux cependant) – Dans le Nouveau Testament, il arrive que Jésus guérisse un malade et le convertisse, il n'y a pas de mal à ça.

J'ai tendance à minimiser les estimations de mes élèves à cause d'une formulation abrupte propre à leur âge et un penchant à tout critiquer, mais y a-t-il meilleurs témoins qu'eux?

Nous décidons, Dieudonné et moi, de nous rencontrer une fois par semaine. Si sa demande persiste, je le préparerai à devenir catholique, c'est-à-dire à opérer ce qu'il appelle sa « transformation ». Mais ce ne sera pas chose facile. L'équivoque principale qui déclenche toutes les autres – une certaine conception du pouvoir religieux – ne demeure-t-elle pas entière? Un exemple : je lui conseille de continuer à prendre les remèdes du psychiatre au nom de notre foi chrétienne : nous devons employer tous les moyens que Dieu met en notre pouvoir pour prévenir les rechutes. Je lui demande de répéter cela, car je veux être sûr qu'il l'a bien compris. Il ne retrouve pas ma formule et la remplace par une autre qui va dans son sens : « Dieu veut qu'on croie en Lui, sinon on peut faire tout ce qu'on veut, ça n'est pas efficace. » Je reviens à la charge : « Tout dépend de toi, parce que tout est don de Dieu, comme ton prénom le rappelle, Dieudonné! Cette formule est paradoxale mais pas absurde, si tu sais que la plus grande gloire de Dieu, c'est l'homme vivant! » Dieudonné paraît médusé. Je mesure la distance qui nous sépare, en l'évaluant non plus en termes de culture, mais en termes de religion. Cette constatation me frappe vivement et me rend plus circonspect, presque timide, jusque dans ma façon de prêcher le dimanche : une partie de mon auditoire peut interpréter mes paroles de travers, comme Dieudonné.

Ce premier débat entre nous me rappelle une sentence attribuée à Ignace de Loyola, que je décide de prendre comme fil conducteur de la catéchèse. Si Dieudonné la comprend un jour, nous serons sur la même longueur d'onde religieuse. Elle est proprement intraduisible, tant elle mêle inextricablement, bien qu'avec précision, l'effort de l'homme et l'apport de Dieu :

« Fie-toi à Dieu, comme si le succès dépendait en tout de toi, en rien de Dieu; de même cependant, efforce-toi d'agir en tout, comme si Dieu seul devait tout faire, et toi rien (1). »

Le récit de la guérison de Dieudonné est autant l'histoire de son acharnement à obtenir une bénédiction, que celle de mes résistances à la lui donner.

Dieudonné réussira à passer l'examen du B.E.P.C., et m'attribuera son succès. Quelques jours plus tard, il m'annoncera qu'il doit quitter Douala à la suite d'une rixe dans un quartier pour suivre son père qui a reçu un ordre de mutation. De Yaoundé, Dieudonné m'écrit presque chaque semaine. Il imagine que je lui trouverai une bourse d'études pour la France, le jour où il réussira son baccalau-

(1) « *Haec prima sit agendorum regula : sic Deo fide, quasi rerum successus omnis a te, nihil a Deo penderet; ita tamen iis operam omnem admovere, quasi tu nihil, Deus omnia sit facturus.* »

réat. Ses tentatives pour chercher un autre prêtre sur place, susceptible de l'introduire dans l'Eglise catholique, sont timides. Bref, je comprends qu'il demeure excessivement attaché à ma personne et j'espace mes réponses. Dieudonné, sorti de sa crise, doit reprendre son autonomie et renouer des relations saines avec son père naturel. Je le lui écris et il semble me comprendre, car ses lettres deviennent moins fréquentes et ses demandes de soutien se font plus discrètes puis cessent peu à peu. Je m'explique maintenant pourquoi Din et Loe gardent une certaine distance à l'égard de leurs malades et leur parlent rarement. Une fois soignés, ils reviennent à leur famille sans demeurer trop attachés à eux.

Avec le recul du temps, je m'aperçois que ma résistance aux assauts de Dieudonné, comme ma capitulation finale, et mon souci de reprendre mon indépendance sitôt sa guérison obtenue, ne s'expliquent pas seulement par une stratégie médicale. Dieudonné a eu la chance (ou la malchance), de me rencontrer à un moment de mon itinéraire personnel durant lequel j'étais le plus réservé à l'égard de la Tradition et de ses manifestations.

VOTRE SŒUR EST UNE SORCIÈRE

Cette histoire ne prolonge pas la précédente, mais la chevauche. La plupart des faits que je vais rapporter maintenant se passent dans les mêmes temps que les diverses tentatives pour guérir Dieudonné. Je n'ai pas rendu compte ensemble des deux anecdotes pour éviter la confusion, et parce qu'elles sont indépendantes. Mais je reconnais l'influence de la seconde sur mon comportement à l'égard de Dieudonné. Je ne lui aurais pas offert une telle résistance sans ces événements que j'ai vécus parallèlement.

Seuls Nombote et moi-même apparaissons dans les deux récits. La maison que j'habite est située dans la partie du quartier douala traditionnel qui abritait autrefois les serviteurs et les serfs, en retrait du quartier noble et du fleuve. Nombote loge derrière notre maison, à Deïdo, plus à l'intérieur, là où commençait la brousse avant le développement de la ville, dans une zone périphérique peuplée d'étrangers où se construisent chaque jour de nouvelles cases. Son enclos de nganga est à mi-chemin entre celui de Din qui se dresse en plein quartier noble douala et celui de Loe à Bepanda. Il m'arrive souvent de passer devant chez lui. Dans ce secteur, la langue véhiculaire n'est plus seulement le douala, mais un pidgin d'anglais répandu sur la côte depuis deux siècles et que tout le monde comprend. On entend aussi parler le bamiléké et l'ewondo, la langue maternelle de Dieudonné. Je me rends un soir chez ce nganga dans l'espoir d'y rencontrer le jeune homme, au moment même où, malgré mes conseils, il se décide à le quitter. Ne trouvant pas Dieudonné, je décide de rester quelques minutes sur les lieux, afin de me plonger dans l'ambiance réconfortante des petits traitements de quartier. Mais le temps passe à mon insu...

« *Aigle vole, vole.* »

Il est minuit. Le quartier s'est endormi, et les ruelles sont désertes, faiblement éclairées, de loin en loin, par de timides réverbères. Le seul îlot de vie et de clarté est cette cour où le nganga opère. Cent cinquante personnes, qui ont résisté au sommeil, forment le plus large cercle que l'exiguïté de la cour permette. Elles sont assises, tassées, accroupies sur plusieurs rangs, face à l'aire des soins, et forment un premier rempart contre les ténèbres extérieures. Les curieux se sont éclipsés, discrètement, un à un. Ne restent sur place que les familles et tous ceux qui ont quelque affinité avec les malades. Ce ne sont pas des spectateurs, mais des pratiquants d'une liturgie de la guérison.

Blottis sur les bancs, au centre de la cour, et enveloppés dans un drap, les patients de la nuit attendent leur tour. Ils sont quatorze, concentrés, dociles. Rien ne montre à première vue qu'ils sont malades, si ce n'est une immobilité excessive et une certaine fixité du regard. Ils ne forment pas un groupe homogène : on distingue aussi bien des gens âgés que des jeunes, presque des enfants, garçons et filles. Autant cette nombreuse assistance est tranquille, autant les deux nganga, Nombote et son collègue Tokoto, venu l'épauler pour la nuit, sont entreprenants. Tous deux font preuve d'un dynamisme un peu forcé. Ils sont habillés de rouge – la couleur du sang, la couleur du combat contre les sorciers. Quelques lampes tempête, faute de brasier, allongent leurs silhouettes virevoltantes.

Je suis assis à côté d'un certain Oyono que j'ai connu quand il était collégien. Il travaille actuellement à Cameroon Airlines. Avec sa mine avenante, sa chemise blanche et son pantalon sombre bien coupé il ressemble à un steward. Ce n'est pas un habitué des nganga, mais, comme tous les jeunes

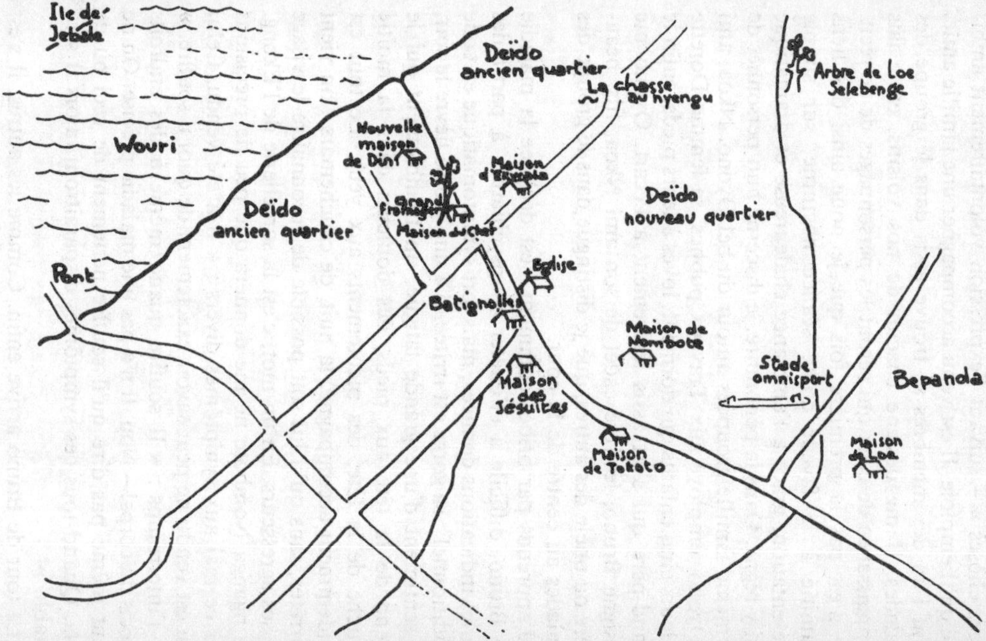

Le quartier de Deïdo

de sa génération, il n'arrive pas à se défaire de la croyance en « ces choses » – suivant l'expression volontairement ambiguë qu'il emploie. Il est venu accompagner une famille amie, dont l'un des membres se trouve assis dans le groupe des malades. Il me désigne chacun de nos voisins, et je fais connaissance de ceux qui seront les personnages de ce récit. Ce n'est pas la première fois que je noue ainsi des liens d'amitié à la faveur d'une séance nocturne, sur simple présentation, grâce à l'ambiance chaleureuse et dramatique qui y règne. Dans la pénombre, je discerne huit personnes de la même famille groupées autour du bel Oyono. Nkoa, ami d'Oyono, employé aux Travaux publics, sa femme Dorette et leurs cinq enfants qui dorment, lovés à leurs pieds, enfin le grand-père qui s'est assis légèrement à l'écart. Oyono me désigne Bruno, le frère cadet de son ami Nkoa, fils, beau-frère ou oncle des autres, que je distingue dans le groupe des malades au centre de la cour.

J'apprends par bribes comment s'est déclarée la maladie de Bruno, difficile à étiqueter en psychiatrie, à partir des seules indications données, mais fort symptomatique en code traditionnel : sa gorge est irritée, il a une grosse fièvre le soir, le sentiment d'une grande fatigue, un tremblement qui le prend de la tête aux pieds, des douleurs dans la moitié gauche de la tête, des picotements aux yeux. Le tout est évidemment accompagné, la nuit, de cauchemars : on vient l'arrêter, sans qu'il lui soit possible de reconnaître le visage de ses agresseurs. En un mot, c'est la sorcellerie de l'Ekong. Le nganga Nombote ne me donnera que peu de précisions sur ce mal aux symptômes divers : « Il a été vendu. Celui qui est vendu ne peut savoir exactement de quoi il souffre. » Je l'interromps : « Il souffre quand même à des endroits précis du corps ! – Non. Il n'a pas une maladie précise. On ne peut même pas dire qu'il souffre nettement de ceci ou de cela. Quand tous ces symptômes disparaîtront, alors il sera rétabli. »

Le tour de Bruno arrive enfin. Comme les autres, il s'est enveloppé de la tête aux pieds dans un drap. Je distingue son visage encapuchonné de boxeur vaincu. Le garçon ressemble à son frère aîné Nkoa : mêmes lèvres épaisses, aussi peu de menton, le nez largement épaté. Cette grosse figure n'est pas faite pour la maladie. Le spectacle en est d'autant plus pathétique.

Nombote et son collègue Tokoto ont déjà entrepris sur leurs clients une série de rites de protection, de réconfort et de délivrance. Oyono me souffle à l'oreille : « L'étonnant, c'est que tout le monde n'a pas la même maladie et reçoit pourtant le même traitement! » Sa remarque n'est pas exacte, mais je ne m'attarderai pas sur ces rites complexes qui demanderaient une étude détaillée, impossible à réaliser lors d'une première rencontre avec un nganga. Je me concentre sur le rite d'accusation, moment crucial du traitement. Si Bruno est victime de la sorcellerie, il va bien falloir dénoncer le coupable qui se trouve inévitablement dans le cercle familial. Je crois avoir compris le processus. Comme le dit le proverbe douala que Din m'avait appris : « *Mulemb'ango e nde mot'ango nya nyolo.* » « Ton sorcier est ton garde du corps. » La question qui trotte dans ma tête cette nuit est la suivante : la recherche et la désignation d'un coupable sont-elles indispensables à la guérison ou seulement accessoires? Je repasse en mémoire les circonstances de plusieurs accusations douteuses, celle portée contre le vieux nganga du village soupçonné de pratiquer l'Ekong, celle portée contre moi, celle qui fit de Din un repris de justice; je revois la terrible angoisse de Dieudonné, à la recherche d'un éventuel responsable de son trouble. Plus encore que l'esprit magique (la petite magie de Dieudonné), c'est le principe de l'accusation, admise comme une technique, qui me pose un problème. Depuis que je fréquente le monde des nganga, l'emploi généralisé de l'accusation me choque. Je voudrais savoir une bonne fois qu'en penser.

Nombote fait signe au grand-père, le chef de la famille qui est assis à côté de nous, de se lever et de se placer en plein centre de la cour face à Bruno, son fils. Nombote engage avec lui un dialogue serré, interrompu par des refrains, comme s'il s'agissait d'une joute rituelle : « *Bela bio bio* » – « Aigle, vole, vole. » La tactique de Nombote est simple :

amener le vieillard à ratifier l'accusation qu'il va porter contre sa fille aînée, précisément absente ce soir. Mais le vieil homme résiste à tous les assauts du nganga.

Nombote (1) : *Je vous ai dit que vous avez une fille. Elle n'est pas dans cette partie-ci du Cameroun, elle est à l'Ouest. Est-ce que ce n'est pas vrai?*

Le vieux : *Oui, c'est vrai* (2).

N. : *Donnez-moi seulement deux heures et vous apprendrez qu'elle est morte là-bas. Vous savez pourquoi? Parce que moi je suis comme ça, j'aime les sorciers... Votre fille est une sorcière* (you djal get wich). *C'est elle qui vous dérange tous. Et moi, je suis là pour le bien de votre famille, et je ne fais pas crédit. Votre fille, si elle me gêne, je vais la gêner aussi. Est-ce qu'on n'a pas amené Bruno ici pour qu'il guérisse?*

Le vieux : *Je dis que je ne sais pas si elle est sorcière.*

N. : *D'autres grands voyants vous ont déjà affirmé que votre fille pratique la sorcellerie. Je dis, hein... Il faut choisir. Ou vous aimez votre fille, ou vous aimez toute cette famille que vous avez amenée. Je ne veux pas parler comme le pasteur ou le prêtre, moi, il me faut une réponse.*

Le vieux : *J'aime tout le monde.*

N. : *Si vous avez mal à un œil, l'autre souffre aussi. Il vaut mieux perdre cet œil que de laisser l'autre souffrir. C'est un proverbe. Vous aimez celle qui veut vous envoûter?*

Le vieux : *Oui, je l'aime.*

N. : *Bon! Il y a deux choses devant vous, donnez-m'en une.*

Le vieux : *Je ne donne aucune d'elles.*

N. : *Alors c'est vous-même qui allez partir* (tué par sa fille), *et vous abandonnerez tous vos enfants.*

Le vieux : *Je préfère mourir et laisser mes enfants.*

N. : *C'est-à-dire que vous aimez une sorcière plus que vous-même! Votre fille a donné deux garçons. Où sont-ils? Vous le savez. Ne me cachez pas la vérité.* (Allusion aux

(1) Nombote s'exprime en pidgin anglais.
(2) Le vieux s'exprime en ewondo, sa langue maternelle.

deux enfants de cette femme, morts étrangement en son absence.) *C'est un mauvais homme, celui qui accepte qu'on le tue et qui laisse exterminer sa famille! C'est un mauvais homme. Vous voulez que tout le monde meure, rien que pour votre fille? Si vous dites qu'il faut laisser en paix celle qui extermine votre famille, c'est qu'elle est la plus importante pour vous. Elle est votre reine.*

Oyono, mon voisin de banc qui observe Nombote au travail est ébranlé pour la première fois. Pourtant il se dit sceptique de tempérament et de formation. N'a-t-il pas fait des études techniques? Il m'apprend que Nombote est le second nganga à accuser la sœur aînée de son ami de sorcellerie. Le premier exerce en pays Eton, à trois cents kilomètres de Douala. Pas de connivence possible entre eux.

La nuit avance et il reste à entreprendre les traitements des autres malades qui ont attendu jusqu'à cette heure, muets et dociles. La maladie de Bruno m'absorbe tellement que je me désintéresse des autres cas; chacun d'eux est un tout en soi que j'ai à peine le temps d'entrevoir lorsque le nganga le dévoile par ses allusions et ses approches. Plus tard, Nombote revient vers Bruno et conclut son travail en engageant le vieux père à déclarer solennellement, selon le rite traditionnel appelé en douala l'*Esa*, qu'il voue à sa perte le bourreau de la famille. Il lui souffle les bonnes formules qu'il doit prononcer tout en lavant le visage de chacun de ses enfants et petits-enfants présents, avec l'eau lustrale et la feuille de la paix (*dibokuboku la wonja*).

Nombote : *Dites : « Si je suis du côté de ceux qui veulent le malheur de ma famille, que ce mal retombe sur moi. Si ce mal vient d'un autre, que ce mal se retourne contre lui. Si ma fille veut porter le mal à une autre famille, que ce mal se retourne contre elle. »*

Le vieux père, mal à l'aise, prend des libertés avec le rituel imposé, en évitant d'accuser clairement sa fille :

« *J'ai mis mes enfants au monde, ce n'est pas pour les enterrer. Depuis que je suis arrivé à Douala, aucun n'est mort. Je préférerais mourir moi-même, et être enterré par*

Couverture d'un catalogue de recettes médicinales

mes enfants plutôt que le contraire. Si je suis au courant de quelque chose qui concerne la maladie de mon enfant, je dis : « Qu'il guérisse ce soir même! » Si mes enfants font des mengang (pratiques des sorcières), *c'est leur affaire. Si c'est quelqu'un d'autre, même l'un de mes enfants, même ma fille, qui en veut à ma famille... c'est toujours leur affaire. Je veux, par Dieu, que mes enfants se portent bien et qu'ils prospèrent. Je n'ai pas d'autre appui qu'eux. Je ne peux donc pas vouloir de mal à mes enfants.* »

Il est cinq heures du matin. Nous devinons la venue du jour qui survient très vite à proximité de l'équateur : une sensible pâleur vers l'est, décelable au ras des toits, l'affaiblissement des lumières électriques de la rue, l'agitation dans un poulailler voisin... Un certain désœuvrement s'empare de l'assemblée. Nombote conduit les malades dans leurs chambres et nous renvoie.

Le choc en retour.

En fin de matinée, venant prendre des nouvelles, je rencontre par hasard le vieux père au détour de l'enclos de Nombote. Il me dit seulement quelques mots dans un pidgin mêlé de français, mais il semble heureux de me confier son drame. Dès qu'il me quitte, je note l'essentiel :

« *Je me tais. Ma fille Clara* (l'accusée) *est bonne pour son frère, ce n'est pas elle... Je pense que c'est Dorette, la femme de Nkoa. Elles ne s'entendent pas... J'ai peur de parler. Ça va faire des histoires... Après on dira que c'est moi qui suis le responsable de tout cela.* »

Ce sont les seules confidences que ce vieil homme me fera, parce que nous ne serons jamais seuls au cours de nos autres rencontres. Il me révèle donc un conflit familial que j'ignorais encore, la mésentente entre deux femmes de la famille : Clara, l'accusée absente, et Dorette, sa belle-fille, qui a assisté au traitement de la nuit avec ses cinq enfants. Il me donne peut-être la clef du drame.

Je demande ce jour-là à Tokoto, l'associé de Nombote, la raison pour laquelle c'est le vieil homme qu'on harcelle.

Tokoto : *Parce que c'est lui qui a mis au monde toute cette famille. Il doit donc nous dire si il faut faire le " choc en retour " pour sa fille qui est sorcière et veut exterminer sa famille.*

Moi : " *Choc en retour* "? *Je ne comprends pas.*

– *Faire le choc en retour signifie " blinder " la famille. Alors si la sorcière quitte sa maison pour venir attaquer quelqu'un de la famille...*

Moi : *Elle reçoit un choc en retour.*

– *Voilà. Il nous faut donc l'accord du grand-père.*

Moi : *Et il ne le donne pas.*

– *Non, il préfère mourir plutôt que de causer la mort de sa fille. Et nous, on ne peut rien faire sans son accord.*

Moi : *Alors le traitement a échoué?*

– *Le traitement a réussi, mais le but* (neutralisation de la sorcière) *n'a pas été atteint. Vous savez, dans ces cas-là, il vaut mieux laisser tomber l'accusation, car, au lieu de dire que nous voulons sauver la famille, on va raconter que nous voulons l'ensorceler, alors...*

On peut s'étonner de ce que pareilles confidences me soient faites, et que je puisse les enregistrer. Mes principaux auxiliaires sont les acteurs eux-mêmes, les deux amis Oyono et Nkoa, anciens militants de la Jeunesse étudiante et ouvrière chrétienne qui comprennent l'importance des questions que je me pose parce qu'ils se les posent dramatiquement eux-mêmes. Tokoto, lui, est un nganga douala exerçant à proximité. Je lui rends visite de temps en temps pour obtenir un renseignement et garder le contact. Mais je n'ai pas eu l'occasion de le voir à l'œuvre. Nous avons passé des heures à discuter. Il comprend mes objectifs à sa manière, jusqu'à expliquer à Nombote devant moi : « Il fait de la théologie avec tout ça. »

Mes relations avec Nombote, le principal nganga de la nuit, sont différentes et plus délicates. J'avoue me sentir mal à l'aise avec cet homme. Il compose. Il me témoigne une politesse excessive, jette sur moi des regards d'une douceur infinie qui jurent avec sa brutalité envers les patients. Din et Loe ne m'ont pas habitué à tant de contrastes. De jour, il porte des lunettes noires sur son visage soigné et parfumé. Il n'a pas trente ans. Nombote est le type d'une nouvelle génération quelque peu inquiétante des nganga de ville, comme j'en ai rencontré plusieurs, soit à Douala, soit dans le périmètre urbain. Il accumule produits magiques, astrologiques et pacotilles européennes, égyptiennes et indiennes. Ses prospectus sont ainsi libellés : « Docteur herboriste voyant, représentant de l'Inde au Cameroun. » Son enseigne qui se dresse devant la porte d'un collège privé de la ville donne de lui le même signalement flatteur. Sur sa table trône une belle édition de la Bible et diverses versions de ces apocryphes modernes contenant mille prières efficaces, mises sous le patronage de quelque pape médiéval. Tous ces textes sacrés hétéroclites voisinent avec les objets de la divination traditionnelle. On peut voir à l'intérieur de son bureau, qui lui sert également de dibandi, les termitières qui représentent les Morts, les multiples cornes bourrées d'objets doués de puissance, la cuvette d'eau où marinent différents coquillages, symboles des esprits de l'eau; le miroir, les cauris, les écorces et les plumes, les écailles de pangolin (1), toutes choses que l'on voit chez les nganga orthodoxes. Il se dégage une forte odeur d'huile brûlée. Cet ensemble disparate étalé dans une chambre est un symbole à la fois vulgaire et mystique des deux mondes. Les clients, au lieu d'avoir l'air effaré comme moi la première fois, semblent plutôt fascinés et confiants.

C'est donc ce nganga cosmopolite et syncrétiste qui a dénoncé au vu et au su de tout le monde, et devant moi, Clara, la fille aînée du vieil homme. Din et Loe, dans leurs séances de nuit, agissent avec plus de tact, et un sens consommé de la suggestion. Ils s'efforcent de faire converger les soupçons de tous vers une seule personne, sans pour autant la nommer. Leur stratégie est plus savante, mais le principe de l'accusation n'est-il pas le même?

(1) Pangolin : petit mammifère, dont les écailles servent au jeu de la divination.

Faites la pêche miraculeuse chaque jour que vous prendrez la mer ou riviére.

Tiré d'un catalogue appartenant à Nombote

« On n'arrache pas sa peau. »

Le lendemain après-midi, rendant visite à Nombote, j'apprends de sa bouche une nouvelle qui me confond. La sœur aînée a débarqué de l'Ouest, elle est venue le matin même rendre visite à son petit frère Bruno, sur les lieux même où elle a été accusée publiquement de sorcellerie. D'après Nombote elle serait au courant de ce qu'on lui reproche. Bien plus, elle devait passer la nuit chez son père, c'est-à-dire chez Nkoa puisqu'ils vivent ensemble mais, finalement, j'apprends qu'elle va loger chez son frère.

Comme j'en demande la raison à Nombote, il me répond : « Parce qu'on n'arrache pas sa peau. » On a beau faire, on appartient à sa famille (1).

Dimanche soir 10 février 1974 : Comme le lendemain est un jour chômé en l'honneur d'une fête nationale, les deux collègues Nombote et Tokoto, qui ne manquent pas de clients, décident de traiter encore quelques malades le soir même. Rendant la politesse, Tokoto invite cette fois Nombote à venir à quelques centaines de mètres, chez lui. Je trouve là, à ma grande surprise, Nkoa, son épouse et leurs cinq enfants. Je décide de ne pas laisser passer cette soirée sans entreprendre Nkoa sur la venue de sa sœur, et sur les moyens qui lui restent d'empêcher l'éclatement de la famille. L'occasion m'est donnée dès le début des soins. Tokoto engage le vieux père de l'un de ses clients à prier, comme

(1) Rappel :

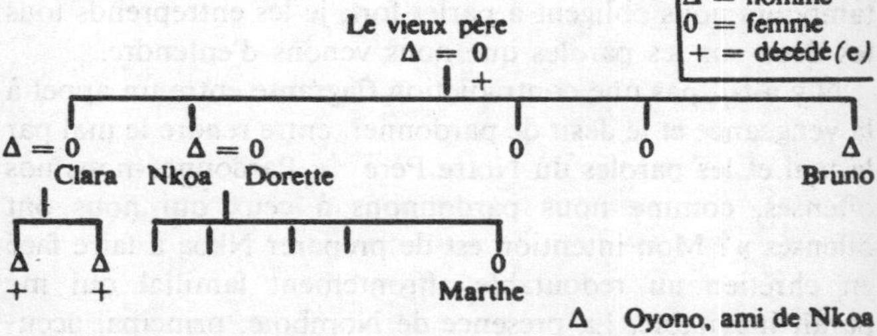

cela se fait parfois au début du traitement. L'homme ressemble dans la pénombre à celui qui a tenu tête au nganga une nuit durant.

Tokoto (en pidgin) : *Vous êtes chrétien?*

L'homme : *Oui.*

Tokoto : *De quelle Eglise?*

L'homme : *Chrétien catholique.*

Tokoto : *Maintenant, si je veux faire du mal à celui qui cherche à tuer votre fils, qu'en direz-vous?*

L'homme : *Le mal par le mal. Si vous faites le mal, vous recevrez le mal.*

Tokoto : *Maintenant, dites une prière pour que Dieu qui nous a tant donné, me donne aussi à moi le pouvoir de guérir votre fils.*

L'homme (Il récite en langue ewondo ainsi que sa famille) : *Notre Père...* (Puis ils se serrent la main neuf fois, au-dessus de l'enfant malade.)

Je me désintéresse de la suite du traitement et j'entraîne Nkoa dans un coin. Nombote nous voit et nous fait signe de venir nous asseoir avec lui dans le dibandi de Tokoto. Se méfie-t-il de l'influence que je peux avoir sur Nkoa? C'est une simple pièce avec une table, trois chaises et un amoncellement d'objets comme on en voit dans le sanctuaire d'un nganga. Je reconnais cette senteur spécifique, faite d'odeurs diverses inextricablement mêlées, qui s'impose quand on entre dans un dibandi : huile brûlée, musc, encens, cire et feuilles fanées.

Tandis que les soins se poursuivent et que les chants et les tambours nous obligent à parler fort, je les entreprends tous les deux sur les paroles que nous venons d'entendre.

N'y a-t-il pas une contradiction flagrante entre un appel à la vengeance et le désir de pardonner, entre rendre le mal par le mal et les paroles du Notre Père : « Pardonnez-nous nos offenses, comme nous pardonnons à ceux qui nous ont offensés »? Mon intention est de préparer Nkoa à faire face en chrétien au redoutable affrontement familial qui me paraît inévitable. La présence de Nombote, principal accu-

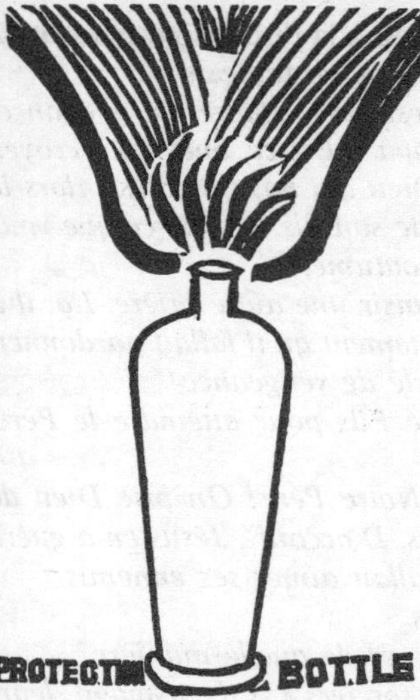

PROTECTION DE LA SORCELLERIE.

N'attendez les attaques de sorcières pendant le jour ou la nuit. Si vos rêves ne sont pas claires ou vous êtes influencé pas les sortlèges de mauvais l'oeil. Commandez la bouteille magique qui protégera votre cour et maison contre malheur. Soyez le Defi des ennemis-Sortez des griffes.

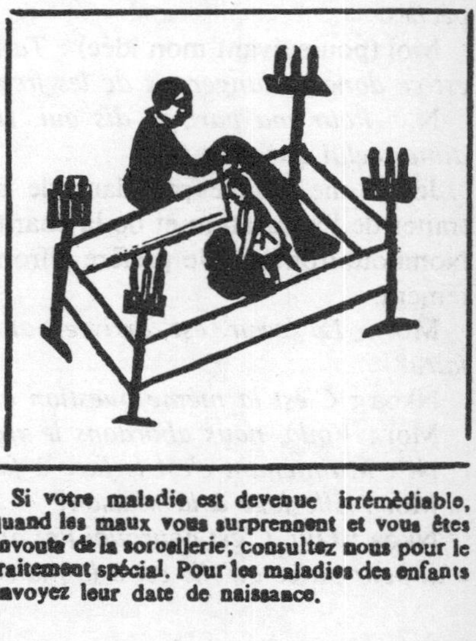

Si votre maladie est devenue irrémèdiable, quand les maux vous surprennent et vous êtes envouté de la sorcellerie; consultez nous pour le traitement spécial. Pour les maladies des enfants envoyez leur date de naissance.

sateur de la sœur, donne un enjeu à la discussion, mais ne la rend pas plus facile. Nous parlons en français.

Nombote : *Vous voyez, c'est une affaire de croyance. Tokoto doit demander au papa : Est-ce que vous croyez vraiment en Dieu? Car c'est Dieu qui nous a créés. Alors le papa a prié pour la guérison de son fils. Qu'est-ce que vous trouvez là à redire? C'est la coutume.*

Moi : *Mais on aurait pu choisir une autre prière. Là, il a choisi une prière qui disait justement qu'il fallait pardonner, deux secondes après avoir parlé de vengeance!*

N. (1) : *Il faut passer par le Fils pour atteindre le Père. Jésus est le Fils de Dieu.*

Moi : *Mais les paroles du Notre Père! On prie Dieu de nous aider à guérir les malades. D'accord : Jésus en a guéri. Mais Jésus a dit aussi qu'il fallait aimer ses ennemis.*

N. : *Moi, j'aime les sorciers.*

Moi : *Voulez-vous m'expliquer de quelle manière?*

N. : *Je répète, j'aime les sorciers... s'ils avouent leurs péchés.*

Moi (poursuivant mon idée) : *Tant qu'ils n'ont pas avoué, est-ce donc si dangereux de les fréquenter?*

N. : *Pour ma part, je dis oui. Il faut au moins ne pas aimer celui qui peut tuer.*

Je ne me trouve pas dans de bonnes conditions pour traiter de l'accusation et de la charité en général, devant un Nombote ironique. Je préfère affronter le problème concrètement.

Moi : *La sœur est arrivée, alors qu'est-ce qu'il faut faire?*

Nkoa : *C'est la même question que je pose.*

Moi : *Voilà, nous abordons le vrai problème.*

N. : *Maintenant c'est le face à face.*

Moi : *Elle loge à la maison?*

Nkoa : *Oui. C'est pourquoi j'ai amené tous les enfants ici. J'ai peur parce qu'elle est à la maison. Cette nuit, quand on*

(1) N. : Nombote.

va rentrer, il faudra que je veille car ma femme ne voudra pas que je dorme.

N. (s'adressant à moi d'abord, puis à Nkoa) : *Demandez-lui si sa sœur n'est pas sorcière. C'est moi le docteur Nombote qui vous parle. Est-ce que votre sœur qui est venue de l'Ouest n'est pas sorcière?*

Moi : *Oui, c'est important que cette question soit posée.*

Nkoa prudent : *Moi, je n'en sais rien. Je la connais seulement du fait que nous sommes du même lit.*

Moi : *Parle vraiment du fond de ton cœur.*

Nkoa : *C'est difficile, mon père... Affirmer n'est pas prouver. Je peux vous dire qu'elle est sorcière, mais intérieurement je n'en suis pas persuadé. Il est possible qu'elle soit sorcière. Parce qu'elle est à Kumba* (ville de l'Ouest). *Je ne sais pas dans quel milieu elle vit. Et si ce genre de truc* (devenir sorcière) *venait à se produire, pour l'amour de mes enfants, moi, je la considérerais comme telle.*

N. (pressant Nkoa) : *Est-ce qu'il n'y a pas quelque professeur* (devin) *qui vous a déjà dit qu'elle était sorcière? Est-ce qu'il faut appeler votre femme pour qu'elle le répète?*

Nkoa : *Elle n'a pas été visée précisément. Il a seulement dit que j'avais un proche parent sorcier de même père et de même mère que moi.*

N. : *Où cela a-t-il été dit?*

Nkoa : *Près de Saa* (pays Eton, région de Yaoundé). *Très loin d'ici.*

N. : *Le nganga n'a-t-il pas accusé précisément votre sœur?*

Nkoa : *Non. Ça, ce sont des commentaires de famille. La sœur aînée a perdu ses deux enfants. Moi, je la soupçonne parce qu'on m'a dit que c'était elle qui les avait tués. Je le suppose... Mais c'est pour l'extérieur... Je demeure seulement méfiant.*

N. (relançant un vieux chef d'accusation contre sa sœur dont les enfants sont morts) : *Est-ce qu'elle a assisté à leur mort?*

Nkoa : *Moi, j'étais affecté au Nord en ce temps-là.*

N. : *On vous a dit qu'elle y avait assisté?*

Nkoa : *Non, j'ai appris qu'elle n'a pas assisté à leur mort. Elle est arrivée les deux fois après l'enterrement.*

N. : *De ses propres enfants?*

Nkoa : *Oui. C'est très étrange. Et voilà ma sœur qui est arrivée!*

Pour la compréhension de ce dialogue où j'ai senti Nkoa très partagé, il faut savoir qu'une sorcière responsable de la mort de quelqu'un n'ose pas assister à son enterrement, ni même regarder le cadavre, car autrement elle serait appelée à mourir à son tour dans le mois qui suit. Absente à l'enterrement de ses propres enfants, Clara se dénonçait. Cette sombre et insolite histoire est à l'origine de la suspicion qui l'entoure dans sa famille.

Selon Nombote, la sœur aînée est « une sorcière de ville ». Elle n'est pas sorcière par nature (*ewusu*), mais devenue telle selon son propre désir ou sous l'influence de quelqu'un. Même si le pouvoir de nuire lui a été imposé contre son gré, elle a fini par y prendre goût, tandis que la sorcière de naissance ne se rend pas toujours compte qu'elle mène de telles activités nocturnes et que son double lui fausse compagnie pendant le sommeil. La sorcière de ville est une professionnelle de l'Ekong.

Mercredi 13 février : Je rends visite à Nkoa sur son « lieu de travail » sûr de ne pas y trouver Nombote : il effectue pour le ministère des Travaux publics des prélèvements d'échantillons sur différents petits tas de terre allant du noir au rouge brique, afin d'étudier la nature des sols avant la construction d'une route. J'observe un instant le technicien rencontré quelques jours plus tôt dans un tout autre contexte culturel. Il me dit que, chez lui, la situation est tendue. La sœur aînée Clara vit avec le vieux père dans la case mitoyenne. Ce dernier a demandé à Nkoa de ne pas divulguer l'accusation, car sinon sa fille partirait, et on ne la reverrait plus jamais. Lui, Nkoa, pousse ses enfants à saluer leur tante, mais sa femme Dorette a une attitude très agressive. D'ailleurs, l'animosité entre les deux belles-sœurs remonte à plusieurs mois (exactement le jour où Clara a voulu contrecarrer le mariage de Dorette). Elle aurait même

Illustration du Ndimsi

proposé à Nkoa une épouse de rechange. J'apprends que Clara vient de donner à Nkoa 1 000 francs CFA pour les dépenses occasionnées par les soins de Bruno. Nkoa les a offerts à Dorette qui les a refusés. Je prends conscience alors de l'importance du conflit entre les deux femmes.

Samedi 16 février au matin : Me rendant chez Nombote, je rencontre à la porte de l'enclos, Clara, la sœur aînée, accompagnée de Bruno son frère. Je n'en crois pas mes yeux : elle, la sorcière, la fille bannie, ose se montrer à côté de sa victime présumée, et chez l'homme qui l'accuse! Je cache ma surprise et Bruno m'apprend qu'il a reçu l'autorisation de se promener avec elle dans le quartier, à condition de ne pas enlever sa ceinture rouge, ni les deux rubans qui lui entourent les poignets (1). Je fais demi-tour et propose à Bruno et à Clara de les accompagner dans leur lente déambulation. Je la regarde : elle est jeune, mais son visage paraît déjà fatigué. Elle porte une jupe et un corsage comme la plupart des femmes à Douala : à la différence de beaucoup de villes africaines, la mode n'est pas au pagne. Je ne remarque sur elle aucun signe d'émancipation, sauf ses cheveux qui ne sont plus crépus mais lisses et huilés.

Clara me donne sa version de l'histoire que je note dès mon retour chez moi avec une explication sur son étrange absence lors de la mort de ses deux enfants.

Son père a envoyé quelqu'un à Kumba (Ouest) pour la prévenir que Bruno était malade. On l'accuse de vouloir le tuer, lui, son petit frère! Or elle a accepté la charge d'élever cet enfant après la mort de leur mère. Pourquoi voudrait-elle le tuer maintenant? Elle n'ignore pas qu'on l'accuse déjà de toutes les calamités de la famille et d'être la meurtrière de ses deux enfants! Or le premier a été tué à Douala, quand elle était à Yaoundé : à la gare de Douala, l'enfant regardait partir le « Canadian Circus » et un train l'a renversé. La nouvelle lui est parvenue très

(1) Ceinture et rubans doivent protéger Bruno contre la sorcellerie de sa sœur.

tard et quand elle est arrivée à Douala, l'enfant était déjà enterré. Le second est mort à Yaoundé, dans la famille où il était en pension. On l'a avertie par un communiqué à la radio. Mais elle était à Douala et n'avait pas écouté la radio ce jour-là. Elle est également arrivée trop tard. Depuis ce temps, elle est accusée de tout. Selon elle, aujourd'hui, la responsable est Dorette, la femme de Nkoa qui ne l'aime pas. Elle a manigancé toute cette affaire avec Nombote. Dieu ne doit pas voir ça. S'il le voyait, il interviendrait.

Cette femme semble sincèrement bouleversée. Elle ajoute que je n'arrange pas les choses en apportant à Nombote la caution que représente ma seule présence. A son avis, tous les nganga sont des charlatans. Son petit frère devrait partir tout de suite, avant le traitement final. Je lui fais remarquer que cela aussi lui serait imputé, et qu'il est plus sage d'en terminer avec Nombote, étant entendu que Bruno lui-même se sent sur la voie de la guérison. J'éprouve une secrète sympathie pour elle... N'ai-je pas été pris, un jour, dans le système piégé de l'Ekong? Je lui fais promettre d'organiser une réunion où l'occasion de prendre la parole me sera donnée. Est-ce que je fais bien de me mêler à cette histoire de famille dont j'ai du mal à connaître les dessous? Je n'en sais rien. Il est maintenant trop tard pour me retirer.

Samedi 16 février, chez Nombote : En principe, Bruno doit recevoir les derniers soins cette nuit même. Je me rends donc chez Nombote à vingt et une heures pour assister à la séance. Je trouve Bruno, sans son frère, et sans Nombote. Il m'apprend que ces derniers sont partis au domicile familial pour “ blinder ” la maison. Il me dit son étonnement de voir sa sœur accusée, elle qui a toujours été bonne pour lui, et l'a élevé jusqu'à l'âge de dix-sept ans.

A vingt-deux heures arrivent Nombote, un inspecteur de police en civil et Nkoa, manifestement ivre. Quelques verres seulement ont eu raison de lui, tant il est fatigué et démoralisé. L'inspecteur est un ami de Nombote qui veille à ce que Nkoa ne fasse pas d'esclandre. Ce qui devait arriver est arrivé : après avoir fait pratiquer les rites de protection dans toutes les pièces de la maison, Nkoa a sorti deux litres de vin et a appelé sa femme, sa sœur et son père. Immédiatement, le frère et la sœur en sont venus aux mains. Nkoa a sévèrement battu Clara. Celle-ci a couru au commissariat le plus proche porter plainte, en déclarant que son frère avait amené à la maison un sorcier en la personne de Nombote, pour la tuer. Nombote et l'inspecteur ont arraché Nkoa de la maison et l'ont transporté jusqu'ici.

Nkoa me dit que maintenant il n'a plus de doute, sa sœur est une sorcière : elle a relevé deux fois les empreintes de pieds de sa femme (c'est au moins ce qu'affirme cette dernière) et lui a fait observer – remarque significative en la circonstance – qu'elle portait des babouches. A noter que toute prise d'un objet appartenant à une personne, ne serait-ce que l'empreinte des pieds, peut être interprétée comme une volonté d'envoûtement. La séance de soins est annulée.

« Faci. »

Dimanche 17 février : Nkoa passe à la maison en mon absence, et me fait dire que sa fille, la petite Marthe, est tombée gravement malade. Je ne me rends pas chez lui, faute de prendre très au sérieux l'information. Après les événements de ces derniers jours, je suis devenu quelque peu blasé.

Lundi 18 février : Je rentre à la maison vers midi. Oyono et Nkoa m'y attendent. Ils m'annoncent, avec ce ton détaché qui accompagne les terribles nouvelles, que la petite Marthe, la dernière des cinq enfants de Nkoa et de Dorette, âgée de quatorze mois, est morte ce matin à l'hôpital où elle a été transportée. Ils me montrent le certificat de décès qui leur a été délivré. En face de la mention : « Cause du décès », le médecin a noté : “ faci ”. Qu'est-ce que cela signifie? Sur le moment, je ne sais que leur répondre. Plus tard, je me renseigne : le bébé est mort d'une « fièvre à cause indéterminée ». Je prends soin de cacher à la famille le sens de la note pour ne pas aggraver leurs soupçons. On désigne ainsi une fièvre quand la preuve n'est pas faite qu'il s'agit du paludisme. Les médecins pensent-ils aux répercussions d'un diagnostic aussi vague sur l'état d'esprit des familles? Nkoa et Oyono viennent me demander de bénir l'enterrement de l'enfant.

Ils sont partis sans que je leur dise un mot. Je n'ai su que donner une poignée de main et affirmer que je serais des leurs. Encore une fois, je suis dépassé par ce dernier événement, comme par tout ce que je vis depuis quelques jours. Ce n'est pas la disparition comme telle de l'enfant qui m'a laissé sans voix, mais sa tragique coïncidence avec le conflit familial. J'ai éprouvé un sentiment semblable – ou plutôt une absence de sentiment – dans d'autres circonstances dont le souvenir s'impose à moi. En Algérie, au cours de ces bouclages routiniers dans le djebel, montés pour cerner les fellaghas, nous vîmes soudain, mes compagnons fusiliers et moi, du haut du camion qui nous transportait, trois cadavres berbères, étendus côte à côte sur le bord de la route. Je me rappelle un détail surprenant en ces lieux : ils portaient la salopette bleue des ouvriers d'usine. Qui étaient-ils? Qui les avait tués, les nôtres ou les fellaghas? Pourquoi étaient-ils abandonnés? Personne ne put répondre à cette question, et le camion repartit doucement. Mort étrange, sur une terre étrangère. Nous sommes restés muets, tout comme je le suis aujourd'hui.

Avant de me rendre au quartier, je vais prévenir le curé de la paroisse, puis je passe chez Nombote prendre un guide pour aller jusqu'au domicile de la famille que je ne connais pas. Nombote, me voyant en soutane, comprend et m'avertit simplement en quelques mots : « Vous n'allez pas suivre (tenir compte de) la cérémonie de l'autre jour, hein? Aujourd'hui, il s'agit d'une affaire privée. »

Je comprends qu'il me déconseille de faire allusion, au cours de la liturgie, à l'accusation portée contre la sœur aînée. Et il ajoute simplement : « L'enfant est mort. Evidemment, après ce qui s'est passé samedi! » Tout le monde va faire le rapprochement, bien entendu : la charge est accablante pour la sœur aînée. Je lui dis que, dans ces circonstances, je n'ai pas le droit de me taire, et que mon objectif, même utopique, est la réconciliation.

Dans la chambre où repose la petite Marthe, couchée sur un lit blanc, vêtue somptueusement comme l'enfant Jésus de Prague, il m'est impossible de prendre la parole, à cause de l'entourage. On porte le corps à l'extérieur de la maison pour le déposer dans le minuscule cercueil, – la coutume le voulant ainsi lorsqu'il y a d'autres enfants au foyer. Dorette, la mère, apparemment calme, s'assoit le dos au cercueil, pendant que l'on cloue le couvercle, puis elle s'enfuit précipitamment sans se retourner, comme le réclame la coutume.

Au moment de partir au cimetière (près de l'aéroport), je m'aperçois que la sœur aînée est absente. Il semble pourtant inutile – me dis-je en moi-même – d'augmenter les soupçons. Je demande à Nkoa de l'envoyer chercher. Il crie alors à la cantonade : « Pourquoi la sœur aînée ne vient-elle pas? Un vrai handicap celle-là! » Lorsqu'elle arrive, je la prends dans ma voiture avec le vieux père et Oyono, tandis que Nkoa et sa femme accompagnent le petit cercueil. De cette manière, les adversaires se trouvent séparés. Dans le cimetière des étrangers, tout bosselé, sans allées, qui ressemble plus à un champ en friche qu'à un lieu de repos, la cérémonie pour la petite Marthe se déroule simplement. Je récite seul le Notre Père en français sans laisser paraître la grande émotion qui me gagne, par crainte d'un éclat de leur part. Après un court silence, on procède à la descente du petit cercueil dans la tombe et à l'aspersion avec un rameau et l'eau bénite que j'ai apportés. Dorette, Clara, le vieux père, Nkoa sont côte à côte, impassibles. Comme il a été convenu, personne ne prend la parole.

Au retour dans la voiture, Clara m'apprend ce que je sais déjà : « Nkoa m'a battue et a dit que je tuais. J'ai pleuré toute la nuit pour la petite. »

J'ai rarement désiré autant me taire, tout en ressentant un tel besoin de parler.

Je dois faire maintenant ou jamais le peu qui est en mon

pouvoir, avant que Clara ne fuie définitivement la maison familiale. Quand tout le monde est assis dans la partie de la case réservée au vieux père, je leur dis ces quelques mots que j'ai gardés précisément en mémoire et qu'Oyono traduit au fur et à mesure (1) :

« Nous voici donc réunis : le grand-père, Nkoa et son épouse Dorette; voilà Clara la sœur aînée et ses deux sœurs cadettes venues pour le deuil, Bruno le petit frère, et Oyono votre ami et le mien.

« J'ose vous parler après l'enterrement parce que vous êtes catholiques et que je suis prêtre. Si j'étais Européen seulement, je ne l'oserais pas maintenant. Mais je suis prêtre, c'est-à-dire que je suis intermédiaire entre Dieu et vous. Et j'ose parler parce que c'est Dieu qui vous parle par ma bouche. Le problème de votre famille, maintenant, c'est la désunion. Cette lampe est retenue au plafond par un fil. (Au-dessus de nos têtes pendait une ampoule sans abat-jour, retenue par un fil dangereusement rongé.) *Si le fil casse, la lampe s'écrase et la lumière s'éteint. Votre unité familiale ne tient qu'à un fil semblable, très usé. Ou bien vous attendez qu'il casse, ou bien vous le remplacez. Le danger maintenant, c'est que Clara s'en aille et ne revienne plus jamais dans sa famille, car trop de paroles ont été dites. Quand on souffre, chacun sait qu'on est prêt à écouter n'importe qui, et à raconter n'importe quoi, sans preuve.*

« Au cimetière nous avons dit le Notre Père. Nous avons dit en particulier cette parole grave : « Pardonnez-nous nos offenses comme nous pardonnons à ceux qui nous ont offensés. » Le père est offensé, Nkoa est offensé, Clara est offensée, Dorette également est offensée. Dieu voit cela. Il ne vous demande pas de pardonner tout de suite. Peut-être que vous pardonnerez dans un an, dans cinq ans, ou même dix ans. Tous, vous êtes blessés. Ce que Dieu vous demande, c'est de ne rien briser définitivement ce soir. S'il en est ainsi, le jour viendra où votre famille sera unie à nouveau.

(1) Chacun comprend le français, mais je fais confiance à Oyono, leur ami, pour dire mieux dans leur langue maternelle ce qui risquerait de leur sembler abrupt dans la mienne.

Attention aux paroles. Attention aux gestes. Veillez à ne rien dire ou faire qui soit irréparable. »

Quand j'achève de parler, le silence s'établit, comme je m'y attendais : la précipitation n'a jamais cours dans ces célébrations quasi rituelles de la Parole. Je n'ose regarder leurs visages, de peur que l'un d'entre eux ne se sente interpellé. Enfin le grand-père tousse, me remercie et, à ma surprise commence à dire un conte dans sa langue. Oyono me le traduit au fur et à mesure. Pour moi, le conte n'était jusqu'alors qu'un délassement plus ou moins éducatif pour les enfants. Je ressens pour la première fois la force apaisante et persuasive qu'il peut apporter aux adultes. Ce conte raconte l'histoire d'un chasseur qui a pris une bête au piège. Au lieu de la rapporter telle quelle au village, l'homme la dépèce et ne garde que sa peau. Sur le chemin du retour, il se dit qu'il va sûrement devenir la risée de tous et rebrousse chemin. Ayant finalement réussi à rattraper la bête qui court écorchée vive, il l'arrête et lui dit : « Quand tu vas te montrer aux tiens ainsi, sans ta peau, ils vont se moquer de toi! Etends-toi donc là. » Alors, sans plus attendre, le chasseur tue la bête et la rapporte au village.

Il me faut saisir les allusions du conte : j'en demande donc l'explication en termes clairs. Le grand-père me dit qu'il est parti seul autrefois de son village pour Douala, avant d'avoir femme et enfants. S'il ne rentrait maintenant qu'avec une partie de sa famille – entendons : sans sa fille aînée – comment le recevrait-on?

Quand Bruno prend à son tour la parole, il fait remarquer que je ne demande pas de réponse immédiatement. Il se réserve la possibilité de le faire plus tard. Il comprend que, ce soir, le mieux est de ne rien dire. Son vieux père encourage Clara à parler, mais celle-ci déclare simplement : « Je n'ai rien à dire. » Peut-être s'était-elle attendue à ce que j'ajoute tout de go : « Clara est accusée injustement. » Seulement la tension depuis le matin est telle entre les membres de cette famille, qu'une pareille bombe ou bien aurait fait long feu parce qu'elle aurait été amorcée par un Européen censé ne rien connaître de la sorcellerie africaine, ou bien aurait provoqué un éclat et une nouvelle empoignade. Je prends nettement conscience à cet instant à quel point une croyance – toute croyance –, partagée par une collectivité, peut orienter l'interprétation des faits et déterminer le jugement.

J'avais fait pareille expérience à Kribi, lors d'un traitement que je photographiais. Les circonstances n'étaient pas si dramatiques, et je restais assez à l'écart de l'action pour analyser les rouages de la croyance sans risque d'offusquer quiconque. Nous étions alors assis en cercle autour de l'aire des soins, et le nganga, lance en main, s'apprêtait à porter ses fameux coups aux malades pour tuer en eux le ver invisible jeté par les sorciers, quand un énorme lézard se faufila et s'arrêta au centre de la piste, dodelinant de la tête. Après un instant de saisissement, le nganga le transperça de sa lance. Puis il ficela la bête comme un rôti, la fit griller et la mit de côté pour en faire un médicament. Je croyais l'incident clos et sans conséquences. Au petit matin, on apprit la mort de quelqu'un du voisinage. « Nous le savions », me dit le nganga. L'intervention de ce lézard particulier appelé *ewedi* était un présage de mort.

La croyance se nourrit ainsi de petits et de grands événements, qui surviennent et se trouvent sélectionnés et interprétés en fonction d'une idée directrice qui a déjà fait ses preuves.

Au cours de cette réunion de famille si proche de l'enterrement d'un enfant, je me sens incapable d'aider des personnes aussi convaincues de la réalité de la sorcellerie et fraîchement renforcées dans leur croyance à prendre le recul nécessaire. Nkoa m'apprend bientôt et Nombote me confirme que Clara, malgré sa déclaration sur le charlatanisme des nganga, a donné 1 000 francs CFA à un disciple de Nombote afin qu'il lui procure des médicaments protecteurs, en termes courants, la " blinde ". La jeune femme ne fait donc pas exception. Mais je me réserve de parler avec Nkoa de la sorcellerie, seul à seul, plutôt que devant tous, et me promets de lui donner mon sentiment sur la relativité des accusations portées contre sa sœur. L'occasion m'en est offerte le surlendemain de l'enterrement.

Mercredi 20 février : La conversation a eu lieu tranquillement chez moi. De son côté, Nkoa m'apprit des événements plus anciens qui permettent de comprendre les positions si tranchées d'aujourd'hui, et renforcent ses convictions.

Quant à moi, je m'efforce de rendre convaincante mon argumentation en lui disant que la sorcellerie n'est pas la seuie manière d'interpréter la maladie et la mort; qu'il existe d'autres systèmes d'explication, ceux de la Bible et de la médecine moderne, par exemple. On ne peut donc pas accuser à coup sûr la sœur aînée, sans risque de se tromper, d'être la responsable de la mort de la petite Marthe. Mon objectif paraîtra peut-être modeste et l'argumentation timide, mais je n'en vois pas d'autre devant cette muraille sans faille que présente la logique de la sorcellerie. Je l'ai appris bien souvent à mes dépens : bien malin celui qui, une fois les hypothèses de départ acceptées, découvre le défaut. Je me contente donc de rappeler à Nkoa que l'existence d'autres attitudes devant le problème du Mal peut rendre la sienne relative et par suite incertaine. Voici des extraits de notre conversation.

Moi : *Depuis combien de temps ta femme et ta sœur ne s'entendent-elles pas?*

Nkoa : *Disons onze ans, depuis le début de notre mariage. Ma mère savait qu'elle allait mourir. Elle m'avait dit : « Maintenant je vais te conseiller une femme à épouser. Comme ça, tu penseras à moi tout le temps. » Comme je suis très obéissant, je suis finalement allé voir cette femme, c'était Dorette. Moins de six mois plus tard, ma mère est morte. Dorette était encore très jeune. Ma sœur aînée était assez rodée, elle avait même déjà fait le quartier Mozart* (malfamé). *Elle avait quitté son mari et s'était donnée à la prostitution. Je ne sais pas ce qu'elle voulait. Elle me présenta d'autres filles. « Celles-ci, disait-elle, feront au moins le ménage comme il faut! » Il est vrai que ma femme, au début, ne savait rien faire. J'ai dit : « Au moins, je veux une femme qui sache parler et comprendre le français. » J'ai entraîné Dorette. Maintenant elle peut vous faire une lettre, à part les fautes de grammaire... Or, il y a à peine deux ans, la sœur aînée a fait venir une fille de Kumba, où elle est actuellement, pour que je la prenne pour femme et que je renvoie Dorette...*

Moi : *C'est vrai, Clara est peut-être mauvaise. Mais je dois dire honnêtement que je ne pense pas ta sœur capable de tuer ses propres enfants, ni Bruno. Dans ces affaires de sorcellerie, il y a une part d'imagination. Oui, il y a des gens qui cherchent à ensorceler les autres. Ils profitent de leur croyance, ils leur font peur à mort. Mais je ne crois pas que Clara, qui n'a rien d'un monstre, ait tué ses deux propres enfants. Elle n'a pas voulu de mal à Bruno.*

Nkoa : *Vous êtes en train de m'étonner, mon Père.*

Moi (avec véhémence) : *La sœur aînée n'a pas pu tuer ses propres enfants! Or toute l'accusation contre elle repose sur le fait qu'elle n'a pas été à l'enterrement de ses deux enfants. On m'a appris ceci : lorsque quelqu'un a vendu un membre de sa famille, il n'assiste pas à l'enterrement.*

Nkoa : *Oui, s'il regarde le cadavre, il meurt.*

Moi : *Je dis qu'on peut expliquer l'absence de Clara aux enterrements d'une autre manière. Le premier enfant est mort à Yaoundé, alors qu'elle était à Douala, et le second plus tard à Douala, alors qu'elle se trouvait à Yaoundé. Est-ce que ce n'est pas vrai?*

Nkoa : *Oui, oui.*

Moi : *Bon. On l'a avertie par les communiqués de la radio. Elle n'était pas obligée de toujours écouter la radio. Et toi-même, l'autre jour, tu m'as dit que tu doutais. Il ne faut pas oublier ça, Nkoa. Au début, tu doutais.*

Nkoa : *Qu'elle soit capable de faire ça?*

Moi : *On a dit qu'elle était coupable de la maladie de Bruno, parce qu'elle avait déjà fait ses preuves. Tu vois bien que tout repose sur la mort de ses deux enfants.*

Nkoa : *Et la mort de la petite Marthe?*

Moi : *A propos de la petite Marthe, j'ai interrogé un médecin. Ils appellent ça " faci ", c'est une fièvre comme le paludisme. A cet âge-là un enfant peut être emporté en deux jours par cette fièvre.*

Nkoa : *Est-ce que " ça " attendait seulement que je ne sois pas à la maison?* (Nkoa était absent de chez lui, quand la fièvre s'empara de la fillette.) *Mes enfants prennent de la Nivaquine tous les deux jours! J'ai même du Quiniforme. J'ai fait de la médecine* (secourisme) *avant d'aller aux Travaux publics. Je n'appelle un toubib que lorsque c'est vraiment grave.*

Moi : *Mais on peut expliquer la mort de l'enfant à la manière du médecin. C'est une terrible coïncidence.*

Nkoa : *Je vous crois, parce que je ne veux pas être Thomas. Nul n'est infaillible. Mais il y a beaucoup d'astuces là.*

Moi : *Nombote t'a impressionné. N'oublie pas que le premier nganga, au pays, avait désigné l'un de tes frères et sœurs et pas nommément la sœur aînée. C'est devenu une même accusation portée par deux nganga consécutifs contre la sœur aînée!*

Après cette conversation, je me prends à penser que rien ne peut me permettre de croire que j'ai, le moins du monde, ébranlé les convictions de Nkoa...

La neuvaine.

Samedi 2 mars : Nkoa passe à la maison et m'apprend que la sœur aînée a regagné Kumba. Il m'invite par la même occasion à partager le repas de la " neuvaine " avec sa grande famille Eton. La " neuvaine " est le dernier plat servi à l'enfant, en principe neuf jours après sa mort. Là où l'enfant vit maintenant, ses compagnons dans la mort lui reprochent de ne pas encore leur avoir offert à manger. Nkoa me rapporte cette explication en souriant, mais se soumet à la coutume. Aujourd'hui, les femmes préparent à cette occasion un repas et font cuire un peu de tout : viande, poisson, pâte d'arachide, herbes et légumes. Pour commencer, des morceaux sont jetés à l'intérieur de la maison, qui n'a pas été balayée depuis le jour du décès, puis dehors, afin que les ancêtres et la jeune morte aient leur part. Ensuite, les petits enfants du quartier, qu'ils soient Bamiléké, Eton ou Bassa, sont invités à manger de cette nourriture, s'ils ont connu la petite Marthe. Vient enfin le tour des adultes, pour la plupart Eton, et quelques invités dont je suis. Personne ne doit emporter de cette nourriture chez lui. Elle doit être dégustée sur place.

Mêlé à cette famille pendant ce repas de la " neuvaine ", je me prends à songer à sa capacité de résistance qui m'apparaît extraordinaire : supporter près de soi pendant plusieurs jours et plusieurs nuits une personne dont on est persuadé qu'elle veut la mort des siens dépasse la résistance nerveuse d'un Européen ! Ainsi la sorcellerie, équivalente du meurtre, est-elle à la fois tragique et relativement bien tolérée. Les cérémonies mortuaires, dont la " neuvaine " n'est qu'une phase, apportent un élément de réponse. La croyance et les rites font que le monde des morts et le monde des vivants s'interpénètrent. Le temps qui succède au décès, traumatisant pour l'entourage quand commence la rigidité cadavérique, est aussitôt occupé par l'obligation des rites funéraires et familiaux, et, pour ainsi dire escamoté, il reçoit vite une signification vitale. La mort s'en trouve plus supportable et les fauteurs de mort moins redoutés.

J'avais déjà mesuré l'importance des rites funéraires à une autre occasion où justement ils avaient d'abord manqué. Il y a de cela plusieurs années à Yaoundé, quand j'assurais l'aumônerie à l'Université, un étudiant était mort brusquement à l'hôpital, au cours d'une opération de l'appendice. Personne ne s'y attendait. L'ambulance avait ramené le corps de l'étudiant à son domicile, c'est-à-dire à la Cité universitaire. Mais où le déposer ? Les infirmiers l'étendirent, faute de mieux, dans la salle de jeux de la Cité, sur la table de ping-pong. Je compris plus tard pourquoi ses camarades avaient été tellement traumatisés bien qu'ensuite le corps ait été transporté au village, et les funérailles célébrées selon la coutume. Longtemps après, cependant, plusieurs se souvenaient du choc qu'ils avaient ressenti et combien leur conception de la mort avait été ébranlée. La vie, disaient-ils, avait cessé totalement. Je leur rappelai alors leurs traditions et le christianisme qui se recoupent pour affirmer que c'est bien la vie qui l'emporte. Non, ils avaient vu le cadavre de leur camarade comme profané sur la table de jeux. La mort, privée de son apparat et de ses symboles coutumiers ou chrétiens, leur était apparue, semble-t-il, dans sa radicalité.

Toute croyance, y compris celle en la sorcellerie, permet aux sociétés d'intégrer le phénomène de la mort, et limite la peur qui en découle.

Le repas de la neuvaine tire à sa fin. Quelques remontrances sont faites à Nkoa, par le délégué de la jeunesse Eton, et par le chef, sur son irrégularité aux réunions de famille. Oyono, qui, tout au long de ce drame, a été pour moi un intermédiaire précieux, me résume les paroles et m'éclaire sur les sous-entendus : seule la cohésion de la grande famille peut permettre à la petite famille de subsister. Mais la sérénité de cette cérémonie est troublée par le discours d'un représentant de la belle-famille, c'est-à-dire par un oncle de Dorette. Son intervention est brève, elle tient dans une seule question adressée au chef : pourquoi le grand-père paternel de la petite Marthe n'a-t-il pas touché (ou regardé) le cadavre de l'enfant? Protestation du vieil homme : « Comment! On m'accuse moi aussi d'avoir tué cet enfant! » Je demande à Oyono si des scènes de ce genre se produisent souvent lors des neuvaines, mais il me répond qu'elles sont rares.

Je me retire en pensant que la sorcellerie s'exerce à la jointure de la famille et de la belle-famille. Deux clans s'affrontent, l'un derrière la victime, l'autre derrière la sorcière. Une connaissance précise des structures familiales permet à un devin-nganga expérimenté de savoir d'avance quelles sont les oppositions latentes. Survient un accident, une maladie, une mort, il sait trouver la faille et qui accuser. En me raccompagnant, Nkoa me dit : « Nous allons quitter cette maison et aller ailleurs. Les enfants ont des cauchemars. Le benjamin appelle sa petite sœur comme s'il la voyait. Mais ma femme et moi nous aurons un nouvel enfant. Dans une semaine ou deux, quand j'aurai l'argent, je rassemblerai à nouveau les deux familles. On tuera deux chèvres et je leur annoncerai notre décision. »

Quand le nganga accuse, il soigne.

Bruno donne l'apparence d'un homme guéri. Il a réintégré le domicile de son frère, et retrouvé à son ombre un petit poste dans les Travaux publics. Les événements précipités m'ont empêché d'avoir une série d'entretiens avec lui et de me faire une idée des causes psychosomatiques de son mal. Je me suis contenté de suivre la version traditionnelle, selon laquelle il aurait été vendu en sorcellerie par sa sœur Clara. Son anxiété a-t-elle été radicalement calmée? Cela dépend de l'impact provoqué par l'interprétation de Nombote sur les couches profondes de la psychologie du jeune homme.

Deux confidences m'obligent à être prudent dans mes pronostics. Nous le savons, Bruno a été étonné d'apprendre que sa sœur l'a ensorcelé. D'autre part, vers la fin de son séjour chez Nombote, un cauchemar l'a vivement impressionné : il a vu le premier fils de Clara, son compagnon de jeu, du temps où ils étaient élevés ensemble chez elle, se précipiter sur lui et le boxer. Il m'a raconté ce rêve et, détail plus important, ne semble pas en avoir fait part à Nombote. L'avenir nous dira si les efforts réunis de Nombote et d'une grande partie de la famille ont suffisamment influencé Bruno pour le persuader que la cause de son mal a été trouvée. Admettons qu'il soit guéri pour de bon. Ne pouvait-on faire l'économie de l'accusation? Fallait-il lier nécessairement le bonheur de Bruno au malheur de Clara? Avait-on besoin d'une sorcière?

Nombote ne s'y est pas pris autrement que ses collègues. Lorsque je me remémore les différents traitements auxquels j'ai assisté, je retrouve la place de l'accusation. Un sorcier n'est pas nécessairement la cible. Dans certains cas, ce sont les ancêtres qui sont en cause, ou encore le sujet lui-même, comme Elimbi, le fils malchanceux de Loe, qui est rendu responsable de ses propres déboires. Mais la désignation d'un coupable fait généralement partie de la thérapeutique. Les différences de ton entre les nganga viennent plutôt des circonstances : la peur du gendarme en cas de dénonciation, la crainte des représailles dans un village où tout le monde se connaît, le souci de ne pas traumatiser la victime, toutes ces raisons vont déterminer le degré de publicité de l'accusation.

Quand le nganga accuse, il soigne. Même s'il ne prononce pas le nom du coupable, déjà le secret qu'il est censé détenir a un effet thérapeutique. J'ai vu arriver des malades, en grande détresse, totalement abandonnés entre les mains des porteurs, retrouver, à la seule vue du nganga, un peu de leur force d'âme. L'homme qu'ils sont venus trouver, sait. Et lorsque le nganga va jusqu'à suggérer le nom du coupable, la famille est soulagée, parce que le voile de l'anonymat est levé, et le danger circonscrit.

Pareil procédé thérapeutique, qui fait du bonheur de l'un la misère de l'autre, paraît inhumain si l'on oublie le contexte socioculturel dans lequel il opère.

Les familles disposent de structures qui permettent de réintégrer l'accusé. Ces structures de réconciliation n'ont pas joué ici à cause de plusieurs irrégularités. Nombote n'a laissé à Clara aucune chance. Il a fait d'elle une sorcière au vu et au su de tous, à la différence des maîtres qui savent manier le flou et l'allusion et prévenir les affrontements. Cette assurance, Nombote la doit, selon mon enquête, aux indiscrétions de Dorette sur la vie et la réputation de son ennemie Clara. De son côté, Clara a violé les règles du groupe en s'adressant à la police plutôt qu'au chef de famille, habitant pourtant le quartier. Entorses à la coutume qui rendent aléatoires les cérémonies de réparation, où l'on joue sur la demi-confession et les demi-silences pour conclure au repentir et sacrifier une chèvre à la place de la personne visée. Mais ces solutions tout en nuances, venues de la tradition, sont-elles encore offertes aux enfants de la ville ?

Le sorcier (ou la sorcière) jouit d'une certaine immunité. Il ne la doit pas seulement au système légal moderne le protégeant de la vendetta familiale et s'abstenant de tout jugement sur son compte tant qu'il ne trouble pas l'ordre public. On se souvient du procès de Din. Mais voici un meilleur atout pour lui : les représailles sont rares, parce que chacun peut s'attendre à tomber un jour sous le coup de la même accusation. Toutes les catastrophes familiales ne sont pas imputées à la même personne. Demain, ce sera peut-être dans cette famille le tour de Dorette. Les règles extrêmement complexes du jeu de la parenté font porter le poids du mal, une fois sur l'un, une autre fois sur l'autre, de telle sorte que le sorcier souffre d'un isolement relatif et provisoire. Même si les rapports entretenus avec lui sont de pure politesse, il continue de se mêler aux siens sans que rien, les jours de paix, ne transpire. Les exclusions définitives d'une famille pour cause de sorcellerie me semblent très rares; l'unanimité ne se fait jamais à longue échéance contre une seule personne.

Les sorciers gardent une place dans la famille, parce qu'ils y ont, finalement, une fonction utile. Eliminer Clara, c'est s'exposer à devoir désigner un nouveau coupable, le jour où, par exemple, un autre enfant de Nkoa tomberait gravement malade. La crainte souterraine d'un danger plus grave qu'une maladie explique la patience et même l'indulgence dont l'entourage fait preuve à l'égard de ses « prévenus », malgré les formidables chefs d'accusation. A mon sens, dans cette recherche ambiguë de coupables, qu'il ne châtie pas vraiment, le groupe se prémunit contre une menace infiniment plus inquiétante : l'éclatement. Il doit sa paix relative à un report continuel des responsabilités sur l'un ou l'autre des siens.

La meilleure image de ce mouvement thérapeutique et salutaire de circulation m'a été fournie par Loe à la fin d'un traitement, à l'époque où je le fréquentais avec assiduité. Il jetait sur la patiente, revêtue d'un ample pagne rouge, figure du combat, des charbons ardents qu'elle s'empressait de détourner, en tendant brutalement l'étoffe, vers nous autres qui l'entourions. Et le jeu se prolongeait dans la foule, par des passes au pied, jusqu'à ce que le feu soit complètement éteint.

Craignez-vous les uns les autres.

J'ai acquis une certitude : l'accusation est une pièce maîtresse dans le jeu de la médecine traditionnelle. Selon moi, un nganga ne peut y renoncer sans faire perdre au traitement une part de son efficacité.

Cependant, une question ancienne, qui date du début de mes recherches, me lancine sans que je puisse cette fois l'éluder : comment les chrétiens, – à savoir l'ensemble des nganga et de leurs clients en pays douala – peuvent-ils concilier leur foi et la pratique de l'accusation ? L'apparente légèreté avec laquelle une personne est accusée des pires crimes, jusqu'au meurtre de ses propres enfants, m'a souvent choqué. Toutefois, j'ai mieux compris la raison de ces charges en les replaçant dans un ensemble culturel cohérent avec ses rites compensatoires qui en tempèrent les effets. La principale contradiction ne serait-elle pas plutôt le caractère insensé donné à la charité – littéralement un « non-sens » aux yeux des nganga ?

Si l'on entend par charité, comme le propose l'Evangile, un amour qui s'étend jusqu'aux ennemis, une question se pose : est-il possible d'aimer son sorcier ? Sur ce point essentiel, les réponses sont négatives. Din, Loe, puis Nombote et Tokoto se rejoignent : il ne convient pas d'aimer vraiment celui qui vous ensorcelle; vous risquez de renforcer son pouvoir maléfique sur vous et votre entourage. Des patients me font les mêmes remarques : « Les sorciers, si tu les détestes, ils ne peuvent pas te faire de mal. » On peut les aimer à moitié, pas entièrement, et l'histoire de Clara en est l'illustration. Jamais je n'ai entendu une objection aussi radicale faite à la Charité. Elle passe souvent pour une utopie et on peut douter de sa mise en pratique. Mais ici, elle est soupçonnée paradoxalement de nourrir la haine. Je crois avoir découvert l'une des principales sources de ce malaise diffus que j'éprouve depuis le moment où j'ai connu les nganga, et une raison de ce qui distancie en profondeur leur univers et le mien.

LA KHAMSI DES MONTAGNES

« L'eau lave le visage,
elle ne lave pas la malchance. »

J'entrai dans l'univers de la khamsi, oracle des monts Bamiléké, de la même façon que chez Din, Loe, Nombote et Tokoto, en me présentant à elle tout simplement.

Je place ici le récit de cette rencontre, qui a eu lieu à deux cents kilomètres au nord de Douala, dans un contexte géographique et culturel particulier, à travers une langue que je ne parle pas, en raison de la place qu'elle tient dans mon itinéraire. Décontenancé par les événements parfois dramatiques que je viens de relater, où se mêlent inextricablement la magie et la foi chrétienne, les croyances ancestrales et les aspirations modernes, un peu inquiet de mon propre comportement, j'aspirais à retrouver, pour mon repos, une société traditionnelle cohérente qui me réconcilie avec les nganga. Pour avoir parcouru le pays bamiléké de part en part, je savais, comme tout le monde, que ses habitants réussissaient à conserver leurs traditions vivantes, à l'ombre des grandes chefferies. Ni la vie moderne, à laquelle ils participent massivement – Douala est peuplé à 50 % de Bamiléké – ni l'islam, ni le christianisme qui touche environ 30 % de la population, n'ont rendu caduques leurs coutumes.

J'espérais y trouver un nganga ou un devin digne de ce nom.

Je choisis la chefferie de Bamendjou, près du col de Batié (1 500 mètres) en raison de mes bonnes relations avec le curé de la paroisse et les sœurs clarisses qui se sont promis de m'obtenir la bienveillance du chef Sokoundjou. On ne s'introduit pas dans une chefferie sans références. Je sais que le temps passé dans ces montagnes vertes et rouges, en tout six semaines, sera sûrement trop court pour me permettre de situer avec exactitude la place d'un nganga dans le vaste contexte culturel et anthropologique de la chefferie. Ce voyage n'est qu'une incursion hors de mes lieux d'étude habituels. Par chance, je profiterai de circonstances favorables qui contrebalanceront les inconvénients d'un trop court séjour. Le pays vient de retrouver une paix totale après le temps du maquis, plusieurs dizaines de milliers de personnes ayant trouvé la mort dans ces régions entre 1957 et 1970 (1). Le chef vient de célébrer le retour à l'unité par une grande fête. Quelques années plus tôt, je n'aurais joui d'aucune liberté de manœuvre. J'ai l'impression de profiter d'une sorte de conspiration réunissant les grands corps constitués, la Chefferie, l'Administration, l'Eglise. Grâce à la supérieure du monastère, qui a reçu le titre de mère du chef (*mafo*), malgré sa nationalité française, je suis informé sur les traditions par le député, ancien catéchiste et notable, et envoyé chez la khamsi par le curé lui-même. Après tant d'années de méfiance, les regards sont affables et j'ai même le sentiment de servir le désir général de concertation.

Un notable de Dieu.

Un matin, suivant les indications du curé, je quitte la large route de terre rouge qui relie la chefferie de Bamendjou au col de Batié, et emprunte sur la droite un chemin abrupt menant chez la khamsi. Je conduis prudemment, car l'herbe est haute sous mes roues, et la piste étroite. A chaque mètre,

(1) Pour le contexte politique de la rébellion, lire J.F. Bayart : *l'Etat au Cameroun. Op. cit.*, « l'embrasement du pays bamiléké », pp. 64 et suivantes.

j'appréhende le choc d'un éventuel caillou, ce qui m'empêche de contempler, comme je le voudrais, l'entrelacement des petites montagnes aux pentes douces. Ce paysage rappelle l'Auvergne malgré ses teintes plus contrastées. En saison des pluies, le vert sombre de la végétation tranche sur le rouge brique de la terre latéritique. Je laisse la voiture sur le chemin. Une allée en pente, bordée d'une clôture en bambous et d'arbustes au tronc blanc, annonce une propriété. Je la descends et tombe enfin sur la case de la khamsi, tout au fond de la vallée. Je ne suis pas surpris de son isolement, car chaque famille bamiléké vit à l'écart au milieu des champs. Pour l'atteindre, je dois franchir une nouvelle clôture et une petite barrière de protection contre les chèvres. Elle ressemble à toutes celles que j'ai rencontrées en chemin. C'est un cube aussi haut que large, fait d'épais parpaings de terre rouge, recouvert par un toit en tôle, posé comme un chapeau triangulaire. Je distingue de minuscules fenêtres, une ou deux de chaque côté, qui permettent tout juste de passer la tête, et l'étroite porte d'entrée : une vie sociale bien protégée. Je n'observe pas davantage l'environnement, trop absorbé par l'imminence de la rencontre. Je sais que tout dépend de la qualité du premier contact.

Une paysanne, assise sur un banc au seuil de la porte, parle avec véhémence à un jeune homme qui se tient debout devant elle. Elle interrompt brusquement son discours à mon approche et me regarde. Je ne retiendrai de cet instant que le souvenir de ses yeux. Avant même que le garçon ne repère ma présence, elle m'a sondé : un regard brun étonnamment intense, qui semble vous cerner. Des yeux fascinants, inquiétants comme ceux d'une hallucinée, avec juste une lueur grise rassurante de malice.

Je prends le jeune homme comme interprète et informe la khamsi de mes recherches; je ne lui cache pas ma qualité de prêtre. Je vois qu'elle m'a adopté d'emblée, avec cette sûreté de diagnostic qu'elle exerce à longueur de temps sur les visiteurs qui viennent lui demander de révéler leurs désirs secrets. En effet, je viens chez elle sans aucune arrière-pensée ni idée préconçue, et pour cause : la documentation écrite sur sa fonction est pratiquement inexistante. Je sais tout juste qu'elle est un « notable de Dieu », au sens étymologique du mot khamsi, chargé d'exercer la divination. Il me faudra tout découvrir comme à tâtons.

Me prenant comme témoin autorisé, puisque je suis également professeur, le garçon enchaîne en me révélant l'objet de sa dispute avec sa mère. Il a passé deux ans dans une école de comptabilité à Yaoundé, la capitale, mais, faute d'argent, a dû interrompre ses études avant leur terme. Il est venu passer le temps des vacances scolaires chez elle, par habitude. La khamsi veut le retenir encore deux jours pour effectuer sur lui les rites d'usage, afin qu'il trouve du travail en ville. Je devine la vraie raison de sa mauvaise volonté, une réticence à l'égard des rites traditionnels, lui, dont le centre d'intérêt, malgré ses déboires, est devenu la vie nouvelle. Décidément, aussi loin que j'irai, je rencontrerai l'affrontement des deux mondes.

La mère et le fils s'affrontent au seuil de la porte. Elle paraît si jeune avec son visage rond et ocre comme la brique, sa tignasse ébouriffée, son front bombé, qu'on la croirait plutôt la sœur de ce grand garçon qui lui tient tête et qu'elle fixe, à la fois furieuse et mal à l'aise... Bien que tout dans leur tenue les distingue, ils ont l'air d'avoir le même âge, ils se ressemblent. Elle porte la tunique brune des paysannes, et ses pieds sont nus. Lui est habillé comme un citadin : chemise fantaisie, blue-jean, souliers à bouts pointus – ceux-là même qui font fureur sur les boulevards. Il se tient droit devant elle, comme hésitant entre l'insolence et la soumission. Le reste de la famille est sans doute aux champs; ils sont seuls.

L'enjeu de la dispute m'apparaît clairement. On se souvient de circonstances semblables à Douala, où Loe avait proposé à son fils Elimbi de le soigner contre la malchance, de le traiter pour qu'il trouve du travail : même âge, même niveau scolaire, mêmes réticences à la proposition d'une cérémonie traditionnelle (1). Aujourd'hui, Jean Fotsing –

(1) *Supra* : « La malchance est une maladie », p. 112.

c'est le nom du garçon – vient de décider de se soumettre. Je demande alors la faveur d'assister aux rites, fort curieux de savoir si elle se comportera comme Loe. La khamsi accepte d'emblée. Elle me prie simplement de venir la chercher en voiture à son domicile le lendemain après-midi, car la cérémonie aura lieu ailleurs. En guise d'adieux, elle me prend la tête entre ses deux mains et me souffle dans les oreilles et les narines.

Le tombeau du crâne.

Après avoir passé la nuit au monastère des clarisses, le lendemain, à l'heure dite, la khamsi, Jean Fotsing – qui garde ostensiblement à la main le livre de Jean Lacouture : *Cinq hommes et la France* – quelques enfants et une tante du garçon, côté paternel, montent dans ma voiture. La khamsi me fait prendre le chemin de la chefferie voisine, Bamendjou : la cérémonie doit se dérouler dans un hameau des environs où le jeune homme est né, le hameau de son père. Courte halte, sans sortir de voiture, au village paternel. La khamsi, avec ses cheveux acajou hirsutes, sa superbe robe rituelle rouge... et un Européen à son volant, ne passe pas inaperçue ! Surprise et réserve, dont je comprendrai les vraies raisons par la suite. Le village franchi, nous nous arrêtons à la lisière d'une vaste concession en ruine. C'est là. Je devine à travers les hautes herbes qui me montent jusqu'au menton, les restes de la case centrale du maître, flanquée de quatre cases cubiques plus petites pour les femmes. Ce devait être une belle propriété. J'imagine des maisons neuves faites en larges briques roses et surmontées de l'élégant toit de chaume traditionnel planté sur elles comme une chéchia conique. Aujourd'hui, la tôle remplace presque partout le chaume.

Avant toute autre démarche, la khamsi s'approche d'un bananier, à proximité d'une case à demi démantelée, se recueille un instant, puis ramasse une poignée de terre, cette lourde terre noire volcanique qui fait la richesse agricole du pays. Jean Fotsing, à mes côtés, m'explique que sa mère prend de la terre là où est enseveli le crâne de son père, ou plutôt à l'emplacement présumé, parce que tout le monde ignore où l'homme est mort exactement. Ce geste révèle toute une histoire, indispensable à connaître, si l'on veut comprendre le sens et la subtilité de la liturgie qui va suivre.

L'époux de la khamsi est mort, il y a 15 ans, lorsque Jean Fotsing était encore petit. C'était en 1959, à la veille de l'indépendance; le maquis battait son plein. « On m'a dit que mon père a été tué parce qu'il était riche. Il faisait le commerce des moutons. Dans ce village, les riches étaient des commerçants. On est venu d'abord prendre les moutons, et quand ce fut fini, on tua mon père. » Les vestiges laissent deviner, en effet, à côté des maisons, de nombreux abris pour les bêtes. La situation était confuse à l'époque, et personne ne peut dire si ce sont des maquisards ou des anti-maquisards qui ont pris le père pour l'abattre. La khamsi n'était pas présente cette nuit-là, mais demeure persuadée que les assassins de son mari sont bien des habitants du village. Nous possédons une chronique sur cette période de troubles; à la même époque, à l'emplacement précis où le couvent des clarisses devait être construit, un jeune homme appelé Gabriel Soh était exécuté pour avoir tenté d'empêcher que le vicaire de la paroisse, l'abbé Fonjo, ne soit tué ou molesté. Un petit livre, qui raconte le martyre du jeune homme, décrit ainsi la situation : « Des maquisards dissidents, les " tueurs-tueurs " sont proches de ce quartier limitrophe de Bamendjou. Les hommes tuent indistinctement tous les Camerounais qui refusent d'adhérer... Des accrochages ont lieu entre maquisards et " tueurs-tueurs " (1). »

L'emplacement où la khamsi a prélevé de la terre noire s'appelle le tombeau du crâne (*tunösi*) (2). Comme personne

(1) Odette Bialley : *Un témoin de la foi – Gabriel Soh, jeune chrétien bamiléké*, 1938-1959, p. 53.

(2) Deux sigles supplémentaires s'ajoutant aux sigles douala seront employés dans ce chapitre pour rendre très approximativement la prononciation des mots en langue bamendjou : *ü* qui équivaut au *u* français comme dans lu; *ö* qui équivaut au *eu* français comme dans feu.

Il existe une transcription scientifique des langues bamiléké établie par V. Futchantse, mais trop complexe pour cette édition. Il y a, par exemple, trois manières de prononcer le son qui est indiqué ici par la voyelle « a ».

ne sait – ou ne veut dévoiler – l'endroit précis où le père de Jean est mort, la famille a dû faire appel à un certain personnage (*sunku*) dont la fonction est de trouver de tels lieux. Il lui faut chercher longtemps, mais soudain il tombe frénétiquement sur le sol : c'est là. A la différence des peuples du Sud qui attachent le souvenir de leurs morts à des arbres, les Bamiléké considèrent le crâne d'un ancêtre comme le support de sa présence et observent des rites progressifs de transfert de l'extérieur à l'intérieur des cases. Il ne s'agit pas de matérialiser la personne décédée mais de lui conserver une attache physique, sans quoi elle n'est plus en relation avec les vivants.

L'étrange pouvoir de transfigurer.

La khamsi se rend devant la porte de la case centrale en ruine. Là se déroulera la cérémonie, sur le passage supposé du cortège sinistre qui a entraîné son mari. Elle fait éclaircir par les enfants le lieu où les herbes folles ont poussé. Elle tient toujours en main la poignée de terre noire, et demande qu'on apporte un large vase en terre cuite, neuf et rutilant. Elle y dépose d'abord la terre noire qui représente le père de Jean Fotsing ou, plus exactemant « qui *est* le père de Jean Fotsing » selon l'explication qu'on me donnera, car il est attribué à cette terre une portée plus grande qu'un simple signe (1). Une poudre rouge, appelée *hwosi* (2) résultat du mélange d'acajou et d'argile, dont les khamsi s'enduisent les cheveux, le visage, les bras et les jambes, est mêlée à la terre ainsi qu'une poussière blanche (*mbö*), provenant essentiellement de l'argile et qui est un signe de bénédiction. Outre ces deux sortes de poudres sacrées chargées de significations, la khamsi dépose à l'intérieur et autour du vase quelques grains de *dethum*, qui ne manquent jamais aux cérémonies qu'elle préside, ni d'ailleurs aux grands rites de la chefferie. Ces gousses, brunes et oblongues, grosses comme le pouce,

(1) Présence réelle dont le sens devrait mieux apparaître dans le récit suivant.

(2) Mot à mot, *hwosi* ne signifie pas moins que « remède de Dieu ».

manifestent l'amour et la réconciliation (1). Le vase (*tse*), ainsi chargé, est semblable à ceux qui contiennent les crânes des ancêtres et qui sont placés sous terre.

L'étrange pouvoir de transfigurer! Cette prêtresse dispose d'un pan de mur à demi effondré, d'instruments liturgiques qui sont un pot, une poignée de terre noire et deux sortes de poudres, la rouge et la blanche, et, pour toute assemblée, de notre petit groupe qui, assis à même la terre, ne la perd pas des yeux. Mais son assurance est telle, ses gestes si simples et majestueux, sa parure si éclatante, qu'elle transforme, avec la complicité du soleil couchant, ce petit coin de brousse perdu en un lieu saint. La hauteur et la beauté de la scène me subjuguent.

Cette cérémonie, à savoir le dépôt du crâne dans le vase, ou à défaut, de la terre noire, aurait dû avoir lieu depuis longtemps. Mais les habitants du village, pour des raisons qui devaient m'apparaître peu à peu, s'y étaient toujours opposés. Pourtant, sans ces rites d'usage, le père décédé continuait d'errer sans pouvoir réintégrer officiellement sa propriété et les relations ne pouvaient être normales entre les membres de sa famille. Si Jean Fotsing n'a pas réussi dans ses études et ne trouve pas encore de travail satisfaisant, ne faut-il pas l'attribuer au fait que son père est mécontent et qu'il ne lui a pas encore donné sa bénédiction (*ndo*)? Un homme ne réussit pas dans la vie sans le bon vouloir de son père, mort ou vivant. Je retrouve là les mêmes motifs qui ont poussé Loe à traiter son fils chômeur. Que le jeune homme retrouve sa place de fils aîné auprès de son père, telle est la première condition de l'équilibre social! Il sera mieux armé alors pour un travail d'homme.

Une fois le vase apprêté, la khamsi le pose à terre, comme s'il s'agissait d'un énorme casque renversé, et nous prie de nous asseoir sur le sol débroussaillé, face à la porte de ce qui fut le logis central. « Il ressemble à son père », dit-elle, en regardant Jean et en me souriant. Elle sort d'un panier un

(1) *Dethum* s'appelle en douala *nsote*, signe de bénédiction sur la côte. Il contient des graines noires qui ont le goût sucré de la réglisse

gâteau de fève, qu'elle nous invite à manger. Si elle avait été riche, commente-t-elle avec un soupir, elle aurait tué un bouc. Elle distribue soigneusement les morceaux de gâteau à chacun d'entre nous et répand le reste à tous vents, en un geste destiné à Dieu omniprésent. J'apprends qu'elle a déjà ménagé Dieu la veille, en lâchant en liberté dans la nature un poulet que personne ne pourra plus toucher désormais. Tous ces gestes, y compris le partage du gâteau, invitent les vivants et les morts à accepter de bonne grâce, sans y faire obstacle, la cérémonie qui va commencer. La khamsi ne touche pas au mets. Elle se contente de déguster de petits morceaux de terre grappillés sur les briques de la case, afin de rappeler qu'elle n'est pas une étrangère en ce lieu. Elle sourit à mon intention, d'un air significatif : elle pense que bien des éléments de cette scène doivent m'échapper. La tante, les quatre enfants, Jean et moi faisons honneur au gâteau. L'une des petites filles présentes est une khamsi miniature, avec une crinière hirsute, rouge et poisseuse. « Elle sera khamsi à son tour », m'assure-t-on. Un ancien ami du père qui passait par là s'est joint à notre groupe. Il s'étonne de ma présence et remarque mon magnétophone (1). La khamsi le rassure : je viens du monastère.

« Vas t'habiller, dit la khamsi – Comment veux-tu que je m'habille avec ce truc-là, répond Jean en français – Si tu n'as pas de couteau, coupe-le avec tes ongles », ajoute la mère. Le " truc " est fait de longues feuilles mortes de bananiers (*möfet*), contre lesquelles Jean doit troquer son jean. « Si j'avais su, j'aurais apporté un vieux jean! », bougonne le garçon, toujours en français. Lorsque le maître de la maison meurt, ses femmes et ses enfants doivent tous porter une robe de feuillage semblable, durant les sept jours de deuil. « Va t'habiller comme on t'a dit, insiste l'ami du père, mets ça autour de tes reins. Prochainement ce sera mon tour. »

(1) Toutes les conservations, interviews, monologues sont recueillis par le magnétophone, traduits au jour le jour par Patrice Tankam, originaire de Bamendjou, étudiant à l'ENS de Yaoundé, et en vacances sur les lieux. Il ne m'accompagne pas mais me renseigne sur ce qui a été dit exactement, précisant ainsi les commentaires qui m'ont été faits par bribes sur le terrain.

J'encourage Jean par un petit discours sur la valeur des traditions, craignant que mon silence puisse le gêner. Pendant qu'il se change, l'une des petites filles rapporte du ruisseau une jarre pleine d'eau qu'elle verse dans le vase sacré. La tante se contente d'empiler des feuilles fraîches dont l'usage apparaîtra tout à l'heure. Et la khamsi se met à monologuer tout haut. Elle prononce à l'intention de son mari, qu'elle sait présent, des bribes de phrases incompréhensibles pour les profanes : « Que sa concession soit envahie d'herbes comme celle-ci! – Quand la guerre est venue, les gens se sont éparpillés. – Ils sont venus me chercher querelle au ruisseau. » Je comprendrai peu après le sens de ces phrases traduites à voix basse par l'ami du père, quand la dramatique histoire de la khamsi m'aura été racontée.

« Dieu m'a saisie... »

Pauline Nkwedum avait épousé le riche Tampa propriétaire des lieux dont elle avait eu d'abord deux enfants morts en bas âge, puis Jean Fotsing. Après l'assassinat de Tampa, elle resta sur place et épousa bientôt un homme du voisinage. C'est alors que la folie la prit, mais pas une folie *ordinaire*, me dit-on; son comportement devint anormal; elle pouvait ainsi se retrouver nue sur la route et ne s'en soucier nullement. Par la suite, elle devait accuser son nouveau mari d'avoir dépensé son argent à boire au lieu de lui acheter des médicaments. Mais en fait sa folie n'était pas du ressort de la simple médecine. Dieu avait saisi cette femme pour lui donner accès à la connaissance de réalités cachées.

« Comme je souffrais, m'explique Pauline Nkwedum, des khamsi m'ont envoyée avec l'un d'entre eux, un vieux papa, sacrifier un bouc. On a dû apporter de l'huile et des *dethum* à l'endroit indiqué. Ensuite, je suis partie sur la route de Bafoussam chez une vieille mère khamsi qui a “ travaillé ” sur moi et m'a donné des *dethum*. Arrivée à Bafoussam, chez une autre khamsi, je me suis mise immédiatement à parler. C'est Dieu même (*Si*) qui m'en a donné l'autorisation. »

Le khamsi, « notable de Dieu », être humain – homme ou

femme – *saisi* par Dieu, a essentiellement pour fonction de parler, de dire la vérité que Dieu lui souffle. La plupart d'entre eux ont connu une pareille crise de démence, mais « les khamsi leur ont montré le chemin ». Ces circonstances étonnantes leur donnent une autorité incontestable.

Etonnante thérapeutique que celle-ci ! Voici comment une société soigne certaines formes d'hystérie nées en son sein. Elle donne au sujet atteint une haute fonction religieuse et sociale qui correspond raisonnablement à son type de démesure, au lieu de le reléguer, sans espoir de retour, parmi les fous et les déments.

Transformée, Pauline Nkwedum, nouvelle khamsi, rentre au village, où elle entreprend de révéler à tous leurs quatre vérités. Elle a beaucoup à dire, en particulier sur les auteurs du meurtre de son premier mari. Sans doute, profite-t-elle exagérément de sa liberté de langage – une khamsi qui cherche le bien de la collectivité ne doit pas dire tout ce qu'elle sait. Toujours est-il que les villageois font ce qu'il faut pour qu'elle s'en aille. C'est la tante de Jean Fotsing, présente à la cérémonie, qui m'apprend tout cela. Pauline Nkwedum, en revanche, me dira publiquement qu'elle a quitté le village parce que Dieu l'y a forcée : « Je ne voulais pas partir. Dieu m'a frappée, il m'a attaché les bras et m'a amenée à Batié. Je criais : " Non, non, non, je ne veux pas y aller ", mais Dieu m'y a conduite et là, il m'a détachée. » Sans se contredire pour autant – l'interprétation mystique intervenant toujours la première – elle fait allusion ensuite aux tracasseries inventées pour lui rendre la vie impossible et l'obliger ainsi à partir d'elle-même. La tante ajoute que les hommes du village se relayaient au ruisseau pour l'empêcher d'accomplir les ablutions rituelles. Une khamsi doit, deux fois par semaine, se laver dans l'eau courante, hors de la vue d'homme qui vive, pour se purifier. Contrariée dans l'exercice de sa fonction, la khamsi s'enfuit du village pour venir habiter Batié chez un nganga appelé Fotpa, qui l'accueille et l'épouse. C'est dans la demeure de ce troisième mari où elle pratique l'art de la divination que je l'ai rencontrée pour la première fois avec Jean Fotsing.

« *Que ma puissance travaille mon fils.* »

Jean se trouve maintenant à pied d'œuvre, torse nu, avec des lanières de feuilles de bananier entrecroisées qui le moulent à partir de la taille, comme un slip. Il est debout, un peu gauche, face à la porte d'entrée et surplombe le vase rituel. Sa mère lui met dans la bouche deux petits cailloux polis et plats qui tiennent à la fonction de khamsi, et s'apprête à le laver en passant sur son corps des bouchons de feuilles gorgées d'eau lustrale (1).

L'eau rituelle le débarrassera des malédictions (*ndo*) qui peuvent être à l'origine d'une malchance tenace (*nö-sot*) (2). La tante se met à frotter Jean Fotsing avec vigueur.

Un enfant : *Les feuilles tombent, est-ce qu'il faut les ramasser?*

Khamsi : *Mais voyons, les feuilles qui tombent, c'est la preuve que la purification réussit vite.*

Pendant ce temps, la tante et la mère accompagnent l'opération de réflexions échangées à haute voix. Ce sont des protestations d'innocence : « Non, je ne suis pour rien dans la malchance qui s'est abattue sur ce garçon, je n'ai pas de raison de le maudire. »

La tante : *Je suis ici avec la petite Jeannette* (sa fille qui a été chercher de l'eau). *Nous avons une même bouche* (nous sommes à l'unisson), *nous les filles d'une même femme. Nous tous, les enfants de Taba* (ancêtre), *nous sommes un. Nous avons une même bouche. Fotsing, quel que soit l'obstacle que tu trouves sur ta route par notre faute, qu'il s'effondre! S'il t'arrive quelque chose d'heureux, puisses-tu en profiter.*

Khamsi : *Que ma puissance de chef* (que je tiens de Dieu),

(1) La feuille de bananier et surtout le *pankhwijum*. En douala : *diboku-boku la makom*.

(2) En douala : *mbeu' a nyolo* (mauvais sort provoqué).

s'avance et travaille mon fils (1). *Depuis que je suis dans cette demeure aujourd'hui abandonnée, je n'ai jamais trompé personne. Si je n'ai pas rendu visite à la fille de mon mari quand elle a eu un enfant, c'est parce que j'étais malade. Si c'est par méchanceté, O Dieu, ne lavez pas* (sok) *mon fils.*

Il va falloir laver le fils de celui qui a tué ton père comme on te lave. Et on le lavera de dos, sans le regarder de face. Jean, répète : je suis lavé de la malchance (nösot) (2).

Et Jean répète.

La tante : *Je suis ici comme la représentante de tous, même de ceux qui sont morts. Il n'y a rien de notre côté qui puisse te faire prendre du retard, pas un de ces mauvais remèdes, qu'on enjambe la nuit, pas même ceux que posent les vampires. Si quelqu'un cherche à te rendre aveugle, qu'il devienne sourd et muet. Mais toi, n'essaye pas de prendre de force le bien d'autrui.*

Voilà, on a lavé tout ce que Satan (Satan) *a fait sur cet enfant.*

Khamsi (à Jeannette) : *Va jeter toutes ces feuilles dans l'eau et reviens sans regarder en arrière* (3).

(A Jean) : *Bois d'abord de cette eau. Va détacher cette ceinture et remets ton jean. Mais n'oublie pas de faire pipi!* (Complète élimination du passé.)

Après l'eau lustrale et les ablutions, la khamsi fait reculer Jean de quelques pas et entreprend, avec l'aide de leur ami, de le moucheter de la tête aux pieds, torse nu et jambes de jean relevées, en faisant alterner sur sa peau les points rouges et les points blancs. Elle prend, à cet effet, le *hwosi* et le *mbö* qui reposent dans le vase. Le sens du dessin saute aux yeux. Pour rendre le garçon plus ressemblant, elle lui donne à

(1) *Gö nöfotsa ho tam nö mpia fa' nö fela pepon.* Une khamsi tient son pouvoir de Dieu (*Si*) comme le chef et la mère de jumeaux.

(2) Jean doit devancer dans le temps le fils de l'assassin de son père. Il doit dire avant lui : « Je suis lavé de la malchance », sinon celui-là, traité au cours d'une cérémonie semblable, trouverait la voie de la réussite à sa place.

(3) Se retourner, c'est revenir à la situation antérieure.

serrer entre les dents, aux commissures des lèvres, deux gousses oblongues de *dethum*, qui saillissent de sa bouche comme deux canines agressives. Il est devenu panthère.

Il ne s'agit pas ici de métamorphoser le garçon en " homme-panthère ", terreur célèbre des villages, ni de l'introduire dans une société secrète, comme par exemple celle des notables, mais de l'escamoter à la vue de ses ennemis. Il s'agit d'un rite de protection (1).

Pendant que l'on grime le garçon, la khamsi parle avec émotion et tout haut à son mari défunt. Elle lui rappelle les circonstances de sa mort, comme l'on reprend une conversation interrompue : « *Un jour que tu étais assis là-bas, je t'ai supplié de fuir avec moi à Baham* (chefferie voisine), *et tu as refusé. Quand je suis arrivée à la clôture, là-bas devant, je t'ai dit : « Seigneur Tampa, tu restes là, mais ça te portera malheur. Tu ne vivras pas. » Jokwo* (co-épouse) *a dit alors qu'il ne fallait pas abandonner les chèvres et les porcs. Et pourtant nous nous étions tous mis d'accord pour aller à Baham. Je ne t'ai plus revu depuis ce jour-là. Que ce soit un homme ou une femme qui t'ait tué, que le malheur tombe sur sa tête, afin qu'aucune malédiction ne vienne sur moi. Et quelle que soit la personne qui m'a chassée d'ici, qu'elle continue à errer la nuit partout où moi je trouve un refuge. Que sa concession soit couverte de mauvaises herbes comme ici.*

Ah! Jean Fotsing, nous voulons te moucheter comme une panthère! Nous faisons de ta peau, la peau de la panthère. Tu ne te baigneras que dans neuf jours! »

La tante : *Mais Jean veut partir à Yaoundé dans deux jours!*

Khamsi : *S'il se lave, c'est son affaire. Il peut essuyer son*

(1) J'ai assisté à deux reprises à la grande danse (*taü*) des panthères, à l'occasion d'une fête de réconciliation après les événements du maquis (24 février 1974), et l'année suivante à l'issue de la période traditionnelle d'austérité (*ngu nekang*), le 18 mai 1975. Cinquante notables masqués dansaient devant une population moitié goguenarde, moitié impressionnée, avec, accrochées au dos, de splendides peaux de panthère, l'air de dire : « Attention, nous voici, nous les panthères. »

visage, mais seulement son visage, afin qu'on n'aille pas m'enterrer sur une colline (1).

Quand ce passage m'est traduit et que je parviens à tout comprendre, je remarque que la khamsi a parlé tout haut à son mari défunt exactement comme elle a répondu aux questions de la tante, avec le même naturel et sur le même registre. Seul le ton de la voix, triste ou contrarié se modifie, selon le sentiment qui l'anime. Toute ma vie, j'ai entendu des chrétiens prier les saints, sans en être étonné et moi-même, je m'adresse souvent à mon Dieu que je ne vois pas. Mais constater le même fait dans un contexte culturel et religieux autre que le sien surprend vivement. La croyance des autres est... à peine croyable.

L'ombre, l'œuf et le front.

La lumière du soleil est déjà basse sur l'horizon et nous atteint en diagonale, comme rougie par les briques des pans de mur et tamisée par le vitrail des hautes herbes. A quatre mètres de la silhouette de son fils, la khamsi dépose sept œufs, juste à l'endroit où l'on devine l'ombre bombée que dessine le front. Elle casse les œufs l'un après l'autre sur le sol. Jean qui a repris confiance me regarde et dit en français : « Tout ça, ça va sur moi, hein. » Sept est en effet un nombre qui vise une quantité considérable, presque l'égal de neuf, le chiffre noble de la plénitude. Sa mère accompagne le rite de ces paroles : « Que celui qui t'en veut soit maudit. Ce qu'on a fait à ton père n'était pas une revanche pour un mal qu'il aurait commis. C'est pourquoi le malheur te fait errer sans que ton père en soit la cause. »

L'ombre, l'œuf et le front, trois symboles, que j'ai vu emprunter sur la côte, chargés de la même signification. L'ombre est le double invisible de l'homme. Jeter un objet sur l'ombre de quelqu'un, c'est atteindre sa personne. L'œuf

(1) « Etre enterré sur une colline » (*khiõ*) revient à mourir comme un chien, sans cérémonie de deuil, seulement accompagné de regrets intérieurs : une mort pour personne déshonorée, promise également aux personnes atteintes d'hydropisie, maladie ignominieuse.

a de multiples usages rituels, parce qu'il est déjà, en puissance, l'animal vivant, et sa coque le protège de toute souillure. Le plus souvent il est sacrifié à la place d'une personne en danger. Le front enfin est l'endroit de la tête où est localisée la chance. On pressent la complexité et la richesse d'un geste qui consiste à écraser sept œufs sur une ombre. Mais Jean Fotsing doit participer aussi à ce traitement : on lui barbouille le torse et le dos de toute cette glaire, avec interdiction renouvelée de se laver avant neuf jours.

Maintenant la khamsi semble pressée d'en finir avant la nuit. La tante a préparé un petit paquet que Jean Fotsing devra emporter avec lui à Yaoundé et mettre sous son oreiller quand il dormira, afin de prolonger l'effet de la cérémonie. Ce paquet s'appelle *fefia* et contient une mixture d'herbes (1), un peu de terre de la concession et sept inévitables *dethum*. Le tout lui est tendu de la main gauche pour rendre les difficultés qu'il va rencontrer aussi faibles qu'elle. « *Voilà le* fefia *que nous te donnons, d'une même bouche,* ajoute la tante. *Tu n'as rien de plus à demander à tes amis pour augmenter ta force. Dans le cas contraire, tu ne suivrais pas les traces de ton père qui ignorait jusqu'aux remèdes contre les maux de tête. Il n'achetait même pas de produits pour tuer les poux. Rien que les* dethum *et la terre que nous connaissons* (2). *Si tu cherches à posséder autre chose* (un objet magique) *tu vas dans le sens de ta mère, mais pas dans celui de ton père* (rire de la khamsi). »

Pendant que la tante parle, la khamsi, tout à côté, recouvre le vase avec une large feuille (*Mbömbu*). C'est le couvercle des objets, le chapeau des personnes sacrées (3). Le

(1) Ces herbes se nomment : *dethum si, baksa, zözö.*

(2) Geste fréquent : si quelqu'un se sent inquiet, il ramasse de la terre et la lèche. Même geste pour prêter serment.

(3) En douala : *dibokuboku la Wonja*. Elle est peut-être la feuille rituelle la plus importante sur la côte. A Bamendjou, les veuves la gardent sur la tête pendant neuf semaines après la mort de leur mari. Les enfants, qui sont soumis une fois dans leur vie au rite de protection (*tchop-nekang*) doivent également la porter pendant neuf semaines. (Aujourd'hui, le temps du rite est réduit : « Que voulez-vous, maintenant, les enfants jouent au football ! » raille l'officiant.)

vase et la feuille resteront sur place, bientôt protégés des regards par les herbes qui vont repousser. Ils seront les seuls vestiges de la cérémonie du *sok nösot* qui lave la malchance. Après avoir raccompagné la famille dans sa maiosn, je crois en avoir terminé avec les malheurs de Jean Fotsing. Mais faute d'avoir déchiffré les informations enregistrées, je ne sais pas que la cérémonie est incomplète (1).

En fait, je n'ai assisté qu'à la première partie du rituel imposé par la famille paternelle et essentiellement consacré à laver Jean Fotsing de toute malédiction : en quelque sorte, c'est la face négative de la cérémonie. Il reste à donner à Jean Fotsing la chance « positive » et ce second acte dépend de la khamsi et de la famille maternelle. Je suis donc convié au domicile de Pauline Nkwedum, près du col de Batié, là où elle pratique la divination.

Rentré à l'hôtellerie du monastère pour y passer la nuit, j'entends le chant des clarisses qui, à heures régulières, emplit l'église – une solide construction de granit noir, sous un court clocher. Ce sont pour la plupart de jeunes paysannes camerounaises qui se sont vouées à la prière contemplative et au travail manuel. Elles savent que je ne suis pas venu pour elles, mais dans l'intention de rendre visite à une khamsi des environs. Je les intrigue et je les choque peut-être. Pour quelles raisons un prêtre s'intéresse-t-il au travail d'une khamsi? Même si elles adoptent une robe de bure brune, proche de celle que portent les femmes du village, et introduisent des tambours traditionnels dans l'office religieux, elles aspirent à se démarquer de la khamsi et de son monde. N'ont-elles pas quitté cet univers en entrant au couvent? La présence en elles des énergies héréditaires, tapies et sans doute intactes, les inquiète et les rend extrê-

(1) J'en ai saisi les grandes lignes, grâce au modèle que j'ai étudié à Douala : la purification de l'eau, la transformation en panthère, le badigeonnage avec les œufs, le petit paquet pour le voyage : tous ces rites, je le devine, servent à protéger le jeune homme contre ses adversaires, mais surtout à rétablir ses bonnes relations avec son père, sans quoi il n'y aurait pas d'équilibre possible pour lui dans la vie. Plus tard, on me donnera la clef de cette première journée et la raison de son insuffisance, en me citant ce proverbe : « L'eau lave le visage, elle ne lave pas la malchance. » *Po go schö sok so, po tchö sok tse bo.*

mement réservées à l'égard de la divination et de la sorcellerie, comme le seraient de nouvelles converties.

Tout en les écoutant chanter depuis l'hôtellerie, je reste attentif aux échos sporadiques des tambours qui tonnent au loin derrière la montagne, et je rends grâce à Dieu d'être l'ami et l'hôte des unes comme de l'autre.

Le « tok ».

Le lendemain matin, je quitte, pour la seconde fois, la large route de terre qui mène au col de Batié, et je m'engage à droite sur la piste qui descend lentement vers la case de la khamsi et de son troisième mari. Tout au long du chemin, des hommes seuls, des groupes de femmes, quelques jeunes gens de l'âge de Fotsing se rendent chez la pythie. Neuf heures, c'est le temps où les visiteurs qui ont fait une longue marche arrivent et s'assoient sans mot dire dans la courette, sur des troncs d'arbre rangés parallèlement au treillage de la clôture. Cette cour est un carré : d'un côté la case de terre rouge où le couple et les enfants habitent, en face, une petite porte découpée dans le treillis qui donne sur un raidillon menant au ruisseau. Au centre, un petit bosquet sacré composé de deux arbustes : le *gam* dont les feuilles servent à la divination, et le *nkwenkang* qui est l'emblème de la paix (1). A leur pied, des pierres. « Avant que j'arrive ici, me dira la khamsi, l'esprit de ces arbres m'a poussée à leur ménager une place au milieu de la cour et à les planter. Quant aux pierres, je plonge dans l'eau même si elle me fait peur et j'en ressors avec elles pour les rapporter ici. Cet endroit me donne les paroles (*nöga*) que je dois prononcer. Je me tourne de ce côté-là pour parler. » De fait, la khamsi est toujours orientée vers le bosquet quand elle prononce les augures.

Le sous-préfet qui a encouragé la khamsi à prédire et dévoiler, « parce qu'il y a trop d'histoires de sorcellerie dans

(1) Sur la côte, la même plante signifie également la paix : le *mwandando*, appelé encore *mukoko mwa bedimo*.

ces villages », l'oblige à tenir un cahier de visites. La khamsi obtempère lorsqu'elle a sous la main un écolier qui a la patience d'écrire des noms, de dix heures du matin à la tombée de la nuit. J'ai compté sur ce cahier quatre cent quatre-vingts noms inscrits entre le 24 février et le 3 avril 1975. En tenant compte de deux jours de congé pris par la khamsi (cinquième et sixième jour de la semaine traditionnelle) cela représente une vingtaine de visiteurs par jour – chiffre inférieur encore à la réalité. Les dix ou douze matins où je me suis présenté chez la pythie de bonne heure, j'ai pu compter entre trente et quarante consultants sagement assis à attendre. Le curé de Bamendjou pense qu'un grand nombre de ses paroissiens sont passés chez elle. Sa célébrité n'empêche pourtant pas une quantité d'autres khamsi d'exercer la divination – une cinquantaine pour la seule chefferie de Bamendjou, qui regroupe quinze mille personnes.

Les khamsi quadrillent les villages et représentent une force considérable. On a remarqué que les sociétés où l'autorité du chef était absolue, sécrétaient des institutions qui puisaient leur pouvoir à la même source que lui, établissant ainsi un équilibre politique. Le chef et les khamsi tirent chacun leur puissance directement de Dieu (*Si*).

Pauline Nkwedum n'a pas son équivalent sur la côte. Elle tient le rôle précis et limité d'un devin, dans une chefferie qui a gardé étonnamment intactes ses institutions. A Douala, le nganga reste le dernier élément fonctionnel de la société traditionnelle, à côté des chefs qui ont singulièrement perdu une partie de leur pouvoir d'antan. Autrefois, la fonction de devin était le plus souvent tenue, sur la côte, par un personnage appelé *ngambi*, à peu près disparu aujourd'hui. Maintenant, le nganga cumule les fonctions : il est à la fois devin comme la khamsi, et médecin. Autrefois encore, les sociétés secrètes *jengu* exerçaient, sur la côte, le rôle d'un contrepoids qui équilibrait le pouvoir des chefs, comme cela se passe aujourd'hui dans la chefferie bamiléké. Le nganga en est un dernier vestige. Ainsi Loe est-il un *esunkan*, qui tire ses pouvoirs de guérison de sa parenté mystique avec une femme *jengu*, génie de l'eau. Malgré ces différences, qui tiennent à l'état plus ou moins délabré des institutions traditionnelles, la comparaison entre la khamsi des montagnes et les nganga reste suggestive.

Dix heures, la khamsi remonte maintenant du bain rituel qu'elle a pris seule au ruisseau, et salue l'assemblée muette : « *C'est Dieu qui m'a dit de vous parler, à cette heure que voici, sans me presser, de peur que certains comprennent mal et aillent ensuite raconter des mensonges. Tout ce que je vous dis, c'est Dieu qui me donne l'ordre de vous le dire. Toi, femme de malheur* (elle fixe une femme assise, impassible), *pourquoi est-ce que tu regardes ton mari avec un œil mauvais? Je salue tout le monde, sauf les voleurs, les tueurs, les vampires* (nthum), *sauf celles qui ont un enfant et qui ne supportent pas que les autres en aient* (le comble de la sorcellerie). *J'écoute seulement Dieu avant de vous parler. Si vous ne prenez pas au sérieux ce que je vous dis là, tant pis pour vous. Bienvenue à tout le monde.* »

Elle entraîne tous les visiteurs, Jean Fotsing qui attend son traitement et moi, dans une lente farandole autour du bosquet sacré, en improvisant sur des airs lourds et somptueux des refrains de circonstance. « *Qui ira le raconter au village? – Bienvenue au vieux papa de Loum* (localité lointaine). *– Je ne dors jamais parce que Dieu m'a saisie* (1). »

Un chœur polyphonique soutient en sourdine la voix d'alto de la khamsi. Elle domine tous ceux qui la suivent, brandissant les maracas, chevelure hirsute, à la fois hideuse et belle.

Les premières manœuvres de divination consistent à éliminer les indésirables. Pour s'en défaire, la khamsi parcourt lentement le vaste carré des prétendants à la visite, assis à nouveau sur les troncs d'arbre. Elle porte à sa bouche un

(1) Quand un bébé est chétif, et n'accepte de manger que des bananes douces on dit qu'il va au « royaume des enfants ». La khamsi monte alors, la nuit, dans ce royaume pour tenter de le convaincre de revenir chez ses parents. Voilà pourquoi elle affirme ne pas dormir.

gros roseau évidé, et souffle. Si un beuglement en sort, la personne visée peut respirer. Si le coup fait long feu, elle n'a plus qu'une chose à faire, s'enfuir. Elle est débusquée, c'est une sorcière. Ce matin-là, la khamsi a chassé trois personnes qui sont parties penaudes. « Un jour, j'ai même chassé un prêtre : go, go! Il trompait les gens. » La khamsi est redoutable. Les sœurs du dispensaire m'ont raconté qu'elles avaient été appelées d'urgence chez elle : une femme, accusée d'empêcher les autres d'avoir des enfants, y avait été si sévèrement battue que l'on craignait pour sa vie. Un jour où la khamsi me raccompagnait à ma voiture, elle tomba sur une vieille qu'elle avait expulsée le matin et qui était restée là, à l'attendre hors de la concession, pendant plusieurs heures. Les deux femmes se mesurèrent du regard, sans rien dire, pendant une longue minute et finalement la khamsi passa son chemin. « Elle n'a qu'à rester avec son mal. » La khamsi sait pourtant le poids de l'accusation : « On m'a accusée autrefois injustement. On disait que j'avais mangé Yawo (nom d'une femme). J'ai dû supporter cette accusation parce que je ne pouvais rien contre elle. Quand on vous accuse injustement, il est parfois préférable de se taire et de s'éloigner. » Une pareille violence, une incompatibilité aussi totale entre Dieu, – dont la khamsi porte la parole – et certaines personnes, ne peuvent se comprendre hors du contexte de la sorcellerie.

L'aspect inéluctable de la sorcellerie, c'est-à-dire du mal, est bien signifiée par le *tok*, organe subtil logé dans le foie de certaines personnes. Le *tok* est le signe de la puissance et se transmet de génération en génération par la mère. Le *tok* ne porte pas automatiquement son possesseur au mal. La plupart des grands personnages de la chefferie sont censés le posséder, mais également ceux qui ont la puissance de nuire. En bamendjou ceux-là sont appelés *nthum* (ce qui correspond, avec la même portée terrifiante, au mot français : vampire). Invisibles, les vampires sortent la nuit pour aller sucer le sang de leurs victimes jusqu'à la mort. On retrouve sur les cadavres des bêtes des marques de crocs : deux petites blessures rapprochées. On prétend qu'à l'hôpital les médecins font cette terrible constatation sur le corps de certains malades. Cette sorcellerie – une forme d'anthropophagie – est très répandue parce que les femmes au *tok* malfaisant sont prolifiques : elles transmettent à leur nombreuse progéniture cette tare originelle. Expulser tous les possesseurs du *tok* reviendrait à amputer le village d'une partie de sa population, disent les plus pessimistes de mes informateurs. On se contente de chasser ceux qui abusent de leur pouvoir. La khamsi joue un grand rôle dans la détection de ces vampires qui n'avouent jamais. Ses relations privilégiées avec Dieu lui rendent leur présence intolérable. Son troisième mari, Jean Fotpa, qui est nganga, est davantage l'homme des compromis. S'il n'a pas les moyens d'éliminer le *tok* sans tuer la personne, il peut au moins la calmer, « l'hypnotiser », selon une formule heureuse du chef. Nous retrouvons, dans ses balancements et ses contrebalancements, le même système social de défense contre le mal, qu'au Sud-Cameroun (1).

La divination.

La khamsi envoie le groupe, maintenant amputé de trois membres, au ruisseau, où chacun doit se laver et faire secrètement l'aveu de ses fautes. Elle interdit à quiconque de remonter avant la fin du traitement de Jean Fotsing. Restent dans la courette, pour la cérémonie qui nous occupe, la khamsi, son mari le nganga Fotpa, Jean Fotsing, la grand-mère maternelle, quelques enfants dont la petite khamsi de la veille et moi. Je rencontre Fotpa pour la première fois. C'est un petit homme extrêmement affable, discret et même effacé. Il ne me paraît pas avoir la trempe de sa femme. Il regarde en observateur le traitement de Jean Fotsing : ce n'est pas son fils. La présence de cette grand-mère ne doit pas surprendre, car la famille maternelle de Jean Fotsing prend aujourd'hui le relais de sa famille paternelle. La

(1) La sorcellerie de la dévoration (anthropophagie) est plus ancienne que la sorcellerie de la vente (Ekong). Elle a plus d'impact dans les zones rurales restées traditionnelles.

khamsi et sa mère s'affairent à préparer les ingrédients que nous connaissons : le *hwosi* rouge, le *mbö* blanc, les graines de *dethum*, le tout déposé dans une large cuvette, placée devant la porte centrale de la case. Plus de terre noire, ni de vase funéraire, moins d'allusions au père. Les deux femmes posent de côté les feuilles de bananier qui serviront à laver Jean une seconde fois, et, fait nouveau, sept tiges de *nkwen-kang*, l'arbre de la paix du bosquet sacré. Tout est prêt pour le deuxième acte. Mais Jean Fotsing, décidément têtu, refuse d'échanger son jean contre la robe de feuilles sèches, sous prétexte que les jeunes gens descendus se baigner vont se moquer de lui. Pour le convaincre d'obéir, sa mère va employer une tactique de khamsi.

D'un commun accord, ils s'en remettent à la divination. Le mécanisme est simple. Jean Fotsing cueille une feuille de *gam*, l'arbre de voyance, dans le bosquet sacré. Il la coupe en deux. A chacun des deux morceaux il attribue, dans son for intérieur une possibilité : rester en jean pour le premier, s'habiller comme la coutume l'exige, pour le second. Il pose sur les genoux de sa mère le premier morceau, et pense fortement à la signification qu'il lui donne. Si sa mère le lui rend, il restera en jean; si elle le jette, le second morceau l'emportera, et avec lui le costume traditionnel. Tout se passe trop rapidement, et je n'ai pas le temps de suivre la partie. Je vois Jean se lever, docile et résigné, partir en brousse troquer contre des feuilles son jean à pattes d'éléphant. Il est vaincu pour la seconde fois. La khamsi a-t-elle médusé son fils? « Quand j'ai voulu discuter, dit-il, elle a pris les deux morceaux de feuille. Elle a cherché et elle a trouvé que je devais me laver et m'habiller avec les feuilles de bananier. Je ne pouvais faire autrement. Elle pratique ce jeu, tous les jours du monde, sauf ses dimanches et à raison de trente ou quarante fois par séance... » Malgré son ton un peu cavalier, j'ai la très nette impression qu'au fond Jean Fotsing n'est pas mécontent que la cérémonie se passe dans l'ordre.

La divination que pratique la khamsi ne se réduit pas au seul jeu des feuilles. Je le décris ici parce qu'elle y a recouru pour conclure ce petit différend avec son fils. Ce n'est pas à proprement parler un acte de divination, mais le moyen de savoir où penche la volonté de Dieu. Rappelons qu'elle en est le seul juge. Le plus souvent, elle demande au visiteur d'ouvrir la main et parle sans tellement s'occuper des lignes qu'elle y voit. Je crois avoir trouvé la manière dont elle s'y prend pour entrer dans l'existence de ses hôtes, tâche infiniment difficile quand ses consultants sont étrangers et se taisent, comme le veulent les conventions. Elle emploie un tour littéraire que je n'ai vu dans aucune grammaire, mais qui est peut-être celui des oracles de tous les temps. Elle pose d'emblée de rapides questions : « Qui a des jumeaux dans la famille? », par exemple, du ton de quelqu'un qui veut dire : il y a des jumeaux dans votre famille. Ces questions qui sonnent comme des affirmations ont beaucoup de chance de faire mouche : la forme interrogative de la phrase laisse à la khamsi la possibilité de faire rebondir l'entretien, si l'intéressé répond. Le ton affirmatif de la même phrase, s'il tombe juste, lui fait marquer des points, car elle n'est pas censée questionner, mais révéler. Petit à petit, patiemment, la khamsi atteint la personne dans son existence et découvre les raisons qui lui ont fait abandonner son champ, ou la ville, pour une journée de méditation (1).

(1) Trois exemples d'entrée en matière :

a) Khamsi : *Mamy, qui est celui que l'on accuse de « Sa »* (sorcellerie de la vente) (?).

La mamy : *Une personne de notre maison a été accusée de « Sa ».*

K. : *Est-ce le fils de ton père* (?).

La mamy : *Oui...*

K. : *C'est à juste titre que cette personne a été accusée...*

b) K. : *Quelle relation as-tu avec quelqu'un de la chefferie* (?).

Lui (un jeune homme) : *C'est mon père.*

K. : *Est-ce que vous êtes quatre* (?).

Lui : *Nous étions quatre, mais nous ne sommes plus que trois. L'un est mort.*

c) K. : *Est-ce que tu es mariée à un homme qui a le « ja »* (?). (Petite cour intérieure pour les cérémonies funèbres.)

Elle (une femme jeune) : *Oui.*

K. : *De qui a-t-on parlé récemment chez vous*(?).

Elle : *Il y a justement une chose qui nous a préoccupés.*

K. : *Qu'est-ce qui vous a préoccupés récemment, s'agit-il de la mort d'une personne* (?).

Elle : *Cette affaire concerne un demi-frère....*

Je l'ai dit, son actuel mari, Fotpa, est nganga (*nganekang*), et également devin (*ntchwonga*). A eux deux, ils détiennent tout l'arsenal de la divination. D'après le chef, ils n'ont pas nécessairement le *tok*, car le pouvoir de la khamsi lui vient de Dieu, celui du nganga lui vient des remèdes (*nekang*), et en tant que devin, de l'araignée mygale (*nga*). La Khamsi est au sommet de la hiérarchie, plus respectée que son mari, à cause de ses références divines. Elle l'est aussi par le succès de ses consultations, tandis que lui, Fotpa, ne semble pas avoir une énorme clientèle.

Il possède, ou plutôt, il est au service d'une araignée mygale, soigneusement protégée et nourrie dans un champ, à trois cents mètres de chez lui. Fotpa et la khamsi ont exercé sur moi leur art de divination. Ces essais m'auront au moins appris la différence de leurs méthodes. On ne pose pas de question à la khamsi, elle parle, elle a l'initiative. On interroge au contraire l'araignée mygale qui répond par l'intermédiaire de son officiant – le devin-nganga – à l'unique question qui lui est posée. Les deux approches se complètent... et nombreux sont ceux qui souhaitent les connaître pour tenter de les mettre en contradiction.

Les nœuds.

Jean Fotsing réapparaît enfin, ceint de feuillage, résigné. « Reste devant la porte », lui dit la khamsi. Elle lui souffle alors dans le nez et dans les oreilles, comme elle me l'avait fait le jour de mon arrivée. Aidée de la grand-mère, elle va pratiquer sur le garçon un double rite : le laver de toute souillure et malédiction, et le frapper avec la tige du *nkwenkang*. Il y a sept rameaux feuillus rangés sur le sol, prêts à cet effet. La grand-mère s'en empare, plie leurs extrémités, fait deux nœuds par rameau. Elle s'applique : je vois la peau ravinée de son visage de vieille paysanne, pareille à une terre trop sèche, se contracter davantage, sans que ses dents jaunies ne lâchent pour autant une petite pipe très courte dont le fourneau a la forme d'un sabot. Il va falloir fouetter modérément le patient jusqu'à ce que ces nœuds végéteaux se délient. S'ils restent noués, la preuve est faite que quelque mauvaise pensée demeure, une faute non pardonnée, un obstacle à la réconciliation familiale. (Notons au passage l'importance du symbole du nœud. La khamsi l'utilise constamment dans ses discours. Je relève cette phrase, par exemple : « Si je dis un mensonge à propos de cette personne, ô Dieu, lie-moi (*o ku la*). Mais si je dis vrai, ô Dieu, délie-moi. ») Sur ce, la grand-mère et la mère se mettent à verser de l'eau sur Jean à l'aide de coquilles géantes d'escargot (nommé en la circonstance *nkanesot*) et le frapper de concert en accompagnant les coups de paroles significatives, car il n'y a pas de rite sans l'incantation qui l'accompagne.

Khamsi : *O Dieu, oui. Si cet enfant ne trouve pas de travail, et c'est le cas, ce n'est pas parce que j'aurais trompé quelqu'un, car j'agis toujours conformément à ta parole* (nöga). *Tout l'argent que je lui donne est le résultat de mon travail. Je dis la vérité à tous et c'est pour me féliciter qu'ils me donnent de l'argent. Je n'ai jamais pris un sou malhonnêtement pour en faire bénéficier mon fils.*

La grand-mère : *Oui, je représente tous mes enfants.*

Khamsi (saisissant l'occasion de se disculper) : *Quand la maman vient ici, elle ne peut pas dire à mon propos : c'est une prostituée parce qu'elle sait bien que je ne suis pas venue ici de mon plein gré.*

La grand-mère : *Oui, bien sûr. Mais je t'avais demandé de rester là où tu étais. Je ne donne jamais mon accord à deux hommes pour une même fille.*

Comme hier, il s'agit pour la khamsi d'affirmer son innocence. Cependant elle ne s'adresse plus à son mari défunt. Elle parle davantage des conditions de vie de Jean Fotsing à Yaoundé, elle interrompt même à deux reprises les ablutions pour me faire dire qu'elle compte bien sur mes interventions auprès d'amis européens en faveur de son fils. La cérémonie se déroule sans accroc quand survient une petite dispute cocasse et savoureuse entre la khamsi et sa mère. Cette anecdote permet d'apprécier la sincérité des deux femmes, leur total investissement dans l'action rituelle qui n'est pas une formalité.

La khamsi fait cette remarque :

– *Le nœud du* nkwenkang *que tient la maman ne se dénoue pas !*

Fotpa : *Oui, tu as raison.*

La grand-mère : *Il y a deux nœuds qui ne sont pas dénoués !*

Qu'est-ce qui ne va pas entre la grand-mère et son petit-fils? Si les nœuds résistent, il faut croire qu'elle lui garde rancune. La khamsi propose alors à Jean Fotsing de se réconcilier avec elle, en promettant de lui apporter de l'huile et du sel, symboles de l'abondance et de la fidélité. La grand-mère en retour ne peut que lui souhaiter un travail qui rapporte abondamment, et un mariage modèle de stabilité. Mais la vieille femme n'est pas satisfaite : admettre l'existence d'un différend avec son petit-fils, c'est reconnaître sa part de responsabilité dans l'échec du jeune homme à Yaoundé. Et cela, elle ne le veut pour rien au monde. Aussi, tout en continuant à frapper et à laver Jean, brode-t-elle avec amertume sur le thème de l'huile et du sel :

Khamsi à Jean : *Dis que tu vas acheter de l'huile et du sel et que tu les porteras toi-même chez ta grand-mère.*

La grand-mère : *Est-ce que tu crois que Dieu ne l'a pas déjà fait* (ce don de l'huile et du sel)? *Dieu l'a fait. Voilà mon huile* (elle montre l'une de ses petites-filles présente), *elle est tout pour moi. C'est de Dieu que j'attends mon huile.*

Khamsi : *C'est vrai, de l'huile, maman en a eu sa part.*

La grand-mère : *Je contemple ma petite-fille et je cultive mon champ, c'est tout ce que je fais. L'huile et le sel ce n'est rien. J'ai méprisé l'huile et le sel. Et j'ai construit une maison. Tout ce que je vous demande, c'est non de l'huile et du sel, mais de couvrir mon toit. L'huile et le sel ne sont absolument rien. Si on parle trop de ça, ce sera comme une malédiction sur moi.*

Finalement les deux nœuds se détachent.

Mieux que les paroles rituelles, ces apartés m'introduisent dans la vie coutumière et quotidienne. Je suis heureux de pouvoir découvrir l'humeur et la sensibilité d'une vieille femme à travers des conventions et des symboles autres que les miens, caractéristiques de toute grand-maternité. Quand il m'arrive de comprendre de telles scènes, banales, domestiques, j'ai le sentiment de toucher au but, d'être de plain-pied sur le sol camerounais.

Les pierres de Dieu.

La khamsi possède deux jeux de pierres qui font ma curiosité. Lors du premier acte de la cérémonie, elle a mis deux cailloux plats dans la bouche de son fils. Maintenant elle s'empare d'un collier de pierres poreuses et creuses pendu en permanence au-dessus de la porte d'entrée, et elle le laisse choir neuf fois sur le front, siège de la chance, puis sur la poitrine de son fils, en disant : « Voilà mes remèdes miracles (*nekang*). » Et la grand-mère d'ajouter prosaïquement : « C'est Dieu (*Si*) qui t'a donné ces remèdes miracles, mais moi, mes remèdes miracles, ce sont mes dix doigts! » En effet les sept pierres lisses et les neuf pierres creuses de la khamsi s'appellent “ les pierres de Dieu ” (*posi*). Après coup, la khamsi me donne les explications que je lui demande :

Moi : *Quelle est la différence entre les pierres lisses et les pierres trouées?*

Khamsi : *Il n'y a pas de vraie différence. Dieu me les donne dans l'eau ou sur le chemin. Elles sont de deux sortes. Celles que j'ai prises pour frapper Fotsing, c'est pour qu'il ne vole pas l'argent des autres et que les autres ne lui prennent pas le sien. Ces pierres plates me donnent la parole que je dois dire.*

Moi : *Est-ce qu'elles représentent quelque chose?*

Elle : *Le caillou qui a un angle, c'est le fusil de Dieu pour tuer les vampires qui se cachent. Ce caillou-là, qui est plat et noir, c'est la terre. Voilà la lune et voilà le soleil* (ces deux pierres qu'elle avait obligé son fils, hier, à garder dans la bouche). *Et ce caillou-là... Au moment où il est tombé, cela m'a troublée. Quand je l'ai ramassé, mes yeux se sont mis à tourner. Il* (Dieu probablement) *m'a dit d'aller le déposer chez moi, qu'Il ferait beaucoup de travail avec. La pluplart du temps, quand je reviens du lieu sacré* (tusi) *je vois des cailloux déposés à mes pieds et je les ramasse.*

Je ne pénétrerai pas davantage la signification de ces pierres dont la khamsi fait un usage constant et qu'elle manie avec amour. Il ne me semble pas que les noms qui leur sont donnés se réfèrent à un système cosmogonique auquel elle aurait été initiée, car certains khamsi, parmi les plus célèbres, ne les utilisent pas. Elle joue seulement sur leur ressemblance avec les astres ou avec les objets usuels.

Nous suivons les dernières phases du rituel coutumier. La khamsi écrase sur le front de son fils un œuf cru et lui en barbouille le visage et le buste : « *Tu ne te baigneras pas pendant neuf jours. Hier tu n'étais pas content quand je te l'ai dit, tu prétendais partir... Bon, va-t'en alors et tant pis pour toi ! Va donc au ruisseau et lave-toi seulement le visage avant de te rhabiller. Reviens sans regarder en arrière. Ne dis bonjour à personne, et quand tu seras de retour, entre dans ta chambre et demeures-y le plus longtemps possible.* » Jean Fotsing se tourne vers la grand-mère et lui demande : « *Est-ce que tu m'as pincé ? – Oui, je l'ai fait.* » Il faut, en effet, qu'après une pareille cérémonie régénératrice, le sujet éprouve une sensation nouvelle. Et c'est en fin de compte la grand-mère qui conclut en réaffirmant sa position :

« *Nous avons tout lavé, tout balayé aujourd'hui. Tout absolument. J'ai lavé mon Fotsing, qui est ma vraie huile et mon vrai sel. Si quelqu'un en est rassasié, c'est bien moi. J'avais trois enfants. L'un est mort. Il m'en reste deux qui sont pour moi l'huile et le sel. Je souhaite que Dieu me donne la paix et me fasse passer paisiblement les jours et les nuits.* »

Pendant que nous dégustons le plat de semoule, les visiteurs sont autorisés à remonter du ruisseau et à prendre leur tour en attendant de connaître les raisons cachées de leurs inquiétudes.

A onze heures, la khamsi s'installe sur le pas de la porte, fait approcher un tabouret devant elle et concentre son regard sur les paumes et le visage du premier visiteur qui s'assoit. Parfois les assistants éclatent de rire mais parfois aussi, l'instant d'après, ils semblent atterrés... La visite se passe ainsi, au vu et au su de tous, et chacun se passionne pour la situation de l'autre, prend parti et donne conseil. Le bonheur ou le drame d'un seul est assumé par cette communauté d'un jour. Les révélations peuvent être graves : je reconnais au passage les mots clefs de la sorcellerie, de l'empoisonnement, du malheur... Elles peuvent être aussi favorables : je devine des promesses de mariage, l'annonce de la naissance de jumeaux – bénédiction divine dans ce pays... Il y a des moments secrets, où seule la personne concernée apprend la vérité. J'observe sa mine pensive et son hochement de tête au moment où elle se retire en silence. Révélation publique et divination secrète sont ainsi dosées, au cours de ces séances interminables que préside la khamsi avec l'endurance d'un confesseur et l'aisance d'un vieux magistrat.

« Tout dépend aussi de moi. »

Le lendemain je conduis Jean Fotsing jusqu'à la grand-route du col. Chemin faisant, je lui demande s'il croit en l'efficacité de la cérémonie qu'il vient de vivre. Son comportement au cours des rites ayant laissé paraître un certain agacement, je me demande s'il s'est soumis par dévotion ou par conviction.

Moi : *Est-ce que ta mère t'a soigné pour que tu trouves du travail à Yaoundé ou bien pour lever la malédiction du père?*

Lui : *La malédiction du père, c'était l'autre jour : hier, c'était pour que je trouve du travail à Yaoundé.*

Moi : *Crois-tu qu'un tel traitement va vraiment t'aider?*

Lui : *Enfin... je ne sais pas. On verra là-bas. A Yaoundé, je vais voir quel travail me plaît* parce que ça dépend de moi aussi. *Si on fait un traitement comme ça, ce n'est pas une sorte de magie, vous comprenez, c'est une façon d'enlever la malédiction. On pense que c'est peut-être à cause de la malédiction si quelqu'un ne trouve pas de travail.*

Moi : *Ce n'est pas une sorte de magie? Où est la différence?*

Lui : *La différence? En faisant ça... n'est-ce pas... on peut rester longtemps sans travail mais quand on en trouve, on est très sûr. Avec la magie on peut trouver du travail dès le premier jour.*

Moi : *Alors pourquoi ne veux-tu pas faire de magie?*

Lui : *Parce que la magie tourne mal.*

Moi : *Tandis que ça?*

Lui : *Tandis que ça... si vous trouvez du travail, c'est parce que c'est Dieu qui l'a trouvé, ce n'est plus vous. C'est plus sûr.*

Ses réponses me paraissent claires sur deux points et me rappellent celles de Dieudonné : Jean Fotsing se sent en meilleure posture pour trouver du travail, et la cérémonie n'était pas pour autant magique à ses yeux. Je lui donne raison. Il sort de son séjour au col de Batié, avec le sentiment que la malédiction de son père est levée, avec l'assurance que personne ne lui reproche rien dans sa famille, puisque la tante paternelle, puis, le lendemain, sa grand-mère maternelle ont parlé au nom de tous. Il a satisfait aux exigences de sa mère en se soumettant à des coutumes qui l'agacent un peu. Il part pour la ville, profondément tranquillisé sur sa situation familiale. Je crois que cet équilibre retrouvé est un réel atout dans sa recherche d'un travail (1). Il n'y a pas de

(1) Jean Fotsing trouvera bientôt un emploi dans un débit de boissons, à Mbalmayo, petite ville située aux environs de Yaoundé.

réussite durable – le cas de Jean Fotsing en est une illustration – sans une infrastructure sociale stable. On s'étonne de ce que les Bamiléké soient parmi les plus aptes à réussir en affaires, tout en restant attachés aux coutumes de leur chefferie. Mais l'un s'explique justement par l'autre. J'ai demandé au chef comment il parvenait à conserver vivantes les coutumes de ses ancêtres, tout en restant présent au monde moderne. « Ce sont les plus avancés (entendez les plus scolarisés) de notre peuple qui nous encouragent à garder les coutumes. Ils cotisent pour cela. » De meilleurs observateurs que moi estiment que les structures des chefferies laissent libre la concurrence, favorisent les relations de personne à personne, et ne s'opposent pas à une certaine mobilité sociale, trois raisons qui expliquent la capacité d'adaptation des Bamiléké à l'économie moderne (1).

Cette cérémonie n'était pas non plus magique. Elle n'avait pas la prétention de produire un résultat par la seule exécution des rites. Il m'a semblé remarquable que Jean Fotsing fasse la différence entre les pratiques de magie et la cérémonie qu'il vient de subir. Plusieurs de ses expressions montrent qu'il ne se croit pas exempt pour autant de fournir un effort : « Tout dépend aussi de moi », dit-il. Sa mère également encourage cette interprétation de la cérémonie quand elle lui donne ses derniers conseils : « Ne reste pas chez ton tuteur, car il n'est pas ton père. Tenkwitampa (un parent) te doit de l'argent, prends-le. Et puis commence à travailler avec cette somme. Ensuite nous verrons comment l'augmenter. » Attitudes réalistes qui n'empêchent pas que le succès soit attendu de Dieu. Je reconnais, sous-jacentes et informulées, ces anciennes catégories de la théologie chrétienne que nous nous défendons d'appeler magiques : la cause principale et la cause seconde. Ni Jean Fotsing ni sa mère, ne trouvent contradictoire d'observer scrupuleusement

(1) D. Paulme (sous la direction de) : *Classes et Associations d'âge en Afrique de l'Ouest*. Paris, Plon, 1971, pp. 308 et suivantes.

les rites et d'engager, pour atteindre le même objectif, des démarches profanes. Je retrouve la conclusion à laquelle j'avais abouti en étudiant à Douala le traitement d'Elimbi : ces cérémonies, lorsqu'elles sont menées par des nganga ou des devins de la classe de Din, de Loe et de la khamsi, loin d'être magiques, se révèlent essentiellement religieuses (1).

« Dieu m'a fait tourner. »

La meilleure preuve que je puisse fournir de l'authenticité religieuse de la cérémonie est la ligne de conduite de la khamsi. Elle ne justifie pas son comportement par l'obligation d'obéir à un rituel, mais par la nécessité d'être fidèle à une expérience religieuse ancienne, une expérience théophanique des nuits de sa petite enfance. Je me base principalement sur le témoignage qu'elle a bien voulu me donner, une fois son fils parti. La nuit tombait déjà, fonçant l'immense pagne rose et vert des collines. Tout portait aux confidences : j'étais l'étranger attardé que l'on cherche à retenir; je faisais mes adieux. Nous nous tenions sur deux bancs que les visiteurs du jour n'avaient pas rangés, la khamsi et son mari assis côte à côte sur le premier, deux enfants et moi-même serrés sur l'autre vis-à-vis d'eux. Comme pour me donner la clef de tout ce qu'elle m'avait fait observer, la khamsi me livra le secret de sa vie, sans même que j'eusse à la questionner. Elle parla, et son mari traduisit ses paroles au fur et à mesure, doublant ainsi l'enregistrement au magnétophone de ce court mais étonnant témoignage religieux :

Elle : *Après ma naissance, sitôt que je me suis mise à parler, j'ai su que je serais khamsi. Un khamsi l'a dit à mon père et pendant qu'il parlait, moi-même je savais qu'il avait*

(1) « Il y a religion lorsque l'homme... est capable de rapporter le tout de son existence... à son fondement dernier : l'Absolu, qui ne fait pas nombre avec elle. » G. Morel.

raison, mais ce n'était pas très clair (1). *De temps en temps, on me donnait des grains de* dethum.

Une fois, mes parents étaient sortis. C'était le soir. Mon frère me porta devant la maison, sur le seuil, pour que je dorme tranquillement. Je vis en songe une énorme masse devant moi. Cette masse était comme une personne (2), *mais je ne savais pas qui c'était. Cette personne souffla dans ma bouche et dans mes oreilles. Elle avait à la main quelque chose comme ça* (la khamsi désigne une pierre sacrée) *et m'en frappait de temps en temps la tête. A chaque fois, j'avais peur. Et puis elle heurtait son front contre le mien. Ensuite, de jour comme de nuit, je revis la même chose. Maintenant je la vois encore et mon corps le ressent. Lorque je suis tombée malade* (la folie, après l'assassinat de son premier mari), *le khamsi qui s'est occupé de moi avait vu la même chose.*

La khamsi ajouta encore ceci :

Elle : *J'ai commencé à suivre la doctrine chez les protestants, mais Dieu m'a demandé de rester assise.* (3).

Moi : *Il me semble que vous pouvez être chrétienne et khamsi à la fois : vous cherchez à dire la vérité.*

Elle : *Je veux bien suivre la doctrine, mais comment faire avec ces gens qui viennent et qui ne me laissent pas un instant de repos?*

Moi : *Vous allez bien au marché et aux enterrements!*

(1) Tant que la personne n'a pas fait ses preuves, elle est *nkantsö* mais pas encore khamsi. C'est le cas de l'enfant qui assistait au traitement de Jean Fotsing. Quant à Pauline Nkwedum, « Dieu avait porté son choix sur elle depuis longtemps » (la tante). « On les distingue parce qu'ils ont un génie spécial dès la naissance. Souvent, ils ont deux dents du haut du poussent les premières. A trois ans, ils racontent des histoires de grand-père » (chef Sokoundjou). La marque de Dieu depuis le plus jeune âge n'est pas réservée aux khamsi. Voici ce que dit la mère de Gabriel Soh, ce jeune homme exécuté par le maquis, en parlant de lui : « J'étais stupéfaite d'entendre cet enfant de huit à dix mois prononcer correctement des mots en notre langue et de le voir marcher bien avant l'âge normal. » *Op. cit.*

(2) *Mama mo'Jwo* : une très grande chose sans forme précise, une masse. *Nyano* : une personne.

(3) Rester assise : ici, ne pas continuer à se rendre à la doctrine. Jean Fotsing va de temps en temps à la cathédrale de Yaoundé « pour se distraire ». La khamsi est la seule devin-nganga dont il est question dans cet ouvrage, qui ne soit pas chrétienne.

Elle : *J'essayerai plus tard. Mais si Dieu* (Si) *continue de me dire de rester assise...*

Moi : *Vous lui demanderez de nouveau et il acceptera.*

Elle : *Si Dieu accepte, oui. Si cette grande chose qui s'est couchée devant moi accepte, je le ferai* (1). *Et, j'en serai contente. Je désire tout le temps avoir le baptême. Mais « on » me dit de travailler sur ceux qui viennent* (2). *Quand Dieu me parle, je ne vais rien demander à personne, pas même à ma mère, et j'agis, car c'est mon « Dieu créateur » qui me demande de le faire* (3).

La ligne de conduite de la khamsi ne se comprend qu'en fonction de deux expériences fondamentales : le songe de sa petite enfance, quand Dieu s'est interposé entre elle et les siens; et la manifestation de cette vocation aux yeux des autres, lorsque la folie sacrée s'est emparée d'elle, au temps de sa maturité. A ces deux moments privilégiés de ses relations avec Dieu, elle emprunte les gestes à répercuter sur les visiteurs et en particulier sur son fils Jean. Cela apparaît surtout au cours du second acte, où elle prend entièrement l'initiative, tandis qu'il appartenait à la famille paternelle, le premier jour, de faire les gestes classiques de la levée des malédictions (*sok nösot*). Cette première cérémonie n'était pas l'apanage des khamsi. Mais, sur les lieux de sa fonction, elle agit en khamsi, place Jean Fotsing au seuil de la maison comme au temps où elle recevait en songe la visite de Dieu pour la première fois. Elle souffle dans ses narines et ses oreilles, comme « cette énorme masse qui semblait une personne », l'a fait sur elle autrefois. Elle lui pose sur le front les pierres, comme elle-même, tremblante de peur, les a reçues. Je ne l'ai pas vue pratiquer sur son fils le geste qui

(1) Grande chose *(mo'jwo)* couchée devant moi, faisant écran, empêchant de s'intéresser à autre chose.

(2) « On » *(Po)* désigne à la fois « Dieu » *(Si)*, les mânes ancestraux, les esprits de tous les intermédiaires ». Note sur les « prêtres khamsi » par un groupe de prêtres catholiques Bamiléké.

(3) « Dieu créateur » *(Mboo)* couramment traduit par « ange » par accommodation chrétienne, semble aujourd'hui désigner Dieu comme créateur et provident d'une personne particulière. Le seul langage de la khamsi ne me permet pas d'entrer plus avant dans la distinction entre *Si*, traduit habituellement par Dieu, et *Mboo*.

rappelle les vertiges du temps de ses visions et dont elle fait bénéficier les petits : « Telle que vous me voyez tourner les enfants, c'est ainsi que Dieu m'a vraiment fait tourner (1). »

L'analyse permet de suivre le fil conducteur depuis l'expérience originelle de Dieu jusqu'à ce cas concret de chômage. Elle ne révèle pas de procédés magiques, mais une conception religieuse de l'existence. Le fils de la khamsi ne s'y est pas trompé.

***

Ce séjour dans la montagne bamiléké me réconcilia avec la médecine traditionnelle, quelle que soit l'impropriété du terme appliqué à la khamsi. Ce fut vraiment un temps de repos après les moments difficiles passés avec Dieudonné, Nkoa, Clara et les nganga de ville, Nombote et Tokoto. Convaincu à nouveau de l'intérêt thérapeutique des grands traitements, je me sentis prêt à renouer avec mes deux premiers initiateurs, Din et Loe. Je devais cet apaisement à la khamsi. Entre elle et moi passait incontestablement un courant spirituel. Elle était la plus lointaine, culturellement parlant, des devins et ngnanga que j'avais rencontrés. Tout nous séparait : la nationalité, la langue, la religion. Pourtant, il y avait eu aussitôt entre nous le sentiment d'une étroite affinité. N'avions-nous pas en commun une vocation mystérieusement perçue dès la petite enfance? La manière dont elle parlait de Dieu s'étendant auprès d'elle et la séparant du monde des vivants, dans la terminologie élevée de sa culture religieuse, m'évoquait d'emblée l'appel que j'avais moi-même entendu à onze ans. Bien sûr, je ne saurais pas formuler aujourd'hui cette expérience ancienne dans un langage symbolique comparable au sien; en raison d'ailleurs, je le crains, de la place que depuis j'ai donnée au raisonnement théologique. Mais, comme elle, j'affirme que cet appel de mon enfance a orienté ma vie. La seule trace en est une

(1) J'ai vu la khamsi charger sur son épaule des hommes plus lourds que Jean Fotsing et tourner avec ce poids comme une toupie.

prière adressée à l'Esprit-Saint (1) récitée avec ferveur le jour de la Pentecôte 1941, quand je reçus le sacrement de confirmation et que je pris conscience de ma vocation. Ma mère, témoin de l'importance qu'elle eut à mes yeux, l'a conservée en souvenir. A mille lieues de distance, n'aurions-nous pas vécu, la petite khamsi et moi, une expérience mystique du même ordre?

(1) « Ô Esprit Saint, âme de mon âme, je vous adore, éclairez-moi, guidez-moi, fortifiez-moi, consolez-moi, dites-moi ce que je dois faire, donnez-moi vos ordres; je vous promets de me soumettre à tout ce que vous désirez de moi, d'accepter tout ce que vous permettrez qu'il m'arrive; faites-moi seulement connaître votre volonté. » (Cardinal Mercier.)

RENTRER DANS L'ORDRE

Chaque fois que je redescends de la montagne et que je parviens aux abords de Douala par la grand-route bordée de plantes à larges feuilles, comme le macabo, le bananier et le taro, il me semble entrer à nouveau dans la serre de mon enfance, où j'aimais accompagner le jardinier : soudain ma peau devient moite, la même chaleur humide me surprend, et je me retrouve sous la dépendance quelque peu oppressante du troisième règne de ce monde, le Végétal. Je sais qu'il me faudra près de trois jours à Douala pour me réhabituer au climat tropical. Ma méthode pour y parvenir consiste à adopter le pas lent du jardinier et à m'abstenir de toute allusion à la lourdeur du temps. Mon corps trouve bientôt un certain bien-être à baigner dans la vapeur tiède, pourvu que la brise marine des débuts d'après-midi ne lui fasse pas défaut...

Après une période d'acclimatation, je me sens disposé à reprendre l'étude de la médecine chez Din et Loe. A vrai dire, durant ce long détour par d'autres expériences et d'autres nganga, je n'ai pas réellement quitté les deux hommes. Je leur ai rendu visite de temps en temps, assistant parfois à un bout de traitement nocturne, mais sans véritable investissement de ma part.

Din est absent. Je me présente inutilement à la porte de sa maison. Depuis le procès, il fait de courtes apparitions à Douala, comme un vautour blessé qui hésite à se poser. Il traite quelques malades et disparaît. On me dit qu'il exerce le plus souvent dans l'île de Malimba ou dans la brousse environnante. Loe, au contraire, est un modèle de présence et de stabilité. Je ne doute pas de le trouver chez lui comme par le passé. Et en effet, autour du nganga gravitent toujours deux de ses femmes, son frère aîné, sa belle-sœur et une nuée d'enfants appartenant aux uns et aux autres dont il est le chef incontesté. Depuis son traitement Elimbi demeure davantage dans l'orbite paternelle et Nkongo est toujours un disciple empressé. Rien n'a vraiment changé, mais une distance s'est établie entre ce monde et moi. Il est temps que j'y rentre à nouveau si je ne veux pas le perdre.

L'occasion ne tarde pas à se présenter. Loe, au courant de mon désir renouvelé d'assister de bout en bout à un traitement, me fait avertir par Nkongo. Il s'apprête à soigner plusieurs personnes le samedi suivant. Je trouve inutile de lui demander plus de précisions sur le type de maladie ou l'identité des patients. Qui peut s'aventurer à annoncer l'ordre du jour d'une cérémonie aussi dépendante de l'intervention des génies de l'eau, des ancêtres et des sorciers? Pourtant la préparation en est minutieuse et obéit à un plan d'attaque décidé à l'avance, suivant des normes fixes. Le secret est-il conventionnel? Il est lié, je crois, à la conviction que les vrais acteurs demeurent les forces occultes, assaillantes et protectrices, quelle que soit la compétence du nganga.

J'accepte l'invitation avec reconnaissance. En effet, les conditions me paraissent réunies pour entreprendre l'étude d'un grand traitement. A la différence du pays bamiléké, où il m'a fallu tout découvrir en même temps, ici, en pays douala, je connais la langue et ses soubassements culturels. Loe et moi avons vécu des aventures communes et sommes quelque peu complices. Les lieux me sont familiers et Nkongo, j'en suis sûr, me donnera tous les renseignements nécessaires (1).

(1) L'essentiel de ce récit a paru dans la revue : *Recherches de Science Religieuse*, janvier-mars 1975, Tome 63, n° 1.

L'arbre des ancêtres.

Je ne suis pas admis cette fois à suivre le pèlerinage à l'arbre aux confins de la ville. Les patients de la nuit sont toutes des femmes et « elles auraient honte ». Mais je sais par Nkongo, que le cérémonial n'a pas été différent de celui auquel j'ai assisté lors du traitement d'Elimbi.

Le Selebenge – j'ai fini par savoir son nom – est l'arbre de famille. Je n'ai jamais connu d'arbre sacré sur la côte forestière, qui ne soit pas considéré comme l'habitacle des ancêtres. D'autre part, je n'ai jamais assisté à un traitement de quelque importance sans que les Morts ne soient prudemment invités à se mettre de notre côté et à participer à l'œuvre de guérison. Mais, dans cette région où les marigots, les fleuves, l'océan sont omniprésents, la place faite aux ancêtres de la terre est le plus souvent modeste en comparaison de celle faite aux *miengu* (1). Loe, comme nous le verrons plus tard dans la nuit, fait jouer principalement les seconds mais il demande quand même la faveur des premiers auprès de l'arbre tutélaire.

Selon Nkongo, Loe a entrepris la série des rites habituels. Il a planté une cigarette allumée dans une entaille de l'écorce. Il a écrasé un œuf contre les racines saillantes, versé du parfum et jeté quelques pièces de menue monnaie. (« C'est pour les gars de la famille qui sont là. ») Il a craché sur le tronc mutilé de l'arbre une graine appelée *Nsote* qui signifie la bonne entente (2). Les matériaux symboliques utilisés pour ces rites de propitiation sont toujours les mêmes : l'eau, le feu, le souffle, le végétal, l'animal sacrifié, l'argent... Mais l'économie des gestes et des matériaux est de règle, car *le tout est dans la partie.* Cet axiome m'a été souvent répété. Il est le fil d'ariane pour l'étranger enclin à trouver insignifiants ces mini-rites, qui sont exécutés neuf fois, chiffre de la totalité chez les Bantous. Dans le même

(1) Ancêtres de l'eau pour les descendants des familles nobles douala, génies pour les autres.

(2) Le *dethum* de la khamsi.

esprit, Loe donne l'ordre aux femmes de se couper des mèches de cheveux, des rognures d'ongles et de les enterrer au bas de l'arbre : « C'est une façon de se cacher. »

Enfin, chacune d'elles doit se frotter contre son tronc, en racontant ses malheurs. Ce faisant, on attend de lui, comme des ancêtres de la terre, qu'il donne le bonheur et la santé. « Cet arbre, m'explique Nkongo en français, a beaucoup de puissance. Il peut donner la chance et la malchance. Vous venez à lui pour parler de ce dont vous souffrez, de ce que vous cherchez. Dieu a créé cet arbre avant l'homme. Donc il lui a donné une puissance plus grande que la nôtre. »

La prière dite, Loe et les siens remontent du ravin en silence, et rentrent chez eux. Personne ne doit se retourner ni prononcer un mot avant que le maître n'en ait donné l'autorisation. Au quartier, à trois kilomètres de là, nous les attendons en frappant des baguettes de bambou, à une cadence, qui, à la longue, établira le climat incantatoire et liturgique recherché. Nous formons une assemblée d'environ soixante personnes : les familles, les voisins, mon compagnon René Roi, professeur au collège Libermann, et moi.

Le rite de l'Esa.

A 22 heures, Loe se prépare dans le dibandi qui est à la fois son sanctuaire et sa sacristie. On l'entend marmonner des paroles, agiter des clochettes pour appeler les génies de l'eau. Il ne manque jamais de demeurer un court instant, près de la formidable masse d'écorces. Nous attendons, René Roi et moi, à la place qui nous est assignée parmi les hommes. En face de nous, sagement rangée, toute la famille de Loe. A droite, c'est-à-dire dos au dibandi, les joueurs d'instruments à percussion qui fournissent un fond sonore et trépidant (1). Enfin, sur notre gauche, fermant ce carré nettement formé : les femmes et les malades de la nuit revenues du pèlerinage à l'arbre. Elles sont quatre, ce soir :

(1) Deux tambours à peau tendue, un tambour de bois à lèvre, une artillerie de tôles et de cloches, et les cliquettes, faites de règles plates de bambou que l'on entrechoque.

une petite fille de douze ans, une jeune femme qui porte un bébé dans les bras, la dernière femme de Loe, et enfin Kwedi. C'est à cette dernière que Loe apportera toute sa sollicitude. Le grand traitement a été préparé pour elle, les trois autres femmes ne feront que profiter des forces déployées à cette occasion. Loe pourtant ne les oubliera pas et leur montrera au cours des soins les gestes à faire et la place à tenir. Elles ont chacune leur histoire, et en sont, ce soir, à des stades différents dans l'évolution de la cure. Je ne parlerai ici que de la principale malade de la nuit, Kwedi.

Nkongo m'a décrit, de manière litanique, la jeune femme à son arrivée, voilà deux mois et demi : « Elle était dans un état très grave. Elle avait toujours les yeux fermés parce qu'elle ne voyait pas, l'air de quelqu'un qui va mourir. Elle semblait déjà dans un autre monde. Elle évoquait des choses que nous ne connaissions pas, elle appelait des êtres que nous ne pouvions voir. Parfois elle demandait sa mère. Sourde, aveugle, elle était si fatiguée qu'elle n'avait même plus le courage de s'asseoir. Elle restait indéfiniment couchée. »

Dès lors, une énergique médecine faite d'herbes et d'écorces, administrée matin, midi et soir par tous les pores de la peau, a eu raison des signes visibles de la maladie. Cette jeune femme, petite et boulotte, assise sur le banc à notre gauche dans la pénombre, enveloppée dans un drap blanc qui ne laisse passer que sa tête, est aujourd'hui parfaitement remise, et ses capacités de résistance au traitement spartiate qui l'attend vont complètement nous rassurer sur son compte. Peut-on considérer encore Kwedi comme une malade?

Comme la " malchance ", la " maladie " (*diboa*) est un terme piège. Nous l'avons souvent répété au cours de ce livre.

Le mot " symptôme " correspondrait mieux, il me semble, à ce qu'évoque le terme en douala. Les signes manifestes de souffrance physique ou de désordre mental ne sont pas considérés indépendamment de la cause (*njom*) qui les a provoqués et qui est le véritable mal. Ces symptômes sont

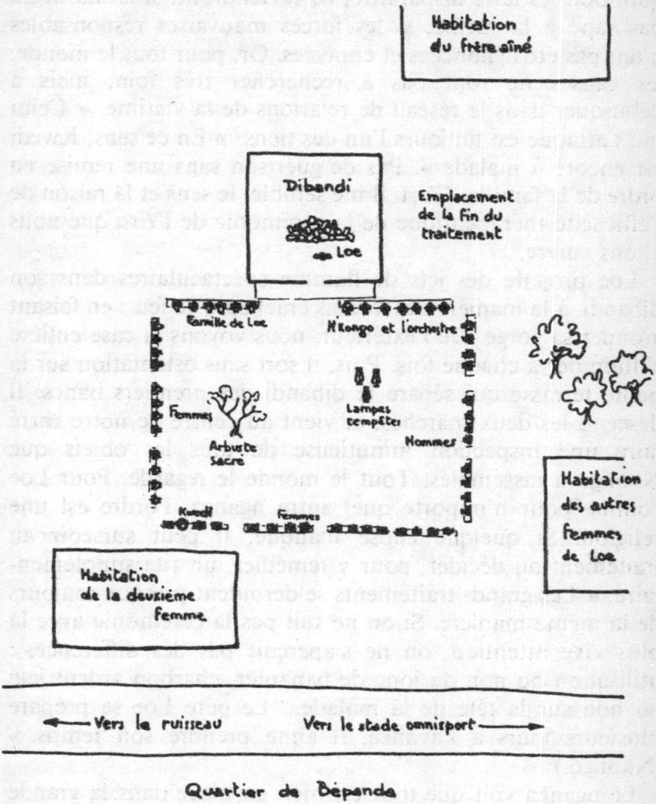

L'aire des soins chez Loe.

pris au sérieux et soignés par les herbes et les écorces, mais à quoi bon les faire disparaître, ils reviendront, si le mal n'est pas sapé à la racine, si les forces mauvaises responsables n'ont pas été dénoncées et enrayées. Or, pour tout le monde, les causes ne sont pas à rechercher très loin, mais à débusquer dans le réseau de relations de la victime. « Celui qui t'attaque est toujours l'un des tiens. » En ce sens, Kwedi est encore « malade ». Pas de guérison sans une remise en ordre de la famille. C'est, il me semble, le sens et la raison de l'efficacité thérapeutique de la cérémonie de l'*Esa* que nous allons suivre.

Loe projette des jets de flamme spectaculaires dans son dibandi, à la manière des forains cracheurs de feu : en faisant gronder sa gorge. De l'extérieur, nous voyons la case entière s'illuminer à chaque fois. Puis, il sort sans ostentation sur la petite terrasse qui sépare le dibandi des premiers bancs. Il descend les deux marches, et vient au centre de notre carré faire une inspection minutieuse de tous les objets que Nkongo a rassemblés. Tout le monde le regarde. Pour Loe comme pour n'importe quel autre nganga, l'ordre est une religion. Si quelque chose manque, il peut surseoir au traitement ou décider, pour y remédier, un rite supplémentaire. « Les grands traitements se déroulent presque toujours de la même manière. Si on ne suit pas la cérémonie avec la plus vive attention, on ne s'aperçoit pas des différences : utilisation ou non du jonc de bananier, charbon ardent jeté ou non sur la tête de la malade... Le père Loe se prépare plusieurs jours à l'avance, il aime prendre son temps. » (Nkongo.)

Le nganga voit que tout est bien en place dans la grande cuvette emplie d'eau à ras bord : les herbes de différentes sortes, la poussière des écorces râpées éparpillée (1), la pincée de terre provenant tout à la fois du cimetière où repose son père, d'un carrefour fréquenté, d'un marché, de sous le lit de Kwedi, et enfin – précision importante – de la propre maison de son oncle ici présent. Il y a encore, dans

(1) Pharmacopée en ma possession.

cette cuvette contenant l'univers de Kwedi en réduction, la cendre du foyer familial, neuf pièces de 10 francs, une assiette neuve et un œuf. Chacun de ces éléments, qu'elle a dû se procurer elle-même (sauf les herbes et les écorces dont le nganga a l'exclusivité), parle à Kwedi, sans qu'elle ait besoin, comme moi, d'explication. « Pourquoi de la terre? – Parce que la terre, me commentera Loe, quelque peu agacé, a toute la puissance du monde. – Pourquoi l'argent? – Parce que l'argent donne la chance, c'est ce que tout le monde désire. » Je sais que l'assiette représente la nourriture et que l'œuf qui sera sacrifié à la place de Kwedi signifie la vie.

Loe s'assure encore que les quantités de bière, de vin et de tabac sont conformes à ce qu'il a ordonné. La chèvre et les trois poulets à sacrifier plus tard sont bien attachés à proximité, il peut donc aborder l'interrogatoire et le rite de l'*Esa*, à l'emplacement même où il l'a fait subir à sa famille et à son fils Elimbi, absent cette nuit.

Loe fait signe à Kwedi de s'approcher. Celle-là réajuste le drap blanc qui l'enveloppe à la manière d'une toge romaine, et s'avance majestueusement vers le centre, face à la grande cuvette où marinent, miniaturisés, les éléments de son univers particulier. Nous voyons mieux maintenant son visage plat, avec le petit nez épaté et les yeux légèrement tirés. Parfaitement impassible et le teint clair, on la prendrait pour une Asiate. Beaucoup de femmes, ici, ont ce type. Elle a fait tresser ses cheveux courts comme une écolière pour un jour de fête : de petits carrés réguliers de deux centimètres de côté et d'environ un centimètre de haut, séparés par de larges raies parallèles ou perpendiculaires. Loe appelle maintenant les trois principaux membres de sa famille : la mère, visage identique, porte un pagne de tous les jours, les deux hommes, l'oncle paternel et le frère aîné sont habillés d'une chemise claire et d'un pantalon de ville de couleur sombre. Devenus soudain le point de mire de notre assemblée, ils se placent à côté d'elle, les bras ballants, un peu gauches.

Nous assistons maintenant à un lent interrogatoire subtil et serré, dont il faut, pour en saisir la portée, connaître les présupposés et les conventions; il est entendu par tous (et si quelqu'un en doute il prendra soin de se taire) que Loe sait déjà le fin mot de l'affaire parce qu'il est doué d'une double vue (*miso manei*). Donc, sa manière évasive d'évoquer les conflits de cette famille, n'est pas mise sur le compte de son ignorance, elle procède d'un genre oratoire qui consiste à révéler par touches et insinuations les agissements secrets et les arrière-pensées de chacun. On ne doute pas de ses capacités de visionnaire : il en sait bien plus qu'il n'en dit (1).

Loe n'a pas attendu cet interrogatoire pour se faire une idée du partage des responsabilités : « C'est la faute de Kwedi si elle est malade, m'a-t-il dit en français. Elle se fout de sa famille. Et la famille n'est pas contente : trop gueularde contre sa maman et son oncle. Elle veut commander son frère. Elle a quitté son mari et a fait le " bordel " avec un autre type. Elle a eu deux enfants avec ce type et les lui a donnés sans l'autorisation de sa famille. C'est de sa faute si la famille l'a rendue malade pour la punir en la faisant ensorceler par le *ngando* (caïman) qui tue dans l'eau. » Loe a même conclu que l'oncle paternel, ici présent, doit être le responsable de l'ensorcellement de sa nièce.

Selon Nkongo, Loe a envoyé la belle-sœur de Kwedi, la femme du frère aîné ici présent, au village, la veille du traitement pour prendre dans la concession de l'oncle la pincée de terre qui a été déposée dans la cuvette. Quand l'oncle a su cela, il est revenu voir Loe pour lui demander

(1) Une preuve de cette conviction m'a été fournie par un élève de classe terminale du collège Libermann en traitement chez un autre nganga qui me rapporte exactement dans ces termes la séance de divination. Le magnétophone en fait foi : « Le nganga a commencé par me dire que je n'ai pas toujours été entre les mains de mes parents, c'est-à-dire que ce ne sont pas mes parents qui ont toujours payé la pension. J'ai répondu que c'était vrai. Il a dit : « Tu as vécu à Samba et à Ngambe (localités lointaines). A Samba, tu n'étais pas entre les mains de tes parents, mais, à Ngambe tu étais entre les mains de tes parents. » Moi : Il prononçait le nom des villes?

– Il ne prononçait pas le nom des villes. Il me disait : « Lorsque tu as fini ton école primaire, tu es allé vivre chez tes parents. » *J'ai compris* qu'il parlait d'abord de Samba et ensuite de Ngambe. J'attache du prix au témoignage de notre élève, parce que, d'habitude, les circonstances ne permettent pas de faire apparaître aussi clairement les mécanismes de la divination. Le devin est censé en dire moins qu'il n'en sait.

s'il voulait le tuer et Loe s'est contenté de lui répondre : « C'est pour sauver ta nièce. » Et Nkongo d'ajouter : « J'ai compris que le père Loe lui a fait comprendre ainsi qu'il était cause de la maladie. »

Si Loe peut tirer de telles conclusions avant même l'interrogatoire c'est que, comme tout nganga de métier, il connaît les rouages des structures familiales, et peut, sans avoir besoin de confidences, affirmer que les relations sont tendues entre telle et telle personne, lorsqu'elles se trouvent, par exemple, dans la même ligne d'héritage. Loe héberge Kwedi depuis plus de deux mois. Le peu qu'il ait entendu lui suffit pour accuser l'oncle. Il sait que ce dernier est devenu le chef de famille depuis la mort de son frère, qu'il a épousé la veuve, comme la coutume le permet, et est devenu ainsi le père de Kwedi. C'est donc l'oncle qui souffre en premier lieu du comportement antifamilial de la jeune femme. D'autre part, il est en concurrence directe avec les enfants de son frère défunt pour des questions de propriété de terrains et. n'ayant pas eu d'enfants lui-même, nourrit une sombre jalousie à leur égard (1).

Loe ne fera pas officiellement état de ces informations. Il arrive qu'un nganga, tel Nombote, accuse quelqu'un en le nommant en pleine séance de soins, mais jamais, à ma connaissance, en la présence du suspect. Comme l'affirme Nkongo : « Le père Loe pense que toute vérité n'est pas bonne à dire. Il ne faut pas dévoiler tous les secrets. Même s'il sait tout de toi, il n'en dira qu'une partie. »

Une autre raison engage Loe à se taire. Il veut que les torts accumulés dans cette famille soient avoués et reconnus par leurs auteurs, afin que le rite de rejet du mal qui clôture l'*Esa* ne soit pas une simple formalité sans engagement véritable. Ce traitement me semble exemplaire parce que y apparaît bien la tentative du nganga : provoquer les membres de la famille à avouer leurs torts, à s'amender et à se réconcilier. Ce n'est pas une dimension négligeable du

(1) Tous ces renseignements m'ont été donnés bien que je n'aie rendu que de temps en temps visite à la famille de Loe.

métier de nganga. Là se joue sans doute l'échec ou la réussite du traitement.

Je donne ici des extraits de ce long interrogatoire, où l'on voit Loe faire jouer en tous sens, bousculer et énerver les rapports de parenté entre ces quatre personnes : Kwedi, la mère, le frère, l'oncle, debout maintenant face à nous. On comprend que chacun soit sur ses gardes, appliqué à ne pas dire un mot compromettant, attentif aux insinuations du nganga. Celui-ci se recroqueville dans un coin de notre carré et, comme un félin, s'approche de sa proie pour la harceler de questions. Il peut quitter l'assemblée et s'enfoncer dans la nuit pendant de longues minutes sans que personne n'ose bouger. Il revient d'un bond pour lancer un chant ou faire galoper le tambour. Il lisse alors sa fine moustache et lance une phrase ironique ou énigmatique qui donne à réfléchir, comme celle-ci : « Chacune de mes questions est une manière de parler directement », ou encore : « C'est grâce à cette fille que je peux tous vous sauver. » Il rit tout seul, à son rythme, jusqu'à épuisement. Puis il reprend l'interrogatoire de plus belle.

Loe à Kwedi : *Qui est cet homme?*

Kwedi : *C'est mon père* (frère de son feu père).

L. : *Et cette femme?*

K. : *C'est ma mère.*

L. : *Et celui-ci?*

K. : *Celui-ci, c'est mon frère.*

L. : *Moi je vous ai dit que je ne voulais rien dévoiler. Je crains que si je vous dis quelque chose, vous alliez vous séparer immédiatement. Et cette famille, est-ce qu'elle est fière de toi?*

K. : *Je sais qu'ils sont fiers de moi.*

L. : *Et moi je te dis qu'ils ne sont pas fiers de toi. Moi, je suis la voirie. Que tu le veuilles ou non, tu vas quand même y jeter tes ordures. Musique* (1).

(1) Rythme *jengu*.
J'ai mis longtemps à repérer les signes imperceptibles par lesquels Loe fait stopper brusquement l'orchestre. C'est un léger crochet du pied droit au cours de la danse, ou encore une certaine façon de dresser l'orteil. Je ne suis pas le seul à m'y tromper. Quelquefois un malheureux musicien frappe sa cloche une seconde de trop et a droit aux plaisanteries de toute l'assemblée.

Loe pose à l'oncle des questions déguisées en déclaration, à la manière de la khamsi .

L'oncle (très prudemment) : *Oui, elle est têtue. Elle est têtue quand elle est avec des filles de sa classe d'âge, mais quand elle me sert, elle n'est pas têtue.*

L. (sarcastique) : *Mais est-ce que tu n'as pas de menus reproches à lui faire?*

O. : *Je pourrais en avoir, mais je ne les prends pas en considération.*

L. : *Est-ce que cela te fait plaisir?*

O. (circonspect) – après un temps – : *Non.*

L. : *Monsieur, je sais que cette fille vous appartient. Moi je m'appelle* sanakope (sorte de liane). *Si je me pose sur un arbre, il va mourir.*

Chant : Tu bois de l'eau du marigot sans connaître sa source.

Loe s'approche de la mère, jusqu'à la toucher : *Cette fille, qui l'a mise au monde?*

M. : *C'est moi.*

L. : *Te souviens-tu du jour où tu t'es frappé le ventre en disant : « Est-ce que ce n'est pas moi qui t'ai mise au monde* (1)*? »*

M. : *Je n'ai jamais dit cela.*

L. : *Il y a beaucoup à vous dire, mais, aujourd'hui, je ne veux pas parler. Si j'essaye, les pirogues vont couler* (la zizanie va naître). *Moi, je suis les pattes de la mouche* (qui se pose n'importe où). *Je commence à entrouvrir le paquet* (que vous ne voulez pas ouvrir vous-mêmes). *Chacune de mes questions est une manière de parler directement.* (Nde miendi mam nde me kwala lam.)

En prenant une voix d'enfant, Loe entonne les premiers mots d'une chanson (*Ekumbulan esoka*) où il est question d'un jeu. Chacun des deux enfants qui jouent doit chercher à deviner à son tour le plat que l'autre voudrait manger à l'instant même (2).

(1) Geste considéré comme un signe de grand mécontentement envers son enfant.

(2) Selon Nkongo cette chanson évoque le jeu de devinettes auquel Loe soumet la famille.

Loe (au frère aîné) : *Vous êtes combien d'héritiers sur le terrain de votre père?*

Le frère (sans hésiter) : *Je n'ai aucun rival, je sais que l'aîné, c'est moi.*

L. : *C'est toi qui le dis mais je sais que tu es en concurrence avec un autre. Est-ce que tu as de bons rapports avec ta famille?*

F. : *En ce qui me concerne, pas de problème. Mais celui qui a pris la mère après la mort du père... Je ne sais pas s'il lui vient l'idée de me disputer l'héritage de mon père.*

Chant : A force de tirer sur l'éléphant, il finit par parler comme un homme (1).

Loe : *Je sais que Kwedi a beaucoup de mauvaises habitudes. Vous le niez? Que celui qui n'a pas de reproche à lui faire lève la main.* (Personne ne lève la main.) *Alors vous voyez ça!* (Rire énorme de Loe devant la contradiction.)

(A Kwedi) : *C'est ta bouche qui t'a condamnée, c'est ton entêtement qui t'a condamnée, c'est ta suffisance qui t'a condamnée. Tout ce que ta famille vient de dire, elle l'a dit avec légèreté. Mais moi je connais le fond des choses. Mais moi, aujourd'hui, je ne peux que fermer ma bouche. J'aurais voulu que tu dises à ta famille : « Je suis en effet une mauvaise fille, je l'avoue et je sais aussi que c'est vous qui m'avez mise au monde. »*

(Aux autres) : *Chacun d'entre vous a dit qu'il n'avait rien à lui reprocher. Vous l'avez dit à haute voix, mais le fond de votre cœur est noir. Or c'est grâce à cette fille que je peux tous vous sauver. Je veux la traiter pour vous montrer que je connais mon travail. Parce que j'aime travailler pour Jésus mon maître.*

(A Kwedi) : *Mais que ton oncle fasse attention, parce que son cœur n'est pas clair, et s'il s'amuse, on va lui taper dessus tout de suite! Pas moi, mais quelqu'un d'autre; il va sentir nettement qu'on est en train de le frapper* (probablement les ancêtres de l'eau).

(1) Nkongo traduit : même si vous ne voulez pas dire ce qu'il y a au fond de votre ventre, je vais bien finir par vous forcer à le dévoiler.

Loe continue longtemps à assaillir de questions les deux hommes et les deux femmes, entreprenant l'oncle à qui il rappelle qu'il ne s'est jamais marié avant de prendre la veuve de son frère, et qu'il n'a pas pu avoir d'enfant, interrogeant le neveu sur ses frères cadets qui convoitent peut-être aussi l'héritage et morigénant Kwedi jusqu'à ce qu'il décide enfin d'en venir au rite proprement dit de l'*Esa*.

Le rite de l'*Esa* n'est pas l'apanage des nganga. Il reste sans doute le geste traditionnel le plus largement pratiqué dans la société douala, chaque fois qu'un danger menace l'unité du groupe. Un père de famille peut l'entreprendre avec les siens, les chefs douala avec leurs notables lors de la cérémonie annuelle du Ngondo, pour des raisons politiques (l'élection présidentielle de 1970), en cas de calamité (l'épidémie de choléra de 1971) et n'importe quel personnage réputé pour préparer des matches de football décisifs. Din l'a pratiqué ici même sur Elimbi et Nombote avait forcé le vieux grand-père à l'entreprendre sur son fils Bruno.

Le plus souvent, on lave le visage des personnes concernées avec la large feuille appelée *dibokuboku la wonja*, imbibée d'eau, et chacun est censé déclarer les fautes qu'il a commises et sa responsabilité dans le malheur, avant de proclamer qu'il rejette le mal au plus loin de la brousse. Le risque de pareille cérémonie est le formalisme. Toute la préparation psychologique à laquelle Loe a soumis cette famille a pour but de préparer un rite sans hypocrisie, vraiment réconciliateur. La tentative est claire. A-t-elle été déterminante ? Je le crois pour la mère et pour le frère, j'en doute pour l'oncle. Les déclarations qui suivent permettent de s'en faire une idée.

Loe à Kwedi : *Voilà la cuvette d'eau devant toi. C'est dans cette eau que tu devais mourir* (allusion à la sorcellerie du fleuve que je décrirai par la suite).

Jusqu'ici l'oncle, la mère et le frère de Kwedi n'ont pas bougé de leur place. Ils se tiennent debout et en ligne, au beau milieu de l'aire de danse. Maintenant ils sont invités par Loe à s'approcher de Kwedi à tour de rôle afin de lui laver le visage avec la feuille. Mais ils restent sur leurs gardes, à cause de ce diable de nganga qui leur tend des pièges en ricanant.

Loe à l'oncle : *Bénis ton enfant. Tu ne veux pas qu'elle soit libre?*

L. : *Baptise-la vite.*

L'oncle : *Je veux que mon enfant soit guérie. Tout ce qu'on a dit sur elle, nos colères, qu'elle a tel ou tel défaut, nous rejetons tout cela en brousse, n'est-ce pas?*

L'assistance : *Oui.*

L. : *Amen.*

L'assistance : *Alleluia.*

L'oncle (passant la large feuille imbibée d'eau sur le visage de Kwedi) : *Ô cuvette d'eau, me voici devant toi et je lave le visage de mon enfant. Que ce que je fais ici soit limpide. Si c'est moi qui suis la cause de sa maladie, on le saura.*

L. : *Qu'est-ce que tu as dit?*

L'oncle : *Que, selon toi, nous sommes fâchés contre Kwedi.*

L. : *Je l'ai dit, mais toi, l'as-tu reconnu?*

L'oncle : *Dans la mesure où nous nous serions fâchés contre elle, je dis qu'à partir d'aujourd'hui c'est terminé.*

La mère (à son tour) : *Tout mon espoir est dans mes enfants. Je sais qu'à ma mort, ce sont eux qui m'enterreront. Je n'ai aucune raison de me fâcher contre eux. A partir d'aujourd'hui que tout soit clair. Même toi, Kwedi, tu me méprises. Tu me méprises, moi qui t'ai mise au monde.* (Rire homérique de Loe, si fort qu'il couvre la fin de la bénédiction (1).)

L. : *Qu'est-ce que vous voulez dire?*

La mère (embarrassée) : *Je veux dire et je dis que ma propre fille que j'ai mise au monde... si jusqu'à maintenant elle avait du mépris pour moi, que ce mépris cesse à partir d'aujourd'ui.*

L. (satisfait) : *Amen.*

L'assistance : *Alleluia.*

(1) Nkongo m'explique : Loe rit parce que tout à l'heure la maman affirmait qu'elle n'avait aucun reproche à faire à sa fille.

Le frère aîné, puis chacun des autres membres de la famille font une déclaration semblable, en lavant le visage de Kwedi (1).

L'appel aux génies de l'eau.

Minuit. Loe sort du dibandi, un camail rouge sur les épaules, le corps pris dans une tunique écarlate qui lui descend jusqu'aux pieds. On se croirait à une présentation de mode ecclésiastique à la manière de Fellini! Démonstration pompeuse et ridicule qui me surprend. Loe esquisse quelques pas de danse devant nous, s'esquive et cette fois revient, drapé dans une robe blanche ceinturée de rouge, sabre en main. (« C'est un cadeau d'un Haoussa qu'il a guéri, explique Nkongo, mais il a d'autres armes de guerre. ») Voici venu le temps de la lutte contre la sorcellerie. Le nganga se met à circuler à l'intérieur du quadrilatère que nous formons, en brandissant à la pointe du sabre trois pièces d'étoffe, la rouge, la blanche, la bleue. « Je dis à mes ennemis : voulez-vous le blanc? C'est la paix. Voulez-vous le rouge? C'est la guerre. Voulez-vous le bleu? C'est la mort. » Le bleu, bleu de mer profond, est porté par les veuves. Le rouge sang, chez tous les nganga que je connais, avertit que la lutte est ouverte contre les sorciers. Quant au blanc, symbole moderne de la paix, il est traditionnellement la couleur qui plaît aux ancêtres de la terre ou aux génies de l'eau, les *miengu*, appelés à la rescousse contre les sorciers.

(1) A cet instant précis, j'ai provoqué un incident. Je m'étais muni d'un flash que je gardais discrètement à côté du magnétophone, dans l'espoir de prendre quelques photos d'un traitement que je voulais étudier avec un soin particulier. A la fin de l'*Esa*, je crus le moment venu et je prévins discrètement Loe. Quand les membres de la famille s'aperçurent de mes intentions, ils s'envolèrent comme des moineaux, et l'oncle fit mine de quitter les lieux. Devant leur réaction, je renonçai à ma tentative. Il m'était assez facile de photographier des cérémonies si je passais pour un simple observateur, comme à Kribi, mais intégré comme je l'étais, tous mes faits et gestes étaient interprétés. Que craignaient-ils? Que je dirige mon flash, comme une bouffée de feu contre quelqu'un? En tout cas, je n'ai, à mon grand regret, aucune image à présenter de ce traitement.

Maintenant, Loe va s'effacer devant eux (1). Tout est inscrit dans le costume. N'aurait-il pas dansé sa pavane comme un prélude ?

« Quand les *miengu* arrivent, l'odeur elle-même change. »

Les *miengu*, génies de l'eau aussi redoutés que désirés, surviennent sans prévenir. Le tout premier signe de leur venue se lit sur le visage de plusieurs femmes. Elles sont assises en face de nous sans que rien ne les distingue de leurs voisines, hormis la surprenante grimace de souffrance qui les défigure. La lueur contrastée venue des lampes tempête dramatise encore cette grimace. Bientôt, nous voyons ces femmes osciller, rouler de droite et de gauche sans quitter leur place, comme si quelqu'un les secouait. L'ordre qui a régné jusqu'alors est profondément perturbé : tandis que leurs voisines restent sur le qui-vive et s'efforcent de maintenir les bancs debout, elles se cramponnent de toutes leurs forces, se raidissent, adoptant par instants des postures figées de mannequins ou de marionnettes articulées. Un frémissement incontrôlable s'empare bientôt de leur corps et les ébranle de la tête aux pieds, sans réussir encore à les chasser de leur siège. On dirait la phase sèche de la tornade avant le déferlement des eaux, avec ses sautes brutales de vent et ses accalmies subites. Impressionné malgré moi, je tente de me faire oublier, en demeurant assis sans bouger sur le banc des hommes.

Kwedi se lève brusquement, comme prise du désir irrésistible de danser, et rejoint Loe sur la piste. Au début, ses

(1) Singulier : *jengu*; pluriel : *miengu*. Les *miengu* ont gardé une fonction thérapeutique sur toute la côte. Avant la colonisation allemande (fin XIXe), cette fonction s'étendait à tous les secteurs de la vie sociale. Une société secrète *jengu* réservée aux nobles tempérait le pouvoir des chefs. Elle possédait une langue initiatique. Ittmann : *Esquisse de la langue de l'association culturelle des nymphes au bord du Mont-Cameroun*. Traduit de l'allemand par M.P. Mesnier. Ed. SELAM, 1972 – R. Bureau. *Recherches et Etudes camerounaises. Ethno-sociologie religieuse des Douala et apparentés*. IRCAM, Yaoundé, 1962 : « Le jengu, association de culte », pp. 105-139.

gestes ont l'élégance et la retenue habituelles. Puis un léger tremblement la saisit à son tour. Ce n'est d'abord qu'un frisson. Il va s'amplifier sous nos yeux jusqu'à soumettre Kwedi tout entière à une agitation trépidante et régulière dont elle n'est manifestement plus maîtresse. Le drap a glissé. Elle apparaît presque costumée dans un ensemble de sous-vêtements blancs certainement prévu dans cette éventualité. Les femmes en transe sur le banc la rejoignent. Elles sont cinq à trembler éperdument devant nous. Le tambour qui les a mises en mouvement cesse un instant de résonner, mais les possédées continuent de vibrer dans le silence, comme des palmiers immergés en période de crue, qu'un courant invisible secoue.

Outre Kwedi, je reconnais sa belle-sœur (celle qui avait subtilisé une pincée de terre au domicile de l'oncle), la seconde épouse de Loe et sa fille, enfin une jeune voisine. Assez vite nous distinguons les vraies possédées de celles qui se forcent à danser frénétiquement. « La danse, m'explique Loe, c'est la lutte contre les ennemis. Celles qui dansent luttent, mais elles ne le savent pas. C'est le *jengu*. Elles sont devenues *jengu*. Mais celles qui dansent seulement pour le plaisir, c'est zéro (1). »

Les *miengu* sont là. En quelques instants l'atmosphère a changé sur l'aire des soins. Les joueurs de l'orchestre – souvent de petits amuseurs blasés – deviennent subitement sérieux : à leur tour ils sont dominés par le rythme *jengu* (2).

(1) R. Bastide : « La transe est un phénomène de pression de la société, et non pas un phénomène nerveux. » La transe est la quintessence d'une culture et ne s'explique pas par une quelconque cause physiologique ou psychologique. Notons cependant l'importance de certains facteurs plus apparents : l'histoire personnelle de chacune des possédées, sa force de conviction, l'influence de la nuit, le conditionnement rythmique, la mise en scène, la suractivation musculaire, l'usage de drogues. Ces éléments et beaucoup d'autres provoquent dans les cas de transe réelle un accident hystériforme. Pour une analyse physiologique du phénomène, lire : H. Aubin : « Les Mécanismes de la transe », in *Evolution psychiatrique*, numéro spécial, mars 1948, pp. 191-215.

(2) Nkongo : « C'est un peu difficile d'expliquer en paroles... C'est une certaine façon plus rapide de " dribbler " les mains sur le tambour. Et puis il y a le son. En déplaçant les mains vous changez le son. Parfois on met le talon du pied sur la peau du tambour, on l'enlève, on le remet. »

D'ailleurs Nkongo a pris les batteurs en main, il n'est pas question de se moquer des *miengu*. Si l'on est de leur descendance ou sous leur protection, ils délivrent des sorciers ou assurent toutes sortes de succès; quant aux femmes, ils leur donnent la fécondité. On peut avoir des relations intimes avec eux. Ainsi Loe possède-t-il une femme *jengu*, appelée Hélène Yambe, qu'il appelle parfois pendant les soins en la sifflant familièrement comme il le fait pour ses épouses visibles. Une femme peut aussi avoir un mari *jengu* (1). Mais les époux *jengu* sont exigeants : ils imposent des interdits alimentaires et sexuels, on ne peut, sans risquer des représailles, manger certaines espèces de poissons, ni, par exemple, s'approcher n'importe quand de son conjoint.

Soudain Kwedi, toujours sous l'empire des *miengu*, avance vers moi et me saisit les avant-bras. Elle reste ainsi, quelques secondes, agrippée. Je vois ses yeux révulsés presque entièrement blancs, à dix centimètres des miens et je ressens la trépidation régulière de son corps. Puis elle rejoint ses compagnes qui continuent de tourner à l'intérieur de l'espace libre. Loe me dira le lendemain : « Elle vous demandait du secours. » Et Nkongo ajoutera : « Il ne fallait pas qu'elle laisse une force étrangère inemployée; ou bien, c'était pour trouver quelqu'un qui avait le sang fort. »

Plus tard j'interrogerai Kwedi : « Quand vous dansiez, vous m'avez saisi par les bras; pourquoi? – Je ne me souviens plus, parce que quand on danse comme ça, on ne se rend compte de rien (*o sa te, o si ma bia*).

Moi : On m'a expliqué que vous veniez demander de l'aide. Je suis d'accord pour que vous guérissiez. »

Que Kwedi ne se souvienne plus de rien n'est pas surprenant, la transe met le sujet dans un état second qui ressemble à celui des somnambules. Mais inconscience ou amnésie ne veulent pas dire indifférence. Au contraire, le sujet en transe manifeste des désirs que la vie sociale lui interdit d'exprimer.

C'est pourquoi Loe paraît si attentif quand la transe

(1) Une femme rencontre son mari *jengu*.

survient, tout en prenant l'air humble et soumis qui s'impose devant ses maîtres *miengu.* Quant à moi, je me dois évidemment d'être sur mes gardes – certains penseront excessivement – avec les femmes qui gravitent autour des nganga, à cause de l'incontrôlable liberté de la rumeur. Depuis mon aventure de l'Ekong, je surveille ma réputation, désireux de la faire correspondre à mon identité de prêtre. Mais, quand Kwedi – avec laquelle je n'avais échangé qu'un salut poli – entre en transe et me saisit physiquement les bras en un geste ritualisé d'épouse, je crois que personne dans l'assistance n'a pensé à mal. Elle me demandait de lui communiquer mon pouvoir de prêtre, voilà tout. Je lui ai été, en tout cas, profondément reconnaissant d'avoir franchi cette frontière sociale qui sépare l'étranger de l'Africain, le prêtre de la femme. Sans esquisser un geste de défense, par la seule tranquillité de mon corps, j'ai seulement tenté de calmer son angoisse.

A 2 heures du matin, Loe laisse Kwedi se reposer sur le banc avant le départ au fleuve qui sera l'étape suivante de son traitement. Il fait venir à leur tour dans l'espace maintenant déserté par les *miengu*, les trois autres patientes. Il pose la main sur chacune d'elles, interroge les familles, prononce quelques paroles sibyllines, mais écoutées avec attention par les intéressées. Car ce ne sont encore que des travaux d'approche avant le grand traitement, reporté à une autre nuit, que doit subir chacune d'entre elles.

Les neuf plongées salutaires.

Le village natal de Kwedi est situé en amont du Wouri, le fleuve qui dessert Douala avant de rejoindre l'Océan. La sorcellerie l'a prise dans l'eau, elle doit être libérée aussi dans l'eau. Loe désigne maintenant ceux qui vont se rendre au fleuve pour accompagner Kwedi. René Roi et moi sommes du nombre. Les membres de la famille de Kwedi également, excepté l'oncle qui durant tout ce temps doit rester auprès du nganga – exclusion significative. Nous nous mettons en file indienne à la suite de Kwedi et de Nkongo qui mène la procession avec les pouvoirs de délégué. Kwedi doit tenir à la main droite une tige de *mukoko mwa bedimo*, la canne des Morts (1), et garder fermement dans la gauche l'herbe *ngonji* ainsi que *l'epindepinde*, petit bâton de commandement qu'un officier porte quand il va à la guerre. Notre procession passe le long des cases endormies, en chantant une mélodie *jengu* (« qui n'est pas spéciale à la circonstance », me dira Nkongo), et elle débouche deux cents mètres plus bas sur un étroit marigot boueux, appelé " fleuve " par un effet certain de transfiguration.

C'est le respectable résidu de la rivière sacrée Mbanya, qui arrosait autrefois les racines de l'arbre *Selebenge* où Loe s'est rendu à la tombée de la nuit. La ville qui a réduit son débit et pollué son eau n'a pas eu raison de sa puissance symbolique.

Nkongo se saisit de la " Canne des Morts " et frappe une fois seulement la surface du « fleuve » pour demander le passage. Cela fait, Kwedi entre dans le courant jusqu'à la poitrine. Elle doit s'accroupir dans l'eau saumâtre, supporter la bouffée de feu purificatrice que lance Nkongo, se relever aussitôt à l'appel de son nom en répondant « E », qui veut dire « oui ». Le rite sera répété neuf fois. Selon Nkongo, « si la sorcellerie a pris quelqu'un dans l'eau, on l'y plonge neuf fois, et il n'y a plus rien à craindre de l'eau ». Pendant les neuf plongées, quelqu'un, inspiré par la Bible, dit tout haut : « Cette eau, c'est l'eau sur laquelle plane l'Esprit. C'est elle qui efface le péché de l'homme. Une de nos sœurs souffre. Que cette eau la guérisse! » Puis nous revenons à la maison en chantant un air joyeux, car « on a gagné la guerre ». Mais il est interdit à Kwedi de regarder en arrière sous peine de « gâter tout le travail ». Elle a supporté l'épreuve de l'eau et

(1) Cette plante à valeur symbolique (et non médicale au sens étroit du mot) est présente également au rituel du sacre du chef, à la fête annuelle des Douala, le Ngondo. Autrefois, on la plantait à l'entrée des villages, là où l'on déposait la nourriture rituelle des Morts. D'où son nom de « canne à sucre des Morts ». Autre nom : *Mwandando. Costus afer* (Zingibéracées). Elle est un signe de paix sur toute la côte comme dans l'ouest du pays, chez les Bamiléké. *Nkwengkang* pour la khamsi. Elle ressemble à la canne à sucre ordinaire.

du feu avec une endurance et une impassibilité étonnantes.

Nous retrouvons les trois autres malades qui nous attendent auprès de Loe. Bien qu'elles aient profité, comme Kwedi, de la puissance de l'arbre, elles n'ont pas été admises à descendre au fleuve. Kwedi est victime de la sorcellerie du *ngando* (caïman), tandis que ses compagnes sont envoûtées autrement : la première vendue dans l'Ekong et les secondes en passe d'être mangées par les sorciers (*bewusu*), tous ensorcellements qui demandent des traitements appropriés. Plus tard j'interrogerai Kwedi, devant Nkongo, sur ce qu'elle entend par sorcellerie du *ngando* (1). (A sa manière vive de répondre à mes questions, je me rends compte que sa docilité pendant le traitement suppose une grande énergie et non de la passivité.)

Elle : *Mon oncle prend part au* ngando. *C'est une organisation qui saisit ses victimes dans l'eau. Le jour où je suis partie accompagner maman à Tonde* (village sur le fleuve), *on a réussi à m'attraper comme cela, dans l'eau. Je suis tombée malade immédiatement et on m'a conduite chez le père Loe.*

Moi : *Avez-vous reconnu ceux qui vous ont prise?*

Elle : *Non, on m'a fermé les yeux, je suis devenue subitement aveugle. Mais maintenant je vois bien.*

Nkongo me donnera alors la précision suivante : Kwedi avait repéré sur l'eau le signe de son ensorcellement ; un sillage dans le sens du courant qui soudain se retourne et revient sur vous, comme le tracé d'un caïman qui chasse. Terrifiée, elle s'était crue happée par un caïman. Or il n'y en a plus d'assez grande taille qui puissent attaquer l'homme, dans le Wouri. Seule une branche immergée frôlée par le fond de la pirogue peut produire un tel effet. Mais Kwedi devait être si préoccupée par ses ennemis personnels et ses démêlés avec sa famille, son oncle surtout, que la trace sur

(1) Rappel : il y a deux grandes catégories de sorcellerie, la sorcellerie de la vente et la sorcellerie de la dévoration. Celle du caïman comme celle des vampires (cf. khamsi) sont des variantes de la seconde.

l'eau a subitement matérialisé ses craintes : elle était prise dans la sorcellerie du *ngando.*

Moi : *Que savez-vous du* ngando? *Qu'est-ce qu'on raconte au village?*

Nkongo (à Kwedi) : *Eh bien! voyons, vous devez pouvoir répondre : la sorcellerie ça vous connaît! De votre côté, ce n'est pas la sorcellerie qui manque!*

Kwedi (piquée au vif) : *Comme s'il n'y en avait pas chez vous, les Abo* (ethnie de Nkongo)! *Si on veut te perdre dans le* ngando, *on te fait tomber d'une pirogue. On t'emmène et on te cache dans un coin de brousse. C'est là qu'on peut faire chauffer de l'eau et la verser sur toi. Ensuite, on te remet dans le fleuve. C'est pourquoi on entend dire souvent : « Tu es restée longtemps dans l'eau. Ta peau a blanchi. » C'est la plus mauvaise de toutes les sorcelleries* (1).

Dans un pareil cas, la famille sait qu'il lui est inutile de transporter le malade à l'hôpital. Le nganga baigne dans le contexte culturel où est né et où a grandi le mal. Lui seul saura faire les gestes attendus et prononcer les paroles intelligibles qui vont sauver l'ensorcelé.

L'évasion.

A quatre heures du matin, Kwedi n'est pas au bout de ses peines, et nous non plus. Il faut encore la sortir de la cache où les caïmans, sorciers du *ngando*, la retiennent jusqu'au prochain sabbat nocturne, et leur donner en contrepartie des animaux sacrifiés. Alors, tout sera rentré dans l'ordre et pourront commencer sur elle, et pour elle, une série de rites fort éprouvants qu'elle supportera avec stoïcisme. Son visage de femme forte restera parfaitement impassible. Si quelqu'un la croyait encore souffrante, il serait alors convaincu de son complet rétablissement. Loe et son compagnon Nkongo vont entreprendre, pendant les deux heures qui leur restent avant l'aube, et encore une heure après, une série d'opérations,

(1) Le caïman en chair et en écailles ne dévore pas sa victime immédiatement, mais en emporte le cadavre dans une cache au creux des rives ravinées.

minutieuses et spectaculaires, dans une ambiance de feu et de sang versé, qui devraient persuader Kwedi que les gestes salutaires ont bel et bien été accomplis. Pour relever la cérémonie, déjà haute en couleur, Loe, très excité, interpelle les sorciers, ses adversaires, dans un français de colon.

Selon les explications de Loe et de Nkongo, une guérison dépend de la répétition exacte de certains gestes reçus en héritage, dont on peut constater encore aujourd'hui les effets thérapeutiques. Ces gestes répondent ostensiblement aux manœuvres secrètes des sorciers. Kwedi croit donc qu'un combat se livre sous ses yeux – même si elle ne voit que la stratégie d'un seul camp – : les sorciers sont là, actifs et invisibles. Seuls ceux qui jouissent de la double vue – Loe en la circonstance – sont censés savoir à quelles estocades répondent ses parades de nganga. Malgré les apparences qu'il me faut constamment dépasser, Loe ne fait pas de théâtre. Il est persuadé que ce sont ces gestes et pas d'autres qui contrecarrent l'acte de sorcellerie. Pas de doute sur ce point. Je lui demande : « Les bouffées de feu, c'est un symbole? – Le feu, répond-il, non sans énervement, ce sont mes bombes. Ce n'est pas un symbole, c'est la bombe même! Ce n'est pas un symbole, c'est la guerre directe! L'un contre l'autre. Si on m'a bombardé trop fort, je tombe là sur le coup. On m'a pleuré plusieurs fois. » Cela explique pourquoi tant de rites sont effectués avec le plus grand sérieux, et que notre présence d'Européens cause si peu de perturbation.

Les préparatifs d'évasion se font d'habitude le long du mur latéral du dibandi, côté cour. Nous sommes invités à nous y rendre tandis que Kwedi s'éclipse un instant sous la conduite de sa mère pour aller s'oindre le corps d'une huile de combat qui lui évitera peut-être de terribles brûlures. Elle revient ceinte d'un nouveau drap blanc qu'elle porte serré aux hanches comme une robe, et s'assoit sur un tabouret bas autour duquel nous resterons debout, formant un cercle protecteur plus ouvert que le précédent.

Nous assistons à la lente construction de la prison qui aurait pu être achevée en dix minutes, mais qui durera un temps démesuré, ou plutôt calculé à la mesure de l'événement symbolique. Contre Loe je maintiens le mot " symbolique ", mais je lui donne une portée plus grande qu'il ne le pense. Si Nkongo emmurait Kwedi pour de bon sous les parpaings entassés au fond de la cour, par exemple, – ce qui prendrait sans doute moins de temps – il nous tromperait sur le caractère de la captivité, tandis que ces fougères étendues par terre sur trois côtés avec grand soin, et les tiges de la canne des Morts méticuleusement posées dessus en guise de poutres, manifestent mieux qu'aucun décor réaliste la situation de Kwedi, prisonnière des forces obscures.

Voici trois murs sur quatre symboliquement montés. Le sol sera fait de larges feuilles de bananier que Nkongo glisse sous les pieds nus de la captive. « Ça attire l'adversaire, c'est là qu'on l'attend, c'est là qu'il tombe dans le piège. » Sur sa tête, une épaisse feuille de taro en équilibre. Est-ce le toit? J'ai tort de presser à l'excès le réalisme des gestes, car voici une explication inattendue : « Ce taro rend invisible, tout en permettant de voir. » Kwedi a le regard absent des détenus, elle serre mollement le bâton de commandement qu'elle n'a pas lâché depuis le fleuve. Tous les côtés sont maintenant fermés, sauf l'arrière, aussi fait-on pendre de son cou, le long du dos, une palme de raphia. Pour mieux réaliser sa situation de prisonnière, on l'enserre, des pieds à la tête, avec du fil noir. Enfin Nkongo trace sur le sol la marque d'un fossé qui la sépare totalement du reste du monde et il y verse de la cendre, « pour noircir et qu'on ne la voie pas ». Deux thèmes ont guidé la conception de ce rituel de construction : celui de la captivité et celui de la ruse – tantôt prêtée aux sorciers, tantôt attribuée aux libérateurs – sans que j'aie pu toujours les distinguer. En la construisant, Nkongo a astucieusement truqué la prison.

Les sorciers ne craignent rien autant que la lumière, surtout quand elle éclate au cœur des ténèbres de leur royaume. C'est pourquoi Nkongo, sous la conduite de son maître Loe, constamment placé derrière lui durant cette phase dangereuse, ne va pas seulement bombarder la prison, il lancera les flammes sur la victime en personne jusqu'à lécher cette chair que les sorciers convoitent. On couvre la tête et les épaules de Kwedi d'une étoffe rouge dégoulinante d'eau, qui sera d'une utilité certaine (1). Maintenant, Nkongo prend une poignée de brindilles sèches et la fait flamber à hauteur de sa bouche; de l'autre main il saisit une bouteille pleine de pétrole et d'un jus huileux. D'un coup il ingurgite une lampée du mélange et la recrache à toute force à travers la flamme, au visage de Kwedi, provoquant une formidable bouffée de feu qui illumine à n'en plus finir notre nuit. La jeune femme va se laisser bombarder neuf fois, et neuf fois encore, de la plante des pieds au cuir chevelu, sans un cri de frayeur. En lançant le feu, Nkongo surveille la fameuse feuille de taro à plat sur la tête de Kwedi et fait des supputations : *La feuille va nous donner un résultat. Elle a deux faces. Si elle tombe en montrant son envers, c'est que le traitement se passe mal, si au contraire elle montre son endroit, tout va bien. Cette fois, la feuille tombe franchement le ventre en l'air. Quelquefois, il y a des feuilles qui se présentent de dos d'abord puis se retournent....*

Nkongo lui commande en criant de se dresser, de rejeter tout ce qui la couvre, de briser ses liens, car elle a retrouvé sa liberté. Kwedi se lève docilement sous les applaudissements de notre petite assemblée, se secoue et fait tomber fils, étoffes, herbes, brindilles éteintes, puis se rassoit sur son tabouret sans manifester aucun sentiment, car l'épreuve n'est pas terminée. Un feu de bois est allumé, et Loe et Nkongo se partagent les charbons déjà brûlants. L'un place autour d'elle neuf petits tas rougeoyants pour la protéger, et le second, s'emparant d'une machette où il a posé en équilibre d'autres charbons, les jette sur le drap blanc dont elle est ceinte. « Le feu pour brûler la robe qu'elle portait quand ses ennemis l'ont emmenée. » Kwedi s'en débarrasse aussitôt en tendant l'étoffe brusquement.

(1) Il faut vraiment désirer guérir pour supporter pareille épreuve. Une fois, la plus jeune femme de Loe eut tout le dos brûlé parce qu'elle s'était retournée. Comme elle s'en plaignait devant moi plusieurs jours plus tard, Loe intervint mi-sérieux, mi-moqueur : « C'est de sa faute, elle fait la sorcière! »

Le feu et le sang.

Après ce déluge de feu s'établit une longue trêve avec la nuit, extraordinairement calme. Le contraste est absolu. Chacun se recroqueville sur place, se laisse engloutir, s'endort. Je reste éveillé, incapable de m'assoupir aussi vite qu'eux à même le sol; j'essaye de distinguer dans l'obscurité Loe, Nkongo, Kwedi, la mère, l'oncle, le frère et les autres, petites silhouettes sombres, comme pétrifiées, à l'endroit même de tant d'agitation, quelques instants plus tôt. Mais ce temps mort n'est qu'un sursis avant le nouvel et dernier épisode du traitement.

Deux poulets vont d'abord être tués mais il ne s'agit pas de sacrifices à proprement parler – les volatiles ne sont offerts ni à Dieu ni aux ancêtres –, mais d'exécutions d'otages destinés à mourir à la place de la jeune femme. C'est la contrepartie offerte aux sorciers – l'oncle et ses associés – pour tromper leur faim, car il va bien falloir continuer à vivre avec eux. Scène de sang et d'imprécations d'une grande violence rituelle. René Roi, mon compagnon, la jugera – au moins sur le coup – excessive et sadique. Il est possible que Loe se défoule en la circonstance, mais ne convient-il pas de remplacer la vraie violence faite à cette jeune femme par une violence de substitution? Il me suffira d'observer le visage toujours calme et impassible de Kwedi pour en être convaincu.

Nkongo s'affaire. Il attrape la poule blanche, la trempe dans la cuvette de l'*Esa*, la passe le long du corps de la jeune femme, l'égorge, la dépèce en un tour de main et fourre le cœur cru de la bête dans la bouche de Kwedi qui l'avale. Loe rassemble alors les membres de la famille autour de la patiente, exige qu'ils répètent leur déclaration de paix de l'*Esa*, et en profite pour tancer vertement l'oncle, « un grand bavard qui prend la femme de son frère et n'a toujours pas d'enfant ». Il devra désormais cesser toute relation conjugale avec la mère de Kwedi. « Cet homme, c'est un serpent », me dira Loe.

La poule rousse ne se laisse pas faire, bat désespérément des ailes et piaille. « Tais-toi, sauvage. Ce n'est pas la poule, c'est l'ennemi qui me brave! Jamais la poule ne pourrait résister ainsi. Bavard! Sale nègre! Merde! » On la brandit, vivante au-dessus de la tête de Kwedi, et chacun l'agrippe, qui par la tête, qui par les ailes, qui par les pattes, famille d'un côté, serviteurs du nganga de l'autre. Au signal convenu, chacun tire et la poule est vite déchiquetée. Le parti de Loe ayant emporté les plus gros morceaux, voici Kwedi sortie des griffes de la sorcellerie familiale. Quant à la poule noire, la troisième, on la met de côté pour le jour où Kwedi quittera la maison du nganga. Ce jour-là, on dégustera le *dindo*.

Loe prend l'œuf, cet œuf qui avait été porté à l'arbre, puis déposé comme tout le reste dans le fond de la cuvette de l'*Esa*. Il le frotte vigoureusement contre le front de Kwedi : « Cet œuf pouvait donner des milliers de poussins. Il va perdre sa vie pour toi, Kwedi. Quand un œuf devient poussin, il peut déjà piquer. Que l'homme qui est contre toi, Kwedi, sente le mal! » Elle approuve en répondant : « E. » D'un geste presque naturel elle se passe le jaune et la glaire sur le visage et dans les cheveux pendant que Nkongo gratte au-dessus de sa tête des écorces puissantes sorties également de la cuvette de l'*Esa*, faisant ruisseler sur elle une pluie de poussière grise. Bouffée de feu.

Sans que je m'en sois rendu compte tandis que je suis profondément absorbé par ce spectacle de feu et de sang, le jour se lève. La cuvette, les étoffes, les hommes, les bêtes vivantes ou égorgées offrent brusquement un pitoyable spectacle. Suis-je le seul à connaître le désenchantement? Loe, Nkongo et leurs compagnons continuent de suivre scrupuleusement et sans se presser le cérémonial qui souffre un sérieux retard. Ils vont régler le sort de la chèvre et, par voie de conséquence, celui de Kwedi.

La corde de la chèvre est attachée, comme à un pieu, aux reins de la jeune femme, qui, toujours assise, lui tourne le dos, – le regard est communication : « Seules les femmes qui ne veulent pas d'enfant peuvent regarder une chèvre saigner. » La façon de tuer la chèvre varie. En cas d'Ekong, on étouffe l'animal en lui bouchant les orifices, en cas de sorcellerie *ewusu*, on la fend en deux parties depuis la queue. Puisqu'il s'agit ici de la sorcellerie du fleuve, il faut égorger la chèvre sans qu'elle se mette à bêler. (« Si on vous enfonce dans l'eau, est-ce que vous pouvez parler, me demandera Nkongo? La chèvre est un animal qui ne vit pas dans la brousse mais avec les hommes. Elle est leur amie. C'est pourquoi Kwedi qui devait partir (mourir) a donné en sacrifice son amie la chèvre. Que la chèvre meure donc à sa place! ») Deux bourreaux saisissent la chèvre, la font tomber sur le flanc et la maintiennent immobile, un troisième lui boucle la gueule à deux mains tandis que Nkongo l'égorge prestement (1).

Kwedi se tait tandis que Nkongo immole la victime, et c'est Loe qui prend la parole : « Si tu es présente, Kwedi, lorsqu'on décidera de tuer quelqu'un, et si tu ne vas pas avertir cette personne du danger qu'elle court, avant même qu'elle ne meure, c'est toi qui crèveras. Il ne faut pas verser le sang de l'homme. Moi, je l'ai juré. »

Kwedi trouve la force de sauter neuf fois au-dessus du feu, et s'en va se laver derrière le mur du dibandi. Pendant neuf jours, elle devra se débarbouiller dans la cuvette de l'*Esa*, sans que personne ne la voie, et manger dans l'assiette qui y a séjourné. Durant cette période, les relations avec un homme lui seront interdites.

Il est sept heures, et c'est dimanche. J'ai juste le temps d'aller faire un peu de toilette avant de me rendre à l'église où je dois présider l'Eucharistie. Après cette cérémonie rituelle, la messe me paraît, disons, sereine. Mais est-ce l'effet du contraste, de la lassitude après une nuit sans sommeil? Je ne puis m'empêcher de penser que, là-bas, il semble s'agir de la mort et de la vie alors qu'ici, le chant

(1) Je me souviens d'une nuit où un vieux pêcheur du Wouri était assis exactement à la place de Kwedi pour un traitement de cette sorte. Pendant que Nkongo et ses comparses exécutaient la chèvre, l'homme, en évitant également de la regarder, s'adressa à elle en ces termes : « Que mes ennemis te suivent chez les Morts, ma chèvre, et quand ils arriveront, reçois-les à coups de corne! »

solennel de la chorale paraît davantage occuper l'assemblée que le véritable Sacrifice qui a lieu sur l'autel.

⁂

Le soir même, je repasse en mémoire les différentes séquences du traitement que Loe a prolongé, contrairement à son habitude, jusqu'au petit matin. Kwedi, il y a deux mois, ne voyait plus, ne marchait plus, n'entendait plus. La perte de ses moyens de communiquer était le signe du plus complet abandon. Chaque jour, Loe lui avait administré de bonnes médecines qui l'avaient remise sur pied, mais ne l'avaient pas guérie. Restait l'essentiel : rétablir ses relations perturbées avec son univers. Et le meilleur moyen de réaliser ce retour à la normale était encore l'usage efficace des rites. A cette fin, Loe est parvenu à opérer la mobilisation générale des forces dont dépendait la vie de Kwedi. La guérison était à ce prix, et cela valait bien une pleine nuit de travail.

Est-ce parce que le christianisme appartient déjà à la tradition de ce pays et qu'ainsi j'ai représenté un « secteur » de la vie de cette jeune femme, qui d'ailleurs me l'a ostensiblement rappelé? – toujours est-il qu'à aucun moment, je ne me suis senti de trop durant cette longue nuit... Tout au contraire, je crois avoir participé à ce grand travail de récapitulation et de rééquilibre qui a valu à Kwedi sa guérison.

LA VÉRITÉ DES CROYANCES

Je m'estime mieux armé maintenant pour affronter la question que m'a posée un jour l'ingénieur douala : « Que pensez-vous de tout ça? » Cette question abrupte, je le pressens, en entraîne une seconde qui me gêne davantage : « Vous-même, est-ce que vous y croyez? », et une troisième plus délicate encore qui trahit son propre doute : « Est-ce que tout cela est vrai? »

Les nganga ne m'interrogent jamais de pareille manière, ni non plus leur entourage. Il leur paraît évident que je reconnais la valeur des traitements, que je crois à la sorcellerie et en l'existence des *miengu,* ma présence et ma participation en étant la garantie. Et d'ailleurs, comment ne croirais-je pas comme eux en l'évidence? A leurs yeux, ces questions ont peu de sens. Mais il y a les autres, ceux que je rencontre le jour : certains voisins du quartier de Deïdo, les élèves du collège Libermann, mon réseau d'amis douala " lettrés ", quelques Européens, enfin les prêtres avec qui je vis.

Les Européens m'interrogent de façon nette et claire sur la réalité des croyances traditionnelles et l'efficacité de la médecine indigène. Si pure que soit leur curiosité et si sincère leur sympathie, mes explications ne les touchent guère. Il en va tout autrement des Africains scolarisés. Ceux-là transfèrent sur moi leurs hésitations et leur inquiétude. Ils me posent des questions d'une façon générale et vague, comme pour éviter d'être débusqués, mais écoutent ma réponse avec une attention révélatrice. La plupart du temps je me sens mal à l'aise, faute de pouvoir m'expliquer sur le fond d'une manière qui les satisfasse. Ces questions touchent au problème de la " vérité " des croyances qui me hante autant qu'eux.

Après avoir longtemps fourni des explications évasives,

j'ai trouvé une repartie qui, jusqu'à un certain point, me paraît claire et satisfaisante. Lorsqu'on me demande ce que je pense de tout ça, je réponds : « C'est efficace. » Dans un premier temps mes interlocuteurs s'en contentent. Je n'ai pas parlé autrement au palais de justice en faveur de Din, et il a été relaxé. L'efficacité est l'argument majeur, une preuve décisive en faveur de l'existence de tous ceux qui ont pu concourir à rendre malade une personne ou à la sauver : sorciers, ancêtres, *miengu*. En répondant : « C'est efficace », je touche mes interlocuteurs à un point sensible : leur réalisme. La vérité est du côté de ce qui réussit. Au cours des extravagantes manifestations de transes *jengu*, on ne met pas en doute l'authenticité de la possession d'une personne dans la mesure où cela préserve efficacement l'unité de la famille. Le système est vrai parce qu'il fonctionne : il est aussi nécessaire de guérir pour croire que de croire pour guérir.

Les pouvoirs de la forêt.

Je n'ai pas de mal à fonder d'abord l'efficacité de la médecine traditionnelle sur le pouvoir curatif des herbes et des écorces. Pendant la Seconde Guerre mondiale, des pharmaciens français de Douala, privés de médicaments fabriqués en Europe, ont employé avec succès une série de décoctions, de jus et de poudres dont les secrets de la composition et de la fabrication avaient été communiqués par les nganga. Et le renouveau d'intérêt en Europe pour les " simples " a donné par contrecoup aux végétaux des Tropiques un regain de prestige. Le touriste qui s'aventure dans la forêt tropicale est averti par ses sens : la fécondité débordante de la végétation en toute saison, la chaleur de serre, une luxuriance inconnue dans les forêts d'Europe, font croire immédiatement à la puissance de leurs principes actifs. Quant aux Camerounais, il suffit pour les convaincre de leur rappeler les recettes familiales de leur grand-mère, sans avoir besoin d'évoquer quelques prestigieux nganga.

J'ai peu parlé de la pharmacopée. Par voies buccale, nasale, anale, par tous les pores, et sous forme de potion, d'onction, de fumigation ou d'inhalation, les nganga imprègnent le corps de leurs patients de ces substances végétales dont ils ont le secret : herbes, feuilles fraîches, écorces, racines, oignons, bourgeons et fruits sont taillés, pilés, pulvérisés, liquéfiés, et finalement consommés. La santé de la nature pénètre les organismes épuisés et les refait. L'opération commence au petit matin dans l'arrière-cour des maisons de soins et occupe les malades pensionnaires pendant une bonne partie de la journée. Cela peut durer des mois. J'ai déposé des échantillons de ces végétaux actifs au collège Libermann et en ai noté le mode d'emploi. Mais je me suis contenté de faire identifier quelques plantes seulement, celles qui pouvaient me renseigner sur le sens d'un traitement en cours. La pauvreté relative de mes observations ne doit pas tromper. A ma connaissance, un nganga n'entreprend jamais une psycho-socio-thérapie sans recourir à la pharmacopée.

J'ai accompagné Din plusieurs fois dans sa quête des herbes et des écorces. La forêt et les marécages entourent la ville de Douala, mais reculent progressivement d'année en année, rendant l'excursion longue et difficile. Din se trouve souvent obligé – je l'ai dit – d'acheter quelques-uns de ces produits végétaux sur les marchés mais il préfère toujours, s'il le peut, se les procurer lui-même à la source pour les employer durant leur temps de fraîcheur. Il nous est arrivé de marcher durant plusieurs heures sans rien ramasser, pour atteindre le vallon humide à la végétation particulièrement dense, élu par Din. Il trouve en général ce qu'il cherche dans un espace réduit. L'opération est captivante. Il dépose son sac et sa machette sur le sentier, s'enfonce de quelques pas dans un taillis touffu qui ressemble à s'y méprendre aux cent autres que nous avons longés. Il s'immobilise comme un chat aux aguets pendant de longues secondes, un pied levé. Il regarde à travers les herbes avec une attention extrême. Enfin, il plonge le bras et retire une poignée de feuilles tendres que j'ai peine à distinguer des innombrables espèces environnantes. Il refait le guet quelques mètres plus loin pour se saisir d'une nouvelle plante, comme s'il s'agissait d'une bête tapie et traquée, prête à s'enfuir. Avec les arbres, Din fait preuve de plus de respect. Ceux qui l'intéressent ont déjà été amputés. Des bouteilles vides traînent à leurs pieds, vestiges d'anciennes libations. A son tour, Din verse une rasade de vin ou crache un condiment sur le tronc avant de découper les longs pans d'écorce, en parlant doucement à l'arbre pour l'apaiser. Il fait nuit quand nous rentrons chargés d'écorces et auréolés de feuilles comme des génies de la forêt.

L'étude systématique de la pharmacopée revêt un intérêt secondaire pour ma recherche, peu orientée vers l'étude des maladies organiques. A lui tout seul l'examen de la flore médicale d'une région représente des années de travail et suppose une compétence d'herboriste que je n'ai pas. Ceux qui s'y sont employés ont produit des ouvrages de grande qualité technique, mais sans nous livrer le secret des mentalités. Les vertus curatives de ces produits végétaux sont maintenant presque toutes connues grâce aux enquêtes menées parallèlement dans d'autres régions du globe aussi proches de l'Equateur que le pays douala. Les essences de beaucoup de médicaments vendus en pharmacie viennent de ces pays après avoir été synthétisés (1). Les plantes secrètes des nganga ne peuvent donc plus rivaliser avec les remèdes proposés par les pharmaciens à partir d'une sélection mondiale. Une partie de la clientèle ne s'y trompe pas, qui préfère acheter ces médicaments modernes malgré leur prix exorbitant plutôt que de recourir aux " simples " de la forêt. Selon moi, les nganga ne doivent pas leur succès persistant à leurs seules herbes et écorces, mais à leur manière d'épouser la totalité de l'existence de leurs patients, dont les pouvoirs de la forêt ne concernent qu'un aspect.

Religion thérapeutique.

« *Un malade n'est malade qu'en fonction d'une certaine idée de la santé* (2). »

(1) Principes actifs tirés de végétaux tropicaux ou subtropicaux : yohimbine, ibogaïne, ouabaïne, ésérine, vinblastine, réserpine...

(2) G. Morel : *Question d'homme : l'autre*. Paris, Aubier, Montaigne, 1977, p. 97.

Mes interlocuteurs du jour sont sensibles à l'argument de la globalité. Je n'ai pas de mal à leur exposer, à l'aide des exemples que j'ai donnés tout au long de ce livre, comment la médecine des nganga prend en charge la vie tout entière, le corps avec tant d'herbes et d'écorces revigorantes, l'écheveau embrouillé des relations sociales avec la liturgie libératrice de l'*Esa,* l'environnement cosmique de l'homme au cours de ces traitements de feu où l'âme des choses devient palpable, enfin le rapport mystérieux à Dieu, aux ancêtres et aux *miengu.* De tous les traitements que j'ai racontés, celui de Kwedi illustre peut-être le mieux le travail récapitulateur des nganga. Plusieurs autres récits auraient d'ailleurs pu servir d'exemples si je les avais présentés avec la même minutie.

Pour comprendre la réussite de cette médecine totale, il faut encore réaliser, à partir de l'expérience ou, à défaut, intellectuellement, quelle est la puissance mobilisatrice du rite. Quand je dois m'expliquer sur le rite, ma position devient inconfortable. Parler du rite ou du symbole revient à l'isoler, à le regarder à distance, à le démystifier quelque peu : opération intellectuelle et désacralisante dont mes partenaires sentent le danger. Ils ont la même réaction que Loe, quand je lui demandai de m'expliquer le symbolisme de ses fameuses bouffées de feu : « Le feu, ce n'est pas un symbole, c'est la bombe même, c'est la guerre directe. » L'emploi du mot " rite " ou " symbole " suppose un recul tactique propre au langage qui risque d'appauvrir le sens même de l'action qu'il recouvre. Chez Loe, comme chez tous les autres nganga que j'ai connus, je pressens, sous leur réticence à employer ces mots, la crainte justifiée que l'on se trompe sur la portée de l'action thérapeutique. Loin de jouer ou de combiner une manière de psychodrame, le nganga prétend être, lui et son entourage, au cœur de la réalité, pas une autre réalité que celle de la vie ordinaire, mais celle-là même exacerbée, concentrée, dévoilée. La médecine ne tient pas seulement son efficacité des herbes, comme le prétendent ceux qui préfèrent ignorer sa dimension religieuse, ni même de sa globalité, mais de sa capacité d'intégration.

Pareille médecine ne peut réussir à intégrer à ce point la vie des patients qu'en vertu de sa place névralgique et de sa propre intégration dans la vie sociale. En Occident, on est habitué à situer la médecine aux côtés des autres professions libérales, comme l'architecture ou le barreau; il n'est pas naturel de la considérer comme le fonctionnement même de la vie en société. Aujourd'hui, par suite de l'influence des structures modernes, on voit certains nganga rechercher un statut, une place officielle qui les apparente aux infirmiers ou aux médecins. Mais ils restent, aux yeux de la population, des régulateurs des relations sociales. La santé, au sens le plus large du mot français, qu'on pourrait appeler aussi le " bien-être ", ou plus simplement la " vie " est une aspiration tellement commune et primordiale en pays douala, que les personnes appelées à la régulariser tiennent une place éminente. Si l'on veut distinguer pour les besoins du langage théologique les religions dites évasivement " traditionnelles " des religions chrétiennes ou musulmanes appelées " religions de Salut ", leur titre le plus convenable serait celui de " religions thérapeutiques ", tant la recherche de la santé est au cœur de la vie sociale.

Ce culte de la santé explique le succès persistant des nganga, quand la plupart des autres fonctions de la société traditionnelle ont perdu de leur influence ou totalement disparu. Les chefs gardent un certain prestige, à la mesure de leur personnalité. Mais l'initiation des enfants, c'est-à-dire leur passage social à l'âge adulte, ne se pratique plus depuis longtemps en pays douala. Les classes d'âge qui réglaient la vie de la société ne sont plus guère un point de référence, sauf dans la mémoire des plus anciens. Les structures de la société moderne se sont superposées à celles du passé et les ont fait mourir d'étouffement.

Il existe bien à Douala une association traditionnelle appelée " Ngondo ", qui a joué longtemps le rôle d'un tribunal chargé de régler les litiges entre les chefs. (Il n'y a jamais eu un chef douala unique, à part l'ancêtre éponyme.) Le Ngondo est aujourd'hui soutenu par les intellectuels et représente un remarquable effort pour conserver en pleine ville, à cette petite ethnie vigoureuse de vingt-sept mille membres, et aux ethnies apparentées, leur originalité et leur unité. Chaque année se célèbre la fête du Ngondo. Faute de pouvoir être politiques sous un régime unitaire, les activités de l'association prennent un tour " culturel " qui déjà les range du côté des Arts et des Lettres à l'écart de la vie populaire. Reste le nganga.

***

Paradoxalement le secret de la force du nganga, c'est-à-dire sa capacité d'intégration, s'avère être en même temps sa faiblesse. En effet, le nganga coïncide si bien avec le régime culturel où se situe son action, que son efficacité en dépend pour le meilleur comme pour le pire. Le psychiatre camerounais qui a soigné Dieudonné ne m'a-t-il pas dit : « Chaque culture a la médecine qu'elle mérite »? Le nganga ne semble pas se rendre compte de cette limitation inhérente à son pouvoir, parce que les notions de culture et de particularité lui sont étrangères. Il soigne comme s'il n'y avait au monde qu'un seul système d'explication médicale, le sien. S'il pouvait s'évader de sa sphère culturelle et la considérer de l'extérieur – d'un point de vue occidental, par exemple (!) – il verrait comment il enferme ces phénomènes à dimension irrationnelle que sont la maladie et la guérison, dans un système d'explication cohérent auquel il convainc ses clients d'adhérer. Mais ce recul ne lui est pas possible puisqu'une bonne part de son efficacité tient à cet enclavement culturel.

Tout se passe comme si la maladie et la guérison formaient un cercle fermé.

L'exemple le plus frappant de cette interdépendance est celui des désordres mentaux. Le nganga n'a pas l'idée de leur donner des étiquettes neutres comme cela se fait d'habitude en Occident, où l'on parle de manie, de paranoïa, d'hypocondrie... Il range ces désordres selon les activités personnelles et maléfiques qui, d'après lui, les ont causés : la sorcellerie de la vente, l'anthropophagie, l'intervention punitive des génies de l'eau ou des ancêtres, la violation d'interdits.

Ce langage n'est pas sans conséquence. Les délires de persécution seront plus nombreux que les crises de culpabilité, à cause du penchant culturel des malades à se croire victimes. Les bouffées délirantes ressemblant à de brèves hallucinations seront plus fréquentes que les psychoses schizophréniques, en raison, sans doute, de l'aisance des malades à chercher refuge dans un univers peuplé de puissances. D'autres exemples pourraient être tirés du traitement des maladies que nous appelons organiques. En définitive, le nganga soignera ses patients avec d'autant plus d'efficacité qu'il leur imposera son langage culturel, mais il risque de se trouver désarmé pour peu que l'écart se creuse et qu'il ne soit plus compris.

Pour cette raison, les plus rétifs, les plus difficiles à guérir, de l'aveu même des nganga, sont les collègues de ceux qui m'interpellent : « Que pensez-vous de tout ça? », « Croyez-vous que ce soit vrai? » N'ont-ils pas fréquenté le lieu même de la contestation, qui est l'école? Ils y ont appris à ne croire qu'à ce qui se prouve, se démontre, se démonte. L'école fait plus pour saper l'influence des nganga que toutes les foudres, les interdits, les persécutions réunis portés contre eux jusqu'à ces dernières années. On raconte que les Allemands, du temps de la première colonisation du Cameroun, ont pendu des nganga, les prenant pour des sorciers. Leur action a moins nui à la cause de la médecine traditionnelle que le développement de l'esprit critique à l'école.

Je ne dirais pas sans nuance que l'esprit critique manque en milieu traditionnel. Il y a les non-conformistes, les libres penseurs. Ils sont rares, il est vrai, mais ils existent comme dans toute société. Ainsi, le vieux Medi de l'île de Jebale, l'homme qui avait été accusé de la mort de dix-sept personnes lors de l'épidémie de choléra, me prit à part un jour et me confia que les *miengu*, selon lui, n'existaient pas. Il allait à la pêche depuis son jeune âge, sur les lieux réputés pour être fréquentés par eux, et il n'en avait pas encore vu un seul...

Mention doit être faite aussi d'une catégorie d'esprits subtils : les manipulateurs de la croyance. Ceux-là lâchent une accusation de sorcellerie contre leur adversaire, sèment la terreur dans sa famille en révélant qu'un sort a été jeté contre elle, ou font croire par exemple que les reliefs d'un repas ont pu être enterrés au cimetière dans le dessein de provoquer la mort d'un des convives. Les cas sont courants. Comment ces personnes, – véritables sorciers en chair et en os, – ne seraient-elles pas conscientes d'une supercherie, quand elles jouent ainsi sur la croyance commune? Il est probable qu'elles ne peuvent mettre celle-là radicalement en doute à cause du service qu'elle leur rend. Quoi qu'il en soit, l'art de douter enseigné à l'école est autrement dévastateur de la tradition, parce qu'il y est considéré comme éducatif et constructif. Ceux qui me posent des questions sur la vérité des croyances sont déjà imprégnés de cet esprit critique.

Le mystère de l'homme.

Le moment arrive inévitablement où je dois, par honnêteté et sous la pression de mes interlocuteurs dépasser la question de l'efficacité pour me prononcer à mon corps défendant sur la réalité des possessions et des envoûtements, donner mon opinion sur l'existence des sabbats de sorciers qui se tiennent hors de portée des yeux ordinaires, dire si les Morts ou les *miengu* parlent effectivement par la bouche des possédés. « Ces faits sont-ils imaginaires? » J'ai essayé divers types de réponses, tous accueillis avec réserve. Lorsque j'émets l'idée que la réalité physique de ces phénomènes fantastiques a peu d'importance, l'essentiel étant d'établir leur sens et leur rôle dans le fonctionnement de la société, ma réponse passe pour une esquive. Il ne faudrait pourtant pas oublier que des ethnologues du monde entier, y compris des Africains, ont scruté ces phénomènes sur tout le continent, ont écrit sur ces questions d'innombrables pages, sans avoir jamais pu vérifier l'exactitude des récits sur les sabbats et le retour des Morts. Il s'agit de phénomènes imaginés, sécrétés par ces sociétés pour régulariser la vie collective. Etant évidemment mis à part les faits plus plausibles à classer parmi les phénomènes parapsychiques qui relèvent de la divination ou de la communication à distance, bien que je n'aie constaté, en ce qui me concerne, aucun cas extraordinaire. La plupart du temps, ce type d'explication, inspiré des sciences humaines, tombe à plat. Et mes interlocuteurs qui l'ont sciemment provoqué ripostent en racontant, avec force détails, comme pour se convaincre eux-mêmes, des histoires à n'en plus finir dont ils n'ont jamais été les témoins directs.

J'avais pris le parti de mettre ce type d'incompréhension sur le compte de l'ignorance des disciplines philosophiques et du rôle considérable de l'imaginaire dans ces sociétés, jusqu'au jour où je me suis pris à douter de la valeur réelle de mes propres arguments. Je projetai à mes élèves de seconde des diapositives sur les grands traitements de Kribi, quand j'eus l'idée de distinguer les explications que m'avaient fournies les nganga, de celles que je tenais des sciences humaines. Je leur présentai donc une première fois des traitements, en les accompagnant d'un commentaire traditionnel approprié, et huit jours plus tard je leur passai les mêmes images avec l'autre type d'explication. Echec complet. Les élèves supportèrent mal la seconde version et me dirent, tout de go, que je n'avais rien compris. Cette réaction de rejet à mes explications de type sociologique ou psychologique me fit réfléchir : je décidai de présenter autrement la médecine des nganga.

L'entêtement de mes élèves – comme celui de la plupart de mes interlocuteurs scolarisés – à défendre la réalité de leurs croyances, et leur répugnance à en parler en termes psychologiques viennent du caractère irréfutable de l'expérience. S'ils sont convaincus, à tort ou à raison, que les explications fournies mettent en cause l'authenticité des grandes expériences de leur vie, ils se ferment. Aucun discours rationnel ne va épuiser le mystère de la naissance et de la mort, pas plus que celui de la santé et de la maladie. On ne peut nier l'existence des sorciers, lorsque l'expérience montre à l'évidence que certaines personnes ont le pouvoir de rendre malade leur prochain, jusqu'à ce que mort s'ensuive. Dans mon langage on peut évidemment débusquer une tendance à rationaliser, c'est-à-dire à prétendre fournir une explication dernière à des phénomènes dont mes interlocuteurs savent que le fin mot échappe. La logique naïve du nganga leur paraît en définitive plus respectueuse de la réalité de la vie, même s'ils commencent à douter de sa superbe assurance. Ils oscillent entre les évidences de leur enfance et les nouvelles convictions acquises à l'école. Mais en cas d'angoisse physique et métaphysique, ils se raidissent sur leurs anciennes positions.

Comment en sourire? Je crois comme eux en l'incapacité de tout langage scientifique, philosophique et même théologique, à rendre compte fondamentalement du Mystère de l'Homme. C'est ce décalage, que l'on constate dans toute expérience entre langage et réalité, qui est un signe pour moi de l'existence de Dieu. Je cautionne d'emblée la méfiance qu'ils peuvent avoir envers tout discours qui prétend épuiser la vérité par les mots. De ce fait j'ai dû changer ma manière de répondre à leurs interrogations sur la réalité de leur arrière-monde et l'efficacité de leur médecine. Désormais, je commence par une profession de foi sur le caractère insondable de la vie et de la mort. Puis je tente de distinguer les trois langages qu'ils emploient à propos de ces mystères en les confondant souvent : celui de la tradition, celui de la science moderne et le discours chrétien. Chacun de ces langages a sa cohérence et représente à son niveau une tentative d'approche du Mystère. Je présente le discours chrétien comme étant le langage religieux le plus apte, selon moi, à supporter sans s'effondrer la confrontation avec le langage scientifique, à la différence de la tradition. En effet, si Jésus-Christ a pu faire preuve d'esprit critique, c'est qu'il a créé un rapport réel entre Dieu et l'homme, entre la foi et sa compréhension. Aussi le christianisme est-il une chance de réconciliation et de rééquilibre pour des hommes écartelés entre la tradition et le modernisme. Ce schéma, impossible à nuancer en quelques phrases, sera sans portée si mon interlocuteur veut une réponse lapidaire. Dans ce cas, je préfère me taire. Si j'ai le loisir de développer ma pensée devant des personnes prêtes à écouter, – au long d'une soirée chez des amis africains, par exemple – je choisis désormais d'exposer ma position en ces termes. Et ce choix trouve une résonance certaine.

III

OUVRIR LES YEUX

« L'Eglise – il lui faut, dans un dialogue vrai dénué de toute condescendance, chercher à la fois à rendre témoignage à la parole qu'elle porte (ou à la Parole qui la porte) et *à lire sur le visage de l'autre cela même qu'il lui faut devenir pour être ce qu'elle est* (1). »

Pierre-Jean Labarrière.

(1) *Dieu aujourd'hui*. Desclée, 1977, p. 215.

LE BILAN

Avec le traitement de Kwedi, j'ai le sentiment d'atteindre un nouveau seuil. N'ai-je pas fait le tour, du moins un premier grand tour, de la médecine traditionnelle pratiquée en pays douala? Quand j'envisage la suite à donner à mes recherches, je suis partagé entre deux sentiments contradictoires, le désir de continuer et une réelle lassitude.

La lassitude se mesure d'abord à la manière dont on supporte les servitudes de l'enquête : légères quand la connaissance progresse, pesantes quand les résultats sont sans surprise. Pour la première fois j'envisage avec une certaine appréhension de me lancer dans l'étude d'un nouveau cas qui serait, à quelques variantes près, la réplique des précédents. Sait-on le prix des petits déboires ethnologiques? Arriver à l'heure prescrite du traitement, et trois heures plus tard, s'entendre dire qu'il n'aura pas lieu faute d'une certaine herbe. Prétexte? Vérité? Impossible de savoir. Rester assis sans bouger une partie de la nuit sur une chaise au dossier raide que des hôtes révérencieux ne veulent pas troquer contre un tabouret pourtant plus agréable. S'apercevoir au moment crucial que les piles du magnétophone sont mortes. Rentrer chez soi à trois heures du matin en mobylette, sous la pluie, poursuivi par deux molosses...

Je me suis lancé dans d'autres activités, aussi importantes à mes yeux. Je suis maintenant chargé de la formation théologique de cent cinquante laïcs appelés à devenir les cadres des paroisses de Douala. Nous mettons sur pied des communautés chrétiennes où ils devront prendre la parole et assumer des responsabilités. Je suis sensible aux références implicites de ces nouveaux élèves à leur arrière-monde, quand ils parlent de leur foi. Toutes les questions apparues chez les nganga affleurent. Elles me reviennent aux oreilles comme un leitmotiv. Prolonger mes enquêtes – il ne peut bien sûr être question de me rendre aux traitements en dilettante – ne s'impose plus : j'ai l'impression d'en savoir assez.

J'ai assisté à une centaine de séances de soins, complètes ou partielles, chez trente nganga différents, si je compte ceux de Kribi. Après la nuit de Kwedi, je réalise soudain que je ne pourrai plus venir m'asseoir comme je l'aimais, sur un banc quelconque de l'assistance, sans éprouver un certain malaise. Dès la toute première séance chez Din, ce malaise était sans doute présent, mais si faible que je le négligeai. Depuis, il m'a repris régulièrement comme un point de côté et s'est amplifié au fur et à mesure de mon intégration parmi les nganga. Maintenant, il s'impose. Comment le définir? J'ai la sensation d'être « phagocité », absorbé par la société traditionnelle, ou, pour employer une image de circonstance, d'être « mangé ». Quand la rumeur m'avait métamorphosé en sorcier de l'Ekong, ce malaise était devenu une angoisse. Me trouvant aujourd'hui du côté du bien, de l'ordre et de la guérison, je ne souffre pas. Pourtant, la situation reste la même : pour le meilleur comme pour le pire, je suis assimilé.

Mais n'ai-je pas désiré ma situation présente? Je suis admis à passer la nuit en plein air, les pieds à plat sur la bonne terre battue d'une cour, entouré de chrétiens qui s'appliquent à guérir l'un d'entre eux à la manière traditionnelle. Autrement dit, je me trouve enfin de leur côté. Ce droit m'a été accordé sans aucune concession de ma part. Bien mieux, je suis prié de garder mon identité de prêtre et d'étranger. Et puisque je me trouve disponible, ma force utile est employée à guérir. Alors, d'où vient ma gêne?

Elle provient d'abord de mes doutes naissants quant à la valeur de la guérison. Après « maladie » et « malchance », encore un mot à réviser. Qu'est-ce que la guérison des nganga? Selon moi, elle se définit par le titre même du dernier récit : Rentrer dans l'ordre. Mais l'ordre auquel Elimbi, Bruno, Jean Fotsing, Kwedi doivent adhérer à nouveau pour rester en bonne santé est-il encore pleinement le leur? Je me pose la question de plus en plus souvent. L'univers traditionnel, dont j'ai découvert la cohérence et l'équilibre, peut-il coïncider avec le monde urbanisé, mon propre monde, celui maintenant de ces jeunes Africains? Au sortir de sa longue nuit, Kwedi saura-t-elle mieux se battre seule, entrer dans le jeu de la concurrence, suivre, sans se perdre, les changements de la ville? En un mot, le traitement reçu a-t-il renforcé son « individualité », en même temps que son appartenance à un groupe? Dans le cas contraire, sa santé nerveuse retrouvée risque de sombrer sous les coups de la nouvelle société. En me prêtant aux rites traditionnels, je viens à la rescousse d'un système culturel et religieux, dont, en même temps, je commence à mettre en doute la parfaite fiabilité.

Mais je me demande également si je ne crée pas un malentendu au niveau de la conscience chrétienne. La plupart des nganga et des patients ont été baptisés. Je ne les ai jamais soupçonnés d'idolâtrie, de superstition, rarement de pratiques magiques. Ces jugements portés sur eux à la légère ne résistent pas à l'observation. Leurs liturgies de guérison sont inspirées par une véritable religion ancestrale. Mais, pratiquées par des chrétiens, deviennent-elles chrétiennes pour autant? Entre Dieu et les hommes, je vois la place des ancêtres de la terre ou des eaux, mais je cherche en vain Jésus-Christ, le grand absent de ces liturgies. On fait encore appel à mes pouvoirs de prêtre. Est-ce pour obtenir plus que la chance? Je me souviens de mes réticences à guérir Dieudonné exigeant une bénédiction qui me semblait magique, et de mon désarroi devant l'impitoyable accusation portée contre Clara, comme de mon impuissance à intervenir efficacement.

Pour camper la situation, je me prends parfois à imaginer un tableau dans le plus pur style du ndimsi où je figure en bonne place. Je vois une double procession qui s'allonge depuis les quartiers où exercent les nganga, jusqu'aux sites des églises catholiques et protestantes, aller et retour. Avec mes yeux de chair, je vois comme tout le monde le cortège des paroissiens endimanchés qui se rendent paisiblement à la messe ou au culte. Avec mes autres yeux, censés percevoir la " vraie réalité ", je distingue un second cortège, composé des mêmes personnes revenant sur leurs pas après l'office. Dans mon rêve éveillé, je les vois, pieusement chargés des objets du culte ou portant religieusement des bassines d'eau bénite remplies à l'église, marcher vers le dibandi des nganga. Je suis déjà sur place, volontaire heureux du ndimsi – le prêtre le plus louche de tout le diocèse.

Doutes et fantasmes réapparaissent de plus en plus souvent. Comme je me refuse à distinguer mes intérêts de chercheur de ceux de prêtre, je dois prendre en considération tous les effets de ma présence aux traitements. Le moment n'est-il pas venu de m'évader discrètement du cercle des nganga et des sorciers et de mettre un point final à mes recherches?

L'empire des maîtres de la nuit.

Quelle force me pousse à persévérer malgré tant d'arguments contraires? Je ne le sais pas moi-même. Est-ce la même main que celle de mon enfance venant me prendre sur la grande allée familiale pour me conduire au-delà de la limite, hors de la propriété...? Est-ce plus simplement l'esprit de curiosité, le goût de la recherche, l'obstination? J'ai souvent ressenti dans ma vie cette impulsion qui me pousse à aller jusqu'au bout de mes expériences. Ainsi, au retour d'Algérie en 1956, sans m'offrir un jour de repos, me suis-je lancé dans la lecture, puis la relecture de la *Phénoménologie de l'esprit* de Hegel. L'expérience me prit cinq mois. Levé chaque matin au petit jour, sous la conduite d'un maître, j'ai lu et relu sans perdre un mot ces sept cents pages de philosophie : nul n'aurait pu alors m'empêcher de poursuivre jusqu'au bout cet « itinéraire initiatique ». Les événements de la guerre d'Algérie avaient achevé de bouleverser tant d'évidences attachées à la civilisation occidentale, qu'il me fallait, pour me rassurer, tenter une vérification systématique de ses fondements. Sous cette lumière critique, j'ai parcouru le champ de la connaissance comme au djebel, la nuit, un officier de garde fait le tour du camp avec sa lampe torche, interrogeant chaque sentinelle et scrutant l'ombre dans ses recoins les plus profonds; quand les chacals se taisent, il cesse un moment sa ronde pour ne la reprendre que lorsqu'ils recommencent à geindre et à japper.

Dans ma vie passée je repense à d'autres expériences profanes du même type dont le souvenir renforce ma détermination à aller plus avant. L'une de ces expériences s'impose particulièrement à mon attention aujourd'hui. Elle fut, à l'époque, le petit coup de pouce opportun qui me fit basculer et plonger dans l'univers des nganga. Elle m'est revenue tellement souvent à l'esprit, irritante mais opportune comme les *flash-back* dans un film, qu'elle doit bien avoir un sens. Il s'agit d'une analyse de groupe faite à Paris, en février 1970, juste avant de prendre la décision de revenir vivre dans un quartier de Douala.

Ainsi qu'on l'a vu, j'avais dû quitter provisoirement Yaoundé, à la suite de difficultés politico-religieuses survenues à l'occasion d'une grève d'étudiants dont j'étais l'aumônier. L'analyse de groupe étant alors à la mode à Paris, même dans les milieux ecclésiastiques, il me parut intéressant d'évaluer, grâce à cette technique, ma capacité de résistance et mes réactions dans une situation de crise, après les événements de Yaoundé. Mais, était-ce ma véritable motivation? Je vais tenter de décrire les principales phases de cette expérience qui me paraît aujourd'hui significative, malgré son côté insolite et déplacé dans un contexte thérapeutique africain. Il doit bien exister, cependant, une secrète affinité entre les deux pratiques pour que je me souvienne aujourd'hui de cette analyse avec cette précision. Je m'y suis adonné sans préparation, connaissant seulement le principe théorique de l'analyse de groupe et le nom des animateurs qui m'avaient envoyé un formulaire à remplir. Plus tard, je n'aborderai pas autrement les nganga. Je découvrirai leurs traitements, de la même manière, innocemment, en amateur, presque par surprise, mais avec un étrange intérêt.

Un vendredi soir à Paris, vers 18 heures, je sonne donc avec quelque appréhension à la porte de l'appartement que l'on m'a indiqué. Je suis introduit dans un petit salon sans caractère particulier par une femme d'âge moyen qui me présente à un homme déjà grisonnant. Ce sont les analystes, et je suis le seul inscrit encore arrivé. Le peu que je sache de la psychanalyse me fait deviner qu'ils se sont habillés sciemment comme d'honorables parents. Lui porte la Légion d'honneur à la boutonnière de son costume trois pièces. Nous nous asseyons et attendons sans rien dire. L'attente fait aussi partie – je m'en apercevrai à mes dépens – des traitements européens. J'occupe le temps en détaillant la pièce où nous nous trouvons : un mobilier réduit à six chaises et une table, le papier sur les murs est d'un beige parfaitement neutre, quelques estampes représentent des paysages japonais oniriques. On ne peut rêver aménagement et décoration plus anonymes. J'ai le sentiment que tout est minutieusement apprêté pour n'imposer de l'extérieur aucune impression, aucune sensation esthétique aux participants.

Un coup de sonnette annonce une seconde personne. C'est une jeune femme, âgée d'environ vingt-cinq ans, habillée d'une longue robe noire plutôt négligée; elle est très maigre et certainement enceinte. Elle s'appelle Marthe. Attente. Coup sur coup entrent une autre femme à peu près du même âge, petite et boulotte, dont je ne me souviens plus de la tenue, puis un garçon de vingt ans, vêtu d'un blouson en peau de mouton éclatant de blancheur et d'un pantalon de velours vert cru. Ses cheveux sont longs et sa barbe touffue. Lui, c'est Pierre; elle, Jocelyne. Nos prénoms sont inscrits sur des petits cartons devant nous. A part les cendriers, il n'y a rien sur les tables.

Aussitôt, l'analyste nous rappelle les conventions de la rencontre : nous devons tous les quatre dire publiquement ce que nous ressentons les uns vis-à-vis des autres, sans rien cacher, et cela pendant deux jours et demi. Le jeu peut paraître artificiel : nous ne nous connaissons pas et nous ne nous reverrons sans doute jamais. Pourtant des paroles déterminantes et curatives vont être prononcées. A dix ans de distance, je n'ai pas besoin de relire mes notes pour m'en souvenir.

La soirée du vendredi traîne en longueur. Comme nous n'avons le droit de parler ni du passé ni de l'avenir, mais seulement du présent vécu, on comprend que les sujets de conversation soient vite taris. Les analystes ne nous portent pas secours : ils se taisent. Dans un coin, assis par terre, un jeune homme aux cheveux longs prend des notes, un étudiant sans doute. Je me demande ce qu'il peut bien écrire pendant ce long moment de silence pesant. Il paraît que les minutes de la séance aident les analystes à préparer leurs rares interventions. A l'heure prévue, sans que je puisse me souvenir d'aucun fait marquant, nous nous séparons pour nous retrouver le lendemain matin. De retour dans ma communauté, je prends aussitôt le téléphone et j'informe de la situation un jésuite analyste qui m'avait recommandé l'expérience. Je lui objecte qu'au lieu de douze participants prévus, nous sommes seulement quatre... Je suis décontenancé, je ne vois pas comment nous pourrons remplir le temps. « Tu as de la chance, me répond-il en substance, on vit plus souvent à quatre qu'à douze. Ça t'éclairera davantage. »

Samedi matin : même décor, mêmes personnages. Les langues commencent à se délier. Chacun tente d'expliquer pourquoi il est venu. Les motivations sont très différentes. Pierre nous apprend qu'il est acteur de profession. Lui, le spécialiste de l'expression, il n'a pas su « prendre la parole » en mai 68, comme l'ont fait les jeunes de sa génération. Il se sent frustré et veut savoir pourquoi. Marthe enseigne dans un C.E.G. Elle annonce, à ma stupéfaction, qu'elle prendra la décision de garder l'enfant qu'elle attend ou de se faire avorter à la suite de notre rencontre. Elle semble parler sérieusement. Je fais remarquer que nous ne sommes pas à même de la conseiller sur un acte de cette importance.

Jocelyne, elle, a un tout autre problème. Elle est juive et bourgeoise, et ne le supporte pas. Elle se dit préoccupée de son identité. Enfin j'expose mon cas. Je me suis trouvé en Afrique dans des situations conflictuelles qui peuvent se reproduire. Quel est mon comportement en ces circonstances? Je ne me souviens plus du contenu des débats qui ont suivi cette présentation. Soudain, au milieu de la matinée, Marthe déclare que je suis certainement un prêtre. Je n'avais pas l'intention de le cacher, mais j'attendais que l'occasion se présentât naturellement. Comment Marthe s'en est-elle rendu compte? Je le saurai à la fin. Silence lourd. L'analyste fait remarquer d'un ton neutre que ce silence est plus significatif que les précédents. Le moment de surprise et de rumination passé, j'ai droit à une avalanche de sarcasmes. En quelques minutes je sais ce qui les sépare tous les trois de l'Eglise : Pierre est athée, fils et petit-fils d'athée, Marthe, la Bretonne, a cessé toute pratique après sa communion solennelle et Jocelyne est juive. Il aurait fallu, pour rendre compte de cette séance, suivre minutieusement les débats, comme je le fais chez les nganga, magnétophone à l'appui quand je suis du côté des observateurs et non des patients. Mais l'étudiant qui griffonne dans son coin semble s'en charger.

Samedi après-midi : la violence va venir de Pierre. Nous sommes tous assis, sagement, en train de chercher péniblement nos mots, quand il se lève d'un bond, me lance un coup de poing au visage qui fait tomber mes lunettes, prend un lourd cendrier bourré de mégots et le jette à travers la fenêtre fermée du studio dont une vitre se brise. Puis il se met debout sur une chaise et commence à se déshabiller. L'analyse tente d'intervenir. Mais il ne réussit pas à empêcher l'exhibition de Pierre. Séance de rhabillage sous nos yeux médusés et tout rentre dans l'ordre, sauf ce courant d'air froid qui va nous rappeler l'incident jusqu'à la fin de cette rencontre. On aurait pu obturer le carreau cassé avec un bout de planche de fortune, mais non : les analystes souhaitent que nous supportions les conséquences de nos paroles et de nos actes. Je lance alors, à l'adresse de Pierre, une phrase dont il me remerciera plus tard avec chaleur :

« Vous avez préparé votre petit scandale depuis ce matin. J'aurais préféré quelque chose de plus spontané! » Ces quelques mots me sont venus d'emblée à l'esprit. Ils confirment justement Pierre dans l'image qu'il semble se faire de lui-même : un personnage d'artifice.

Dimanche matin : longue matinée au cours de laquelle Pierre reproche à Marthe sa tenue de deuil volontairement négligée, et ajoute : « L'important, Marthe, c'est que tu sauves ta peau. » Comment va-t-elle faire sienne une telle parole? A-t-elle décidé à cet instant de la survie ou de la mort de l'enfant qu'elle attend? Elle ne nous le dira pas. Elle nous expliquera seulement qu'elle porte le deuil d'une grand-mère, la seule personne de sa famille à l'avoir toujours comprise, mais elle manifestera à Pierre sa reconnaissance jusqu'à la fin de l'analyse. Le poids d'une parole se mesure à la qualité du silence qu'elle provoque. Très peu de mots importants seront prononcés, mais ceux-là se répercuteront longtemps, comme des vagues après un mouvement de pagaie un peu plus appuyé dans des eaux calmes. Jocelyne, la plus discrète de nous quatre, ne recueillera pas une moisson de conseils. Nous lui dirons simplement ne pas croire à son dépit de petite-bourgeoise juive. Nous l'aiderons à réaliser que le motif le plus apparent de sa présence n'est pas, dans son cas, un malaise de race ou de classe sociale, mais le désir un peu mince de faire une expérience de groupe pour devenir elle-même, un jour, analyste. A la différence de moi, elle est venue en professionnelle, sachant tout sur les techniques de groupes. De nous quatre, me semble-t-il, elle est celle qui profitera le moins de la rencontre.

Dimanche après-midi : Pierre et Marthe m'attaquent. Jocelyne reste silencieuse. Tout y passe, depuis l'obéissance au pape jusqu'au célibat des prêtres. Je leur fais remarquer qu'ils emploient spontanément un langage plus peuplé d'expressions religieuses que le mien. Comme le tir croisé dont je suis la cible commence à me lasser, je leur propose de m'en aller. Rester avec eux n'a pas de sens pour moi si je deviens l'objet de leur défoulement. Je me trouve soudain dans la situation inconfortable du sorcier de village ou de quartier, bouc émissaire, point de mire de toutes les critiques. Alors Marthe me lance un mot cinglant qui me touche au vif : « Vous les prêtres, vous voulez toujours en faire trop. Vous n'écoutez pas. Vous n'avez rien à apprendre. » J'accuse le coup. Il est vrai que de nous quatre, c'est moi qui ai le plus mal supporté ces longs silences vides, où nous n'avions strictement rien à nous dire. Les trouvant intolérables, je les remplissais vaille que vaille de mes propos. Plusieurs fois, mes trois compagnons m'ont accusé de mal interpréter certaines de leurs paroles. Je ne me souviens pas d'autres indices qui aient pu justifier la réaction de Marthe à mon égard et pourtant elle fait mouche. Je laisse le silence orchestrer la parole un long moment, et, au lieu de me rebiffer, je lâche, vaincu : « J'ai besoin que vous me disiez de rester. » Ma réaction les apaise, car eux aussi ont besoin de moi, comme les villageois tiennent confusément à leur sorcier. La soirée se termine dans une aimable euphorie et dans la concorde la plus parfaite, chacun ayant reçu son pesant de réflexion pour les jours à venir. A la fin, l'étudiant viendra me serrer chaleureusement la main. J'imagine qu'il a compris l'effet que la parole de Marthe a produit sur moi. Je paie les 300 francs prévus, sans avoir l'impression d'être volé. Les analystes nous informent que cette somme donne droit à un entretien particulier, mais je n'en ai nulle envie, désirant interpréter seul ce qui m'a été dit.

Il est saisissant d'entendre quelqu'un exprimer sur soi, de manière gratuite, une vérité que l'on s'avoue en secret. Les enfants portent ainsi des jugements fulgurants de justesse qui font mouche, mais on se contente d'en sourire.

« Vous les prêtres, vous n'avez rien à apprendre! » Et moi qui croyais avoir tout fait pour ne pas mériter une telle critique... Elle me rappela le reproche de Jésus, aux scribes et aux pharisiens et le vieux grief tant de fois répété aux Blancs et surtout aux missionnaires. La flèche décochée par Marthe venait tout à la fois de trouer ma carapace sacerdotale et de m'atteindre plus profondément encore dans mon être ancien et familial, là où, toujours vivace, règne la belle et première assurance de mon enfance de détenir la vérité.

Le souvenir de cette petite phrase cinglante ne sera sans doute pas étranger à ma décision de rester à l'école des nganga pour me maintenir dans une attitude résolument réceptive.

Mais la demande la plus inattendue et tout compte fait la plus révélatrice me concernant, c'est moi qui l'avais prononcée : « J'ai besoin que vous me disiez de rester. » On prête au curé d'Ars cette remarque : « Je mesure la portée d'une parole que je dis, au mal qu'elle me fait. » Rester. Demeurer avec ce trio apparemment hostile, reflet d'une société anticléricale où le prêtre est insolite, indésirable, interdit, m'était donc nécessaire. Nécessaire aussi que rien ne me soit étranger, aucun milieu fermé, aucune partie du monde légitimement interdite. Mission, foi, vocation? J'hésite à employer ces termes de la tradition chrétienne : non pas qu'ils me paraissent impropres – ils expriment une expérience plus que millénaire –, mais à cause de leur trop limpide clarté. En vérité, je me demande bien de quels grands fonds, de quelle région de haute mer viennent ces vagues montantes qui me poussent sans cesse vers le rivage des autres... Et d'autre part, comment expliquer que mes expériences de Douala, autrement plus impressionnantes, ne m'aient pas fait oublier cette courte séance parisienne? Je ne peux trouver à cela qu'une explication : à Paris, je me suis engagé réellement, tandis que j'ai seulement tenu, à Douala, la place d'un étudiant, muet et réservé, assis le long du mur à quelque distance de la table où se déroule l'engagement. Dans l'espace des nganga, je ne connais que deux façons de franchir le pas : aller m'asseoir au milieu des possédés, des poursuivis, des ensorcelés pour subir moi-même un traitement – ce dont je ne vois pas actuellement la nécessité – ou bien... me faire ouvrir les yeux pour être désormais " avec " ceux qui soignent dans la nuit.

Bien mystérieux empire que celui qu'exercent sur moi les maîtres de la nuit! Sur quelle région incontrôlée de moi-même ont-ils trouvé prise? Occupent-ils les lieux même où naissent et se nourrissent les songes? Là où se mêlent les désirs les plus contraires, celui de tuer et celui d'aimer, de faire souffrir et d'adorer, les fantasmes nés de l'eau et du feu, du sang et de la mort – brassage continu, pareil à celui que j'ai vu de mes yeux au cours des interminables traitements nocturnes des nganga? Il doit exister une secrète parenté, une connivence souterraine entre les nganga et moi-même qui, seules, peuvent expliquer la fascination que je ressens à leur endroit. Depuis mon enfance, j'ai toujours voulu gagner d'autres mondes culturels, m'éloigner le plus loin possible de mes bases, et voici qu'en atteignant le but, j'ai le sentiment de me trouver en pays de connaissance :

« Où donc aller, Seigneur, loin de ton souffle?
où m'enfuir, loin de ta face?
Je gravis les cieux : tu es là;
je descends chez les morts : te voici.

Je prends les ailes de l'aurore
et me pose au-delà des mers :
même là, ta main me conduit,
ta main droite me saisit. »

Psaume 139

LA MORT D'UN INITIÉ

Loe voyait venir sa mort. Il prenait de tels risques, disait-il, au cours de ces nuits de lutte où il volait au secours des ensorcelés, qu'un jour ou l'autre, il serait emporté à son tour. A plusieurs occasions, il était tombé raide au cours d'un traitement, sans que rien ne fasse croire à une simulation. Il avait même fixé à huit mois son espérance de vie. Tout comme Elimbi (1), son fils aîné, je n'avais pas voulu prendre à la lettre cette prophétie de malheur. Pourtant Loe ne se trompait pas de beaucoup, mais on ne sait jamais si les déclarations des nganga ne sont pas finalement des manœuvres thérapeutiques.

Quand ce quinquagénaire, aussi résistant qu'un félin, se mit à dépérir, cessa de soigner les autres et se rendit à l'hôpital, nous commençâmes à nous inquiéter. Un premier médecin trouva des traces de tuberculose. Loe ne l'admit pas. Ils se disputèrent si bien que Loe décida de tenter sa chance ailleurs. Cette fois on décela un probable abcès du foie. Ces différences de diagnoctic affectèrent beaucoup Loe qui voulut alors revenir à la médecine traditionnelle. « Je sais qu'il me faudra un jour rester à l'hôpital, me dit-il, mais j'ai des choses à régler auparavant. » A partir de ce moment-là commença le carrousel des nganga.

De tous ces hommes, je ne mentionnerai que le plus vieux,

(1) Elimbi, le fils aîné de Loe, traité pour la malchance, était absent lors du traitement de Kwendi raconté précédemment.

Yonas, à cause de son ascendant. A le voir, aveugle décharné, misérable, il est difficile d'imaginer son grand pouvoir. Sur la côte, on le célèbre au cours des grands traitements : « Apporte-nous la pagaie, on va chercher Yonas (1). » Avec lui, Loe joua son va-tout. Le vieil aveugle avait autrefois pratiqué sur lui le rite essentiel de l'ouverture des yeux. Il était son maître.

Voici les réflexions d'Elimbi à propos de cette rencontre :

– *Son maître, le vieil aveugle, est venu à la maison. On aurait dit qu'il voyait tout. Il a demandé aux petits nganga qui étaient là : « Vous êtes venus traiter papa Loe, savez-vous exactement de quoi il souffre? » Personne n'ayant répondu, Yonas dit : « Bon! C'est moi qui travaille aujourd'hui. Retournez chez vous, consultez vos hommes* (les ancêtres qui les inspirent pour soigner), *demandez-leur de quoi souffre Loe et samedi revenez le traiter. Je ne serai pas avec vous, mais je serai présent dans le ndimsi. »*

Moi : *Ils sont revenus?*

– *Non, parce que Loe avait déclaré : « Ceux qui ne reviendront pas avec un bon médicament, seront anéantis. » Ils ont eu peur!*

Moi : *Qu'a dit Yonas?*

– *Que le papa avait attrapé ça en allant soigner un malade, et qu'il n'y survivrait pas. Mais il a dit ça d'une façon ironique. Il allait essayer de travailler, mais le papa ne pourrait pas guérir complètement. On allait seulement le soulager pour quelque temps. J'ai su alors que le papa allait mourir. Mais, vous savez, quelquefois la science peut vous dire que vous mourrez et vous ne mourez pas. Voilà pourquoi papa aussi se débattait pour continuer à vivre. Mais au fond, il savait que c'était sa dernière chance.*

Et puis Yonas ne revint pas. La famille commençait à se demander pourquoi les nganga persévéraient si peu. Plusieurs étaient partis sur cette phrase laconique : « Si nos

(1) *Wanea biso pai, di m'ala nongo Yonas* (refrain).

médicaments correspondent à la maladie qu'il a, il guérira. »

La transe bejongo.

Un mois s'écoula. Au retour d'un voyage, je me rendis au quartier avec appréhension. J'aperçus immédiatement le petit tumulus de terre à côté du dibandi, presque au centre de cet ensemble de cases désordonnées et disparates qui composent la propriété de Loe. Quand les femmes de Loe, vêtues du bleu des veuves, ses filles et nièces rassemblées au pas de la porte, me virent arriver, elles m'accueillirent et me précédèrent à la tombe, en poussant les cris des lamentations, comme la coutume les y invite lorsqu'un ami du défunt se présente. Jusqu'alors ces plaintes lugubres me semblaient déplacées mais, à cet instant, je sus gré à ces femmes de se charger d'exprimer l'émotion que je ressentais afin que je puisse garder le silence. Curieusement, je revoyais la dernière image du *Septième Sceau* – ce film où Bergman retrace le monde de la possession et de la sorcellerie – quand la mort survient enfin et que la femme dit seulement : « Tuss », qui signifie « silence ». Je me dis : « Tais-toi, cesse de te souvenir, prie. » Du fond de moi-même, le plus simplement que je pus, je priai Dieu de recevoir auprès de Lui cet homme de bien.

Elimbi, qui était resté à côté de moi le temps que je demeurai devant la tombe, avait une question à me poser :

– *Papa vous parlait très souvent. Il ne vous a rien dit?*

Moi : *Non.*

– *Pas la moindre petite chose?*

Moi : *Non. J'étais un peu un enfant pour ton père. Un ami et un enfant pour tout ce qui concernait sa science.*

– *Parce qu'à nous non plus, il n'a rien dit. Trois jours avant sa mort, il n'a plus dit un mot, rien!*

Le silence de Loe avait troublé sa famille. Les dernières volontés d'un moribond doivent être recueillies et gardées : c'est une règle imprescriptible. Son mutisme laissait de graves questions de succession en suspens. Fallait-il l'attribuer à son caractère difficile ou à une incapacité physique? Tout me porte à penser que Loe s'était réservé le moyen de parler plus solennellement et avec plus de chance d'être obéi, par le biais d'un phénomène qu'il connaissait mieux que personne, la transe *bejongo*.

En effet, neuf jours après sa mort, deux femmes tombèrent en transe : sa troisième épouse, mère d'Elimbi, et une ancienne malade que l'on voyait souvent assister aux grands traitements. Le père Loe, selon plusieurs témoignages concordants, dicta ses dernières volontés par leur bouche. La famille les recueillit avec reconnaissance : grâce à elles disparaissaient les sources principales de conflit. Quand les uns et les autres me racontèrent avec émotion l'événement, je crus – pour avoir assisté à de telles transes – en leur bonne foi et en la véracité de leur récit.

En général, les circonstances ne permettent pas de poursuivre une enquête complète : les familles sont trop bouleversées par le phénomène. C'est en de rares occasions seulement que j'ai pu la mener à bout. La transe dite *bejongo*, qui met les ancêtres en scène, est un mécanisme social au service de l'unité du groupe, une soupape de sécurité. Son efficacité repose sur la solidité des liens généalogiques, et sur la conviction que les ancêtres interviennent dans la famille qu'ils ont visiblement quittée. La possédée a des raisons personnelles de désirer l'intervention des ancêtres. Elle ne trouve pas dans les institutions ordinaires les moyens de faire respecter ses droits, et en ressent une forte angoisse. La transe lui fournit l'occasion unique de s'exprimer. A ce moment-là, elle n'a plus conscience de ce qu'elle dit, car les ancêtres prennent la parole pour elle. Au groupe de lui faire justice en obéissant aux ordres venus d'outre-tombe (1).

1) *Je suis mort pour une affaire de terrain*. Soulageante révélation. Ainsi Loe n'a pas été tué par l'un des siens. Les

(1) Cf. Gilbert Rouget : *la Musique et la transe*. Gallimard, Paris, 1980. pp. 66 et suivantes.

soupçons, entretenus par les diagnostics divergents de nombreux médecins et nganga, avaient couru ces temps-ci sans épargner personne. Mais demi-révélation seulement, puisque chacun savait que Loe risquait depuis longtemps la mort en défendant des droits de propriété dans une zone urbaine particulièrement controversée. Loe était victime des dernières escarmouches d'un ancien combat. En effet, les colonisateurs allemands avaient autrefois repoussé les Douala des bords du fleuve pour construire leur port et leurs entrepôts. Ces derniers, par contrecoup, avaient occupé des quartiers plus éloignés de la rive, et s'étaient, dit-on, débarrassés des gêneurs par tous les moyens, y compris la sorcellerie et le poison (1)! Avec ses voisins bassa, Loe se heurtait à d'éternels conflits dont il me faisait part de temps en temps. La thèse de l'empoisonnement n'était donc pas à exclure. Un médecin camerounais, de formation européenne, à qui je demandai si un abcès au foie – dernier diagnostic de l'hôpital – écartait l'hypothèse de l'empoisonnement, m'apprit qu'une hépatite pouvait être d'origine toxique. Il connaissait l'existence d'une plante qui déclenchait une hépatite virale à effet lent. Mais il aurait fallu bien suivre le malade pour arriver à une conclusion certaine.

2) *Tous mes enfants doivent avoir des parts égales.* La troisième épouse de Loe, qui rapportait les volontés du père, montrait par là le bout de l'oreille. Loe n'avait jamais reconnu légalement leur fils Elimbi (2) qu'il considérait pourtant comme son aîné, car ni sa première femme ni la seconde ne lui avait donné de garçon. Une vieille querelle avait poussé autrefois la mère d'Elimbi à l'emmener avec elle en quittant son père. Pour la punir de cette infidélité, Loe n'avait jamais fait les démarches officielles de reconnaissance, indispensables à l'héritage. Cette déclaration d'outre-tombe sauvait opportunément la situation.

(1) René Gouellain : *Douala, ville et histoire*. Paris, 1975, Institut d'ethnologie, Musée de l'homme, pp. 156 et suivantes.

(2) J'ai précisé la situation de famille de Loe dans le chapitre : « La malchance est une maladie. »

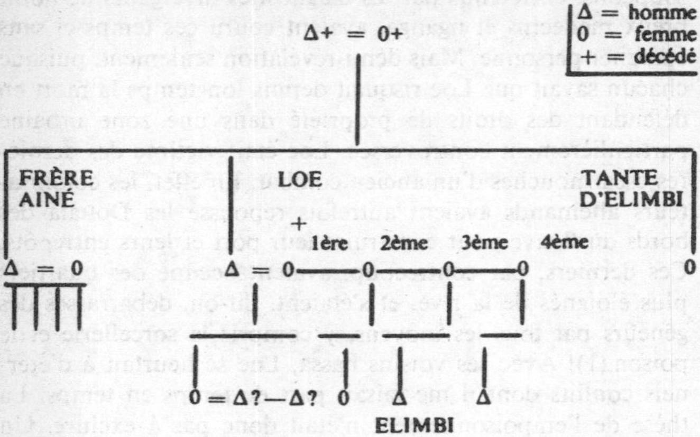

Membres de la famille de Loe mentionnés dans ces récits.

3) *Inutile de chercher où se trouve l'argent, il n'y en a pas.* Les veuves pouvaient respirer en paix. Personne n'oserait les obliger à révéler les endroits où elles avaient peut-être caché les économies de la famille. Cette déclaration du défunt éviterait toutes fouilles et recherches.

4) *Nkongo doit s'occuper du dibandi.* Cette quatrième et dernière volonté n'était pas la moindre à mes yeux. Elle me semblait particulièrement difficile à respecter.

Nkongo était arrivé chez Loe, treize ans auparavant, en qualité de malade. Attaché à son nganga il ne devait plus le quitter, assumant un service assidu, avec une bonne humeur et un savoir-faire inappréciables. Il était le seul disciple que Loe se fût attaché. Tout le poids de l'héritage du maître allait reposer sur lui.

« *Garder le dibandi du père, me dit-il, c'est prendre une très grande responsabilité. Le dibandi est comme un trésor. C'est grâce à ce dibandi que le père a eu tous ses biens, ses terrains, ses maisons, tout, tout. Maintenant il le laisse à moi qui ne suis même pas de la famille! C'est vrai que je connais toutes les théories du traitement, exactement comme le père. Je sais comment est fait le dibandi d'un bout à l'autre. Nous avons été chercher ensemble dans la forêt toutes les écorces qui y sont. Il n'y a qu'une chose qui me manque, la vision.* »

Trois ans plus tôt, Nkongo m'avait fait les mêmes réflexions :

« *En dehors de la vision, je sais tout. Je sais faire comme j'ai vu faire. La vision pourrait m'apporter la prévoyance. Car, sans la vision, il y a des risques quand on soigne un malade : par exemple, peut-être aurais-je dû me tourner vers la droite, pendant que je traitais le malade plutôt que vers la gauche... Parfois des ennemis sont là, ils sont en train de vous attaquer : si vous avez la vision, vous les voyez. Si vous les voyez, vous pouvez vous en débarrasser, tandis que si vous ne les voyez pas, ils peuvent vous arrêter. Voilà ce qui me manque.* »

Je demandai le point de vue d'Elimbi sur la promotion de Nkongo :

« *Papa veut que Nkongo soit son successeur. Mais Nkongo ne " voit " pas. Le seul homme qui peut régler ce problème est le maître qui a ouvert les yeux de papa. Ce vieil aveugle qui a essayé de le guérir. Cet homme est très fort, le plus fort entre les forts. Il doit faire sur Nkongo ce que nous appelons* tole : *verser des gouttes sous ses paupières pour ouvrir ses " autres " yeux.* »

La double vue.

L'homme qui jouit d'une double vue et l'homme qui est seulement réduit à l'usage de ses pauvres yeux de simple mortel ne peuvent avoir le même comportement. J'en ai fait l'expérience à mes dépens, du vivant de Loe, à l'occasion d'une séance de divination. Il m'avait invité à entrer dans le dibandi et à étudier avec lui le cas d'une femme venue le consulter. Proposition insolite. « Fais la visite (examen) à l'européenne, moi, je la ferai ensuite à l'africaine. » J'acceptai et interrogeai la jeune femme sur les raisons de sa venue.

Elle sut vite que j'étais prêtre et parla de ses démêlés conjugaux avec un employé des chemins de fer. Il lui avait assuré qu'elle serait son unique épouse, et, une fois le mariage consommé, elle s'était aperçue qu'il possédait déjà une première femme et cinq enfants. Comme elle-même ne réussissait pas à être mère, tout l'argent, toute l'attention du mari allaient à la première épouse. Elle en était tombée malade. Je crus bon de lui dire qu'après tout, elle n'avait contracté aucun engagement définitif à l'égard de cet homme qui l'avait trompée, et qu'elle pouvait se considérer comme libre. « Ça ne changerait rien, me dit-elle, les hommes sont tous des garnements. »

Loe s'y prit tout autrement pour faire son « étude ». Il évita d'utiliser la science acquise : il voyait. Sans l'ausculter il lui décrivit les troubles physiques qu'elle ressentait, et tomba juste, à en croire les hochements de tête de la patiente. Il lui parla de sa famille et d'un certain oncle qui pouvait être la cause de sa malchance. A la fin, il lui demanda : « Est-ce que je mens? – Non, ce que vous dites est vrai. » Loe exigea de rencontrer son mari. « Il faudra même le décider à être présent la nuit du traitement. » Je reconnaissais là cette tactique du nganga, qui consiste à pousser les antagonistes aux aveux, et si possible à la réconciliation, seule garantie, en effet, d'une guérison complète. Mais, cette fois, la condition était trop difficile, et nous n'avons jamais revu cette femme, sans doute partie chez un autre nganga moins exigeant. Je retins que, contrairement à moi, Loe ne lui avait posé qu'une seule question : « Est-ce que je mens? » Il procédait comme un voyant.

Tant d'importance donnée à la vision ne s'explique qu'en référence au contexte anthropologique bantou, ensemble auquel les Douala appartiennent. Je ne donne ici que quelques renseignements, indispensables à l'intelligence de ce qui va suivre. L'homme dispose de quatre yeux *(miso manei)*. Normalement il ferme ses deux yeux visibles à l'heure de la mort, pour ouvrir les deux autres sur le royaume des ancêtres. Mais il arrive que certaines personnes *(bewusu)* naissent avec les quatre yeux ouverts. On constate cette anomalie – qui est à la fois redoutée et désirée – chez des enfants qui voient passer furtivement quelqu'un dont on apprend la mort peu après. Les parents s'empressent d'ordinaire de faire " percer " *(tuba)* ces deux yeux qui donnent sur l'invisible, par un traitement approprié, parce qu'un enfant n'a pas la force de supporter sans dommage pareilles révélations. Ceux qui " percent " les yeux ont aussi le pouvoir de les ouvrir. Les humains qui, aussi, cumulent les deux visions, celle des vivants et celle des morts servent d'intermédiaires entre les deux mondes. Ils voient aussi les dessous de la société et sont chargés d'intervenir contre la sorcellerie. Parmi eux se recrutent les nganga. « L'esprit, vous savez, tente de m'expliquer Elimbi en français, c'est ça qui fait l'homme, et c'est ça qui voit double. »

Nkongo ne pouvait donc obtempérer à l'ordre du père, et prendre en charge le dibandi, sans se faire ouvrir les yeux. Cependant Nkongo hésitait à franchir ce seuil. Il se serait peut-être contenté d'attendre indéfiniment, si de nouveaux événements ne l'avaient pas forcé à se compromettre.

Nkongo : *Papa Loe a encore fait parler un petit garçon.*

Moi : *Qui est ce garçon?*

Nkongo : *Un enfant de onze ou douze ans. Il n'habite même pas chez nous, il habite un peu derrière. C'est le frère de la femme d'un parent du père. Il répétait ce que le père lui disait.*

Moi : *Tu as entendu l'enfant? Qu'est-ce qu'il a dit?*

– J'étais là, et Elimbi aussi, et tout le monde. Il a dit d'abord : « Nkongo est responsable du dibandi. » Le grand frère de papa Loe a protesté : « Ce n'est pas possible. Nkongo n'est même pas de notre famille. Or, cette médecine est une affaire de famille. Est-ce qu'on va laisser ça à un étranger, avec des interdits par-dessus le marché? »

Selon Nkongo, le père leur a donné, toujours par la même voie, une quantité de prescriptions, concernant aussi bien le respect des arbres de la concession, les dangers d'aller en mobylette, ou l'annonce que l'une de ses filles attendait un enfant. Je retins seulement deux consignes qui forçaient Nkongo à se compromettre. Ordre lui était donné d'organiser une grande cérémonie nocturne *(dikute)* pour rendre au dibandi sa force perdue. Plus précisément, il s'agissait de faire revenir sur les lieux qu'elle avait désertés à la mort du père l'épouse *jengu* sans qui le dibandi est une case vide. En effet, Loe avait toujours affirmé qu'il tenait ses pouvoirs de nganga de son épouse mystique *jengu.* Cette liaison faisait de lui un *esunkan,* au sommet de la hiérarchie des nganga. A minuit, le père prendrait la parole. L'enfant qui transmettait les volontés du défunt donna les moindres détails de la cérémonie à suivre. Je puis témoigner que ce plan a été scrupuleusement respecté.

Une seconde consigne devait provoquer un moment de panique.

Nkongo : *L'enfant a dit aussi que le père avait laissé de l'argent caché dans le plafond et que j'aille le chercher pour le remettre aux veuves afin de les aider. Et il a ajouté que personne ne devait savoir le moment où je ferais la recherche. Sinon je ne trouverais pas cet argent. Alors le frère aîné de papa Loe et Elimbi ont protesté : « Ce n'est pas possible. » Alors l'enfant a répondu : quand je me mettrai à chercher cet argent, je n'ai qu'à emmener un témoin.*

Moi : *Mais, la première fois, le papa Loe a dit qu'il n'y avait pas d'argent à chercher! Et voilà que maintenant l'enfant dit qu'il y en a de caché dans le plafond!*

– *C'est vrai et on ne comprend plus rien. On ne sait pas comment concilier ça.*

Moi : *Vous avez essayé de trouver l'argent?*

– *On a essayé, mais tout le monde nous a forcés à le faire immédiatement. Nous étions quatre à chercher dans le plafond et on n'a rien trouvé. Je ne sais pas si c'est vrai ou si ce n'est pas vrai. Le père avait dit qu'on le fasse en secret, c'est pourquoi on n'a rien vu. A moins que ce soit pour une autre raison...*

Moi : *Qu'est-ce que tu en penses?*

– *Je suis troublé. Ces choses-là arrivent. Je sais qu'elles peuvent arriver : il y a des preuves. Par exemple, le soir avant que le garçon ne parle, la seconde femme de Loe m'a demandé pour les coudre des étoffes noires que le père gardait dans son dibandi. Or le garçon a dit : « Le père accepte que Nkongo donne à sa femme les étoffes noires. » Pourtant personne ne savait ce que j'avais fait et il faisait déjà nuit quand j'avais remis ces étoffes...*

Autant les premières transes *bejongo* m'avaient paru correspondre à l'attente secrète du groupe, et renforcer sa cohésion, autant cette fois-ci la surenchère de l'enfant devenait suspecte. Je ne soupçonne pas le petit d'avoir joué la comédie plus que les femmes, mais sa performance excessive portait le signe de la dégradation des structures coutumières.

Le résultat le plus clair de cette série d'épisodes était l'annonce pour le samedi suivant de la grande cérémonie que Nkongo devait conduire selon les instructions données. J'aidai ce dernier à rassembler un peu d'argent pour la circonstance, et j'étais décidé à le suivre de près, lui qui demeurait aveugle, alors qu'il lui fallait se comporter comme un voyant.

Le rendez-vous avec le mort.

Habituellement, le climat d'une cérémonie nocturne se crée progressivement. Il faut attendre l'approche de minuit pour que les tambours battent leur plein et qu'une ferveur, propice aux transes, s'établisse.

Arrivé tôt, je suis surpris de trouver la foule déjà en effervescence. Parce qu'il pleut, elle s'entasse dans la plus grande des cases au fond de la cour, chez le frère aîné. Je repère plusieurs personnages que je n'ai encore jamais rencontrés chez Loe, hommes de la tradition, sans doute venus des rives du fleuve pour la circonstance. Leur impassibilité parfaite contraste avec la fureur des transes qui saisissent l'une après l'autre les épouses et les parentes du défunt. Deux nganga en costume rouge d'apparat veillent à l'ordre. Aux fenêtres et aux portes, les voisins guettent, attirés par l'enjeu de la cérémonie. Loe va-t-il encore parler? Je n'avais jamais vu rendre aussi perceptible la présence d'un mort. Vous avez beau vous défendre contre de pareilles manifestations étrangères à votre sensibilité, elles sont contagieuses, vous êtes gagné.

Avant la fin de la pluie, l'assistance se transporte dans la cour devant le dibandi où Loe a exercé pendant vingt-cinq ans. La tombe forme un mamelon sur le côté. Aucune innovation n'a été apportée depuis sa mort : l'espace est toujours un carré délimité par des séries de planches reposant sur des parpaings en guise de bancs et fermé sur un côté par la façade du dibandi. Au milieu s'élève un arbuste sacré, gros comme le bras et haut comme le toit des cases. La mise en scène ne peut être plus sobre. On prend d'assaut les bancs. Mais à cause de la foule inhabituelle, quatre ou cinq rangées de personnes doivent rester debout. Seul pour la première fois dans le dibandi, et donc hors de notre vue, Nkongo m'expliquera qu'il a exécuté docilement les rites.

« *Dans le dibandi, j'ai fait comme le père faisait. J'ai sifflé et sonné les clochettes* (qui appellent les ancêtres). *Et j'ai parlé intérieurement : " Je sais que vous* (les ancêtres) *vous êtes là. Je ne vous vois pas, bien entendu, mais vous me connaissez. Je sais aussi que le père est là. Quoiqu'il soit mort, il est là. Vous me reconnaissez comme fils du père. Et je vous donne les ordres comme le père le faisait. Quand il était avec moi, il me donnait l'ordre de vous parler. C'est pourquoi je vous parle en ce moment. Donc me voici maintenant sur le point de sortir. Vous, vous êtes là, qui voyez tout, qui entendez tout. Je ne connais absolument rien. Vous êtes là, je vous en prie, je vous supplie de me protéger contre les ennemis qui peuvent être dans la cour. Je suis maintenant comme aveugle. " Après avoir ainsi parlé j'ai cassé un œuf et j'en ai répandu le contenu partout.* »

Descendu du dibandi parmi nous, Nkongo essaie d'entonner quelques chants, lorsque les autres lui en laissent le temps. Il danse, vêtu de la robe blanche et rouge, rasant les bancs où se serre l'assistance, sans s'approcher du centre. Ses gestes ont je ne sais quoi d'aérien et de gratuit. Pourquoi porte-t-il sur la tête un fichu blanc à liséré rouge qui lui tombe sur le cou et donne à son visage clair de demi-albinos, un caractère enfantin? Timide, il n'ose pas prendre la place du maître. Petit à petit, je m'aperçois que cette place est tenue par Eboa, un neveu du défunt père, qui a passé son enfance sur les lieux et qui affiche une grande désinvolture. Je ne l'ai encore jamais vu. L'homme impose le silence, entretenant entre les deux nganga une conversation hermétique, faite de borborygmes et de mimiques. Finalement, il donne des ordres à Nkongo. Ne va-t-il pas succéder à Loe? Je recevrai la réponse par la suite, de la part d'Elimbi : « Eboa pouvait faire le travail parce que de tous ceux de la famille, c'est lui qui connaît le plus de choses. Plus que Nkongo. Mais je ne crois pas qu'il puisse accepter de faire ce travail. Parce qu'il est fonctionnaire de la Sûreté. Il ne voudra pas perdre son temps. Il ne le sacrifiera jamais à ça (1). »

Percevant l'inconfort de la situation de Nkongo, un vieil homme, que je ne connais pas, intervient :

– *Cet enfant ne voit pas, ne lui tendez pas de piège. Et celui qui a les quatre yeux, eh bien, qu'il n'en fasse pas usage! Quand vous dansez, même les plus petits gestes des pieds ou des mains, je peux expliquer ce que cela veut dire... Je sais que vous êtes friands d'*ekumti (luttes occultes). *Vous ne venez pas ici seulement pour vous amuser, il faut que vous alliez chatouiller* (2) *votre frère, ce n'est pas vrai?*

Quelqu'un dans l'assistance : *Moi, je ne sais pas, je n'ai pas quatre yeux. Moi je suis venu seulement pour danser. Je ne cherche pas à tuer, vous n'avez qu'à me tuer le premier. J'étais le meilleur compagnon du père pendant les traitements. Si j'étais un tueur, vous croyez qu'il m'aurait admis?* (Brouhaha.)

Le vieil homme : *Comprenez-moi bien! Cet enfant qui est devant vous, c'est notre fils adoptif* (l'enfant du jour, mun' asu nya mwese). *Il n'est pas de notre famille. Que personne ne s'amuse à le piéger. Le père Loe ne s'est pas encore manifesté, mais quand il sortira, personne ne sera plus tenté*

(1) Juste estimation. Eboa ne prendra pas la succession de Loe, et je le perdrai de vue.

(2) Inciter à la lutte. Au début d'une lutte traditionnelle, les adversaires, avant de s'empoigner, doivent s'exciter d'abord du bout des doigts.

d'éprouver ce garçon. Si vous essayez maintenant, le père se chargera de vous coincer (kudumane). *Cet enfant est ici par la volonté du père, et nous l'acceptons. Voilà pourquoi je me suis levé. Je suis un homme de paix. Qui sème la guerre récolte la guerre. Si quelqu'un est plus fort que moi, il ne sera pas plus fort qu'Eboa.* (Applaudissements.)

Après ce discours opportun et quelques danses, trois gaillards de la famille empoignent Nkongo et l'amènent au centre du carré que nous formons. Ils s'emparent de tiges de *mwandando* (1) préparées à cette intention, et se mettent à le fustiger. J'observe ce rite avec attention, parce qu'il est, dans de nombreuses cultures, le signe de la passation d'un pouvoir ou de l'accès à une fonction (2). Et mon voisin, un homme qui m'a souvent fait comprendre ici même des gestes obscurs mais essentiels, me souffle : « C'est l'intronisation. » Est-ce que Nkongo devient nganga sous mes yeux? Il me dira par la suite ne pas avoir su que le rite pouvait avoir une telle portée : « Feu le Père avait ordonné par le *bejongo* du petit garçon, que je prépare trois *mwandando* pour être fouetté. Si je voulais faire le travail ordonné par le père, c'était le seul moyen de m'en donner le courage et la force spirituelle. »

Ainsi le petit garçon aurait prescrit ce rite rarissime, probablement sans l'avoir jamais vu pratiquer. Qui l'aurait donc inspiré?

Nous approchons de minuit, l'heure où Loe doit se manifester. On se bouscule sur ma gauche : c'est la première femme de Loe qui surgit. Elle est en transe. Son arrivée spectaculaire provoque une réaction en chaîne. Douze personnes ne tardent pas à être en transe à leur tour : toutes les femmes de Loe, ses grandes filles, deux anciennes malades, dont Kwedi, et, fait assez rare, deux hommes. Les nganga, Eboa, Nkongo circulent tranquillement autour des corps

(1) La canne des morts. J'ai souvent relevé l'importance rituelle de cette plante, qui signifie la paix et le bon gouvernement dans tout le pays.

(2) « Le cérémonial royal tabou est en apparence une expression du plus profond respect et un moyen de procurer au roi la plus complète sécurité : mais il est en réalité un châtiment pour cette élévation, une vengeance que les sujets tirent du roi pour les honneurs rendus. » Freud : *Totem et Tabou.* Paris, Payot, p. 64.

déchaînés, comme les surveillants flegmatiques d'un manège. Ils ne veulent manifestement pas s'immiscer dans la rencontre avec les ancêtres.

Il faudrait tenter de comprendre ce que signifie pour chacune des possédées l'état de transe où elle est entrée. Que représente, par exemple, cet instant pour la fille aînée de Loe? Du vivant de son père, elle habitait à l'écart de la famille, comme une fille perdue. Le jour de l'enterrement, elle fut même chassée. La voici réintroduite cette nuit. Certains veulent interrompre cette démonstration déplacée, d'autres veulent qu'on la laisse se poursuivre. Spectacle fantastique que cette jeune femme, coulée dans un long fuseau noir, saisie par une force qui tantôt la plie en arrière, tantôt la projette en avant, comme une baguette souple. Elle s'agrippe au tronc blanc de l'arbuste du centre, que l'on appelle " le dibandi du dehors ", et vibre avec lui indéfiniment.

Les conditions sont réunies pour accueillir l'événement attendu. Mais rien ne se passe. Les possédées restent muettes. « On ne force pas les gens, m'expliquera Nkongo, on ne les force jamais. »

Moi : *A minuit, j'ai compté douze transes, mais personne n'a parlé...*

Nkongo : *Pourtant le père était présent. A partir de onze heures et demie, j'ai senti sa présence. Comme vous savez, j'étais coutumier du père. Quand il vivait, s'il passait par exemple sans que je le voie, je sentais son odeur. A partir de onze heures et demie, j'ai senti en moi-même qu'il était là. C'est alors que le jeu a pris son vrai rythme.*

Moi : *Mais personne n'a parlé...*

Nkongo : *Ses femmes sont tombées, mais elles n'ont pas parlé, c'est-à-dire, le père n'a pas parlé. Le père a vu qu'il ne pouvait pas parler, ce samedi-là, parce que la nouvelle s'était propagée partout. Une foule était venue pour l'entendre. Et ses ennemis se trouvaient là, nombreux. Des ennemis que nous connaissons. Des bassa, ceux qui disent que le terrain leur appartient.*

Le programme fixé ne souffre pas de retard. Il faut se

rendre maintenant aux deux seuls endroits où peut se trouver Hélène Yambe, l'épouse mystique *jengu* du père qui a déserté le dibandi au moment de sa mort. Tel est le plan : convaincre la fugitive de revenir. Nous partons donc en procession, vers le filet d'eau, où nous nous étions rendus si souvent au cours des traitements, résidu urbain du Mbanya, la célèbre rivière sacrée des Douala. Nkongo danse et chante, puis il nous conduit, dans un quartier en alerte, jusqu'au grand carrefour désert, inutilement éclairé à cette heure, à deux pas du grand stade de Douala. Le père avait dressé là son premier dibandi, quand il n'y avait encore que la brousse. Nous sommes une centaine, déplacés, anachroniques, dans ce contexte de goudron et de béton. De temps en temps un taxi surgit, freine à peine et poursuit sa route.

Nkongo me commentera ainsi comment il a vécu ces instants : *Au marigot, j'ai parlé avec l'eau, selon les consignes que j'avais reçues. C'était pour chercher la femme* jengu *du fleuve. C'était pour la faire rentrer. J'ai dit à l'eau que je n'étais rien qu'un envoyé du père. Si sa femme Hélène était là, présente, elle devait nous suivre. Et si l'eau savait qu'elle gardait Hélène, elle devait nous la rendre ! J'ai attendu un certain temps, puis nous nous sommes rendus au carrefour où tout s'est passé de la même manière.*

Moi : *Est-ce que tu as le sentiment qu'Hélène Yambe est venue avec nous au dibandi?*

Nkongo : *Hélène est revenue. Elle est dans le dibandi.*

Moi : *Comment peux-tu en être sûr?*

Nkongo : *J'en suis sûr... C'est pourquoi le père, après sa mort, a dit qu'il fallait que j'aille me faire ouvrir les yeux. Normalement, si vous n'avez que deux yeux, vous ne voyez pas. Il y a des choses qui se passent dans l'invisible. Mais comme j'ai vécu avec le père, je sens, par exemple, quand un corps étranger invisible est présent. Moi, je le sens. Mon corps sait qu'il y a un corps étranger. Il ne me le dit pas, je n'entends rien, je ne vois rien, mais je le sens en moi-même. Mon sang s'aperçoit qu'il y a un corps étranger.*

Comment appeler cette faculté physique de percevoir une présence, possédée au plus haut point par les nganga et déjà fort développée chez les non-initiés, si je me compare à eux? Elle n'est pas un sixième sens ajouté aux cinq autres, ni même leur somme – Nkongo le dit bien –, mais une propriété du corps pris dans sa totalité. J'ai été une fois impressionné d'entendre un vieux nganga des environs de Kribi me faire une confidence. Nous étions assis sur le sable, au bord de l'océan, occupés à observer la chute du soleil, si rapide à proximité de l'Equateur, quand il me dit d'un ton naturel : « Vous voyez, cela fait quarante ans que je suis nganga. A force de fréquenter les ancêtres et les génies de l'eau, j'ai fini par savoir à quel moment ils passent. C'est en général à cette heure-ci et c'est mon corps qui me prévient. »

Durant la dernière partie de la nuit, les rites traînent en longueur. Les chants sortent du répertoire traditionnel, deviennent elliptiques, allusifs, se réfèrent aux morts, aux *miengu* et à la sorcellerie (1). Mais le cœur n'y est plus. La plupart des badauds, déçus par le mutisme du père, ont regagné leurs cases. Le petit groupe familial demeure seul. On jette du riz et du poisson sur le sol pour les ancêtres, et dans des assiettes pour nous. Une femme se lance dans une ronde autour des hommes qui se mue en transe. Elle conduit

(1) Exemples. – En référence aux *miengu* :

« La marée monte en son temps, en son temps monte le *jengu.* » *Ebe na mudio, eba jengu na mudio.* « Chaloupe je t'ai tirée. Chaloupe des *miengu*, je t'ai tirée. J'ai tiré tous les *miengu*, et toi je t'ai tirée. » (Chant pour Hélène Yambe.) *Kunga, mba na dutea oa. A kunga miengu, mba na duti, na duta bona miengu, mba na duta oa.*

« Librement je vais au fond de l'eau, la distance est grande. » *Selele na m'ala o mbeng'a munja. Bodu bo kolo.*

– En référence aux morts :

« Je pleurais et je ne savais pas que les morts n'étaient pas des hommes. Je pleurais, et je ne savais pas que (Loe) n'était pas un homme. »

(Explication : Si les Morts étaient des hommes vivants, ils viendraient à mon appel quand je pleure.)

Neya mbemba ina sena bedimo be titi bato.

« La mort ne prend pas l'arbre, mais l'homme qui a des branches (membres). » *Kwedi i si ma nongo ebondo ke mota benama!*

– En référence à la sorcellerie :

« O mon *jengu* où étais-tu? Regarde comme les gens de l'Ekong (sorciers) t'ont enchaîné! »

A jengu lam, o ta nde weni. Mbete Bekong be wele oa ngwalam.

solennellement Nkongo au dibandi. Eboa la calme et tout s'achève. La pluie du petit matin a finalement raison de notre patience, et nous regagnons nos cases.

***

Quelques jours plus tard, Nkongo est envoyé par la société qui l'emploie à Ngaoundéré, ville du Nord. Il doit souder seul les cercles de protection des grands projecteurs du stade et de la nouvelle gare. Première mission de confiance dont il revient satisfait. Utile diversion loin de Douala, du dibandi et des problèmes attenants. Quand je le rencontre, il me décrit clairement sa position : « Moi je veux travailler dans une société (entreprise). Je veux une vie nouvelle. Pourtant cette affaire de nganga me poursuit : si j'ai une vision en rêve, ça redonnera des forces. Je serai forcé d'accepter. Mais je n'ai pas chercher la vision moi-même. »

La politique attentiste de Nkongo me paraît sage, et je prends soin de ne pas lui en souffler une autre. Il m'a déjà tenu de pareils propos :

« Si réellement le feu père affirme que c'est toujours moi qui dois continuer son travail, et si je refuse, il me montrera tôt ou tard que je dois être nganga. Dans les rêves, il peut m'éclaircir le chemin; et, en me réveillant le matin, je commencerai à faire des choses officiellement. Le père Loe lui-même avait d'abord refusé d'être nganga. Il voulait être menuisier. Mais il a eu des symptômes. C'était son don d'être nganga. Il a finalement fait ce travail. »

Quant à moi, je me demande si Nkongo aura jamais ce songe déterminant. Il lui manque, pour le moment, le vrai désir d'être nganga. Et je pense que sans une telle motivation, il ne rêvera pas comme il faut. La raison n'en est pas seulement l'attirance d'une vie professionnelle moderne. Je connais un jeune homme appelé Ngea, qui a quitté la direction d'un orchestre de dancing : *La voie douce du Mungo,* où il gagnait correctement sa vie, pour se replier dans sa brousse et exercer la médecine traditionnelle. Nkongo a peur. Il n'a pas le punch de son maître, et n'acquerra peut-être jamais ce goût de la lutte qui est l'un des premiers indices de cette vocation. « Je me rends compte que, si je reçois la vision, je pourrai attraper la mort. Je suis même sûr que, si ma mère apprenait tout ça, elle me dirait de me retirer. »

Les hésitations de Nkongo, que j'ai suivies au jour le jour, produisent sur moi un grand effet. Je suis maintenant convaincu pour de bon que la vision est le seuil du jardin clos des nganga. Peut-être que dans l'ombre de Nkongo j'aurais pu pénétrer dans le monde secret des initiés. Mais je lui cache mon désappointement parce qu'il ne peut être question de l'influencer d'une quelconque manière dans une voie qui ne recevrait pas sa totale adhésion. Une seule solution – et qui s'inscrit dans la logique de mes recherches entreprises depuis cinq ans : tenter moi-même l'expérience, franchir le mur. Mais qui acceptera de m'ouvrir les yeux ? Un seul homme peut-être : Din.

LES YEUX DE MA CHÈVRE

Je connais plus ou moins une trentaine de nganga sur toute la côte. Pourquoi m'adresser à Din? Il est, c'est vrai, le premier que j'aie vu à l'œuvre et le seul qui se soit comporté à mon égard comme un maître, dès notre première rencontre. Le 5 février 1971, il avait pris lui-même l'initiative de m'inviter au grand traitement nocturne d'Engome. Je me rappelle précisément encore chacun de ses gestes, hermétique et signifiant (1). Témoin et auteur de mes étonnements, il se tournait vers moi, de temps en temps, avec un certain sourire qui était une provocation à comprendre. Il m'avait placé de son côté, dès le début de la nuit, en me faisant venir dans son dibandi. Il était étendu sur le dos, les yeux fermés, parfaitement immobile. Plongé dans cet état quasi cataleptique, il avait accès aux réalités invisibles, au ndimsi.

A partir de ce jour-là, notre amitié grandit peu à peu et pourtant, je l'ai raconté, nos premiers rapports furent difficiles. A l'époque, je balbutiais la langue douala, et lui, étant originaire de l'île de Malimba, à 100 km, la parlait approximativement. Une solide méfiance réciproque s'établit d'abord entre nous. Il devait se demander quelles étaient les arrière-pensées d'un prêtre européen. De mon côté, j'étais surpris de le voir si affable et si prévenant. Ne cherchait-il pas à obtenir le plus d'argent possible? Jouait-il la comédie? J'ai raconté dans le détail nombre de nos rapports, comment

(1) Cf. Les premières pages du livre.

il me fit « rêver », comment il me " blinda " contre la sorcellerie et qu'un jour même, par manière de boutade, il déclara qu'il m'ouvrirait les yeux...

Din, enfin, pour me remercier de l'avoir soutenu durant son procès, devait donner mon nom à son dernier fils qui naquit quelque temps après sa libération, puis il se réfugia dans son île.

Or quelques semaines après la mort de Loe, tandis que je me trouve justement sensibilisé au problème de la vision, Din réapparaît. Autre coïncidence, le chef Betote Akwa, première personnalité traditionnelle des Douala, au courant de mes travaux, me dit simplement : « Ils vous ouvriront les yeux. » Un Français, enfin, dont j'apprécie l'esprit aigu et l'expérience, me parle longuement des visions qu'il parvient à obtenir en absorbant des produits psychédéliques. Stimulé, je me décide à me rendre chez Din pour lui demander s'il serait toujours disposé à me donner la vision (1).

Din : *Je veux savoir si vous demandez la vision pour soigner, ou si c'est seulement pour la garder à votre usage. Si vous voulez soigner demain, quand vous serez en Europe à la manière des Blancs ou des indigènes, il vous faut voir pour augmenter la force des malades. Mais si vous voulez simplement ça pour vous-même, dites-le.*

Avant de répondre, je fais une rapide enquête qui m'apprend que l'on peut se faire ouvrir les yeux sans pour autant devenir nganga. Le rite se suffit à lui-même et n'oblige pas le bénéficiaire à s'engager plus avant. Dans la société, il existe ainsi des vigiles subalternes qui ont les yeux grands ouverts sur la nuit, à la façon des sentinelles, sans autre fonction que de veiller et d'avertir (2). Rassuré par l'exactitude de la distinction, je me décide à demander à Din la simple vision, sans prétendre pour l'instant à la pratique. En effet, l'exer-

(1) Les échanges qui vont suivre ont eu lieu durant plusieurs jours, coupés de temps de réflexion réciproques.

(2) « Pour les Fang du Gabon, si l'on possède l'*Evu* (accès au pouvoir du ndimsi), on est un *nem* ou un *ngolo*. La différence entre le *nem* et le *ngolo* est que le premier se sert de sa connaissance pour agir à son profit, tandis que le second se contente en quelque sorte de la voyance et n'exerce pas le pouvoir qui en découle. » R. Bureau : *Péril blanc*. L'Harmattan, Paris, 1978, p. 143.

cice de la médecine traditionnelle me paraît hors de portée. Les observations recueillies jusqu'ici donnent comme première condition de la réussite une coïncidence profonde et à tous les niveaux entre le soignant et le patient. Comment serais-je capable de manipuler les symboles qui informent mes malades, si je n'en suis pas moi-même pénétré profondément? J'ai guéri Dieudonné parce qu'il m'a rejoint dans mon propre monde. Pourrais-je jamais jouer le jeu des accusations de sorcellerie? L'initiation à la seule vision me paraît un objectif raisonnable, reconnu par la Tradition, et peut-être le seul qui me soit accessible sans jouer la comédie.

Moi : *Mon désir n'est pas de devenir nganga, mais, si vous acceptez de m'ouvrir les yeux, je vous en serai reconnaissant. Mon but est de savoir* (bia) *et de comprendre* (songtane) *à votre manière. Il ne me paraît plus possible d'y parvenir sans " voir "* (jene).

Din : *Je comprends. Vous ne voulez pas " voir " pour soigner. Les Pygmées m'ont appris à ouvrir les yeux, mais il y a de terribles interdits* (le mbenda jita). *Aucun nganga, si vous allez chez lui, ne vous ouvrira les yeux. Il vous racontera des histoires à dormir debout... des rêves* (1). *Mais moi je vous promets que je vous ferai ça bien.*

Din (plus tard) : *Le problème est de débuter. Je n'ai pas apporté toutes mes affaires ici. Je n'ai pas le* njum bwele, *je n'ai pas le* ngopange. *Sans vous mentir, si je possédais ces deux écorces, nous commencerions tout de suite.*

Moi : *Qu'à cela ne tienne, je vais me les procurer...*

Je n'avais pas encore idée des difficultés que j'allais rencontrer. Ce que je prenais pour un contretemps, était une étape dans le processus de l'initiation. Le disciple d'un nganga doit apprendre le prix d'une écorce. Le doyen d'âge de Bonabéri, Etame Dicka, qui fut le premier auquel je

(1) Emploi significatif du mot rêve dans son sens faible (*ndoti*). Il y a les songes *(jene la ndoti)* qui ont une tout autre portée.

m'adressai durant ma quête du *njum bwele* (1), me mit en garde :

« *Quand on possède le* njum bwele, *aucune autre force médicale ne peut lui faire concurrence. Pour partir à sa recherche, il faut être très endurci, bien préparé à prendre cette force de la terre* (nginya wase). *Il faut se tenir nu devant l'arbre. Avant d'en détacher un morceau il faut prier. Cela se passait déjà ainsi du temps de nos ancêtres. Rares sont ceux qui possèdent du* njum bwele *aujourd'hui. Moi-même je n'en ai jamais vu en brousse.* »

Plusieurs nganga contactés se réfugièrent derrière un interdit pour ne pas me fournir le *njum bwele*. L'interdit était de taille, me dirent-ils, sa violation rendait stérile. L'un d'eux, Tokoto, ne m'épargna pas les détails : « Je regrette, mais je ne peux pas toucher le *njum bwele* aujourd'hui. J'ai approché ma femme cette nuit. Ça pourrait la rendre stérile. Il faut attendre. » Après avoir fait le tour de mes connaissances à Douala, je retournai penaud chez Din. Il me rassura pour l'avenir : il détenait un morceau de *njum bwele* dans son île. Le problème pour lui était plutôt de trouver le *ngopange* que peu de nganga de la côte connaissent. C'est un arbre supérieur dont les Pygmées lui ont enseigné la force autrefois. Un vieil homme sait où le trouver dans les environs de Douala. Nous partirons avec lui à sa recherche dans les jours qui viennent.

Ce fut un voyage plein de péripéties. L'apprenti nganga a la plus grande peine à croire qu'un misérable morceau d'écorce ne vaut de l'or que s'il a pris de grands risques pour le conquérir. On ne s'étonnera pas que, de nos jours, les candidats au rôle de disciple soient rares.

(1) Le *njum bwele*, quand il est adulte, fait mourir toutes les plantes qui poussent autour de lui. On le trouve, pour cette raison, au centre d'une clairière. Cette propriété est peut-être à l'origine de sa réputation : son écorce permet de tenir les sorciers à distance. Din prétendait en avoir un tout petit dans son enclos, quand il habitait chez Ekwala.

Johannes Ittmann donne plusieurs références scientifiques : *Andasonia digitata L., Baphia nitida Lodd, Entandrophragm utile Daw, Wörterbuch der Duala-Sprache*. Verlag von Dietrich Reimer, Berlin, 1976.

En quête du ngopange.

« Quand la violence eut renouvelé le
lit des hommes sur la terre,
Un très vieil arbre, à sec de feuilles
reprit le fil de ses maximes...
Et un autre arbre de haut rang montait
déjà des grandes Indes souterraines,
Avec sa feuille magnétique et son
chargement de fruits nouveaux. »

Saint-John Perse
(Vents. *IV, 7)*

D'après le vieil homme, l'arbre se trouvait à quarante-cinq kilomètres en amont du Wouri, ce fleuve qui dessert le port de Douala et que les Allemands, aux premiers temps de la colonisation, empruntaient pour gagner l'intérieur du pays. Un beau matin, nous prenons donc, Din, le vieil homme et moi, la chaloupe régulière, avec l'intention de passer la nuit au village de Bwene, au bord de l'eau, et d'aborder le grand arbre aux aurores. Nous allons devoir longer une campagne inondée et grandiose, le royaume de la grande sorcellerie du caïman, le pays de Kwedi. Il nous faut d'abord trouver une place stable dans la chaloupe où d'autres personnes s'affairent. Chacun semble se demander qui nous sommes : Un prêtre? Pourquoi se rend-il dans un village protestant? Quel est cet homme qui l'accompagne et qui n'a rien d'un catéchiste? Mais bientôt le ronronnement familier du moteur sur la surface de l'eau parfaitement lisse et la jovialité ambiante finissent par faire oublier notre présence. A hauteur de Bwene, nous débarquons.

Je ne vois rien du village inondé mais je devine l'ensemble des maisons derrière plusieurs rangées de cacaoyers. La case où nous devons passer la nuit se trouve seule à quelques pas du débarcadère, parallèle au fleuve, mais ces quelques pas sont difficiles à franchir. L'eau, en cette saison, est si haute qu'elle atteint le seuil de la porte de l'habitation rectangulaire qui ne comporte pas d'étage, comme toutes celles du Sud. Ses murs faits de parpaings de terre ont été fraîchement enduits de ciment, et le toit est couvert de tôles rutilantes d'aluminium, signe d'une certaine prospérité villageoise. L'homme qui nous reçoit, d'abord intrigué, nous dévisage. C'est un solide gaillard, planté devant sa porte dans ses bottes de caoutchouc. Sa femme est une parente de notre guide. Dès l'instant où ce dernier nous présente comme ses amis, nous sommes les bienvenus. L'homme nous introduit avec empressement dans la pièce principale qui occupe presque la moitié de la surface de la case, et nous fait asseoir tous les trois autour d'une lourde table carrée.

Des voisins arriment leur pirogue devant la porte pour saluer les deux étrangers et les sonder. Un infirmier qui semble faible d'esprit s'attarde et m'inquiète un peu. Il parle trop, se déclare le seul catholique de l'endroit dans cette région protestante, et fanatique de chant grégorien. Mais enfin, tout semble bien se passer, quand je devine, plus que je n'entends, une vague rumeur venant du village. Je m'aperçois alors que mes compagnons sont en alerte. Le maître de maison se place debout devant la porte d'entrée, comme s'il risquait de devoir s'interposer. Sa femme prend leur enfant de trois ans et va se réfugier dans la cuisine. Din montre des signes d'énervement, et notre vieux guide, front contre table, semble consterné. A cet instant, par un effet du hasard, que je suis sans doute le seul, ici, à considérer comme tel, la case bouge. Les journaux rapporteront ce court tremblement de terre, trois jours plus tard. Mes compagnons se regardent, bouleversés.

La nuit est tombée maintenant. J'entends une voix proche et un clapotis de pagaie. C'est le crieur public qui parcourt le village : « Bonnes gens, cette nuit, dormez sur le sol! » Il invite les villageois à la vigilance, en prévision des événements qui ne devraient pas manquer d'arriver. Et je comprends soudain que, confinés, presque clandestins dans cette case, nous sommes placés dans les conditions les meilleures pour être accusés de sorcellerie.

Deux fois déjà je me suis trouvé dans cette situation absurde, et je n'en ai pas tiré la leçon! Un Européen qui se rend dans un village aux environs de Douala, accompagné d'un inconnu, sans avouer le but de son voyage, est vraisemblablement un trafiquant d'hommes. Il achète des personnes qu'un sorcier se charge de tuer, et qui travaillent pour lui dans des plantations invisibles. Cette sorcellerie, on s'en souvient, s'appelle l'Ekong, et provoque des réactions émotionnelles imprévisibles (1). A trente kilomètres de Douala, loin des routes, dans une région inondée, nous sommes piégés. Si je rends visite au chef de village, que devrais-je lui dire? La vérité? Que nous sommes à la recherche d'une écorce chargée de forces occultes?

Nous sommes heureusement sauvés par le bon fonctionnement des rouages de la société coutumière. Vers vingt heures, on entend s'approcher quelques pirogues. Le maître de maison, à nouveau planté devant sa porte, nous avertit que le chef et les notables arrivent. Entrée silencieuse de dix hommes. Long silence. Le plus ancien d'entre eux prend enfin la parole et déclare que Bwene n'a jamais reçu de visiteurs aussi illustres. Comment se fait-il que l'occasion n'ait pas été donnée au chef de les saluer?... Je réponds que je n'ai pas l'habitude de déranger le chef quand je passe une seule nuit dans un village. Je décline mon identité, fournis les pièces à l'appui, et nomme quelques-uns de nos anciens élèves, originaires de la région, en précisant qu'ils seraient étonnés d'apprendre que je n'ai pas eu la possibilité de dormir ici. Vives protestations. Nous pouvons passer une nuit, mais une seule... Din intervient avec beaucoup d'aplomb : « Tout cela est de la comédie! On nous prend pour des sorciers alors que nous sommes au contraire prêtre et nganga. Nous venons simplement reconnaître de bons terrains de chasse. » Est-ce ironie ou piété? Le chef me demande une bénédiction pour que la nuit soit paisible.

(1) Cf. Chap. : « La rumeur », p. 90.

L'intervention du chef produit l'effet qu'il a sans doute recherché depuis le début : l'apaisement de la population. Après son départ, le brouhaha cesse au loin, et notre petite case est replongée dans le silence. Etendu à côté de Din, sur le grand lit que nous a abandonné notre hôte, je ne peux fermer l'œil de la nuit. Il y a à cela deux raisons : la moustiquaire descend au ras du matelas, juste où il faut pour laisser entrer les insectes et les empêcher de ressasser les conséquences possibles de cette nouvelle aventure. Le vrai danger pour nous serait que quelqu'un vienne à mourir cette nuit dans le village, car nous en serions rendus responsables, et les notables n'auraient peut-être pas l'autorité voulue pour empêcher les représailles. Din ne semble pas dormir non plus. A-t-il les mêmes appréhensions que moi? Quel étrange couple de gisants nous formons!

A cinq heures du matin, l'homme qui nous a reçus et l'un de ses amis réputé bon rameur, Din, le vieux et moi, nous embarquons sur une courte pirogue. Entre cinq heures et neuf heures, nous pagayons sous une pluie battante, cette lourde pluie tiède des Tropiques, implacable, contre laquelle toute résistance est vaine. Il nous faut remonter le fleuve, puis un affluent, enfin la forêt même, devenue un immense lac. Notre hôte est alors pris d'un fort accès de fièvre, et nous devons le déposer dans l'une des dernières cases que nous rencontrons avant la forêt. J'attribue ce coup de fièvre à l'émotion et à l'angoisse. Cet homme doit obéir à deux impératifs contradictoires, l'hospitalité et la sécurité. La nouvelle est parvenue jusqu'à nous : s'il arrive quelque chose à l'un des habitants du village, son fils, son fils unique mourra... Délestée de l'un de ses occupants, notre pirogue avance maintenant entre les troncs, sur une surface sans repère.

Je me sens doublement dépaysé dans cette forêt qui est la proie des eaux. Je ne l'ai jamais parcourue, même en saison sèche, sans ressentir une pointe d'angoisse. La vie y est si exubérante qu'on peut se perdre, mourir sur place et servir à l'indéfini travail de régénération de la Nature, sans qu'aucun être humain n'ait le temps de s'inquiéter de votre disparition. Mais la forêt garde alors en permanence cette senteur enivrante de fermentation qui, dans les bois de France, monte aux narines après une lourde pluie. Inondée comme elle l'est aujourd'hui, la forêt devient étrange, oppressante. Privée d'odeur, elle semble séparée de l'humus par un linceul d'eau morte.

A neuf heures, je crois sincèrement que nous sommes perdus. Je pose un ultimatum. Si dans une heure l'arbre n'est pas atteint, nous rebroussons chemin. Din et le vieux se taisent. Une demi-heure plus tard, comme si notre route avait été calculée au mètre près, nous accostons le long d'une légère dénivellation. Le vieux pisteur saute à terre et désigne un tronc énorme s'élevant à pic, sans une branche, et disparaissant dans les frondaisons des arbres qui l'environnent : le *ngopange*.

Din, d'un geste large, nous tient tous les trois à distance, et s'approche seul du géant. Il se déshabille complètement et se tient nu devant le *ngopange*. Après un instant de recueillement, il en fait le tour en crachant sur l'écorce des condiments parfumés, le *bongolo*, le *njansang*, pour prouver ses intentions pacifiques. Il pose au pied la bouteille de vin et le tabac que j'ai achetés, puis, comme s'il s'adressait à une personne *(moto)*, il prie l'arbre d'accéder à ses désirs.

« Voilà ce que j'ai dit, m'expliquera Din par la suite : *C'est moi, je suis venu vous demander une grâce* (1). *Je ne tue personne. Je fais simplement mon travail. Mais si quelqu'un s'approche de moi* (métamorphosé) *en animal pour me tuer* (2), *que ce soit lui qui meure. Ouvrez-moi les yeux une nouvelle fois. Jadis, c'est vous qui me les avez ouverts. Vous,* ngopange (3). *»*

(1) *Musima* souvent mal traduit par chance.

(2) *Nu nya po mba nyama na na wo.*

(3) Selon le vieux guide, *ngopange* appartient à la langue pongo songo, proche du douala et parlée sur les rives de la Sanaga d'où cet homme est originaire. *Anopyxis klaineana* (Rhizophoracées). « Très grand arbre, largement répandu de la Sierra Leone au Gabon, au Congo belge et à l'Oubangui-Chari... Arbre atteignant quarante mètres de haut et un mètre vingt de diamètre. Fût droit, parfaitement cylindrique, élargi seulement à la base. Ecorce grisâtre, lisse ou rugueuse, très épaisse (jusqu'à trois centimètres), tranche rougeâtre... » A. Aubréville : *La Flore forestière de la Côte-d'Ivoire*. T. III. Centre technique forestier tropical. Nogent-sur-Marne, 1959.

Alors il s'attaque à l'arbre, et nous le rejoignons. J'ai rarement assisté à une liturgie aussi sobre, mais aussi grandiose, ni perçu à ce point la vérité de ce qu'on appelle – assez mal – " l'animisme ". Entre l'homme et l'arbre, souverains, droits et nus, l'un armé de bras, l'autre de branches, il y a une parenté frappante. Devant Din et le *ngopange,* mes intuitions d'enfant qui vénérait profondément les arbres me reviennent en mémoire : ce n'est pas le singe qui est l'ancêtre de l'homme, c'est l'arbre.

Din m'ordonne d'approcher et de recueillir les morceaux d'écorce qu'il fait sauter par pans, à grands coups de machette, pour les glisser dans un sac de jute. C'est de l'écorce vive, à peau grise et à chair rouge. Mes cheveux, mes mains, ma chemise se trouvent soudain imbibés d'une senteur violente. Celle-là même d'une cuve de vin nouveau, forte, enivrante.

Quand le sac est plein de cette écorce saignante, épaisse de trois centimètres, nous quittons les lieux sans jeter un regard en arrière (1). La pluie s'est arrêtée et le retour est une récompense. Maintenant la forêt inondée me semble un parc artificiel comme en rêvaient les poètes romantiques. Des oiseaux dorés qui volent bas, dédoublés par leur reflet, comme sur un lac, se posent sur l'arc des grandes herbes et nous regardent passer. Notre pirogue ne surplombe qu'à peine l'eau qui l'enserre. Entraînés par le courant, aussi peu dangereux pour ces oiseaux que les troncs morts qui passent à la dérive, nous ne ramons plus. Notre peine est récompensée. Nous pouvons nous laisser aller : nous avons gagné et nous savourons l'instant.

Au premier village où notre hôte, toujours fiévreux, remonte à bord de la pirogue, nous reprenons contact avec l'humanité. Pendant les derniers kilomètres, le son des

(1) « Les ancêtres et les forces contraires coexistent. Ces dernières cherchent à vous garder avec elles dans leur sphère. Si vous vous en allez, ce sont des prisonniers qui s'échappent. Si vous vous retournez, vous risquez de faire échouer les forces favorables qui vous poussent dehors, en donnant l'impression de vouloir rester dans l'autre monde, celui des ancêtres. C'est l'échec de tout ce qui a été fait. » Communication de Dicka Akwa nya Bonambela.

tam-tams d'appel qui se relaient, nous accompagne, prévenant les riverains de notre retour. Je sens Din inquiet, il scrute des yeux les anses et les recoins de la rive. Nous déposons le malade et son ami chez eux, puis nous regagnons Douala sans plus attendre. Je ne serai pleinement tranquille que deux jours plus tard quand je retrouverai le vieux guide : rien n'est arrivé là-bas depuis notre départ.

Maître et disciple.

Je peux alors mesurer sereinement combien ce voyage nous a rapprochés, Din et moi. Nous avons pris les mêmes risques, nous avons vaincu ensemble les mêmes difficultés. Au tribunal, Din était le seul accusé, et j'avais la partie belle. Ici, le maître et le disciple sont sur le même plan. Je réalise que le principal obstacle à mon initiation – la vraie raison de la méfiance initiale de Din – vient d'être levé. Il a acquis la conviction que, s'il m'ouvre les yeux, je n'en profiterais peut-être pas pour le tuer. Révélation étonnante pour moi, dont je ne comprendrai la logique que beaucoup plus tard, à la fin de l'itinéraire. Voici quelques-unes des réflexions de Din au fil de nos rencontres :

« *Maintenant, essayez de me comprendre. Je vous dis ce que je pense, puisque vous m'aimez. Si on dit la vérité à quelqu'un, si on lui montre le ndimsi, il vous tue. L'ouverture des yeux, c'est la clef des forces de la terre. Je prends le risque que vous me tuiez* (1). *Mais je ne suis pas sûr que vous le vouliez. Vous auriez pu le faire au parquet. Il vous suffisait de refuser d'être mon témoin.*

« *Il y en a qui disent* (2) *: les Blancs vont te faire perdre ta force. Si tu ouvres les yeux du Blanc, il te tue... Mais le Blanc ne me tuera pas. Il a voulu que je lui ouvre les yeux pour qu'il voie. Cela ne veut pas dire qu'il ait voulu autre chose. Ils disent qu'il n'est pas bon de montrer ces choses aux Blancs, parce qu'ils s'empareront de cette force. Mais je ne*

(1) *Tele la miso le nde idubwan a wase. Na kame na o bwa mba.*
(2) Din s'adresse, au cours d'un rite, à ses écorces et à ses ancêtres.

m'y refuse pas. Moi-même je vais bien travailler jusqu'en Europe (dans le ndimsi)! »

Ayant chassé de son esprit, semble-t-il, le « danger de mort » que je peux représenter pour lui, Din se déclare prêt à établir un contrat avec moi.

Un contrat est une convention qui oblige chacun des partenaires. Din me propose la vision mais quelle en sera la contrepartie? Selon l'opinion la plus répandue, la seule compensation acceptable en pareil cas est le don d'une personne. Un homme aussi féru de coutume que le chef Caïn Dibunje Tukuru me le confirme :

« *Il y a certains nganga qui exigent que l'on tue une personne si l'on veut qu'ils vous ouvrent les yeux. Cette personne, alors, leur appartient. Ce ne sont pas seulement les nganga qui agissent ainsi, mais, eux, ils peuvent enseigner la manière de procéder pour y parvenir. Ça tue beaucoup de gens dans notre pays, et on a interdit de pareilles pratiques.*

« *On vous verse un jus d'herbe dans les yeux pour vous les ouvrir, et vous devenez un tueur à votre tour.* »

Din lui-même ne m'avait-il pas dit fielleusement, à propos de son collègue Loe encore vivant alors : « Vous savez que Loe était menuisier. Eh bien, il est allé se faire ouvrir les yeux et il a tué certains des siens pour voir, parce que ça rapporte des bénéfices! »

Toute l'ambiguïté du personnage apparaît dans le qualificatif *ewusu,* un mot à forte teneur émotionnelle, dont le nganga aime se parer par bravade ou vantardise, et que ses clients de leur côté ne manquent pas de lui attribuer en secret. Or *ewusu* désigne aussi le sorcier de naissance, le sorcier anthropophage, le pire, le pervers, celui qui fait le mal pour le mal, l'adversaire né du nganga. La raison de ce paradoxe est à chercher plus loin, en deçà des catégories de sorcier et d'anti-sorcier, à la racine même de la notion de puissance. L'*ewusu* est celui qui naît avec un pouvoir attaché à sa personne, que ce soit pour le bien de la communauté ou pour sa perte. Comme il s'agit d'un privilège individuel, et non d'un pouvoir octroyé par le groupe, on manifeste à son égard de l'agressivité, le plus souvent sous une forme larvée : le soupçon (1).

Je ne peux me résoudre à croire que Din attend de moi l'offrande d'une vie humaine. Je décide de le laisser prendre l'initiative des propositions. Au cours de l'un de ces petits rites coutumiers auquel il m'associe (2), parlant à mon adresse aussi bien qu'à ses ancêtres et à ses *miengu*, devant l'étalage des écorces, il se décide finalement à aborder le point crucial :

« *Je vais lui demander ce qu'il va me donner en échange de mon enseignement, quel grand geste* (eyembilan endene) *il va faire pour moi. Pour ouvrir les yeux, l'usage veut que l'on demande " un animal qui n'a pas de poils sur le corps ", c'est-à-dire une personne véritable. Quand tu as tué cette personne alors, mais alors seulement, on te verse quelque chose dans les yeux, et tu commences à voir la nuit, tu commences à savoir toutes choses. Mais moi je refuse ça. Je ne suis pas d'accord pour cette transaction* (mba na titi ten). *On ne m'a pas appris les choses de cette façon. Or, c'est vous, vous les arbres et les herbes, qui m'avez ouvert les yeux; mais on peut, à la place, apporter une chèvre.* »

Cette déclaration, que Din reprend les jours suivants, est formelle et me permet de poursuivre l'expérience. Mais elle ne résout pas la question des honoraires. En effet, à côté de la compensation rituelle qui est, par bonheur, limitée à une chèvre, je me dois d'offrir au nganga un cadeau. Din ne tarde pas à l'évoquer à nouveau. Il renonce à me " taxer ",

(1) Ce pouvoir héréditaire est matérialisé chez les Beti du centre et de l'est du Cameroun par un petit animal – crabe, crustacé – vivant à demeure dans le ventre de la personne chargée de puissance, et s'appelant *Evu*. Il existe un mythe de la création et de la prolifération de l'*Evu*, dont les Douala ne semblent pas se souvenir. Louis Mallart : « Ni dos ni ventre. » *L'Homme*, avril-juin 1975, XV (2), pp. 35-36. L'*Evu* rappelle le *tok* des Bamiléké. Le mot douala *ewusu* en est certainement dérivé.

(2) Din m'associait alors à trois sortes de rites :

– rites de communication : paroles prononcées devant l'étalage de ses objets (écorces, ustensiles comme le miroir) et adressées aux ancêtres;

– rites de purification : ablution avec de l'eau où reposent herbes et écorces;

– rites pour les rêves : préparation d'une écorce à mettre sous l'oreiller.

c'est-à-dire à m'imposer une somme d'argent, qui, selon lui, ne peut qu'être considérable, proportionnellement au service rendu. On ne " taxe " pas un prêtre. Il se contente d'attendre un cadeau qu'il va me falloir choisir moi-même. Sans attendre je lui offre 5 000 francs CFA. Mais Din m'explique aussitôt le ridicule de ma proposition. « Réfléchissez bien, dit-il en s'esclaffant, 5 000 francs, c'est ce que je fais payer pour soigner les hémorroïdes! » Et de me citer le proverbe : « Quand tu vas chez le nganga, prends toujours quelque chose (un cadeau) sous ton bras (1). » Je me donne donc le temps d'évaluer mes ressources pour lui faire une proposition raisonnable.

Avant de régler le contrat, il me reste à informer Din de mes doutes. Aveu pour aveu. Il m'a fait part avec franchise du risque qu'il prend à m'ouvrir les yeux. Je me dois, honnêtement, de lui révéler mon peu de croyance. Pour bien peser mes mots en douala, j'écris ma confession avant de la lui lire :

Din, je veux vous parler franchement, afin qu'il n'y ait pas une ombre de mensonge entre nous. C'est vous qui, voici quatre ans, avez proposé de m'ouvrir les yeux. Je ne l'avais pas demandé. Je ne l'avais pas demandé parce que je ne croyais pas que je verrais mieux après qu'avant. Et je n'ai pas changé d'avis. Mais aujourd'hui, je pense que cela m'apportera une sagesse. Pourquoi? Parce que, après la cérémonie, nous serons si liés que vous m'apprendrez beaucoup sur la vie.

J'épie sa réaction, non sans inquiétude : va-t-il mettre un terme à l'expérience? Or Din ne répond strictement rien. Il ne fait même, à ma grande stupéfaction, aucune allusion à ma déclaration qu'il vient pourtant d'écouter attentivement. Comment interpréter une telle indifférence? Je lui redis, en improvisant, la substance du texte. Pas plus de réaction. Pas de hochement de tête. Pas même le petit rire de l'initié. Il continue, sans mot dire, à préparer les rites du jour. Je ne sais comment interpréter ce silence.

(1) *O m'ala te o bwanga, o ma tubea nde lambo.*

Une série de contretemps va interrompre notre projet au moment où il semble aboutir. La maladie nous frappe l'un comme l'autre et nous partons dans des directions différentes, lui vers Metet, à 350 km de Douala, pour être opéré d'une hernie, moi vers Paris pour soigner des maux de gorge dont on ne trouve pas la cause. Nous n'allons plus nous revoir pendant plusieurs mois. A mon retour, j'apprends que ses ennuis de santé ont redoublé. L'opération réussie, il est revenu dans son île pour retomber malade à nouveau. Je reçois, un jour, un mot écrit sous sa dictée, me demandant de venir le secourir. Je sous-estime l'appel et me contente de lui envoyer un peu d'argent pour lui permettre de faire le voyage à Douala afin qu'il puisse s'y faire soigner, et j'ajoute à ce conseil une prière : ne pas oublier le *njum bwele*. Sa réponse, écrite en français par quelqu'un de son entourage, est terrible : tout semble rompu entre nous :

Moi, je croyais que vous m'aimiez pour l'amour de Dieu, je ne savais pas que c'était pour le médicament que je dois vous montrer... Je vous explique que je suis à l'agonie, et vous ne venez pas me voir! Et vous me dites d'apporter tout ce qu'il faut. Je ne me suis pas senti bien de cette lettre que vous m'avez envoyée. Nous sommes nombreux, nous les nganga. Comme je suis malade, vous pouvez aller chez un autre. Mes salutations bien distinguées. Din.

Ces lignes mordantes mais pathétiques, dans un français châtié qui leur donne plus de solennité encore, m'atteignent au cœur. Comment me faire pardonner? Je décide de sauter sur la première occasion pour le rejoindre dans son île. En attendant, j'essaie de me convaincre que Din a peut-être exagéré son mal, que sa lettre n'est pas celle d'un moribond...

Et soudain, le lendemain, j'ai la surprise de le voir arriver à Douala transporté par les siens pour se faire hospitaliser. Le médecin, que j'avertis de la qualité du malade, diagnostique la tuberculose et une cirrhose et refuse de se prononcer sur l'issue du mal. Chaque jour je lui rends visite et nous ne parlons plus de vision.

Mais, seul, je me prends à repenser au silence de Din à

la suite de la confession que je lui ai faite. Au seuil de l'initiation, j'ai la sensation de ne pas en savoir plus qu'au premier jour. En quoi la vision consiste-t-elle? Comme il n'est pas question, en l'état actuel des choses, d'interroger Din, j'essaie, au moins, de me formuler à moi-même quelques hypothèses afin de tenter d'y voir un peu plus clair :

Première hypothèse : la vision ne donne rien.

Dans ce cas, l'initiation du candidat à la vision consiste à lui révéler qu'il n'y a rien à voir, que ces fameuses réalités invisibles, auxquelles il a raison de croire, échappent finalement à la vue. Elles existent, mais personne ne les perçoit. Découverte qui peut être traumatisante. L'initiation progressive aide le candidat à supporter une pareille déconvenue, et l'empêche de conclure superficiellement à l'irréalité de l'autre monde. La différence entre l'homme ordinaire et l'initié est donc grande. Le premier croit que les ancêtres survivent, avec la conviction que les voyants les rencontrent. Les initiés croient également à la survie des ancêtres, mais ils savent que personne ne les voit. Si tel est l'enjeu de l'initiation, le silence de Din à mon égard s'explique. En doutant de la vision, je devance dangereusement le processus pédagogique. Son mutisme total, impossible à interpréter dans un sens ou dans un autre, sauve la mise.

J'ai vu comment opèrent les initiés, à l'occasion d'un petit drame de village, sur la côte, aux environs de Kribi. C'était l'après-midi de Noël. Tous les habitants ayant assisté à la messe de minuit et à la messe du jour que j'avais célébrées, s'étaient mis à danser sur le large boulevard de sable. Soudain, une sorte d'éclatement se produisit : les femmes se précipitèrent dans les cases avec leurs enfants, et le village fut abandonné aux hommes. Un touriste canadien qui passait par là n'en crut pas ses yeux et regagna prudemment la plage. L'explication était pourtant simple : il y avait eu sacrilège. Une femme, prise de boisson, avait pénétré dans la case où des jeunes gens habillaient le porteur du masque de la société secrète, exclusivement masculine, appelée Munjeli.

Quand la nuit fut tombée, les ancêtres en furie arpentèrent le village. Les femmes et les enfants réfugiés chez eux entendaient le souffle d'une tornade quand ils passaient à proximité. De ma fenêtre je voyais les initiés produire ce vrombissement avec le rhombe – une liane torve et creuse, maniée à grands bras. Si les femmes savaient ce qu'il en était, elles se gardaient bien de révéler à leurs enfants que l'obscurité ne recelait pas des fantômes... mais des hommes en colère.

Deuxième hypothèse : La vision est provoquée par des plantes hallucinogènes.

Sur la côte, la vision se donne en versant des gouttes d'un jus végétal dans les yeux. Mes informateurs sont unanimes sur ce point. Je me demande si les écorces et les herbes d'origine n'ont pas des propriétés hallucinogènes. Le *ngopange,* par exemple, n'aurait-il pas une vertu psychédélique? Ainsi s'expliquerait l'acharnement de Din à se procurer l'écorce. L'opération peut alors s'apparenter aux expériences d'extase pratiquées partout dans le monde, avec le *peyotl* du Mexique ou l'opium de Turquie. Et, sans chercher si loin des exemples, nous avons, sur la côte du Cameroun, l'arbuste eboga. Ses racines sont un stimulant violent que les colons allemands employaient pour doper les travailleurs de force lors de la construction du chemin de fer Douala-Yaoundé. L'eboga est surtout la plante rituelle de l'initiation en Guinée équatoriale et au Gabon, si célèbre qu'elle donne son nom à une religion, le bwiti (1).

J'étais encouragé dans cette hypothèse par les déclarations de Din sur les pouvoirs occultes de l'alcool. J'ai cru longtemps qu'il inventait un prétexte pour justifier l'état fréquent d'ivresse dont il est en train de payer le prix à l'hôpital. Je pense maintenant qu'il a besoin d'alcool pour maintenir cette exaltation et cette tension indispensables à la conduite

(1) *Tabernanthe iboga.* P.T. Furst (textes réunis par). *La Chair des dieux. l'usage rituel des psychédéliques.* Paris. Seuil, 1974, pp. 219-248.
R. Bureau : *La Religion d'Eboga.* Reproduction de thèse. Lille, 1972.

d'un long traitement nocturne. Je me souviens de ses paroles :

« *Je dois vous faire passer par l'épreuve du vin, parce que je vous aime* (sic). *Quand le moment sera venu, vous devrez boire. Vous boirez et ceux qui travaillent avec vous, les* miengu, *les nains* (ancêtres des Pygmées) *boiront aussi. Quand on boit, on perd toute notion de temps. C'est très important. Durant une séance de nuit, c'est pour bien voir le travail que je fais boire l'ensemble de l'assistance. Je fais boire aussi les sorciers qui ont ensorcelé mon malade. Quand ils sont ivres, ils deviennent mous et acceptent un marché. Par exemple : « Nous voulons une chèvre et 6 000 francs. » Je leur donne ce qu'ils demandent et le malade est rétabli.* »

Est-ce que Din ne s'apprête pas à me verser dans les yeux un élixir qui aurait les mêmes facultés que l'eboga ou l'alcool et me dilaterait la vue?

Troisième hypothèse : La vision, révélation de l'imaginaire.

Par imaginaire, j'entends ces songes et ces fantasmes injustement relégués au rebut, toutes ces images apparemment folles et inutiles, réhabilitées par Freud. Ce sont pourtant ces puissants courant de pulsions et de désirs qui orientent souterrainement les relations des hommes. Sortis de la nuit ils sont un trésor de renseignements trop rarement exploité. L'initiation consite à révéler au sujet le sérieux de l'imaginaire, en l'aidant à retenir et à sélectionner rêves et images, et à lui fournir un code d'interprétation (1). On peut comprendre, de ce point de vue, le prix attaché à une écorce, le mal donné pour se la procurer, le cérémonial qui précède

(1) « Nous avons eu l'occasion d'étudier dans tous leurs détails plus de 50 000 rêves de personnes malades et bien portantes, et cela spécialement en ce qui concerne le rapport des rêves avec le vécu total du rêveur...

« Celui qui consacre d'une façon intense quelques heures par jour à l'analyse des rêves, les siens et ceux des autres, verra que ce n'est qu'après un entraînement d'un an et demi environ, qu'il sera capable d'insérer ses rêves dans son vécu. »

H. Schultz-Hencke : *Analyse des rêves*. Paris, Payot, 1954. Préface.

le moment où on la place sous l'oreiller. La présence de cette écorce, dont la réputation est prestigieuse et qui a des résonances dans le tréfonds culturel du dormeur, provoque immanquablement des rêves importants. L'initiation est terminée le jour où le candidat prend ce monde imaginaire pour une vision réelle et précise. Si cette hypothèse est la bonne, je dois être pour mon maître un disciple difficile, parce que mon inconscient, malgré toute ma bonne volonté, n'obéit pas aux mêmes signaux, n'est pas tout à fait sensible à la même symbolique que la sienne, faute d'appartenir à un même univers culturel.

Des trois, quelle était l'hypothèse la plus juste? Je décide d'en avoir le cœur net, malgré la maladie et le dépit de Din. Il va me falloir, de surcroît, prendre des décisions : je viens d'apprendre par mes supérieurs que je dois quitter le Cameroun au début du mois de septembre pour me rendre à Abidjan, en Côte-d'Ivoire (1).

L'échec.

Je ne puis, certes, me cacher une pointe de soulagement à l'idée de m'éloigner du monde oppressant des nganga... mais je ressens également une profonde tristesse de devoir quitter ce pays bien-aimé.

Si cette annonce soudaine brouille mon ciel intérieur, où, comme dans celui de Douala, se croisent sans se mêler des nuages désemparés, à la merci de l'anarchie des vents, elle m'oblige en revanche à agir sans tarder : je suis sur le point de recueillir le fruit de cinq années de recherches, je n'ai pas le droit d'abandonner si près du but.

L'occasion m'est justement donnée de suivre le conseil

(1) Les jésuites y ont fondé un institut africain pour le développement économique et social (INADES). En soi, cette mutation n'a rien d'anormal. La maison d'Abidjan appartient à la même circonscription que celle de Douala, dans l'organisation interne de l'ordre. Qui connaît les jésuites, sait qu'ils doivent être prêts à se rendre sur tous les rivages selon la volonté de leur fondateur, Ignace de Loyola, qui ajoutait sans malice : « même sur les rivages turcs ». A son époque, c'était le comble de l'audace et de la disponibilité. Me rendre à Abidjan n'avait rien d'héroïque.

sarcastique de Din et de m'adresser à un autre nganga. Comme chaque année, durant les grandes vacances scolaires, je dois passer quelques semaines à Kribi, l'autre port de la côte où je ne manque pas d'amis dans les milieux de la médecine traditionnelle. Je suis résolu à tenter la démarche auprès d'eux, non sans éprouver un certain malaise. J'apprécie chez Din la priorité donnée à l'expérience sur le savoir et le respect de la durée. J'y reconnais la marque d'une initiation authentique. Allant à Kribi pour un temps limité, il me faudra chercher un nganga compréhensif qui puisse satisfaire ma curiosité au risque de tomber dans le piège d'une certaine ethnologie que je me suis pourtant promis d'éviter.

Je passe sur plusieurs tentatives auprès de nganga de Kribi qui trouvent des excuses pour refuser et j'en arrive à Madola. Madola parle français et les années précédentes, toutes les fois que je le souhaitais, il m'a admis à ses séances de soins. Je n'ai jamais rencontré un nganga aussi disponible. Il a reçu l'initiation en Guinée équatoriale dans le cadre de la religion bwiti, qui utilise la plante psychédélique eboga.

« *L'eboga, m'explique Madola, c'est quelque chose de très délicat. Quand vous en avez assez mangé, vous vous saoulez et vous vomissez. C'est quand vous avez fini de vomir que vous " mourez ". Vous êtes comme un cadavre. Ça vous envoie loin jusqu'à..., je peux dire, jusqu'au ciel. Vous voyez des choses qu'on ne peut voir dans la vie. Si votre père et votre mère sont morts, vous les trouvez là-bas. Ils vous apprennent à pratiquer la médecine. Ils vous disent : " C'est comme ça qu'on soigne cette maladie, il faut ceci et cela! " Vous dormez de quatre à cinq jours, et c'est le bishop* (grand cérémoniaire) *qui vous fait revenir.* »

Il n'est évidemment pas question de me faire initier de cette manière, mais Madola a également appris l'art d'ouvrir les yeux en versant les gouttes, comme cela se pratique sur la côte du Cameroun et me propose de tenter l'expérience.

Au fond du parc de la mission catholique de Kribi, se dresse l'ancienne maison des sœurs, maintenant disponible. Madola m'y rejoint à six heures du matin. Nous nous installons au premier étage dans une chambre vide, à l'abri des regards. Il me lave longuement le visage avec une grande feuille imbibée d'eau. Il se met à parler à ses ancêtres et m'invite à invoquer les miens. Il me verse sur le sommet du crâne, dans le nez et enfin dans les yeux, avec de petits entonnoirs de feuilles quelques gouttes concentrées, amères et un peu piquantes (1). Puis il m'ordonne de regarder le soleil en face pendant un quart d'heure. Il est sept heures trente. Le soleil, au ras des arbres, est déjà redoutable (2).

Au début, il me semble fixer une terre qui craquelle et je crois ressentir contre mes yeux le martèlement d'un gong de cuivre... (Madola me rafraîchit le visage de temps en temps.) A la fin, une sorte de miracle se produit : le soleil ne m'éblouit plus. J'éprouve un sentiment de délivrance et un rien d'orgueil à pouvoir fixer tranquillement l'astre de feu (3).

L'expérience terminée, nous restons tous les deux côte à côte, en silence. Madola m'a prévenu : « Vous aurez peur. Peur de voir les mauvais esprits. Quand vous les verrez, vous commencerez à trembler. » Je vois trente-six chandelles, mais aucune forme inquiétante.

La nuit suivante, je fais de terribles cauchemars, prix de

(1) Jus extrait des végétaux suivants, identifiés à l'herbier national de Yaoundé :

Plantes pour le nez : *Trephania sp. (Menispermacées).*

pour la tête : *Piper unbellatum* (Pipéracées);

pour les yeux : *Bidens bipinnata* (Astéracées).

Ecorces pour le nez, la tête et les yeux : *Musamba* (en langue yasa : dévoiler. C'est l'abre à carabottes). *Pycnanthus angolensis* (Myristiracées). *Bovenga* (le grand arbre rituel, *oveng* en ewondo.) *Copaifera tessmannii* (Caesalpiniacées) + quelques poils d'une race de chiens qui ont des marques au-dessus des yeux, comme s'ils avaient quatre yeux, signe d'une vision lointaine.

(2) La veille, Madola m'a averti de la nécessité d'exposer mes yeux aux brûlures du soleil et, comme j'hésitais, il m'a répondu : « ou bien vous faites confiance à nos herbes ou bien vous ne leur faites pas confiance... ». Je décidai donc de « faire confiance », tout en me réservant d'arrêter l'expérience si elle devait tourner mal.

(3) Cf. l'ancien rite ewondo Melan pour l'initiation au culte des ancêtres. « Les récipiendaires s'assoient sur un tronc de parasolier posé sur la cour. On leur apporte des raclures d'un arbuste appelé *engela*. Ils les mâchent avec des baies de piment en *regardant fixement le soleil.* » Th. Tsala, *Etudes Camerounaises*, Yaoundé, 1957, n° 56, *Mœurs et Coutumes des Ewondo*, p. 70.

mon insensibilité du matin. Le lendemain, Madola revient et recommence la même expérience. Le surlendemain, le soleil a disparu derrière les nuages de pluie. Faut-il reporter d'un jour l'exercice de contemplation? A ma surprise, Madola m'explique que le soleil compte peu, que la durée de l'initiation est limitée à trois jours, et les gouttes aux yeux décisives.

« Regarder le soleil, ce n'est pas pour " ouvrir les yeux "?

– Non, me répond le nganga, le soleil enlève les impuretés des yeux, ce sont les gouttes qui les ouvrent. »

Avant de nous séparer je remets à Madola un modeste cadeau, lui promets de ne rien dire sur la place de Kribi, et me rends chez Mama Enge, une vieille nganga, me faire soigner une conjonctivite naissante à l'aide d'un baume dont elle a le secret.

Je demeure persuadé que Madola ne m'a pas joué la comédie, qu'il a fait sur moi les gestes appropriés et s'est servi des bonnes herbes et des vraies écorces. Mais j'ai la sensation qu'il n'a fait qu'exécuter une recette sans la placer dans le contexte existentiel seul susceptible de lui donner le sens, le pouvoir initiatique (1). Je rentre à Douala, intéressé, mais tout aussi perplexe qu'auparavant.

« Le pouvoir, en souvenir. »

A mon arrivée, une surprise agréable m'attend. Je trouve Din en meilleure forme, assis sur son lit d'hôpital. Il prend l'initiative de me parler, à mots couverts, pour ne pas intriguer les voisins de la salle, de la suite à donner à mon initiation. Il a dépêché vers son île son fils Bata, avec mission de rapporter le *njum bwele* et les " objets " néces-

(1) On s'intéresse à l'heure actuelle aux nganga pour obtenir d'eux des listes de médicaments avec leur mode d'emploi. Un recueil de mille recettes médicales appelé *Malema Makom* dont je possède une bonne partie, est très recherchée. Mais l'on se passe de l'initiation. L'application de ces recettes hors d'un contexte psychoculturel prépare de belles déceptions, et des jugements sévères sur l'inefficacité de la médecine traditionnelle.

saires. Il faut que j'attende sa sortie d'hôpital et le retour de Bata. Le médecin, averti de l'identité de son patient, a suivi attentivement le cours de sa maladie, et rétabli notre homme. Je n'ose pas encore lui annoncer mon départ pour Abidjan. Je ne lui dis pas un mot non plus de l'expérience contestable de Kribi – comme on cache une infidélité.

Din me donne rendez-vous chez un parent à lui, discret et sûr. Il habite un bas quartier de Douala, loin de Deïdo où il pourra me " travailler " à l'abri des regards et des soupçons. Je découvre la case à grand-peine au milieu d'un amoncellement de tôles rouillées qui coiffent aussi d'autres habitations. Il n'y a pas de chemin pour y arriver. Il faut marcher en zigzag, longer les murs, pour éviter les tas d'ordures, les petites cabanes qui servent de latrines et les fossés d'évacuation des eaux. La case désignée par Din est dangereusement située au flanc d'une vallée, surplombant un ruisseau nauséabond. Nous sommes en pleine saison des pluies. Nous entrons. Din me demande de saluer les quelques personnes qui bavardent dans la salle de séjour proprette. Je n'aurai aucun contact avec elles. Puis il me fait passer dans une des chambres du fond : quatre murs de terre recouverts d'une couche grise de ciment, une fenêtre donnant sur un pan de mur, un grand lit au bord duquel on s'assoit, une cantine où Din a rangé son matériel; un cabinet de toilette adjacent, avec un seau en guise de lavabo. C'est tout. Le quartier est l'un des plus populeux de la ville, et pourtant j'ai l'impression d'être à l'écart du monde. Nous nous asseyons et Din prend la parole :

« *Je vous ai déjà dit que je vous porte une grande amitié. Mais je vous en ai voulu. Vous m'avez envoyé une lettre m'ordonnant de vous rejoindre, alors que j'étais malade. Vous ne m'avez pas considéré comme un ami : vous n'avez pas compris que je vous aimais au nom de Dieu. J'étais déjà presque mort. Vous en êtes témoin.*

« *J'ai toutefois décidé de faire ce que je vous ai promis. Mais il y a des lois* (mbenda). *Quelqu'un qui veut avoir les yeux ouverts et qui n'a pas d'argent, ne peut être satisfait. Ça peut coûter plus de 100 000 francs CFA. Nous n'aimons faire ce travail sur personne, parce que celui à qui on ouvre les yeux est le premier à lutter contre nous. Je vous ai dit que je ne vous taxe pas, mais j'attends un geste* (eyembilan). *Voyez vous-même dans quelle situation je suis!* »

Quelques années auparavant, cette déclaration m'aurait rendu méfiant. Aujourd'hui, elle me paraît naturelle. Je sais qu'un nganga mérite ses honoraires, qu'il n'y a pas de gratuité dans ce domaine, et que je m'en tire à bon compte. Din me fait une fleur en me laissant juge de son importance. Je lui offrirai ce filet de soixante-dix mètres que les pêcheurs de l'île de Malimba vont jeter en mer chaque nuit d'octobre à décembre, et qui leur rapporte le salaire de l'année. C'est un beau cadeau et je sens que Din est satisfait. J'en profite pour lui annoncer mon prochain départ. Je dois quitter le Cameroun pour la Côte-d'Ivoire, avec de bonnes chances de revenir le voir chaque année. Din accuse le coup, se tait quelques instants et dit simplement : « J'aimerais vous laisser ce pouvoir *(mianga)* en souvenir. »

« *Je désire voir, comme Din voit* ».

5 août. Din a revêtu sa robe rouge; Bata, son fils, et moi, sommes assis au bord du lit, dans l'arrière-chambre, à l'abri des yeux indiscrets : « Même ma femme n'a pas le droit de savoir », commente Din. Bata vient de terminer une deuxième année scolaire dans un centre professionnel de la ville, où il étudie l'électricité. Il est grand et svelte comme son père, avec les mêmes yeux bruns; mais la peau soyeuse de son visage ressemble aussi peu à la peau sèche de son père qu'un pelage de jeune antilope à une peau de tambour. Son père désire lui apprendre le métier de nganga, et le garçon est extrêmement intéressé. Il n'a pas l'expérience de Nkongo, car il n'a pas vécu avec son père dans leur île, aussi manifeste-t-il un enthousiasme de néophyte. « Je vais donner la sagesse à mon enfant. Il apprendra longtemps à mes côtés. Pendant sept ans. Si sa manière de vivre me convient, je le garde, sinon je ne lui ferai pas ce cadeau. Pourquoi si longtemps? Parce qu'il ne peut pas payer. Mais il peut travailler. »

Sur une chaise, devant nous, en ordre de bataille, s'étale l'équipement singulier que j'ai décrit, depuis les cauris et le miroir, jusqu'au sabre miniature que j'ai rapporté à Din de Paris. Je n'y vois ni le cadenas ni l'hameçon puisque je n'ai pas mordu à la sorcellerie. Rangés sur le sol, cinq écorces et trois herbes. Din me fait un clin d'œil en désignant le *ngopange*. Je reconnais aussi la fleur et la feuille du *ngonda balemba* (le piment des sorciers) qu'il me donne en guise de viatique chaque fois que je pars en voyage. Tout se trouve donc réuni ici pour la réussite de l'expérience : les ancêtres, les " objets " (*mianga*) et nous-mêmes.

Din s'adresse maintenant aux ancêtres :

« *Je veux qu'il voie. Je demande à ce qu'il voie, comme moi-même je vois. Que rien ne lui soit caché. Qu'il voie. N'importe quel pays, l'Europe* (mbenge) *ou d'autres régions. Qu'il voie. Je n'ai peur ni pour lui, ni pour moi. On dit qu'il va me tuer. Eh bien, qu'il me tue donc! Mais il m'a secouru plusieurs fois. Non, il ne me tuera pas. D'abord, il lui sera interdit* (mbenda) *de me tuer. Et c'est de Dieu que j'attends la mort. Qu'il voie pour le meilleur et pour le pire. Qu'il voie. Qu'il puisse continuer son travail dans de bonnes conditions. Je demande tout ça au nom de Dieu* (Loba) *qui m'a donné la force de voir.* »

Din fait un signe, et Bata sort. Il revient dans la chambre en traînant une chèvre. Cette chèvre, qui va désormais prendre une grande place dans les rites, a été achetée par mes soins, le matin même, en présence de Din qui voulait la choisir lui-même. Il arrive en effet que soient vendues malhonnêtement des bêtes qui sont déjà des " personnes " – substitution dont il me faudra approfondir le sens. Au marché, Din s'est amusé à mes dépens : puisque cette chèvre doit me remplacer, autant qu'elle me ressemble et il en désigne une qui a le ventre rond! « D'ailleurs, elle est gravide, ajouta-t-il, elle mettra bas avant de mourir, ce sera toujours ça de gagné! » La chèvre plantée devant moi dans la chambre, avec son regard lointain et indéfinissable, a manifestement toutes les caractéristiques désirées.

Din me tend le cornet où marinent les poussières des cinq écorces et le jus des trois herbes; je verse une goutte sur le sommet du crâne et dans chacun des yeux de ma chèvre. Bata, traduisant son père, me souffle : « Parlez dans votre patois. » Je dis simplement : « Je désire voir, comme Din voit. » Je dois enjamber l'animal neuf fois pour lui transmettre tout ce que je porte de mal en moi. Cette chèvre, en reconnaissance de ce triste héritage, me donnera ses deux yeux pour que je voie. Voilà ce que je comprends dans l'immédiat, me promettant d'interroger Din pour en savoir plus long sur ma chèvre émissaire.

Encore neuf fois, nombre décisif, je dois enjamber les objets rituels placés dans le cornet, puis ouvrir les deux mains, en un geste respectueux d'accueil, pour recevoir à nouveau le précieux cornet. Je devrai, neuf soirs de suite, me verser avant le sommeil quelques gouttes au coin de chaque œil et sur le sommet du crâne (1) et raconter au maître mes premiers songes.

« *Cela vous ouvrira les yeux intérieurement* (o teten). *Cela vous ouvrira la mémoire et vous montrera l'avenir. Cela vous lavera le cerveau. Petit à petit, pas en une seule fois. Même quand vous aurez cessé de mettre les gouttes, vos yeux resteront ouverts, et vous* verrez *en plein jour. Vous êtes comme un élève qui débute : vous partez du plus bas niveau pour atteindre le plus haut.* »

« *La chèvre, c'est-à-dire l'homme* (2). »

Une fois les rites terminés, j'interroge Din sur le sort de ma chèvre, et je tourne mes questions dans tous les sens pour éprouver la logique et le mécanisme de l'identification.

Din : *Vous avez " traversé " cette chèvre et mes " ob-*

(1) La fontanelle (*dibobodi*) est un centre nerveux. Ne dit-on pas de quelqu'un en langue douala : « il est la fontanelle de la conversation? » Le chiffre " neuf " signifie la perfection ou la plénitude dans les cultures bantoues.

(2) *Mbodi. nika nye nde na moto* (adage des nganga).

jets " neuf fois. Ça signifie que toute la malchance dont on peut vous charger pénètre dans la chèvre (mbeu'a nyolo).

Moi : *Que va-t-elle devenir?*

– On ne la mangera pas. Elle est réservée au ndimsi. Personne ne pourra la toucher. Elle mourra toute seule. On l'enterrera comme une personne. Elle ira chez les manga (1).

Moi : *Allez-vous la garder?*

– Oui, jusqu'à sa mort. Je crois qu'elle n'aura pas le temps de mettre bas. Ces remèdes-là (gouttes) *la tueront.*

Moi : *Vous ne la tuerez sûrement pas vous-même?*

– Sûrement pas. Les gouttes suffiront.

Moi : *Quand mourra-t-elle exactement? Dans un an?*

– Je ne sais pas. Cela dépend du pouvoir des gouttes. On va lui en mettre toutes les nuits. C'est fort. Vous-même, vous vous en apercevrez.

Moi : *Quand vous soignez un malade, c'est pourtant bien vous qui tuez la chèvre?*

– Oui, pour sauver le malade, je tue la chèvre. Nous lui coupons la tête et les pattes et nous les enterrons avec 6 000 francs CFA. Ceux qui sont présents mangent le reste. Mais vous avez remarqué que je ne touche pas à cette nourriture. Je ne veux pas risquer de tuer un malade.

Moi : *Est-ce que la chèvre c'est moi?*

– La chèvre, elle est toutes vos malchances (2). *Elle est tout ce qu'il y a de mauvais en vous* (3).

Moi : *Les Pygmées ont-ils organisé une cérémonie semblable pour vous ouvrir les yeux?*

– Oui, exactement. Mais ils ont employé une antilope mbudi (guib d'eau) *au lieu d'une chèvre.*

(1) Les *manga*, chèvres des ancêtres de l'eau (*miengu*), sont des lamantins (mammifères). Ainsi la famille terrestre continue de vivre avec ses animaux domestiques, après la mort, dans l'univers de l'eau.

(2) Malchance (*bad luck*, en pidgin), (*mbeu'a nyolo*, en douala) ne signifie pas péché, mais ce que *d'autres* personnes ont pu " jeter " sur moi pour me nuire.

(3) Le jeune homme qui m'aide à transcrire l'enregistrement propose une traduction trop faible : elle va *prendre* tout ce qu'il y a de mauvais en vous.

Je ne mets pas la patience de Din à l'épreuve sans arrière-pensée. Qu'il se serve d'une chèvre n'a rien de surprenant. Les nganga font appel à une chèvre pour chaque grand traitement nocturne. Mais j'ai remarqué certaines anomalies qui ne sont pas dues à la fantaisie de Din, car ces rites obéissent à des règles précises, en référence à un ensemble cohérent. Et j'ai questionné le maître pour savoir où il me situe dans son univers. Ses réponses m'éclairent et sont significatives.

D'habitude, la chèvre prend la place d'une personne condamnée à mort par les sorciers. Voilà pourquoi le nganga la sacrifie au cours de la nuit devant la famille, au milieu de laquelle se trouve inévitablement un complice des sorciers ou les sorciers eux-mêmes, car « ton sorcier est toujours l'un des tiens ». Dans mon cas, il n'y a aucune raison de sacrifier la chèvre, ni de la donner à manger à qui que ce soit, puisque je ne suis pas ensorcelé. En revanche, elle doit mourir progressivement puisque je lui prends les yeux et que sont transférés sur elle tous les malheurs qui me sont destinés.

Au risque d'irriter Din, je reviens sur mon propre sort. Si la chèvre meurt avant que mes yeux ne soient ouverts, est-ce que ma vie est en danger? Absolument pas, répond-il, sans hésitation. Ma question a pour but également de savoir s'il conçoit la chèvre comme un animal nagual (1). Sa réponse négative ne me surprend pas. La chèvre est la bête la plus domestiquée qui soit, si mêlée à la famille qu'elle la symbolise. Pour partager un héritage, les membres de la chèvre servent à désigner les lots qui reviennent à chacun. Au cours d'un repas de fête, si une chèvre est servie à table, les morceaux sont attribués aux convives selon leur place dans la hiérarchie familiale. La bête est si familière (et si comestible) qu'elle peut – naturellement – être substituée à l'homme. En m'identifiant à elle, conformément à l'anthropologie bantoue, Din ne fait pas le rapprochement radical du

(1) L'animal nagual, animal des métamorphoses, est d'habitude sauvage et indompté, comme la panthère, le serpent, l'éléphant. Cf. M. Hebga : *Sorcellerie, chimère dangereuse...?* Abidjan, INADES, 1979.

type nagual : « La chèvre, c'est vous »; il dit seulement : « La chèvre, ce sont toutes vos malchances. » Ma chèvre est bien à ranger, comme le bouc, dans le troupeau résigné des émissaires.

Le temps de l'initiation.

(Extraits des notes prises au jour le jour.)

Je me limiterai maintenant à noter les temps forts de l'initiation et quelques détails qui me paraîtront significatifs. En effet, je me trouve dans la situation de l'élève qui entre au collège Libermann pour la première fois : il répond à l'appel de son nom, il écrit ce qu'on lui dicte, il se lève au signal. Il n'a pas le recul nécessaire à l'exercice de l'esprit critique. Din emploiera d'ailleurs plusieurs fois la comparaison scolaire à mon endroit.

L'action se passe soit chez Din où il garde et « travaille » ma chèvre, soit dans ma chambre où je suis ses instructions. Ma chambre se trouve dans notre petite maison de Deïdo, où habitent – je l'ai déjà dit – trois collègues du collège Libermann. Ils m'ont accompagné l'un après l'autre à une séance de soins. Mais jamais ils n'interfèrent. Je leur parle à peine de mon initiation en cours, me réservant de le faire, une fois l'événement passé. Parfois, l'un ou l'autre me conseille la prudence; aucun ne m'a jamais suggéré de m'abstenir. J'apprécie cette discrétion, à un moment crucial de l'expérience où je suis réduit au silence faute de savoir qu'en dire.

6 août. **Sur sa demande je raconte à Din les deux rêves de la nuit précédente (1).**

(1) A partir de nos prises à 2 heures du matin :
Premier rêve : Nous (pères jésuites) devons construire une habitation. L'endroit choisi est pour l'instant un trou profond avec des murettes qui dessinent le plan d'une maison. Les autres trouvent le lieu idéal, moi pas.

Commentaire de Din : « Les rêves du type de celui-ci " font du travail (1) ". Quand on se donne avec cœur à quelque chose, Dieu répond. Comme vous avez commencé à rêver, vous allez voir beaucoup d'histoires, bonnes ou mauvaises. Vous n'en direz rien à personne, vous vous tairez. Toutefois si vous voyez qu'on va arrêter l'un de vos amis, dites-lui quand même de se méfier. »

Je comprends que Din m'ouvre les yeux, selon notre convention pour que je voie et non pour que j'intervienne – sauf pour mettre un ami en garde.

*7 **août***. **Pas de rêves à raconter.**

Din s'est levé la nuit pour " travailler " la chèvre. Il lui a versé des gouttes dans les yeux, les mêmes que celles que je m'administre.

Le double rite de l'après-midi :

1) Nous allons puiser de l'eau au bord du fleuve, à un endroit censé abriter les ancêtres *miengu*. Retour au quartier. Din fait reposer dans la bassine d'eau les cinq écorces et les trois herbes. Je porte autour des reins un pagne blanc – le blanc est la couleur des *miengu*. Bata me lave avec cette eau en me souhaitant la chance *(la grâce : musima)*. Il me passe sur la tête une poule rousse. Rite classique de bénédiction.

2) Bata et son père préparent le *dindo*, repas composé d'un coq, de diverses herbes et de plantain. Sa signification m'est bien connue. Le rite achève de fortifier, de " blinder ". Lorsque le plat est préparé au bénéfice d'un malade ensorcelé, le nganga s'abstient d'en prendre, pour les raisons que j'ai données plus haut. Dans mon cas, pas

Deuxième rêve : Pêche à la ligne au bord d'un canal. Pas en Afrique. Les autres (pères jésuites) ne prennent rien. Je fais une pêche abondante de petits poissons. Ils me préviennent qu'il y a de gros poissons plus loin. Je sors un poisson à petite tête et à nageoires énormes. Il s'échappe sur le sol. Je surmonte la crainte d'être mordu. Il mord ma main droite sans me faire mal.

(1) *Yi ndoti y ben ebolo.*

d'interdit. Din s'excuse cependant, car le médecin lui a imposé un régime sans sel (1).

8 août. Je raconte à Din un rêve irénique, qu'il ne commente pas.

Ablutions comme la veille.

Moi : *Les Pygmées vous ont lavé vous aussi?*

Din : *Oui, mais pour vous on a apporté l'eau des miengu jusqu'ici, tandis que moi, j'ai dû passer six jours dans le fleuve.*

Je fais remarquer à Din que j'ai les yeux congestionnés. Il décide alors de remplacer les gouttes dans les yeux par des gouttes sur le sommet du crâne et me fait, dans ce but, neuf scarifications. Interdiction de me laver l'occiput.

11 août. Ma chèvre est recroquevillée, haletante. L'épouse de Din fait cette remarque à son époux en ma présence : *Tu n'aimes donc pas les gens?* Je comprends que c'est une allusion au traitement spartiate que Din fait subir à la chèvre et dont il lui cache la portée. L'envie me prend de photographier « ma chèvre » mais j'écarte cette idée comme une mauvaise tentation.

– Je raconte à Din plusieurs rêves nettement plus conflictuels que les précédents (2). Il me dit : *Ce soir, avant de vous endormir, vous vous mettrez à nouveau des gouttes dans les yeux en disant : Je veux savoir qui lutte contre moi.*

– Ablutions pour la troisième et dernière fois. Bata, qui me lave le visage, profite de l'absence de son père pour me demander, mi-interrogatif, mi-convaincu : *Ce que vous voyez, c'est pareil comme au cinéma?* Je lui réponds après un instant de réflexion. *Ton père m'enseigne à prendre*

(1) Ayant rapporté dans notre maison le reste de ma part de ce plat, notre cuisinière, à laquelle ma fréquentation des nganga n'a pas échappé, reconnaît la banane plantain cuite avec une sauce caractéristique *(miele ma sese)* et certains morceaux spécifiques du poulet. Elle dit alors simplement : « On vous ouvre les yeux! »

(2) Toujours les mêmes thèmes : rêves de chahuts d'élèves irrépressibles, rêves de bagarres entre Africains, rêves de guerre sans nom.

certains rêves au sérieux. Les rêves peuvent mettre en évidence des choses importantes. On n'a pas l'habitude d'y faire attention.

13 août. **Je raconte à Din les deux cauchemars de la nuit précédente : une classe houleuse, l'inondation d'une ville. Pas de commentaire. Mon attention n'a jamais été attirée de pareille façon sur mes rêves. La personnalité de Din, les rites auxquels il m'associe, le climat conflictuel des nganga ne sont pas étrangers au tour cauchemardesque que prennent mes rêves. Au réveil, je ne me souviens que de ceux-là. Les autres thèmes oniriques demeurent comme à l'ombre de ma mémoire, et d'ailleurs ne semblent pas l'intéresser.**

– Din décide que cette neuvième nuit sera la dernière où je me verserai des gouttes dans les yeux.

– Sans que je le propose, il fixe notre prochain rendez-vous au 16 août. L'Assomption est jour de fête et de repos pour lui aussi. Il ne voit aucune incompatibilité entre ses rites et ceux de l'Eglise.

16 août. **Din me donne un petit paquet d'herbes à mettre la nuit sous mon oreiller. Je dois l'avaler, le matin, à jeun :**

– Moi : ***Quel est le nom de ces herbes?***

Din : ***Je vous dirai leur nom le moment venu. Vous avez encore le temps. Je ne vous " travaille " plus chaque jour, parce que vous montez déjà dans une classe supérieure. Ne vous inquiétez pas, rien ne nous gêne.***

18 août. **Din me demande comme d'habitude :** ***Avez-vous bien dormi?*** **Le mot** ***ndoti*** **qui signifie " rêve " tombe rarement dans la conversation. Il emploie de préférence un vocabulaire de vision. Je lui raconte les quelques rêves des nuits précédentes. Je m'aperçois que dans ma manière de les lui rapporter, je m'attarde sur les conflits entre les individus.**

19 août. Din m'avait averti qu'il me poserait quelques questions. (C'était bien la première fois, et nous en avions ri.) Il m'interroge aujourd'hui, mais je m'aperçois qu'il ne veut nullement apprendre quoi que ce soit. Ses questions ne sont qu'un procédé pédagogique.

Lui : *Est-ce que les arbres et les plantes mangent?*
Moi : *Oui.*
Lui : *Est-ce que les herbes qui vous ouvrent les yeux mangent?*
Moi : *Oui.*
Lui : *Qui va les nourrir?*
Moi : *Euh! Moi* (et je donne une pièce).

En contrepartie il me désigne l'une des herbes dont il se sert pour m'ouvrir les yeux et me livre son nom.

21 août. Je raconte mon cauchemar : accident de voiture évité de justesse; mais Din ne s'intéresse plus guère aux détails de mes rêves. Il les écoute distraitement. Il s'assure que j'ai bien un certain type de vision, où apparaissent adversaires et alliés.

Je suis maintenant capable d'énumérer et de reconnaître les cinq écorces et les trois herbes qui ouvrent les yeux (1).

22 août. Din, son épouse, Eric-de-Rosny leur enfant et Bata viennent déjeuner à la maison. (Din prononce Elic-de-Losny parce que la consonne r n'existe pas dans sa langue.) C'est un événement autant pour eux que pour moi. Jusqu'à la dernière minute, je craignais que mon maître n'accepte pas. Ce sont les vacances, un seul de mes collègues Jésuites est présent. La cuisinière qui, je l'ai dit, a deviné qu'on m'ouvre les yeux, nous sert à table. On

(1) Après identification, les trois herbes se trouvent être des Astéracées. Les feuilles que Madola utilisait à Kribi pour m'ouvir les yeux étaient également des Astéracées.

repasse les enregistrements du premier traitement, pris voici presque cinq ans. Din sourit finement.

***23 août.* Din me donne un nouveau paquet d'herbes à poser sous l'oreiller et à avaler de bon matin.**

La chèvre est toujours en vie. Je la regarde avec une certaine émotion.

***24 août.* Au lever du jour cauchemar encore : un briquet dont le gaz s'échappe, je n'arrive pas à l'éteindre. Asphyxie. Réveil. J'avale la petite boule d'herbes comme prévu. Et soudain l'instant tant attendu arrive : mes yeux s'ouvrent, les hommes s'entre-tuent. J'en ai la sensation visuelle (1).**

Tout ce que Din me répète depuis déjà longtemps se dévide devant moi comme une bobine : la vision, c'est d'abord la révélation de la violence entre les hommes. – Il faut une grande force de caractère pour regarder en face la réalité brute. – Sans initiation, sans pédagogie, cette vision rend neurasthénique ou précipite dans le cercle de la violence. – La société est organisée pour cacher à ses membres la violence qui peut se déchaîner entre eux à tout moment. – C'est pourquoi les rêves en parlent si bien. – Révélation dangereuse pour la société, voilà pourquoi le nganga est une personnalité inquiétante (2).

Sept heures du matin. Je n'écoute pas le bulletin des informations à la radio de la même manière que d'habitude, abasourdi par la litanie des conflits dans le monde.

***26 août.* Din est pris d'une forte fièvre. Je lui décris le rêve de la nuit. Pas de commentaire. Je lui raconte alors ma découverte.**

(1) « La sensation visuelle. » sur mon bloc-notes, je me suis contenté d'affirmer le fait. Quel genre de sensation? Je tenterai de répondre plus loin à cette question. Sur le moment, je n'ai pas éprouvé le besoin d'en écrire plus : c'était l'évidence.

(2) Freud et Girard, que j'ai lus cette année sans faire le joint, le disent à leur façon, le premier dans : *Au-delà du principe de plaisir*, Payot, 1965, le second dans : *la Violence et le sacré*, Paris, Grasset, 1972.

Lui : *Je vous dis bien la vérité, exactement comme elle est. Si-je vous dis ceci ou cela, croyez-moi.*

Moi : *Si-je veux ouvrir les yeux à quelqu'un d'autre, est-ce que-je peux le faire en m'y prenant de la même manière que vous?*

Lui : *Oui* (1).

28 août. La fièvre de Din persiste. Sa fille me dit avec inquiétude : *Je ne comprends pas. On a tout fait. La maladie reprend!* Je crois sentir un reproche dans sa voix. " Ne pas comprendre " signifie " trop bien comprendre ". Quelqu'un veut du mal à son père. Me soupçonne-t-elle ?

30 août. La fièvre est tombée, mais Din a encore des spasmes nerveux. Bata me dit à son tour : *Je ne comprends pas...* J'essaie de le rassurer. Mais suis-je bien placé pour le faire ?

C'est ma dernière visite avant mon départ de la ville. Din me rappelle que ma chèvre ne sera pas achevée. Elle mourra à son heure et il lui fera un enterrement comme à une personne.

« *Vous vous en allez! Méfiez-vous pour votre corps. Priez Dieu pour que votre voyage se passe bien, et que vous puissiez revenir, que vous me trouviez en vie et qu'on*

(1) Un nganga qui ne connaissait pas Din me racontera par la suite comment lui-même donne la vision : « *C'est une cérémonie qui se passe toujours vers minuit. Il faut être accompagné d'une chèvre. Certains exigent une personne dans la sorcellerie noire, pour ouvrir les yeux. Mais les connaisseurs demandent parfois une chèvre seulement. Celui qui veut vous faire l'opération a longuement préparé ses herbes, ses racines et ses écorces. Il mélange tout ça, et arrive à l'endroit qu'il faut, il vous met ça dans les yeux. Après, il vous donne un temps pour vous reposer. Quand vous mettez la tête sur l'oreiller, vous devez glisser dessous une certaine écorce d'arbre. Vous avez une vision autre. La nuit devient comme une journée devant vous, vous voyez ce qui se passe et ce qui s'est passé.*

Ce récit est pour moi la preuve que Din m'a bien fait suivre les voies ordinaires de l'initiation. Seule variante : Din a pratiqué sur la chèvre les rites nocturnes car il m'était impossible de passer la nuit chez lui sans attirer l'attention.

se voie. Mais rien de mal ne vous arrivera. Et si le malheur devait survenir, vous le verriez d'avance. »

Le filet de pêche destiné à Din est derrière la porte. Je me retourne une dernière fois. Au fond de la pièce, perdus dans un épais pelage noir, indéchiffrables, les yeux de “ ma ” chèvre sont presque fermés. Il existe désormais entre celle que Din appelle une “ personne ” et moi-même une relation sacrée et je ne puis poser sur elle, à l'instant du départ, qu'un regard empreint de respect.

ESOMAWUTA

« *E-so-ma-wuta :* celui-qui-révèle-les-réalités-cachées (1). »

Pour dire vrai, je souhaitais ne pas en écrire davantage. Ce n'est pas le scrupule de dévoiler les secrets de l'initiation qui me retenait. Din savait que je tenterais d'écrire tout ce que j'avais vu et enregistré et il ne me l'avait jamais reproché. Il ne s'était pas offusqué de la parution de mon premier livre. Il m'avait seulement demandé de ne pas faire allusion à mon apprentissage quand je gravitais dans sa sphère d'influence, mais je n'avais reçu de lui aucune autre consigne de silence. De moi-même, d'ailleurs, j'avais décidé de ne pas publier la nomenclature complète des herbes et des écorces qu'il avait utilisées pour m'ouvrir les yeux, de crainte qu'elles ne servent à une parodie d'initiation. A partir du jour où les événements se précipitèrent, à savoir le 6 août, je fus astreint à des rites quotidiens. Je m'appliquai à les suivre aveuglément, et, pour la première fois peut-être, sans prendre de recul critique, me contentant d'aligner les quelques notes précédentes tout juste bonnes à me guider dans ce dédale. Cette simple activité, qui me prit tout mon temps, mobilisa aussi toute mon attention. J'étais sur le point de quitter Douala après tant d'années, et de changer d'orientation professionnelle, mais je ne m'en préoccupais même pas.

(1) Surnom professionnel de Din.

Etais-je envoûté? Je préfère comparer prosaïquement mon état d'alors à celui d'un joueur de dames passionné, qui se laisse totalement investir par la partie qu'il dispute.

Par exemple, je n'ai plus entendu de la même manière les nouvelles tragiques, transmises d'un ton monocorde par le speaker. Elles prirent un relief insolite et me parurent d'une actualité et d'une vérité flagrantes, comme si je les écoutais avec une oreille lavée. En même temps, par un effet de répercussion intellectuel, je crus comprendre le sens de mon initiation.

Din n'a pas cherché à faire de moi un visionnaire, avec toutes les résonances poétiques et prophétiques du mot en français. Il ne m'a pas ouvert les yeux sur un autre monde que celui de la violence. Et si j'emploie le mot " violence ", c'est encore avec ma manie de l'abstraction. Le terme a plusieurs équivalents dans sa langue, sans que jamais, je crois, il ne les ait employés à mon sujet. Din s'est contenté d'ouvrir mes yeux de chair comme mes yeux intérieurs, au spectacle des personnes qui se jalousent, se haïssent, se tuent. Le moment arriva où il n'eut plus besoin de me conditionner : je vis pour de bon. Les jours qui suivirent la fin de l'initiation, bien qu'éloigné de Douala, je continuai à voir à l'évidence surgir autour de moi le moindre conflit. L'un de mes nouveaux compagnons de vie à Abidjan le remarqua. L'expérience m'avait rendu rétractile un peu à la manière des sensitives, ces plantes qui se replient sur elles-mêmes à la moindre alerte; c'est qu'en effet Din m'avait mis en " état d'alerte " permanent.

⁂

Un point cependant me rendit perplexe. On m'avait promis une vision apocalyptique. Or, aussi intense qu'ait été ma réaction sensible, elle n'eut pas l'ampleur annoncée. Je me rappelai ce que m'avait dit un collégien auquel j'avais demandé s'il fallait se faire ouvrir les yeux :

« Moi, ça me ferait trop peur parce que je n'ai pas le cœur assez dur pour affronter les nganga, je suis trop simple; mais si on ouvre les yeux à un prêtre comme vous, personne ne peut rien contre lui. »

Il fallut l'intervention active de quelques-uns de mes lecteurs qui, depuis cinq ans, suivaient, de loin ou de près, mon itinéraire, pour me décider à aller plus avant dans l'expression de mon expérience... Certains d'entre eux me mettaient en question et m'interrogeaient sur des points précis :

« Que veux-tu dire exactement par " sensation visuelle "? As-tu vu que les hommes s'entre-tuaient sous la forme d'un " film ", en images plus ou moins coloriées et inconnues de toi, ou as-tu revu, autrement, des scènes déjà enregistrées par ta mémoire? As-tu eu une " hallucination " originale, ou *la révélation d'une réalité maintes fois regardée sans être vue?* »

Je souligne cette dernière proposition parce qu'elle correspond assez bien à mon expérience. Non, je n'ai été sujet à aucune forme d'hallucination, d'apparition, d'extase, de délire visuel. Peut-être faut-il en accuser les solides défenses psychologiques qui m'ont toujours permis de demeurer lucide et de parcourir un long chemin sur le terrain accidenté des nganga sans céder à la fantasmagorie. Mais je prétends qu'au petit matin du 24 août, j'ai vu clair. J'ai froidement perçu la violence. Le temps d'une seconde, j'ai vu, comme superposées par un effet cinématographique, mille images des conflits mondiaux.

Nkongo, lui aussi, n'avait cessé de me décrire l'univers des initiés comme un champ de bataille terrifiant, où il n'osait se risquer et j'entends encore le nganga Madola, debout à côté de moi au premier étage de l'ancienne maison des sœurs de Kribi, me dire à l'issue de l'épreuve du soleil : « N'ayez pas peur. » Quant à Din, n'avait-il pas hésité longtemps à m'ouvrir les yeux, de peur que je ne le tue?

Ecrivant à un de mes anciens compagnons de Douala l'étonnement que je ressentais devant ma relative insensibilité, il me donna cette réponse pertinente :

Ce que Nkongo et Din entendent par " vision " est certainement autre. Pour eux, la " vision " est avant tout opérationnelle. Ils ont besoin pour réussir dans une tâche dangereuse, et même pour survivre, de connaître quels êtres malfaisants rôdent autour d'eux et de leurs malades. Pour Din la vision est d'abord un pouvoir. Pour toi qui n'es pas engagé dans les mêmes combats thérapeutiques, la vision va être d'ordre intellectuel : la violence est. C'est essentiellement un savoir, une " sagesse ". Différence essentielle qui était en germe dès le début, dans vos situations sociales différentes : lui, vivant de son travail de nganga, toi, investi dans ton travail de chercheur.

En effet, l'enjeu de l'initiation n'avait manifestement pas la même gravité pour moi que pour un postulant nganga. Les effets de l'initiation devaient s'amortir sur moi, parce que je n'étais pas concerné de la même manière. Il me fallut attendre ce 24 août, à quelques jours de mon départ, pour que tout d'un coup, je comprenne le sens de mon initiation, et la raison qui m'avait empêché de le saisir plus tôt. *L'initiation à la fonction de nganga consiste à ouvrir les yeux du candidat sur les actes de violence qui se commettent autour de lui.* Din me l'avait rabâché depuis des années, C'était l'évidence pour tous ceux, clairvoyants ou non, qui abordaient le sujet. Moi, je cherchais ailleurs. Il ne me venait pas à l'esprit qu'il faille une initiation pour oser regarder la violence en face. J'en étais empêché par un vice de culture, par l'incroyable peine que l'on trouve à entrer dans les vues des autres.

Pitié pour l'étranger! L'étranger doit compenser par une démarche intellectuelle sa cécité, son inaptitude à sentir et réagir au diapason de ses hôtes. Il lui faut reconstruire ce que les autres possèdent en héritage. Je n'avais pas compris, jusqu'à l'intervention finale de Din, pourquoi il fallait la longue patience de l'initiation, ses peines et ses privilèges, pour accéder au spectacle de la violence. J'étais comme un élève obtus. Pourquoi une initiation, quand la violence s'offre quotidiennement et publiquement au plus commun des mortels? Je ne savais pas qu'une pièce de l'édifice culturel des nganga me manquait pour en embrasser la vue.

***

Après maintes observations et quelques lectures, je compris que, dans une société traditionnelle, tout concourt à voiler la violence. La société la cache, la repousse, tente de l'escamoter : si elle lui laisse libre cours, elle risque d'éclater. Je l'ai souvent sentie comme un feu qui couve, cette violence. Ainsi, dans le quartier de Deïdo parmi les hommes assis et tranquilles, les jeunes jouant au ballon, les femmes rentrant lentement chez elles... soudain, deux voitures s'accrochent, sans même blesser quelqu'un, et tous se précipitent, s'agglutinent, debout, dans un espace de quelques mètres carrés, autour des deux chauffeurs, comme libérés du carcan de l'ordre, prêts à se battre. Contre de tels risques, les sociétés excellent à sécréter des institutions, des coutumes, des habitudes données dès l'enfance, pour cacher à leurs membres le pouvoir de la violence. Parmi ces systèmes de détournement, le plus éprouvé et le plus raffiné est peut-être celui de la sorcellerie.

Il m'a fallu du temps pour accepter ce paradoxe : la sorcellerie, qui passe pour déchaîner les pires fureurs, peut être la complice de l'ordre établi et de la paix sociale! Je ne suis pourtant pas le seul à l'avoir constaté : là où elle règne, les mœurs sont apparemment plus pacifiques, les enfants plus calmes, les bagarres à main armée, les suicides et les assassinats statistiquement moins nombreux. Ce n'est pas un hasard. La sorcellerie porte en elle-même ses propres antidotes : les anti-sorciers – devins, exorcistes et nganga. Le secret de sa réussite tient dans ses relations avec l'invisible, et le savoir de quelques hommes visibles, les initiés. Si le paroxysme de la violence n'est pas à la portée des yeux ordinaires, si les vrais conflits se jouent, et que les comptes se règlent dans les champs de bataille de l'invisible, il devient inutile de se livrer à des luttes aux yeux de tous. Autant de gagné pour l'ordre public. Je revois encore ces deux hommes, assis sur le même banc et se passant goulûment la même bouteille. Je savais, comme tous les autres convives, qu'une inimitié mortelle les séparait, car l'un était, en sorcellerie, le meurtrier présumé du fils de l'autre. A les voir ainsi ensemble, qui aurait pu le deviner?

⁂

Voilà la violence amortie, camouflée, détournée, sauf aux yeux des initiés, qui ont pour fonction de la regarder en face et d'agir sur elle, pour la sauvegarde de la société. Mais à quel prix? Les nganga ont une perception décuplée et étonnamment précise des conflits oppressant leurs malades, grâce à l'art d'exploiter l'imaginaire. Dans cette société où la censure contre la violence est si bien organisée, les rêves et les fantasmes des veilles sont pour tous le meilleur moyen de défoulement d'une agressivité contrariée. « Les rêves travaillent », dit Din. – « Les rêves sont vrais », m'affirmait un autre nganga. Leur activité imaginaire est décuplée parce qu'elle porte sur des objectifs précis : la dénonciation des sorciers. « Je dors, je dors, me disait Loe, et je vois comme en rêve les erreurs que les autres commettent. Quelquefois ça vient de Dieu comme une lumière. Et si cette lumière apparaît une deuxième fois, alors là, je suis content : je vois comment il faut que je soigne, comment il faut que je me batte dans le ndimsi. »

La vraie peur du candidat à l'initiation, celle que je n'ai pas éprouvée, vient d'ailleurs. Je finis par le comprendre grâce à ma propre initiation. Sans elle je n'aurais pas cru aux visions fulgurantes et je serais passé à côté de l'essentiel. La grande peur du futur initié vient de l'anomalie de sa situation sociale qui lui donne des cauchemars. C'est un homme seul. En soulevant le manteau de la violence, il va à contre-courant de toutes les tendances de la vie publique et à rebours de son éducation. Anti-sorcier par fonction, il sera continuellement soupçonné de devenir son propre contraire, parce qu'il perçoit la violence et joue avec elle. La perspective d'une situation aussi singulière a un effet traumatisant qu'un Occidental comme moi a du mal à réaliser. On peut ainsi comprendre la nécessité d'une initiation progressive, le soin pris pour désigner les candidats à la vision, le temps qu'il faut pour évaluer leur équilibre nerveux – sept ans, disait Din – avant de leur laisser remplir une fonction aussi dangereuse.

Les sociétés européennes ont sans doute autant de raisons de craindre la violence que toutes les autres. Les gouvernements disposent de garde-fous de toutes sortes pour s'en protéger. Mais contre leur gré, une violence criante, impossible à colmater, s'infiltre dans la vie publique. Lutte des classes, grèves, manifestations de masse obtiennent droit de cité. Des doctrines démontrent qu'il existe une bonne violence : les crises ne sont pas seulement inévitables, mais nécessaires au développement de la société, et par là légitimées. Et ces idées nous pénètrent comme l'air que nous respirons, nous immunisent, et nous empêchent de réagir à la manière des apprentis nganga. La société moderne, qui autorise des manifestations de violence, se prive des services secrets de l'imaginaire et rend inutile l'initiation.

***

Pour ma part, il est certain que ma relative allergie au traitement de Din vient d'abord de mon adhésion à la foi chrétienne. A l'égard de la violence, l'optique chrétienne diffère de celle donnée par la sorcellerie. La résolution de Jésus-Christ de prendre sur lui toute la violence du monde, et d'en devenir l'unique victime, émissaire et volontaire, a, si l'on en croit l'Evangile, un effet libérateur décisif, dont on n'a pas encore évalué toutes les conséquences. A la différence du système de la sorcellerie qui réussit à écarter provisoirement la menace du mal, pour la sauvegarde de l'unité du clan, le christianisme prétend à sa suppression radicale. Le projet réalisé, en ce qui concerne Jésus-Christ lui-même, est proposé dans le temps à la liberté de chacun.

Une problématique aussi révolutionnaire – si on la situe dans l'histoire des religions – n'est pas sans influencer le comportement des croyants face à la violence. Quand ceux-là appartiennent à des familles chrétiennes séculaires, ils en sont imprégnés, et à tel point jusque dans les profondeurs de leur inconscient qu'ils sont moins portés à la craindre. Je me demande même si la société européenne, qui fut longtemps marquée par le christianisme, ne lui doit pas au moins l'audace de faire éclater la violence au grand jour.

Je réalise aujourd'hui que l'initiation par laquelle Din m'a fait passer n'était finalement pas la première. Dans le cadre de ma vie religieuse, j'avais déjà suivi, sous la direction d'un maître, un parcours appelé " exercices spirituels " qui est une forme d'initiation (1). A trois reprises, pendant un mois, le novice s'applique à suivre un itinéraire programmé, qui l'amène à convertir son regard. Il apprend des techniques de contemplation et les visions de violence ne lui sont pas épargnées. Mais passé les premiers jours, la vie de Jésus très vite lui est donnée en modèle à regarder et à imiter. Il est pénétré de la certitude que le Christ a vaincu la mort. Aussi avais-je déjà, d'une certaine manière, les yeux ouverts sur la violence, quand Din entreprit son traitement. Ni lui ni moi ne pouvions réaliser, à ce moment-là, que nous amorcions un travail de surimpression, sans coïncidence réelle possible.

***

Une question s'impose alors, celle de la légitimité de mon initiation, qui m'a été formulée ainsi :

> *Initier un Européen à une vision qui ne servira pas par la suite à transformer la société et à agir sur elle, n'est-ce pas engager un nganga à faire un geste " réducteur " au nom de l'amitié?*

(1) *Les exercices spirituels de saint Ignace* (texte). Coll. « Christus », Desclée de Brouwer. *La Dialectique des exercices spirituels de saint Ignace*, G. Fessard. Paris, Aubier Montaigne, 1966.

Avant de m'engager dans la dernière étape de l'initiation, je me suis prudemment renseigné. Techniquement parlant, la vision comme telle fait accéder à une fonction officielle dans la hiérarchie des initiés. Des personnages de la société traditionnelle remplissent par exemple le rôle de vigiles, sans avoir à intervenir dans les combats du ndimsi. A ma demande, on le sait, Din s'est contenté de m'accorder cette simple vision (1). Mon initiation s'inscrit comme une partie homogène dans un plus grand ensemble ordonné à l'unité des familles et à la guérison de ses membres. La description du traitement de Kwedi a pu donner une idée de la somme de connaissances positives nécessaires à son accomplissement.

Pour Din, cette initiation est un épisode – je veux croire privilégié et non pas artificiel – de sa rencontre avec l'Occident. Si insulaire qu'il soit, Din vit à proximité de l'Europe depuis sa naissance. A la fin du siècle dernier ses parents avaient élevé dans l'île de Malimba une première école et plusieurs chapelles. Il est né en 1915, l'année même où les canonnières britanniques poursuivaient les Allemands sur le fleuve. Exerçant maintenant la fonction de nganga, il découvre l'Europe chez ses propres clients. Les malades les plus difficiles à soigner ne sont-ils pas les collégiens, pris selon lui dans les rets de la magie européenne? Il voit son propre fils, son successeur éventuel dans la pratique des exorcismes traditionnels, aborder la coutume avec la désinvolture affectée de toute une nouvelle jeunesse urbaine. Mais Din laisse l'Europe s'infiltrer, sans vraiment opposer de résistance. J'ai découvert chez lui une capacité infinie d'accueil qui est l'une des propriétés de sa culture, une porosité de pierre noire.

Quant à moi, je considère mon initiation comme une expérience incomparable, sans doute l'une des plus fortes et certainement la plus ambiguë de ma vie. Je ne serai jamais un parfait initié au sens où l'entendent les Africains, mais

(1) Cf. *supra*, p. 353.

mon initiation ne peut aucunement se comparer non plus à un itinéraire propre à ma culture d'origine telle une psychanalyse. La prise de conscience de nombreux souvenirs d'enfance oubliés ne forme pas une analyse et Din n'a jamais tenté de me mettre face à moi-même, comme le ferait un analyste. La violence qu'il me révélait était toujours celle des autres, non pas la mienne propre, suivant la bonne logique du détournement sur autrui des sociétés traditionnelles. Quel que soit le type d'expérience vécu, je me contente de son résultat, irremplaçable : j'y ai gagné la vue, à savoir l'aptitude à regarder les choses de la vie à la manière des hommes du pays douala, avec leur extrême perceptibilité des conflits de groupe.

Et n'était-ce donc pas ce résultat modeste en apparence, mais vital que je recherchais, voici près de vingt ans lors de ma venue en Afrique? Comme un coureur de fond, qui se repose après l'accomplissement d'une performance à la limite de ses forces, je me trouve plus à l'aise qu'auparavant dans la petite foulée des relations quotidiennes.

Bien sûr, prétendre que j'ai aboli toute distance entre Din et moi, entre l'ensemble de mes amis camerounais et moi, serait absurde. Le problème des relations vraies rebondit chaque jour. Mais il est ramené à une dimension normale, celle que tout homme éprouve face à un autre homme. Comme le conclut, à la fin de sa lettre, le plus critique de mes amis : « Tous les conflits intérieurs par lesquels tu as fait passer Din, et l'admirable disponibilité avec laquelle il s'est peu à peu livré, comment ne pas sentir que nous assistons là à la naissance de l'amour entre les hommes à travers les différences de culture? »

LE RETOUR

Après huit mois d'absence, en avril 1976, l'occasion m'est donnée de revenir à Douala passer quelques jours, occasion que je saisis tout à la fois avec bonheur et appréhension.

Quand l'avion amorce son virage au-dessus de la mangrove, avant de se poser sur la piste, je retiens mon souffle. Pourtant j'ai déjà surplombé une bonne vingtaine de fois le delta marécageux. Mais l'inextricable enchevêtrement des palétuviers et l'omniprésence de l'eau donnent au paysage la physionomie d'un territoire envahi où l'homme n'a pas sa place. Et puis, mes yeux tombent sur quelques pirogues disséminées à la surface, brindilles minuscules sur un immense tapis vert. Je connais peut-être les noms des pêcheurs qui les conduisent. Je regarde l'un après l'autre mes compagnons de vol en souriant intérieurement. Aucun de ces passagers ne pourrait imaginer à quel point je me sens moins proche d'eux que de ces pêcheurs, malgré l'espace à plusieurs dimensions qui nous sépare.

Je me donne un objectif officiel : je consacrerai ce court séjour à parachever mon départ de Douala. Vis-à-vis de tous ceux qui m'ont vu devenir progressivement l'un des leurs, j'éprouve une gêne. Sont-ils nombreux à se demander si je ne leur ai pas joué un peu la comédie pour apprendre leur langue, me mettre à l'école de leurs coutumes, m'approprier quelques-uns de leurs secrets, puis les quitter sans demander mon reste? Dans certains cas, j'ai fait entériner mon départ. Ainsi ce village à proximité de Douala, qui a commencé par me retenir prisonnier quelques heures pour cause de sorcellerie et qui m'a finalement adopté. J'ai déjà dit que son chef, Caïn Dibunje Tukuru, me considérait comme l'un des siens et m'avait donné un nom. J'étais donc embarrassé de devoir le quitter. Prévenu, le chef rassembla les notables et me convoqua. Il m'offrait l'occasion d'annoncer que mes supérieurs religieux m'envoyaient à Abidjan. Les notables dégustèrent lentement le whisky que j'avais apporté, puis me signifièrent leur décision : « Nous t'envoyons à Abidjan. » Pour finir, le chef me fit présenter les paumes, qu'il humecta de sa salive, me regarda droit dans les yeux et me recommanda à ses ancêtres. Mais il est d'autres amis dont je me suis séparé de façon moins heureuse. Je pense avec une gêne grandissante à la famille de Loe que j'ai abandonnée si vite, presque à la sauvette, et surtout à Din, mon initiateur, qui était étendu sur son lit, malade à mourir, quand je l'ai salué pour la dernière fois. Depuis huit mois je n'ai pas cessé de penser à eux.

Ma première visite sera donc pour Din. J'ai hâte de le revoir, et en même temps je me surprends à reculer le moment de me rendre chez lui, pressentant le pire. Depuis huit mois, je n'ai reçu de lui aucune nouvelle. Quand j'arrive chez Din, je suis prêt. Ma surprise aurait été plutôt de revoir sa grande silhouette dégingandée et d'entendre sa voix familière, nasillarde et moqueuse, m'interpeller. Une vieille femme est seule au milieu de la pièce d'entrée. Dans ma hâte, je lui demande contre tout usage, avant même de la saluer, si Din est à la maison. Elle me répond d'un ton neutre, sans lever la tête, que Din est mort depuis longtemps. Cette nouvelle tombe sur moi sans presque me blesser, tant je devais être préparé secrètement à la recevoir. Mais je suis touché à un point du cœur que je ne protégeais pas, quand la vieille femme ajoute, après un moment de silence, que Din est mort tout juste *deux jours après mon départ.*

Bata, m'informe la vieille, est en train de prendre une leçon de conduite à l'auto-école voisine. Je m'y rends. Sans aucun préambule, comme si nous ne nous étions pas quittés, le garçon me raconte les circonstances de la mort de son père. L'état de Din s'est aggravé dans les heures qui ont suivi mon départ et personne n'a pu le convaincre de regagner l'hôpital. Il est mort très vite, et apparemment sans souffrir. Son corps repose dans l'île de Malimba. C'est là que demeurent aujourd'hui sa plus jeune femme et leurs fils, le petit Eric-de-Rosny. Ils ont tout emporté avec eux : le trésor d'écorces, les instruments du pouvoir, le filet et la chèvre. Aussitôt après l'enterrement, Bata ajoute que lui-même est revenu à Douala. Ce n'était pas le travail qui l'appelait puisqu'il est chômeur. Mais à la fin de la cérémonie, un vieil homme laissa tomber cette phrase qui le décida à quitter l'île : « Maintenant que Din n'est plus, la route est ouverte, les sorciers de l'île vont pouvoir se livrer à leurs pratiques en toute tranquillité : leur terrible adversaire n'est plus là pour les combattre. »

Et soudain, sans transition, Bata me signale qu'une partie de la famille me juge responsable de la mort de son père. Nous sommes debout face à face à l'entrée de la salle où un moniteur enseigne à un groupe d'hommes les principes du code de la route. Je ne bronche pas. Mais l'environnement, ces hommes qui apprennent la conduite automobile, les bruits ordinaires de la rue, donnent à la nouvelle, livrée en plein jour, une portée singulièrement réaliste. Barthélemy a parlé sur le ton de la conversation, sans aucune animosité apparente. Et il ajoute – ce qui peut expliquer son calme – que les soupçons de la famille proche se portent plutôt vers Ekwala, leur ancien logeur, le dénonciateur de Din auprès de la police. Selon lui, l'homme se serait même vanté d'être la cause de sa mort. « Mais, ajoute Bata évasivement, nous ne connaissons pas le ndimsi des Européens. » Je me tais, sachant d'expérience que les dénégations ne servent à rien. Je préfère laisser vivre en moi l'hypothèse que Din, atteint d'une cirrhose incurable, se soit laissé mourir après m'avoir transmis son pouvoir. Nous prenons rendez-vous pour le lendemain à une heure où j'aurai des chances de rencontrer la famille.

Le « ndimsi des Européens »! La petite phrase de Bata renferme une terrible logique. Pendant tout l'après-midi, elle me hantera, au point que je n'aurai aucun goût pour rendre visite à d'autres familles amies. Chacun sait en pays douala que l'apprenti nganga peut devenir apprenti sorcier. Il est grandement tenté de tuer son maître par les moyens du ndimsi qu'il vient de découvrir, pour s'emparer de son pouvoir : il le fera travailler à son profit comme un vulgaire, mais combien puissant esclave de l'Ekong. Chacun sait aussi le rôle joué par les Européens dans ce mortel marchandage. Din est mort juste après m'avoir ouvert les yeux... Accablante coïncidence! Ce n'est pas la première fois que je me trouve enfermé dans la logique de ce système d'interprétation des faits; mais, jusqu'à présent, j'ai toujours pu rester maître de mes émotions. Aujourd'hui, je suis soupçonné d'être un meurtrier par les membres d'une famille aimée, et meurtrier de leur père! Vous avez beau vous armer de bon sens, vous « blinder » contre une pareille accusation, en relativiser la force réelle, il arrive que quelque chose de raisonnable flanche en vous.

Durant la nuit, je me remémore les paroles prophétiques de Din, jusqu'à les ressasser : « On me dit de ne pas ouvrir les yeux d'un Blanc, car alors il me tuerait... » Ai-je assez pris au sérieux ces aveux révélant ses hésitations et son combat intérieur? « On dit qu'il va me tuer. Eh bien, qu'il me tue donc! Mais il m'a secouru à plusieurs reprises... Non, il ne me tuera pas! D'abord, il lui sera interdit de me tuer. » Au tout début de nos rencontres, voici cinq ans, il me désigna son assistant et dit encore cette phrase, alors inintelligible pour moi, mais enregistrée et dûment consignée dans mes notes : « Je ne lui ouvrirai pas les yeux, autrement il en profiterait pour me tuer! » Pourquoi l'avais-je négligée? En me donnant la vue, Din savait qu'il jouait sa vie. Son visage m'apparaît en gros plan : Din ricanant pendant la danse, sûr de son pouvoir; Din détendant son masque de guerrier pour me sourire; Din au teint de mort, étendu sur son lit, tandis que son double se rend sur les champs de bataille; Din souffrant, Din traqué dans la salle de police, Din exténué, la veille de mon départ... J'ai beau me dire que la famille proche préfère accuser Ekwala, je ne réussis pas à me détacher du visage de Din et à m'endormir.

Mais non, il n'est pas possible que j'aie tué mon maître! Que l'on interprète sa mort à la façon occidentale ou traditionnelle, à partir d'une thèse psychosomatique ou en référence à la sorcellerie de l'Ekong, il est abusif de dire que je l'ai tué. Je proteste intérieurement contre l'injustice dont je suis victime, comme les innombrables personnes soupçonnées de sorcellerie dans les villages et les quartiers, acculées à baisser la tête et à garder le silence. « On réagit au début, me disait la khamsi, ensuite on se tait parce qu'on ne peut rien faire d'autre. » Je revois le vieux nganga du village, barricadé, mon soi-disant complice; Clara, la prétendue meurtrière de ses propres enfants et tous ces visages fermés d'accusés que j'ai aperçus furtivement au cours de si nombreuses rencontres. Dans le parler douala, où ne manquent pas les comparaisons savoureuses et cyniques, on dit d'une victime innocente qu'elle est *nyama boso beta,* c'est-à-dire « la viande du devant du garde-manger », celle qui est toujours prise en premier, par commodité. Je ne le serai pas. Non, je n'ai pas tué Din et je le ferai savoir demain à la famille réunie pour m'entendre.

Au rendez-vous, je retrouve Bata, sa mère et sa sœur que Din faisait intervenir parfois au cours des rites qui me concernaient et qui assista son père à ses derniers moments. Serveuse dans un restaurant, elle a obtenu un congé de maternité pour son premier bébé auquel elle a donné le nom du défunt. Je reconnais d'autres visages que je croisais dans la salle quand je rendais visite à Din. Chaque fois que j'entrais, je les voyais placides et bienveillants toujours à la même place, comme statufiés. Oncles, tantes, cousines? Je n'ai jamais su très bien leur degré de parenté. Din n'est plus là, ils demeurent. Il est onze heures du matin, c'est pourquoi les quelques hommes qui travaillent ne sont pas à la réunion. Bata me fait asseoir sur la chaise branlante que l'on m'avançait toujours du vivant de son père.

Je me mets à parler : je raconte ma vie à Abidjan. Par bonheur, les mots douala me reviennent facilement. Il faut croire que les circonstances stimulent ma mémoire. Abidjan est une ville aussi grande que Yaoundé et Douala réunis. Presque la moitié de la population vient des pays voisins : Haute-volta, Mali, Niger, Nigeria, Guinée, Ghana, Bénin, et la proportion de ces étrangers est semblable à celle des Bamiléké à Douala... S'ils affluent vers Abidjan c'est qu'ils espèrent y trouver du travail... Le chômage est d'ailleurs moins important qu'à Douala... Mais si certains quartiers sont plus modernes et plus luxueux, on y trouve en revanche des lotissements plus misérables qu'ici... Je travaille dans une entreprise appelée INADES (1), en compagnie de prêtres, frères de ceux qui enseignent au collège Libermann, et avec des spécialistes en sciences économiques, documentaires et sociales... Il s'agit d'aider à rendre la terre plus humaine, de développer l'économie des pays sans que les paysans et les étrangers soient écrasés, d'introduire les jeunes à une vie moderne qui respecte la coutume, de faire connaître l'Evangile sans violenter l'âme africaine. Je dis tout cela avec flamme.

La famille m'écoute comme de très loin, plus occupée à suivre ce qui se passe entre elle et moi, en deçà des paroles. Un bébé se met à pleurer. On le rend à sa mère. On me sert un verre de bière. Une mouche tombe dedans. On jette le contenu et on remplit le verre à nouveau. D'autres petits incidents interrompent mes paroles mais ce ne sont pas eux qui sont responsables du voile d'indifférence qui semble tendu entre cette famille et ce que je lui raconte... Nous sommes en train de nous retrouver après la mort de Din. Et si l'interrogation qui m'est adressée reste muette, je sais ce que chacun en vérité me demande. Tout en continuant à parler je les supplie du fond de moi-même de croire que je n'ai pas tué Din. C'est alors que tout se passe, comme si, soudain, je « voyais » distinctement qu'ils m'ont entendu et qu'ils me font confiance... Et cette vision est peut-être le résultat le plus concret de mon initiation.

Il existe un registre de communication dont l'accès est

(1) Institut Africain pour le Développement Economique et Social.

interdit à ceux qui donnent trop d'importance à la rigueur. Avant de connaître ce peuple, le langage le plus efficace à mes yeux était celui qui faisait coïncider au plus près la réalité et les mots pour la dire. La fréquentation de Din et des autres nganga a sans doute hâté ma découverte d'un autre type de communication, proche de la prière contemplative. En Afrique, je le vois emprunté par toute la population en toutes circonstances. Et c'est aux moments les plus inattendus que j'ai perçu le mieux cette manière muette de communiquer. Combien de fois n'ai-je pas été agacé par le verbiage des orateurs, maniant les formules et les concepts avec une désinvolture et une suffisance proprement ridicules. Mais, peu à peu, je suis devenu sensible aux messages que certains de ces hommes transmettent derrière la pompe de leur rhétorique. On croit que l'auditoire se gargarise de mots. Il est surtout attentif à ce que l'orateur lui dit *autrement*.

Par prudence je n'irai pas à Malimba retrouver l'enfant de Din qui porte mon nom, ni sa jeune mère, malgré mon désir de les revoir. Mais je me fais un devoir de trouver du travail pour Bata. Je connais à Douala une équipe de religieux qui mènent une vie monacale au cœur de la ville. Ce sont les petits frères de Jésus, disciples du père de Foucauld. Leur case ne se distingue des autres que par l'excroissance de la chapelle. Quand ces hommes ne prient pas, ils travaillent. L'un d'entre eux dirige une équipe volante et polyvalente composée de jeunes chômeurs du quartier qui s'initient à un métier sur les chantiers. Ils adopteront Bata qui a déjà suivi deux années de cours d'électricité dans une école professionnelle. Ce sera pour lui l'occasion de mettre en pratique ses modestes connaissances, un premier pas que les apprentis comme lui ont grand mal à franchir dans les conditions actuelles de l'embauche.

⁂

Cette démarche faite, je me sens le cœur plus libre pour entreprendre une visite aussi importante à mes yeux. Il s'agit de revoir la famille de Loe. Certes, je n'ai pas l'intention de me limiter au monde des nganga. J'ai hâte de renouer avec d'autres vieux amis, et je trouve les journées trop courtes pour les saluer tous.

Loe est mort depuis plus d'un an. En retournant chez lui, je m'attends à trouver les signes d'une agonie presque aussi terrible que celle d'un individu : l'agonie d'un groupe. On se souvient du caractère irascible du frère aîné de Loe, désormais seul chef de famille, de la situation équivoque d'Elimbi, fils aîné par le sang, mais étranger aux siens sur le plan légal, du mépris qui entoure l'une des filles, réputée volage. La venue outre-tombe de Loe, dans la personne de la mère d'Elimbi en transe, a-t-elle suffi à donner à cette famille la cohésion indispensable à sa survie? J'en doute à la manière dont on se précipite vers moi depuis les cases éparpillées de l'ancien domaine de Loe.

Tout le monde parle à la fois. On se presse, on m'embrasse. On me pose des questions auxquelles je n'ai pas le temps de répondre. Nous restons debout tous ensemble au milieu de la cour... Je sens bien le courant chaleureux de cet accueil passer entre chacune des personnes et moi-même, mais nullement entre elles. En fait tout ce bruit cache un silence de mort. J'ai soudain l'impression de figurer parmi eux leur père Loe. Le frère aîné me conduit enfin chez lui, suivi d'une partie de la famille et me fait raconter ma nouvelle vie à Abidjan. De mon côté, je n'ose pas les interroger. Je m'assure seulement qu'Elimbi a gardé son emploi et que les enfants des uns et des autres continuent d'aller à l'école. Au moment où je m'apprête à partir, arrive enfin Nkongo, l'ancien disciple de Loe. Je l'invite à me raccompagner, avec l'intention de lui poser les questions qui me brûlent les lèvres.

Dans la voiture, je garde un moment de silence, avant de lui donner la parole. Il me faut reprendre souffle. Je me compare à un tronc d'arbre flottant à la dérive, sur le Wouri, échappé des pontons de bois. Les gamins s'exercent à grimper dessus, mais en vain, car il est lisse et tourne sur lui-même. Cette famille s'est accrochée à moi comme une personne qui se noie. Et je me contente de passer, incapable de lui venir efficacement en aide.

Nkongo me confirme mes premières impressions. Rien ne va plus en effet dans cette famille jadis inspirée par un grand homme de la coutume. Le frère aîné vend les terrains sans le consentement du groupe, et garde l'argent. Il ne s'occupe que de ses propres enfants, et abandonne à leur sort les veuves dont il a reçu la charge. Elimbi continue de vivre à cheval sur deux familles, celle de son père et celle de sa mère. Comme il n'a pas été reconnu légalement, il ne peut agir dans la première avec autorité. La plus jeune femme de Loe s'est enfuie avec son fils, sans doute dans son village natal; les filles élèvent, comme elles peuvent, des enfants dont les pères ont disparu. Nkongo assiste impuissant à la désagrégation de cette famille qui ne tient plus que par le fil d'une certitude : celui qui est enseveli dans la cour vit encore parmi elle.

Nkongo me demande de l'accompagner à l'usine de ciment où je lui ai trouvé du travail avant mon départ. Elle se dresse de l'autre côté du pont qui enjambe le Wouri. Jusqu'ici je l'avais regardée distraitement, plus occupé à contempler les îles en amont du fleuve, derrière lesquelles disparaissent les pirogues des pêcheurs. Avec les yeux de Nkongo, je l'observe attentivement pour la première fois. Elle semble avoir été posée sur le sol, comme un cube d'argent. Des cylindres de toutes tailles, allongés, ventrus, fluets, la surmontent. De cette usine sort du ciment que des camions viennent chercher nuit et jour. Au début, Nkongo pesait les camions sur la bascule. Maintenant, il est installé dans la salle des compteurs et contrôle les aiguilles qui indiquent la marche du programme de mixage. Il me parle de cette promotion en termes d'initiation.

Je regarde le disciple de Loe s'éloigner de sa démarche lente et assurée et je ne peux m'empêcher de faire ce rapprochement : Nkongo, devant l'usine, ressemble à Nkongo dans le dibandi devant le puissant échafaudage d'écorces énergétiques accumulées par son maître. Il garde la même tranquille assurance, une absolue confiance en l'efficacité de l'une comme de l'autre. Il a pourtant laissé le dibandi de Loe se détériorer, je l'ai remarqué en entrant tout à l'heure dans la cour. Cette négligence ne veut pas dire que Nkongo doute de la puissance des écorces, de la présence des ancêtres et de la force d'intervention des génies de l'eau... mais l'usine lui prend le meilleur de son temps au détriment du dibandi et de ses hôtes sacrés.

En marchant, le jeune homme m'a parlé de ses projets. Il économise une partie de son salaire pour construire une petite maison et y amener sa fiancée. A l'usine, il veut gagner la confiance de ses patrons afin d'améliorer sa situation. Il s'est inscrit au syndicat dans l'espoir d'obtenir pour ses camarades et lui-même un rythme de travail plus souple. Il s'exprime devant moi comme un jeune ouvrier de Boulogne-Billancourt. Nkongo s'individualise. Il prend insensiblement ses distances à l'égard de la société traditionnelle pour adopter une existence où il ne faut compter que sur soi pour réussir. Cette mutation ne vient pas vraiment d'un choix réfléchi, mais d'une série de petites décisions pratiques qui l'entraînent dans le grand courant de la modernité.

Din et Loe ont disparu sans laisser d'héritiers qui puissent assurer leur fonction. Mes brèves visites chez eux m'ont révélé à l'évidence le vide formidable creusé par cette rupture de succession. La famille et l'entourage doivent réorganiser leur existence hors de la présence physique de l'un et l'autre de ces maîtres de la nuit qui les rassemblaient et les réconciliaient. Je connais aux alentours d'autres nganga prospères. Mais aucun d'eux n'a pris une telle place dans ma vie. Je sens soudain à mon tour et de manière aiguë combien Din et Loe me manquent. Il ne me reste plus qu'une seule personne à voir dont, sans que je sache encore, j'attends un signe, la preuve certaine de mes liens secrets avec les maîtres de la nuit : la khamsi des montagnes.

⁂

Je prends la route au petit jour, traverse le quartier de

Deïdo et franchis lentement les mille huit cents mètres du pont sur le Wouri, au moment où le port se réveille comme une ruche sur ma gauche, tandis que sur la droite les rives et les îles semblent s'assoupir après de secrètes activités nocturnes. Ce pont est la seule voie de communication entre Douala, la capitale économique, et le riche pays bamiléké. Les rêveurs en font un lien symbolique entre le monde moderne et la tradition. En réalité, ce pont apparemment inoffensif favorise le modernisme et hâte la mort des coutumes. La population l'a bien perçu quand elle a exigé de l'entreprise de construction *Batignolles,* qu'elle jette par le fond diverses offrandes pour apaiser les *miengu,* avant de couler la dernière arche. Les ingénieurs, après s'être esclaffés, ont accepté, mais sans comprendre.

Je ne cherche même pas à vérifier, ce matin, si le mont Cameroun apparaît à l'horizon ou reste caché dans la brume. Je conduis distraitement, presque les yeux fermés, pour accueillir les souvenirs qui me reviennent par bouffées. Loe, sa jeune femme, son frère aîné et Nkongo formaient un groupe uni dans cette voiture quand nous nous sommes rendus par ce pont à l'appel piégé du vieux nganga. Je l'ai traversé cent fois pour gagner le même village, où l'on m'appelle Dibunje, depuis la cérémonie de réconciliation. Avec Din je suis passé dessous en chaloupe à la recherche de la glorieuse écorce de *ngopange.* Le sifflement d'un petit vent du large, la forte odeur de vase et le clapotis des vagues contre ses arches guident ma mémoire.

Ensuite commence la longue ascension de la montagne. Comme d'habitude, il me faut plusieurs heures pour atteindre le col de Batié. A midi environ je quitte la grand-route bitumée et les hauteurs. Je descends le chemin en pente qui mène chez la khamsi. De loin, j'aperçois la file des visiteurs accroupis à l'ombre de la case, qui attendent leur tour de divination. La khamsi est assise près de la porte face à un patient dont elle scrute l'existence. Le tableau n'a pas changé. Les personnages semblent définitivement peints en noir sur l'ocre du mur, et la case reste découpée sur le fond bistre et vert de la montagne, fortement éclairée en ce milieu du jour.

Quand je m'approche, la khamsi détache son regard de son vis-à-vis, relève la tête, et je vois, sur la surface arrondie de son visage, se dessiner progressivement un large sourire. « Comme je suis heureux de vous revoir! » lui dis-je et j'invite l'enfant qui est à son côté à bien vouloir traduire cette phrase. A son tour, la khamsi prononce quelques mots à mon intention que l'enfant me traduit en français. Je demande au jeune interprète de me les répéter une seconde fois pour être sûr d'en avoir bien compris le sens, tant ils me surprennent et me ravissent à la fois. Ces termes de bienvenue ne sont peut-être qu'une formule de politesse; pour moi, ils demeurent parmi les plus forts qui m'aient jamais été adressés. « La khamsi dit, répète l'enfant, en détachant chaque syllabe, que chaque fois qu'elle pense à vous, elle vous mange... »

GLOSSAIRE

Les mots de la langue douala les plus usités dans les récits.

bato : Hommes. *(Sing. : moto)*
bato ba mianga : litt. les hommes des médicaments
bato ba lemba : les sorciers
bato b'ekong : les sorciers
bato b'ewusu : les sorciers.
cf. les mots : mianga, lemba, ekong, ewusu.

bedimo : Ancêtres, Morts. *(Cf. sing. : edimo)*

bejongo : Transes au cours desquelles les ancêtres prennent la parole. *(Sing. inusité)*

bobe : Mal, méchanceté. *(Plur. : miobe)*

dibandi : Sanctuaire où le nganga entrepose ses « mianga » et les instruments de son pouvoir. Lieu privilégié où il invoque les ancêtres et les génies dans l'exercice de sa médecine.
Du verbe « banda » : protéger, conjurer, exorciser. *(Plur. : mabandi)*

Conventions d'écriture employées par les Douala :

u équivaut au	ou français
e	é français
e	è français
o	o comme « or »
s	ss français
g	gu toujours dur français
j	dj français.

Les tons sont indiqués quand ils permettent d'éviter une confusion entre deux mots.

Toutes les voyelles se prononcent.

diboa : Maladie au sens très large du mot. *(Plur. : maboa)*

dibokuboku : (nymphéacée aquatique) *D. la wonja* (D. des hommes libres) : Son apparence est celle d'une feuille ronde et large comme une assiette. Fréquemment employée comme symbole d'unité à refaire ou à préserver. Elle calme les palpitations cardiaques.

La « mbömbu » de la khamsi.

D. la bakom (D. des esclaves) : Sans avoir l'importance de la première, elle est également utilisée pour l'Esa des nganga. Emploi médical : palpitations cardiaques. Cette feuille, de même forme mais plus petite, se présente verte d'un côté et brune de l'autre. Le Pankhwijüm de la khamsi.

dindo : Plat partagé à la clôture d'un traitement : chair de l'animal sacrifié, herbes médicinales, plantain appelé « mi*e*l*e* ma sese ». *(Plur. : mindo)*

eboga : *(Tabernanthe iboga,* Apocynacées.) Arbuste dont les racines contiennent des alcaloïdes provoquant des hallucinations. Langue fang. Ses propriétés sont utilisées particulièrement par les adeptes du Bwiti-fang, une religion nouvelle au Gabon. Cette religion n'a pas gagné le Cameroun, mais elle inspire les rites de guérison de la région frontalière.

edimo : Le Mort, l'ancêtre.

Edidi : le double de l'homme, de son vivant.

Edimo : ce double après la mort.

(Plur. : bedimo)

ekong : Sorcellerie de la vente. Les hommes de l'ekong (bato b'ekong) forment une association dont l'activité principale consiste à faire mourir par des méthodes invisibles aux yeux ordinaires (par ex. le nyungu) des victimes qui iront travailler pour leur nouveau maître dans des plantations (par ex. le mont Kupe). Ainsi s'explique la fortune soudaine de certains Africains et Européens. *(Plur. : bekong)*

ekumti : Combats invisibles dans le ndimsi. *(Plur. : bekumti)*

esa : Cérémonie pratiquée pour écarter un malheur : recherche de sa cause, protestation d'innocence ou aveu, ablutions avec la feuille « dibokuboku », réconciliation et rejet de la cause du malheur. Rite pratiqué à tous les niveaux : en famille, chez les nganga, dans des circonstances réunissant tout le peuple douala. *(Plur. : besa)*

esunkan : Nganga « jengu ».
evu : Sorcellerie (en langue ewondo, Yaoundé). Le mot douala « ewusu » en dérive. Evu est associé à un mythe de l'origine du pouvoir et du désordre sur terre. Ce mythe, qui donne un sens à la sorcellerie, n'est pas connu aujourd'hui des Douala, mais est encore raconté dans la région du centre et de l'est de Cameroun.
ewusu : Autrefois, le terme était ambigu : il désignait le possesseur d'un pouvoir. Aujourd'hui, il est franchement péjoratif. Sorcellerie de la dévoration, ou anthropophagie. Les hommes de l'ewusu (bato bewusu) se réunissent par petits groupes pour manger les victimes que chacun fournit à son tour. Cette opération reste invisible aux yeux ordinaires et n'a pas d'autre but que de nuire et d'augmenter la puissance des associés. On « naît » ewusu. *(Plur. : bewusu)*
eyembilan : Exemple, signe, geste. *(Plur. : byembilan)*
janjo : Plumeau de raphia, chasse-mouches. Le janjo est un signe d'autorité. *(Plur. : manjo)*
jene la ndoti : Songe, vision en rêve (de « *ene* » : voir).
Le songe se distingue du rêve ordinaire (ndoti). Il montre des événements importants qu'il convient de faire interpréter par un devin.
jengu : Génie ou ancêtre de l'eau. Ancienne représentation : petit être noir, à la large chevelure, aux yeux exorbités, pieds retournés. Représentation moderne : femme blanche aux longs cheveux (mamy wata). Il donne la richesse aux hommes et la fécondité aux femmes.

Sur le plan politique, il a joué un grand rôle chez les Douala, en servant de référence à une société secrète qui contrebalançait l'autorité des chefs. Cette société a disparu avec la colonisation allemande.

Le jengu était honoré autant que les ancêtres. Certaines personnes nobles ont un époux ou une épouse jengu.

Les anciennes dimensions de la croyance ont disparu de la vie publique mais subsistent aujourd'hui dans le contexte de la maladie et de la guérison : invocations, possessions, transes. *(Plur. : miengu)*
kwa : Arbre. Son écorce est un poison. Elle servait autrefois à l'ordalie. Celui qui pouvait boire l'eau dans laquelle l'écorce avait trempé était déclaré innocent. Cette pratique a disparu.
lemba : Toujours péjoratif. Sorcellerie. Tandis qu'on naît « homme de l'ewusu » (v. mot « ewusu »), on *devient* « homme du lem-

ba » (mota lemba). L'homme du lemba est celui qui acquiert des objets ou produits nuisibles (mianga ma bobe). Il a également la capacité d'agir invisiblement. *(Plur. : balemba)*

Loba : Dans la tradition : Ciel, Dieu du Ciel. Il était distingué du Dieu de la Terre : Nyambe. Loba a été préféré à Nyambe par les chrétiens pour traduire le Dieu dont parle la Bible.

londa : Etre plein. « Blinder ».

Balondedi : ceux qui sont « chargés » de pouvoir.

maya ma bobe : Litt. : sang de mal. Le mauvais sang. Signe d'une grave maladie. Malchance provoquée.

male : Contrat d'alliance. *(Sing. inusité)*

mbenda : Interdit, règle, loi. *(Plur. : Mambenda)*

mb*e*ng*e* : L'ouest. L'Europe. Le monde extérieur. En effet, les navires venant de l'étranger entrent dans le port de Douala approximativement par l'ouest.

mbeu'a nyolo : Litt. : la perte du corps. Grave maladie.

« Malchance » dans la traduction populaire du mot en français : sens intelligible à condition d'entendre : malchance *provoquée*.

mbodi : Chèvre. *(Plur. : mbodi)*

mianga : Objets chargés de puissance. Médicaments. Ils peuvent être bénéfiques ou maléfiques.

Bato ba mianga : les nganga. *(Sing. : bwanga)*

miengu : *Cf. sing. : jengu.*

mis*o* man*e*i : « Yeux quatre. » La double vue.

L'homme ordinaire naît avec quatre yeux, dont deux sont fermés la vie durant et ne s'ouvrent qu'à sa mort. Les voyants ont quatre yeux ouverts de leur vivant, deux sur le monde visible, deux sur le monde invisible.

La cérémonie d'initiation s'appelle : « tel*e* la mis*o* » : ouvrir les yeux. *(Sing. : diso)*

moto : Homme, au masculin ou au féminin. *(Plur. : bato)*

mudi : Principe vital. *(Plur. : midi)*

musima : La grâce. Un bonheur, un succès, une guérison accordée. Par extension : la chance donnée. *(Plur. : misima)*

mwandando : *(Costus afer*, Zingibéracées.) Plante présente à de nombreux rituels : le sacre des chefs, la fête annuelle des Douala (le Ngondo), les traitements. Elle est un signe de paix. Autrefois on la plantait à l'entrée du village, là où se déposait la nourriture des ancêtres. D'où son autre nom, « mukok*e* mwa bedimo » : la canne à sucre des ancêtres. Elle a l'apparence d'une canne à sucre.

Plante utilisée pour soigner diverses maladies, comme la méningite des enfants.

Le « Nkwengkang » de la khamsi. *(Plur. : myandando)*

mwititi : Obscurité. Monde fermé aux yeux ordinaires.

ndimsi : Monde des réalités cachées où se joue le sort des personnes. « Dima » : devenir obscur. Ceux qui le pénètrent, les voyants, ont le pouvoir d'agir sur la santé, la maladie, l'avenir, pour la chance ou le malheur des simples.

Certains ont le don de voir sans pour autant intervenir. *(Plur. : inusité)*

ndoti : Rêve ordinaire à distinguer de « *jene* la nd*o*ti » : songe. *(Plur. : ndoti)*

ngad'a mudumbu : « Fusil de bouche. » Jeteur de sort. Arme de sorcellerie. *(Plur. : ngadi)*

ngambi : Devin, oracle. *(Plur. : ngambi)*

ngandó : Caïman. Sorcellerie du caïman. (Remarquer le ton haut de la dernière syllabe, qui le distingue du mot suivant). *(Plur. : ngandó)*

ngando : Fête. Concentration des écorces les plus puissantes : blindage très réputé contre les attaques des sorciers. *(Plur. : mangando)*

nganga : Médecin traditionnel *(Plur. : nganga)*

nginya : Puissance.

nginya gobina : puissance politique (Gobina : mot pidgin-english pour « governor »).

nginya ebasi : puissance religieuse (ebasi : la religion chrétienne).

nginya wase : puissance terrestre, cosmique, occulte (wase : la terre).

nginya ekombo : puissance du peuple (ekombo : pays, ethnie).

(Plur. : nginya)

ngoso : Perroquet. Répertoire musical douala. *(Plur. : ngoso)*

njan : Etranger adopté par les Douala. *(Plur. : njan ou minjan)*

nj*o*m : Cause, origine, raison. Mot très fort appliqué à Loba (Dieu) quand on se sent dépassé par les circonstances. « A Loba nj*o*m. » *(Plur. : njom)*

njum bwele : L'arbre le plus célèbre de la tradition douala. Son écorce permet de tenir les sorciers à distance. Employé entre autres dans les rites d'initiation.

Autres arbres traditionnels réputés pour leur puissance et cités dans l'ouvrage : Buma (grand fromager de Deïdo), Bongongi (grand arbre de Bonabéri), Eselebako, Ngopange, Ekon. Le Selebenge de Loe, le bovenga de Madola.

nsɔte : Baie aux grains sucrés. Signifie la paix et l'unité. « Dethum » en pays bamiléké.

Nyambe : Dans la tradition : Dieu de la terre. Ancêtre des ancêtres. Le nom n'a pas été adopté par les chrétiens pour rendre le Dieu de la Bible. Loba, Dieu du Ciel, lui a été préféré.

Le terme est encore employé dans l'expression suivante qui sert de formule d'accueil : « Nje tusɛ? » – « Nyambe. » « Qu'est-ce qui donne la vie? » – « Dieu. »

nyolo : Corps. *(Plur. : manyolo)*

nyungu : Serpent invisible au service des sorciers. Arc-en-ciel. *(Plur. : nyungu)*

TABLE DES MATIÈRES

IMPRIMERIE BUSSIÈRE À SAINT-AMAND (MARS 1996)

DÉPÔT LÉGAL : MAI 1995. N° 585.